Jürgen Nitz

Unterhändler zwischen Berlin und Bonn

Nach dem Häber-Prozeß:

Zur Geschichte der deutsch-deutschen Geheimdiplomatie in den 80er Jahren

edition ost
im Verlag
Das Neue Berlin

ISBN 3-360-01019-1
© 2001 Das Neue Berlin
Verlaggesellschaft mbH,
Rosa-Luxemburg-Straße 39,
10178 Berlin
Alle Nachdrucke sowie
Verwertung in Film, Funk und
Fernsehen und auf jeder Art
von Bild-, Wort- und
Tonträgern honorar- und
genehmigungspflichtig.
Alle Rechte vorbehalten.
Reihenentwurf: TRIALON
Rücktitel: Berlin, Potsdamer
Platz, am 12. November 1989
Satz: edition ost GbR
Druck: Ebner Ulm

Die Deutsche Bibliothek –
CIP-Einheitsaufnahme
Nitz, Jürgen: Unterhändler
zwischen Berlin und Bonn:
zur Geschichte der deutsch-
deutschen Geheimdiplomatie
in den 80er Jahren / Jürgen
Nitz. – Berlin: Das Neue Berlin
(edition ost), 2001
ISBN 3-360-01019-1

Das Buch

Honecker, Mittag und Sinder-
mann sind tot. Sie waren
die Protagonisten einer Öffnung
nach Westen in der ersten Hälfte
der 80er Jahre und bedienten
sich solcher Unterhändler wie
Jürgen Nitz. Dieser berichtet,
wie Ostberlin – von Moskau im
Stich gelassen – versuchte, den
Status quo zu überwinden.
Es ging um die Öffnung der
Mauer und die deutsch-deutsche
Konföderation. Und wie diese
Politiker daran scheiterten. Und
warum.
Die Schlüsselfigur in diesem
Prozeß war Herbert Häber. Er
wurde in einer für die Honecker-
Ära beispiellosen Intrige aus dem
Machtzirkel der SED verbannt.
Als wichtigster Ansprechpartner
Bonns und Vordenker für eine
Verständigung wurde er von
Mielke und der Moskaufraktion
im Politbüro gestürzt. Seine Ver-
bannung in die Psychiatrie Mitte
der 80er Jahre leitete einen
Politikwechsel ein, der zur Sturz-
geburt der deutschen Einheit
führte.
Nitz offenbart, was in den
Kulissen seinerzeit besprochen
wurde. Und wer heute die
Pharisäer sind.

Der Autor

Jürgen Nitz, Jg. 1927, Unter-
händler der DDR; 1942-44
Handelsschule; 1944/45 RAD,
Offiziers-Anwärter; 1945
Kriegsgefangenschaft; Bauarbei-
ter; 1946-49 Magistrat von Berlin; Leiter des Büros des Stadtrats
Karl Maron; SED; 1949-61
beim »Neuen Deutschland«, Se-
kretär von Rudolf Herrnstadt;
anschl. Redakteur; 1953-57
Studium an der HU Berlin,
Dipl.-Ök.; 1962-66 stellv. Leiter des DDR-Presseamtes; 1966
Ausschluß aus der SED wegen
»Entfernung von der Politik der
Arbeiterklasse und ihrer Partei«,
1969 rehabilitiert; 1966-69 Be-
rufsverbot für journalistische und
wiss. Tätigkeit, Arbeitszwangs-
zuweisung zum VEB Elektro-
kohle in Berlin; 1969-91 wiss.
Mitarbeiter und stellv. Leiter der
Informationsabteilung im DIZ;
Leiter des Forschungsber. im
IPW für Ost-West-Wirtschafts-
beziehungen; ab 1975 Konsul-
tant der Wirtschaftskommission
der Vereinten Nationen; 1975
Prom. (Dr. oec.); ab 1979 Mitglied des Internat. Rates für Ost-
West-Kooperation in Wien, ausgewiesen als Berater des
Ministers Gerhard Beil; ab 1986
Mitw. am »Züricher Modell«,
dann »Länderspiel«, bei denen es
um dt.-dt. Annäherung ging;
1986 Habil.; ord. Prof.

(gekürzt aus: Müller-Enbergs, Wielgohs, Hoffmann
(Hg.), Wer war wer in der DDR? Bundeszentrale
für politische Bildung 2000)

Inhalt

Vorwort 7

Wozu sind Unterhändler da,
und wie müssen sie beschaffen sein? 9

Verhandelten Berlin und Bonn
auch schon in den 50er und 60er Jahren? 18

Auf die Hackordnung kommt es an 23

Wolfgang Vogel, der Advocatus diaboli? 37

»Big Alex«: Alexander Schalck-Golodkowski –
Der Totengräber der DDR? 48

Herbert Häber, die Akte 59

Die Annäherung beginnt:
Das Zürcher Modell (1981-1983) 69

Auf der Südschiene wird
das Konkurrenzprojekt installiert (1983-1985) 84

Die Lotsen der deutschen Annäherung
werden von Bord gebracht (1985-1987) 103

Deutsch-deutsche Koppelgeschäfte:
der Asylantenstopp 135

Der Weg in die Sturzgeburt »Deutsche Einheit«   146

Was bleibt?   158

Nichts Neues unter der Sonne – eine Nachbemerkung . .   164

Nachtrag zum Fall Häber   169

Anhang   183

Bibliographie   319

Vorwort

Als ich mich an den vorliegenden Text machte, wurde bald klar, daß ich viele Zeugen und Unterlagen würde konsultieren müssen. Die meisten der von mir angesprochenen Personen und Einrichtungen waren mir behilflich. Deshalb möchte ich dem Buch meinen Dank voranstellen.

Er geht zunächst an die Gauck-Behörde (BSTU) und an das Bundesarchiv »Stiftung der Archive der Parteien und Massenorganisationen der DDR« (SAPMO) in Berlin, von denen ich viele hundert Seiten Kopien zur Verfügung gestellt bekam.

Besonderem Dank verpflichtet bin ich Herbert Häber, der wenige Monate Mitglied des Politbüros des ZK der SED war und dort bis zu seinem Sturz zuständig für die politischen Beziehungen zur Bundesrepublik. Er stand mir für Auskünfte zur Verfügung und erteilte mir Zustimmung, unbekannte Fakten und Dokumente, die seine Rolle auf der politischen Bühne der Deutschlandpolitik erhellen, für diese Publikation zu verwenden. Ich halte es jedoch für notwendig zu erklären, daß er auf den Inhalt meines Manuskriptes keinerlei Einfluß genommen hat.

Dr. Alexander Schalck-Golodkowski erklärte per Fax einem Journalisten, der sich in diese Sache eingeschaltet hatte: »Aus ganz persönlichen Gründen stehe ich für ein Interview nicht zur Verfügung.« Einen anderen ließ er wissen, daß in seinem Buch, an dem er arbeite, alle Fragen beantwortet würden. Das hatte auch ich zu respektieren. Allerdings verwandte ich Schalcks schriftliche Erklärungen, die ich nach Erscheinen meines Buches »Länderspiel« (edition ost, 1995) erhielt, soweit sie das Thema dieser Arbeit berührten. Über die »ganz persönlichen Gründe« kann spekuliert werden.

Dr. Philipp Jenninger verweigerte ebenfalls Unterstützung und ließ eine Kollegin handschriftlich wissen: »Nach der infamen Behandlung durch den deutschen Hinrichtungsjournalismus will ich mit Journalisten grundsätzlich nichts mehr zu tun haben.« Ich beschränke mich dadurch notgedrungen auf die Wiedergabe von Äußerungen aus einem schriftlichen Gedankenaustausch mit ihm.

Zu meinen Interviewpartnern gehörten auch der ehemalige DDR-Außenminister, Oskar Fischer. Von den damaligen Ständigen

Vertretern der Bundesrepublik bei der DDR Günter Gaus und Hans Otto Bräutigam erhielt ich aufschlußreiche Informationen.

Die Historiker Dr. Detlev Nakath (Potsdam), Dr. Heinrich Potthoff (Bonn) und Prof. Karl-Rudolf Korte (München) bestätigten mir in Gesprächen meine eigenen Erkenntnisse und Wahrnehmungen. Korte besaß als einziger das Privileg, die Akten des Bundeskanzleramtes einzusehen. Anderen verweigerte das Auswärtige Amt dazu die Zustimmung.

Zu Dank verpflichtet bin ich Rechtsanwalt Prof. Dr. Wolfgang Vogel für Konsultation und Material, das er mir übergab, sowie dem einstigen Vize-Generaldirektor im DDR-Außenhandelsministerium Dr. Wolfgang Andrä.

Das gilt ebenso für meine damaligen Gesprächspartner, die Unterhändler der Westseite. Hier nenne ich den Schweizer Bankier Holger Bahl, den ehemaligen Parlamentarischen Geschäftsführer der SPD-Fraktion im Bundestag, Karl Wienand, und den einstigen Bürochef von Staatsminister Jenninger, Dr. Thomas Gundelach. Mit ihnen hatte ich auch in den 90er Jahren wiederholt aufschlußreiche Begegnungen.

Vertretern des »deutschen Hinrichtungsjournalismus« namentlich von Spiegel, Spiegel-TV, Focus, Super-Illu, FAZ, Berliner Zeitung, Süddeutscher Zeitung, BILD, Neues Deutschland sowie von WDR, MDR, SFB, NDR, ZDF, Deutschlandfunk und Deutschlandradio bin ich – im Unterschied zu Jenninger – nicht nur deshalb dankbar, weil ich gelegentlich zu diesem Thema für sie arbeite bzw. von ihnen dazu befragt werde, sondern weil so mancher von ihnen mir wertvolle Hinweise und Anregungen für dieses Buch lieferte.

Und nicht zu vergessen: Mein Dank gilt ehemaligen und zum Teil vielleicht noch aktiven Mitarbeitern diverser Dienste in Deutschland, die mir heute das bestätigten, was ich damals nur ahnte.

Jürgen Nitz

Wozu sind Unterhändler da, und wie müssen sie beschaffen sein?

Die Frage läßt sich zunächst akademisch beantworten. Im Lexikon wird der »Unterhändler« als eine Person charakterisiert, der zum Zwecke des Ausgleichs und Angleichens unterschiedlicher Forderungen und Positionen tätig wird. Er verhandelt, konferiert, berät, diskutiert, macht Vorschläge. Gemeinhin tritt er auf den Plan, bevor es offiziell wird – oder wenn die üblicherweise verhandelnden Seiten nicht mehr weiterkommen. Alles ist festgefahren, nichts geht mehr, die Argumente sind ausgetauscht, neue nicht in Sicht. Jeder Schritt auf den anderen zu könnte als Schwäche, als falsches Signal verstanden werden – also unterbleibt er. Die beiden Seiten verharren im Schützengraben, belauern sich wechselseitig und wissen doch, daß man miteinander reden muß.

Das ist die Stunde der Unterhändler. Sie reden unter Ausschluß der Öffentlichkeit, weshalb ihre Aufgabe nicht grundlos als geheim gilt. Jeder genießt sowohl das Vertrauen der eigenen wie auch das der gegenüberliegenden Partei, und dennoch wird es, wenn wider Erwarten etwas über die Gespräche publik werden sollte, auf beiden Seiten in der Regel heißen: Die hatten kein Mandat, das ist rein privat.

Es ist davon auszugehen, daß jeder Unterhändler die Sache seiner eigenen Partei verficht und nicht die der anderen. Was sie aber von ihren Auftraggebern unterscheidet ist wohl die Fähigkeit, die Interessen der anderen Seite stärker zu bedenken. Kompromisse erfordern, daß die Bedürfnisse beider Parteien gleichermaßen berücksichtigt werden. Die hohe Schule der Diplomatie besteht darin, diesen schmalen Grat zwischen Übervorteilung und Preisgabe zu finden und ihn gemeinsam zu beschreiten. Und wenn die Berufsdiplomaten bei der Suche scheitern, müssen jene »Amateure« 'ran, die nicht in Konventionen und Ämter eingebunden sind und darum offener und freier miteinander reden können.
In der Hochzeit des Kalten Krieges gehörte das zur Tagesordnung. Die ideologischen Gräben zwischen den beiden Machtblöcken

schienen mitunter unüberwindbar. Der Kampf um die Hegemonie auf der Welt wurde auf allen Ebenen und mit allen Mitteln geführt. Erst als die beiden Führungsmächte USA und UdSSR gegen Ende der 60er Jahre sich attestierten, man könne sich gegenseitig für immer und ewig vernichten, mithin: es herrschte ein atomares Patt, kam die Diplomatie wieder zum Zuge. Die Verträge zwischen Moskau und Bonn, zwischen Warschau und Bonn, das Vierseitige Abkommen über Berlin (West) sowie der Grundlagenvertrag zwischen beiden deutschen Staaten machten eine Konferenz für Sicherheit und Zusammenarbeit in Europa (KSZE) möglich. 1975 unterzeichneten 33 europäische Staats- und Regierungschefs sowie die Präsidenten der USA und Kanadas die Schlußakte in Helsinki. Vor diesem Hintergrund kam auch in die deutsch-deutschen Beziehungen einige Bewegung.

Einige Protagonisten, deren Namen vor 1989 nur wenigen bekannt waren, gerieten nach dem Untergang der DDR ins öffentliche Kreuzfeuer. Merkwürdigerweise: auf beiden Seiten. Beispielsweise wurde Dr. Alexander Schalck-Golodkowski (»Big Alex«) durchgängig negativ bewertet. Die einen denunzierten ihn als Devisenhändler, Waffenschieber, Marketender von Wandlitz. Andere – zumeist ranghohe frühere Kollegen aus dem Ministerium für Staatssicherheit (MfS) – titulierten ihn als Verräter. Seine Flucht in die Bundesrepublik im Dezember 1989 und die Aussagen vorm Bundesnachrichtendienst (BND) scheinen diese Behauptung zu stützen. Er habe, so hielt und hält man ihm vor, sich während der Verhandlungen mit Bayerns Ministerpräsidenten Strauß auf die Seite des Gegners hinüberziehen lassen. Solches behauptet auch Andreas Förster in seinem Buch »Auf der Spur der Stasi-Millionen« (1998).

Das muß überraschen, denn Zeitzeugen beschreiben Schalck als einen Mann, der auch als geheimer Unterhändler die Positionen der DDR mit Verve und erheblichem Nachdruck vertreten habe. Aber zugegeben, Oberst Schalck unternahm in der Vergangenheit wenig, um derlei Vorhaltungen zu widerlegen, stattdessen lieferte er selbst wiederholt Anlässe, die ihn in zweifelhaftes Licht tauchten. Sein Vernehmer beim BND Foertsch hielt ihn für einen »riesigen Schauspieler«, der auf Kommando lachen oder weinen könne. Und irritiert zeigte sich Foertsch, als Schalck – was in diesen Kreisen als anrüchig gilt – Geld für seine Auskünfte wollte. Das wurde, nicht ohne Hintersinn, den Ex-Kollegen vom MfS gesteckt.

Die meisten der seinerzeitigen Unterhändler werden in der Regel als verschwiegene Fachleute in ihren Kreisen unverändert geschätzt – nur von der Bühne sind sie nahezu völlig verschwunden. Das waren (und sind) Politiker und Diplomaten, Wissenschaftler, Juristen, Journalisten, Banker, Geschäftsleute; Experten auf ihrem Gebiet und vielseitig interessiert, wahrlich keine Fachidioten. Als einfache Briefträger von Regierungssitz zu Regierungssitz wären sie erheblich unterfordert gewesen. Sie kannten sich in der politischen Materie aus, waren in der Lage, flexibel und ohne ideologische Bretter vorm Kopf – die doch so viele ihrer Auftraggeber trugen – die in Rede stehenden heiklen Vorgänge zu erörtern. Also setzte man sie vorrangig für diese Aufgabe ein.

Dabei gerieten sie mitunter in Verdacht, sie würden die Sache der Gegenseite stärker verfolgen als die eigene, wenn denn der ausgehandelte Kompromiß nicht schmeckte. Oder daß sie mehr preisgegeben hätten, als sie hätten sagen müssen. So meinte denn der »Spiegel« (22/1997) nicht grundlos mit Blick auf diese Spezies: »Für die Hardliner in Ost-Berlin und Moskau war Häber das, was Herbert Wehner für ›Stern‹ und ›BILD‹ heute ist – eine Art Landesverräter.«

Natürlich operierten die Unterhändler in einer Grauzone, die von »Beschlußlagen« abgekoppelt war. (Denn wenn die Beschlüsse so realistisch und so wirksam gewesen wären, hätte man nicht der Unterhändler bedurft.) Häber dazu: »Im Rahmen des damals Gebotenen habe ich freimütig über die Situation geredet. Und die Mehrzahl meiner Gesprächspartner hat ebenso freimütig geantwortet, auch über Interna aus ihren Parteien, beispielsweise über die Konflikte zwischen Helmut Kohl und Franz Josef Strauß in der Unionsspitze. Diese Offenheit hat Vertrauen geschaffen.«

Häber nennt das »vertrauensbildende Maßnahmen«, die er unverändert verteidigt. Gleichwohl räumt er ein: »Wenn man alles auf die Goldwaage legt, kann man daraus juristisch im nachhinein durchaus irgendetwas konstruieren.«

Das gilt für alle Beteiligten. Strauß hat bekanntlich Schalck über Kohl etliches mitzuteilen gewußt, was vermutlich für den Staatsanwalt genügt hätte, um Anklage gegen Bayerns Ministerpräsidenten zu erheben. Gauck sibyllinisch in der »Super-Illu« 41/97: »Wenn Franz Josef Strauß noch leben würde, wäre er ganz harten Fragen ausgesetzt.«

Das aber gehörte zu den allgemeinen Geschäftsgrundlagen, die auch ich als Unterhändler natürlich beherzigte: Die Unterhändler bekannten sich uneingeschränkt zu dem Staat, zu dem politischen System, das sie vertraten – aber sie standen durchaus in einem kritischen Verhältnis zu diesem. Es waren keine blinden Apologeten, keine vernagelten Ideologen. Aus dieser Haltung wuchsen Souveränität und Glaubwürdigkeit. Mitunter verließ jedoch dieser oder jener Unterhändler seine Position und wurde zum radikalen Gegner. Ich denke beispielsweise an Hermann von Berg, der für die DDR in Westberlin und Bonn in Sachen Passierscheinabkommen und Grundlagenvertrag verhandelte und später zum entschiedenen Kritiker der SED-Führung wurde.

Wenn miteinander geredet wurde, war es allen Beteiligten klar: Es geht um die Sache, nicht um die Person. Man versuchte nicht sein Gegenüber auf die eigene Seite zu ziehen, sondern dessen Blick für die Belange seines Gegenübers zu öffnen. Vertrauen gegen Vertrauen, hieß dieses Prinzip.

Solche Gespräche zwischen Unterhändlern aus der DDR und aus der Bundesrepublik unterschieden sich in mehrfacher Hinsicht von anderen Gesprächen im »back channel«, die überall auf der Welt stattfanden. Zum einen erfolgten sie in einer Situation vollständiger Konfrontation. Auch wenn die eine Seite sich offiziell zur friedlichen Koexistenz bekannte und die andere zum Wandel durch Annäherung, so waren beide Staaten die wichtigsten Vorposten in ihren jeweiligen Bündnissystemen. Die Führungsmächte von Warschauer Pakt und NATO wachten argwöhnisch über jeden Schritt in Richtung Annäherung, und – obwohl Bonn und Berlin als die treuesten Satelliten galten, als die gelehrigsten Schüler und diensteifrigsten Untertanen – lieferten sie wiederholt Anlaß zur Intervention. Insofern waren die Spannungen zwischen beiden deutschen Staaten am höchsten und das Verhandeln am schwierigsten. Es gab Innendruck und Druck von außen. Die Fortdauer der Teilung Deutschlands als Folge des von Hitlerdeutschland provozierten 2. Weltkrieges war durchaus gewünscht. Die Franzosen liebten Deutschland so sehr, daß sie froh darüber waren, weil es gleich zwei davon gab. Großbritannien zeigte sich befriedigt, daß der Konkurrent auf dem Kontinent dadurch geschwächt war (nicht grundlos waren 1989/90 Frankreichs Präsident Mitterrand und die englische Premierministerin Thatcher entschieden gegen eine deutsche Vereinigung). Die USA fürchteten ihren wichtigsten Verbündeten durch Neutralität oder Eintritt in die sowjetische Hemisphäre zu verlieren (US-Präsident Bush gab bekanntlich erst grünes Licht zur deutschen Einheit, als Päsident Gorbatschow seinen Segen zur ersten NATO-Osterweiterung erteilt hatte). Und der Kreml fürchtete bis Ende der 80er Jahre das gleiche – nur eben anders herum.

So lauerten denn die Bundesgenossen in ihren Hauptstädten und sorgten sich bei jeder Fühlungnahme der Deutschen. Es herrschte kein Mangel an Vermahnungen, an öffentlichen wie an Standpauken hinter verschlossenen Türen. Die Gardinenpredigt des sowjetischen Parteichefs Tschernenko, die dieser 1984 Honecker hielt, weil der eine Einladung des Bundeskanzlers zum Gegenbesuch annehmen wollte, war nur die Spitze des Eisberges. (Über dieses Zeugnis diplomatischer Unkultur berichtet der damalige DDR-Botschafter Egon Winkelmann sehr plastisch in seinen Erinnerungen »Moskau, das war's«.)

Das Eis war – um im Bilde zu bleiben – sehr dünn, auf dem Unterhändler aus Ostberlin und Bonn sich bewegten. Die Gefahr, einzubrechen, war größer als anderenorts auf der Welt. Das Mißtrauen in den eigenen Reihen schien das der Gegenseite mitunter zu übertreffen. Mir selbst wurde 1987 vorgeworfen, ich hätte mit dem Zürcher Modell und dem daraus entwickelten Länderspiel »subversive Positionen« vertreten. Wohl wahr, diese Überlegungen hatten zum Ziel, die Mauer durchlässiger zu machen und sukzessive beide deutschen Staaten in eine Konföderation zu führen und einen langfristigen Prozeß gleichberechtigter Annäherung einzuleiten. Diese Pläne wurzelten in der wirtschaftlichen und politischen Realität und orientierten sich an den Grundbedürfnissen der Ostdeutschen. Die schwierige ökonomische und politische Lage führte dann, wie befürchtet, zum vollständigen Kollaps und zum jähen Untergang der DDR mit all den dramatischen Folgen. Ich bin unverändert der Überzeugung, daß unsere Überlegungen aus den frühen 80er Jahren einen besseren, weniger schmerzhaften Weg zur deutschen Einheit eröffnet hätten als jenen, der dann tatsächlich beschritten wurde. Zwei Jahre vor dem Fall der Mauer wurde ich jedoch für solche Überlegungen von der Hauptabteilung XVIII und der Spionageabwehr des MfS überwacht und der Illoyalität gescholten.

Weitaus schlimmer traf es Häber, der mit einer beispiellosen Intrige vollständig aus dem Verkehr gezogen wurde. Er war vom Journalisten bis in den Führungszirkel der SED aufgestiegen, wo er an der Seite Honeckers für eine andere Deutschlandpolitik warb als jene, die Moskau der DDR vorschrieb. Häber wollte – in Kenntnis der Realität – die Mauer durchlässig und sie Schritt für Schritt überflüssig machen. Dafür wurde er als Sekretär des ZK der SED und Mitglied des Politbüros 1985 gestürzt. Eine vom MfS eingefädelte Kabale, die ihresgleichen in der DDR-Geschichte sucht, endete in der Psychiatrie. Häber wurde – zunächst im Auftrage von Honecker handelnd und von diesem auch angetrieben – von Mielke und der Spionageabwehr als Agent des Bundesnachrichtendienstes (BND) verdächtigt und politisch liquidiert.

Als Unterhändler, zumal als einer mit DDR-Paß, tanzte man gleichsam auf einer Rasierklinge. Natürlich war es legitim, in einer Unterhandlung kühne Ideen auszusprechen bzw. diese mit nach Hause zu tragen. Doch nie wußte man, wie der Auftraggeber darauf reagieren würde. Jubelte er, oder kostete es den Kopf? Als mir beispielsweise der Zürcher Banker Holger Bahl einige Überlegungen offerierte, schoß mir genau diese Frage durch den Kopf. Die DDR verlangte, daß Bonn die DDR-Staatsbürgerschaft anerkannte. Honecker hatte in Gera 1980 vier Forderungen an die Bonner Adresse gerichtet, von denen er die Fortentwicklung der Beziehungen zwischen beiden deutschen Staaten abhängig machte. Bonn sollte es unterlassen, DDR-Bürgern einen bundesdeutschen Paß auszustellen, wenn sie es wünschten – denn nach dem Grundgesetz hatte jeder Deutsche darauf einen Anspruch, egal, ob er nun in Hamburg oder Rostock lebte. Honecker hoffte diese Praxis beenden zu können, wenn denn Bonn eine DDR-Staatsbürgerschaft akzeptierte und die zweite deutsche Republik auch de jure als auswärtigen Staat behandelte. Daran war in Bonn nicht zu denken – und vielleicht deshalb beharrte Honecker auf dieser Forderung. Etwa: Ich habe ja das Beste gewollt – aber die spielen nicht mit!

Bahl trug mir 1983 vor, was ihm Philipp Jenninger mit auf dem Weg gegeben hatte. Jenninger war zu dieser Zeit Staatsminister im Bundeskanzleramt, mithin der Strippenzieher hinter, unter und neben Kanzler Kohl. Es war also anzunehmen, daß diese Botschaft keineswegs nur eine fixe Idee eines einsamen Spinners war, sondern das Resultat reiflicher Überlegung in der Regierungsspitze. Bahl übermittelte, daß Bonn die Staatsbürgerschaft der DDR respektieren bzw. anerkennen würde, wenn Berlin im Gegenzug die Grenze nach

Westen für die DDR-Bürger öffnen würde. Ich war hin- und hergerissen: Würde man mich für ein solches Angebot in Berlin beklatschen oder kreuzigen? Spräche man mich heilig oder schickte man mich in die Wüste? Bei uns war es üblich, daß man oft nicht die Nachricht bewertete, sondern ihren Überbringer. Empfand man die Botschaft als angenehm, bekam dies der Bote zu spüren. Galt sie als schäbig, setzte es Hiebe. Nur eines galt als sicher: die Unberechenbarkeit. Man wußte nie, welche Reaktion eine Nachricht auslösen konnte.

Die Unterhandlungen liefen neben der eigentlichen Arbeit und blieben den meisten Kollegen verborgen. Ich war im Institut für Internationale Politik und Wirtschaft (IPW) beschäftigt, und mancher wunderte sich, daß ich – abweichend von der Norm – nicht wie ein preußischer Beamter meinen Dienst versah. Allein das schon weckte Argwohn und Mißtrauen. Und wurden dann noch Reisen in den Westen ruchbar, oder erschien ich auf irgendeinem Protokollbild an der Seite eines Prominenten aus der Bundesrepublik, dann regte sich kleinbürgerlicher Unmut in Gestalt revolutionärer Wachsamkeit. Um mich vor den Folgen einer denkbaren Denunziation zu schützen, ließ ich mir beispielsweise von Gerhard Beil, damals Staatssekretär, später Außenhandelsminister der DDR, im Beisein des Präsidenten des Ostausschusses der Deutschen Wirtschaft, Otto Wolff von Amerongen, und dessen Hauptgeschäftsführers, Dr. Karl Hermann Fink, definitiv den Auftrag bestätigen, daß ich die Kontaktperson der DDR für den Ostausschuß sei. Auf diese Weise wußte ich im Politbüro mindestens den Wirtschaftssekretär Mittag hinter mir und mich vor möglichen Anfeindungen geschützt.

In diesem Geschäft benötigte man Verbündete und Vertraute auf beiden Seiten. Ich entsinne mich des DDR-Unterhändlers »Günther«, der wegen vermeintlicher politischer Diversion von der Spionageabwehr des MfS mehrere Wochen inhaftiert wurde. Brandt, Bahr und Genossen intervenierten erfolgreich und sorgten dafür, daß »Günther« freikam und in die Bundesrepublik ausreisen konnte, wobei nicht unterschlagen werden soll, daß daran auch HVA-Chef Markus Wolf eine Aktie hatte.

Für einen solchen Ernstfall trug ich stets wichtige Telefonnummern aus Bonn bei mir, und im Bundeskanzleramt war eine Nummer hinterlegt, unter der ein vertrauter Kollege in meinem Institut zu erreichen war – sofern mein Staat, mein Auftraggeber, sich plötzlich nicht mehr an seine Zusagen gebunden gefühlt hätte, die er mir gegenüber gemacht hatte. Oder wenn ein Subalterner in Bonn querschoß.

Auf der anderen Seite passierte gelegentlich Unvorhergesehenes. Es war ungeschriebenes Gesetz, daß die Unterhändler für Geheimdienste tabu waren. Hängten sich diese mit in Gespräche und Verhandlungen, drohte der Abbruch. Man durfte die Teilnehmer nicht unzulässig gefährden und belasten. Der prominente DDR-Unterhändler »Anton« wurde entgegen dieser Verabredung vom BND »angebaggert«. »Anton« konnte sich nur dadurch retten, indem er über Bahl im Bundeskanzleramt das Drängen des Dienstes monierte. Staatsminister Jenninger pfiff die Pullacher umgehend zurück. (Der Vorgang unterstrich im übrigen zudem, wie wichtig man das Zürcher Modell in Bonn nahm.)

Auf unserer Seite saß der Geheimdienst zwar nicht offen mit am Tisch (sofern der Unterhändler nicht schon selbst im Dienst des Dienstes stand), und er unterließ es auch, die Gesprächspartner als Mitarbeiter zu gewinnen, doch er hockte stets mit in den Kulissen. Aus meinen Akten weiß ich, daß ich bei Gesprächen – egal, ob sie diesseits oder jenseits des Zaunes stattfanden – belauscht wurde. Es gibt widerliche, denunziatorische Berichte von MfS-Zuträgern aus dem Westen und aus dem Osten, Fotos von der Spionageabwehr und andere Dokumente. Ich war unter mißtrauischer Kontrolle und lieferte ein ums andere Mal der Spionageabwehr »Anklagepunkte«. Sie reichten vom Vorwurf unerlaubter Kontaktaufnahme zu Bürgern anderer Staaten bis hin zu Subversion und »Landesverrat«. Daß es zu keiner Anklage kam, lag einzig daran, daß einige in unserem Institut und im Politbüro ihre allmächtigen Hände schützend über mich breiteten.

Neben der fachlichen Qualifikation benötigte man für diesen Job noch ein paar wesentliche Charaktereigenschaften. Etwa Zuverlässigkeit, Verschwiegenheit und Berechenbarkeit. Strauß und Schäuble schätzten an Schalck eben dies besonders. Und vermutlich auch eine gewisse Schlitzohrigkeit, die aber nie die Grenze zur Roßtäuscherei überschritten haben soll. Minister aus Bonn sagten Schalck nach, er sei wohl mehr ein ausgebuffter Händler gewesen, der durch die Umstände in die Politik geraten sei.

Nicht von Übel war Bescheidenheit. Das galt vor allem für das eigene Umfeld. In der DDR gab es weder ganz Arme noch ganz Reiche. Die ostdeutsche Gesellschaft war nicht derart sozial zerklüftet wie die westdeutsche, Geld und Reichtum besaßen nicht diesen Stellenwert, den sie im Westen immer hatten und nun offenkundig überall besitzen. Ich war insofern gegenüber den meisten meiner Landsleute bereits privilegiert, als ich über einen Paß verfügte. Für mich hatte die Grenze einen anderen Charakter als für sie. Dadurch wäre ich auch zwangsläufig in der Lage gewesen, mir gewisse Luxusgüter oder Statussymbole zu besorgen, die im Westen nichts Besonderes, in der DDR aber Unerschwingliches bedeutet hätten. Mancher Kollege, der wie ich auf der Mauer tanzte, hatte solche moralischen Bedenken oder gar Skrupel nicht. Ich schon. Deshalb fuhr ich weiter »Wartburg« und verzichtete auf einen Swimmingpool in meinem Garten, ich re-importierte keine Antiquitäten und unternahm auch keine Urlaubsreisen nach Westeuropa. In dieser Hinsicht war und bin ich, was man unter einem Ossi versteht. Allerdings unterließ ich es, bei Gesprächen eben diese Bescheidenheit herauszukehren – ich fürchtete, man nehme mich dann nicht ernst. Ich bemühte mich, in gleicher Augenhöhe zu verhandeln und fuhr, wie es dortzulande üblich, auch mal die Ellenbogen aus. Und weil es angebracht schien, trug ich zuweilen auch ein dickes Fell.

Wenn ich (und andere) es nicht für Geld taten, stellt sich die Frage: wofür dann? Ich denke, daß es bei vielen unserer Zunft eine Mischung aus Idealismus und innerer Befriedigung war. Für die einen ging es um die Sicherung des Friedens und Verständigung, für die anderen um Freiheit und Menschenrechte – und allen um das befriedigende Gefühl, an den Weichenstellungen für die internationale Politik beteiligt zu sein. Der Volksmund sagt: Es ist gut, die Glocken zu hören – noch besser ist es zu wissen, wo die Glocken hängen! Wir lebten in dem Bewußtsein, Geschichte mitzugestalten. Anders als bei aktiven Polikern, denen im Kern lediglich solche Handlungsantriebe unterstellt werden wie Macht und Geld, trieb unsereinen auch das angenehme Gefühl voran: Wir können etwas für die Menschen in Ost und West bewegen.

Und ein klein wenig war dabei natürlich auch persönliche Eitelkeit im Spiele.

Verhandelten Berlin und Bonn auch schon in den 50er und 60er Jahren?

Churchill, schon nicht mehr britischer Premier, sah unmittelbar nach Kriegsende einen Eisernen Vorhang in Deutschland und Europa niedergehen, und in Whisky-Laune kommentierte er – mit Blick auf Stalins Imperium – den Sieg über Hitlerdeutschland mit der Bemerkung: Wir haben das falsche Schwein geschlachtet.

Auch wenn es heute nicht unbedingt opportun ist zu behaupten, daß der westliche Antikommunismus eine nicht minder dämliche und verbrecherische Politik produzierte wie der stalinsche Staatssozialismus, halte ich an dieser Überzeugung fest. Der Kalte Krieg wurde von beiden Seiten eröffnet und auch von beiden bis zum Untergang der einen Seite geführt. Die Strategie der USA, die Russen totzurüsten, hat sich als die erfolgreichere erwiesen. Das westliche System war offenkundig das wirtschaftlich effektivere, dem Osten gelang es nie, den Rückstand hinsichtlich der Produktivität aufzuholen – auch wenn man entschuldigend anführen muß, daß dafür die Bedingungen alles andere als günstig waren. Der Beweis, daß dieses westliche System auch auf Dauer Bestand hat und für die Menschen das bessere und gerechtere ist, steht aber noch aus. Nicht erst beim Balkankrieg haben die USA und die NATO bezeugt, daß Krieg für sie ein legitimes Mittel der Politik ist – und damit sind wir wieder im 19. Jahrhundert.

Der Kalte Krieg zeugte neben anderem zwei Kinder – die Bundesrepublik Deutschland und die Deutsche Demokratische Republik. Bei der einen war der Antikommunismus konstituierendes Element, bei der anderen der Kommunismus bzw. das, was man in Moskau dafür hielt. Obgleich die Menschen erst einem Tausendjährigen Reich und einem Weltkrieg entronnen waren, wähnten sich die Besiegten bald bei den Siegern. Die einen, weil Dollars ein »Wirtschaftswunder« ankurbelten und die neuen Bundesgenossen – die Westalliierten – sie im Kampf gegen »die Sowjets« brauchten. Die anderen, weil sie im Schutze der Besatzungsmacht ein gesellschaftliches Experiment vollzogen: Erstmals sollte in einem Industriestaat der Sozialismus errichtet werden. Sieger der Geschichte also, wohin man in Deutschland auch schaute.

Die Grenze zwischen der DDR und der BRD war, zumindest bis zum 13. August 1961, offen und passierbar. Selbst in Ostberlin hielt man die Zweistaatlichkeit geraume Zeit für ein Intermezzo, auch wenn erbittert in Presse und Parteilehrjahr aufeinander eingeschlagen wurde. Viele Menschen wechselten von Ost nach West (und auch von West nach Ost), und für nicht wenige Ostdeutsche war es auch eine Flucht. Sie flohen vor Bevormundung, Diskriminierung und Dummheit. Sie wurden außer Landes geekelt und vertrieben. Wenn etwa Bauern ihre Scholle verließen, dann nicht, weil sie den Sirenen des Goldenen Westens folgten, sondern weil das Leben für sie in der DDR unerträglich geworden war und sie für sich keine Zukunft sahen. Das Gefühl von Unfreiheit und Ohnmacht erfaßte immer mehr Menschen, darunter nicht wenige aus dem Mittelstand und dem im Osten verbliebenen Führungspersonal. Daß sich mancher von ihnen irrte, steht auf einem anderen Blatt. Und weil sie dem Arbeiter-und-Bauern-Staat in Scharen davonliefen, schloß dieser im Auftrag Moskaus seine Grenzen – der Schritt entsprach durchaus dem Wunsch der SED-Führung, d. h. er mußte nicht gegen ihren Willen vollzogen werden.

In den 50er, 60er Jahren, als in Bonn die Konservativen regierten und in Ostberlin die willigen Schüler der großen Sowjetunion, gab es kaum Kontakte zwischen beiden Staaten. Bonn ignorierte die Existenz der anderen Republik, Kanzler Adenauer sprach abfällig nur von der »Zowjettzone«. Wer diplomatische Beziehungen zur DDR aufnahm, wurde gemäß der nach Staatssekretär Hallstein benannten Doktrin mit Bannfluch belegt: Bonn kappte seine Verbindungen zu jenem Staat. Bei Olympischen Spielen starteten gesamtdeutsche Mannschaften, die bei diversen Ausscheiden von ost- und westdeutschen Sportlern zusammengestellt wurden. Wollte ein Ostdeutscher nach Paris oder Brüssel, durfte er nicht in Berlin-Tegel in die Luft gehen, sondern mußte über Prag fliegen. Die KPD wurde in der BRD unter der Vorhaltung, sie sei die Fünfte Kolonne Moskaus, verboten. Es gab in den 50er Jahren vereinzelt Kontakte, die aus der Zeit des antifaschistischen Widerstandes rührten. Markus Wolf beschreibt in seinem Buch »Spionagechef im geheimen Krieg«, wie mit Fritz Erler und Heinz Kühn, beide SPD, der politische Informationsaustausch gesucht und geführt wurde. Beide Seiten seien von der bedenklichen weltpolitischen Lage umgetrieben worden.

Es scheint kein Zufall, daß Markus Wolf solche Verbindungen nennt – der Auslandsgeheimdienst in der DDR war wohl eine der wenigen Institutionen in den 50er Jahren, die sich um hochkarätige Gesprächspartner in der Bundesrepublik bemühte. Wolf nennt auch den Vizekanzler und Finanzminister Fritz Schäffer, der mit der DDR das Konzept einer deutschen Konföderation diskutieren wollte und dafür eine Neutralisierung Gesamtdeutschlands nicht ausschloß. In diese Pläne soll auch ein junger, aufstrebender CSU-Politiker mit Namen Strauß eingeweiht gewesen sein.

Wolf merkt jedoch selbstkritisch an, daß die DDR in den 50er Jahren kein Verhandlungskonzept besessen habe. Folglich existierten auch keine hinlänglich qualifizierten Unterhändler, die solche Gespräche hätten weiterführen müssen. Ministerpräsident Grotewohl erteilte dem jungen Wolf Prokura, dem ein sowjetischer Diplomat beigegeben wurde. Doch die beiden hatten nur Fragen an die Bonner Politiker und kaum Antworten, sie waren hoffnungslos überfordert.

In den 60er Jahren richtete die DDR ein Staatssekretariat für Gesamtdeutsche Fragen ein, weil man die Notwendigkeit zu handeln begriffen hatte. Die Losung »Deutsche an einen Tisch« besaß nicht nur propagandistischen Charakter. Auf der anderen Seite brütete Adenauers Vordenker Globke über einer »Österreich-Lösung« für Deutschland, auch die SPD präsentierte einen Deutschlandplan.

Ich selbst arbeitete in den 60er Jahren als Stellvertretender Leiter des Presseamtes beim Ministerpräsidenten der DDR und bekam irgendwann den Auftrag, mit Joachim Herrmann einen Artikelaustausch zwischen Medien der Bundesrepublik und der DDR zu organisieren. Doch seit Chruschtschows Sturz 1964, mit dem Ulbricht gut konnte, herrschte Leonid Breshnew in Moskau. Der beäugte außerordentlich kritisch Ulbrichts wachsendes Selbstbewußtsein, seine Versuche, die Wirtschaft zu modernisieren und die DDR von der Sowjetunion zumindest partiell abzunabeln. Die DDR sei nicht Belorußland, soll er einmal bestimmte Forderungen aus Moskau kommentiert haben.

Die zarten Kontakte zwischen Bonn und Berlin fanden oft ein peinliches Ende. Bezeichnend war ein Vorfall in den späten 60er Jahren, von dem der Berliner Wirtschaftsjournalist Karl-Heinz Gerstner in seinen Memoiren schreibt. Als Jurastudent hatte er in den 30er Jahren in Berlin einen Repetitor – Kurt-Georg Kiesinger mit Namen. Der war 1966 Kanzler in einer Großen Koalition geworden. Er schickte die Frau seines Regierungssprechers nach Ostberlin, damit diese bei seinem ehemaligen Kommilitonen Gerstner vorfühlte, welche Gesprächsmöglichkeiten mit Ostberlin derzeit bestünden. Gerstner informierte Joachim Herrmann – und anderentags stand ein saudummer Kommentar im Zentralorgan »Neues Deutschland«, wo dieser sanfte Vorstoß öffentlich niedergebügelt wurde.

Ulbrichts Marktschreierei provozierte auf der Gegenseite ein Dementi, auf das wiederum in Ostberlin reagiert wurde. Damit hatte sich alles erledigt.

Ich selbst war Zeuge, wie der Leiter der Westabteilung des Presseamtes beim Ministerrat mühsam Verbindungen über die soeben errichtete Mauer knüpfte. Dieser Hermann von Berg sprach mit Politikern aller Parteien und mit hohen Wirtschaftsführern. Er konferierte mit Willy Brandt, Egon Bahr und Horst Ehmke, er verhandelte mit Hans-Dietrich Genscher und Richard von Weizsäcker. Er und die Westabteilung unterstützten die Staatssekretäre Erich Wendt und Michael Kohl bei der Aushandlung des Passagierscheinabkommens mit Westberlin, später war er im Vorfeld des Grundlagenvertrages aktiv. Heute wird von Berg vorgeworfen, er habe dies im Auftrag der DDR-Auslandsaufklärung getan. Wer sich darüber wundert, daß das MfS mit im Spiel war, muß sich den Vorwurf gefallen lassen, nichts von der Zeit begriffen zu haben: Wie konnte ein Abteilungsleiter im Presseamt überhaupt solche Gespräche führen, wenn nicht die Aufklärung davon Kenntnis erhalten und ihn somit auch geschützt hätte? Anderenfalls hätte von Berg riskiert, als Agent der Bundesrepublik verhaftet zu werden.

Gleiches gilt auch für die Gegenseite. Heribert Hellenbroich, einst Chef des BND und des Verfassungsschutzes, hat mir gegenüber bestätigt, daß das deutsche-deutsche Thema auch bei ihnen Chefsache war. Hätten Subalterne auf eigene Faust und hinter dem Rücken ihrer Chefs und der Dienste Gesprächskontakte mit Ostpolitikern gepflegt, wären sie bei Bekanntwerden aus ihrem Amt entfernt worden.

Seit Anfang der 50er Jahre war Herbert Wehner Gesprächspartner für Ostberliner Politiker. Das einstige KPD-Politbüromitglied,

Moskau-Emigrant, war inzwischen zur SPD gewechselt und sollte später zum Fraktionschef in Bonn und Parteivize werden. Die Verbindung riß auch in den 70er Jahren nicht, in jener Zeit wurde Honecker unmittelbarer Ansprechpartner; 1973 trafen sie sich erstmals offiziell. In dieses stabile, strategische Beziehungsgeflecht waren auch der Wehner-Vertraute Karl Wienand und Rechtsanwalt Wolfgang Vogel eingebunden.

Zur wichtigsten inoffiziellen Adresse in Ostberlin für die Bonner Politik aber wurde in den 70er Jahren Herbert Häber.

Seit 1969 regierte in Bonn eine sozialliberale Koalition. Die Verständigung mit dem Osten (»Wandel durch Annäherung«) stand auf dem Regierungsfahrplan. Nach der erfolgreichen Einbindung in das politische und militärische Bündnissystem des Westens sollte nun Osteuropa gewonnen und im Innern mehr Demokratie gewagt werden. Der Paradigmenwechsel in der Bonner Politik führt zwangsläufig zu einer stärkeren Hinwendung zur DDR, die nun auch so genannt wurde. Nur noch in der konservativen Springer-Presse kleidete man das Kürzel demonstrativ in Anführungszeichen. Die Brandt-Scheel-Regierung sprach von *zwei Staaten in Deutschland*. Damit akzeptierte man einerseits die Realität. Andererseits wurde die DDR nicht explizit als Ausland betrachtet, womit der Verfassungsauftrag – die deutsche Einheit wieder herzustellen – nicht zur Disposition gestellt werden mußte. Nicht zuletzt deshalb konnte die konservative Kohl-Regierung, die 1982 nach dem Sturz von SPD-Kanzler Helmut Schmidt die Geschäfte in Bonn übernahm, ohne Probleme die Deutschlandpolitik der Vorgängerregierungen fortsetzen.

Auf die Hackordnung
kommt es an

Aus heutiger Sicht und in Unkenntnis der tatsächlichen Verhältnisse im Innern der DDR glauben nicht wenige, die Beziehungen und Kontakte zwischen Bonn und Berlin seien nur über Erich Honecker selbst, mindestens aber mit dessen Billigung und Kenntnis gepflegt worden. Das stimmt, und es stimmt auch wieder nicht.

Honecker war 1971 auf dem VIII. Parteitag der SED zum Ersten Sekretär des ZK gewählt worden; auf dem nächsten, 1976, hieß er wieder Generalsekretär, zudem hatte er sich von der Volkskammer zum Staatsratsvorsitzenden und Vorsitzenden des Nationalen Verteidigungsrates ausrufen lassen. Damit besetzte er wie schon sein Vorgänger Ulbricht – der ja angeblich auch wegen dieser Ämterhäufung gestürzt worden war – die drei wichtigsten Positionen im Land.

Nach der Anerkennungswelle, die die DDR zu Beginn der 70er Jahre überrollte, und der damit wachsenden internationalen Reputation der DDR – Honecker saß 1975 in Helsinki gleichberechtigt neben den Großen dieser Welt – engagierte er sich zunehmend auf dem Felde der Außenpolitik (dazu gehörten nach seinem Verständnis auch die innerdeutschen Beziehungen). Der eigentlich dafür zuständige ZK-Sekretär Hermann Axen, einer der wenigen intelligenten Köpfe im Politbüro, und der Außenminister wurden dadurch zur Bedeutungslosigkeit verdammt. Axen wurde von der Führung der Außenpolitik weitgehend ausgeschaltet; man solle ihm aber die Bruderparteien als Spielwiese lassen, soll Honecker gönnerhaft einmal erklärt haben.

So war Honecker, der mächtigste Mann der DDR, folglich auch zum wichtigsten Gesprächspartner auswärtiger Gäste geworden. Wer etwas erreichen wollte, mußte bei ihm anklopfen. Das schmeichelte sowohl Honeckers Eitelkeit – wie auch der seiner Besucher. Ein Protokollbild in der »Tagesschau« brachte Zehntelprozente bei der Landtagswahl. Und die konnten mitunter entscheidend sein. Aufgrund dieser Fokussierung entstand der Eindruck, daß Honecker allein Gespräche mit westdeutschen Politikern führte – im

Hintergrund assistiert von einigen wenigen Personen, stillen Kanalarbeitern, unauffälligen Anwälten, grauen Mäusen.

Das entsprach keineswegs der Realität. Auch unterhalb der Ebene Honecker entwickelten sich Verbindungen, von denen ER vermutlich nicht einmal Kenntnis hatte.

Besonders hohe und höchste Funktionsträger des MfS unterhielten oft langfristige Beziehungen zu hochkarätigen Partnern etwa in Bonn und München. Das, so erklärten nach Bekanntwerden dieses Faktums die vormals leitenden Kader der Auslandsaufklärung, habe einzig der Informationsabschöpfung gedient. Die Gespräche seien nicht primär darauf gerichtet gewesen, die politischen Beziehungen zwischen der BRD und der DDR zu stabilisieren, schon gar nicht habe man an eigenes Fortkommen in einer Post-DDR-Phase gedacht. Die Justiz folgte wohl dieser Argumentation – was dazu führte, daß gegen die ehemaligen Gesprächspartner in Westdeutschland ermittelt und mitunter prozessiert wurde. Der fortgesetzte Gedankenaustausch etwa zwischen Karl Wienand und HVA-Oberstleutnant Völkel trug Jahrzehnte später dem einstigen SPD-Spitzenpolitiker eine hohe Haftstrafe wegen Spionage zum Schaden der BRD ein. Das Urteil ist höchst fragwürdig – es konnten keine konkreten Beweise für einen »Verrat« vorgelegt werden.

Die meisten konkreten Kontakte wurden nach meiner Kenntnis nicht planmäßig angebahnt, oft führte der Zufall Regie. Zweifellos liefen die allgemeinen Vorbereitungen genau in diese Richtung, doch es war selten vorhersehbar, wer mit wem erstmals zusammenstieß und ob sich daraus ein Gesprächsfaden spinnen ließ. Das Haus Rissen bei Hamburg beispielsweise führte wie in den Jahren zuvor 1974 Politiker, Wissenschaftler, Geschäftsleute und Diplomaten aus Ost und West in eben dieser Absicht zusammen. Und so ergab es sich, daß Walther Leisler Kiep – damals CDU-Schatzmeister und Präsidiumsmitglied der oppositionellen Union – auf meinen Kollegen Herbert Bertsch traf. Der CDU-Präside bat den Hauptabteilungsleiter im IPW, er möge einen Kontakt zur SED-Spitze vermitteln. Kiep beklagte, daß es noch immer keine »geordneten politischen Kontakte« zwischen CDU und SED gebe, und machte mit seinem Ansinnen deutlich, daß man dies schleunigst zu ändern wünsche.

Bertsch trug die Botschaft nach Berlin, Honecker beauftragte Häber – damals Abteilungsleiter im Zentralkomitee –, mit Kiep zu sprechen. Auf diese Weise kam eine Verbindung zustande, die jahrelang funktionierte.

Das eigentlich Interessante an dem Vorgang war aber nicht etwa die bizarre Liaison, sondern der Umstand, daß Honecker sich zuvor mit Wehner konsultierte. Der SPD-Spitzenpolitiker erteilte – wenn auch mit Vorbehalten – grünes Licht für die Kontaktaufnahme mit der CDU-Führung und zeigte sich damit einmal mehr als Demokrat, dem stabile und normale politische Verhältnisse in Deutschland wichtiger waren als unmittelbare egoistische Parteiinteressen. Allerdings hielt sich Wehners Begeisterung in Grenzen.

Auch ich war wiederholt Bote in solcher Mission. So trat Dr. Karl-Hermann Fink in seiner Eigenschaft als Geschäftsführer des Ostausschusses der Deutschen Wirtschaft an mich heran, um mir den Wunsch des Vorsitzenden seines Ausschusses zu übermitteln, daß dieser mit Honecker über verschiedene Kooperationsmodelle zu sprechen wünsche. Otto Wolff von Amerongen, ein bedeutender Unternehmer, war zugleich Präsident des Deutschen Industrie- und Handelstages und mithin in wirtschaftlichen Dingen beschlagen, was man Honecker nun wahrlich nicht nachsagen konnte. Aber: Er war die wichtigste Person in Ostberlin, und wenn man mit der DDR ins Geschäft kommen wollte, brauchte man zumindest sein Ohr. Ich speiste also die Botschaft in den Kanal Beil und Mittag ein – einige Zeit später fuhr eine dunkle Limousine mit Otto Wolff am Staatsratsgebäude vor. Als Sahnehäubchen gab es noch die Ehrendoktorwürde für den westdeutschen Wirtschaftskapitän, die zwischen mir und Fink ausgehandelt worden war. Das alles habe ich aber in meinem Buch »Länderspiel« detailliert beschrieben und muß es hier nicht wiederholen.

Otto Wolffs Nachfolger beim DIHT wurde 1989 Stihl, der sich unmittelbar nach seiner Wahl mit gleicher Intention an unser Institut wandte. In dieser Sache habe ich mehrmals mit Günter Mittag und dessen Mitarbeiter Prof. Klaus Krömke gesprochen. So kam es durch unser Zutun noch im letzten Jahr der Honecker-Ära zu Gesprächen (und Fototerminen) zwischen Mittag und dem DIHT-Präsidenten Stihl.

In der Regel ging der Gesprächswunsch von westdeutscher Seite aus, und meist wurde die Bereitschaft dazu mit Angeboten an die ostdeutsche Seite befördert. Das waren entweder politische Zugeständnisse oder wirtschaftliche Offerten. Es handelte sich zumeist um Kooperationsangebote auf dem Feld von Wissenschaft und Technik, im Industriebereich und mitunter auch auf der internationalen politischen Ebene. Dabei bewies die westdeutsche Seite erstaunliche Phantasie, um einerseits die durch die Machtblöcke und die besondere deutsch-deutsche Situation klar gezogenen Grenzen nicht zu überschreiten, und um andererseits die innerdeutschen Beziehungen zu entwickeln. Man nahm den eigenen Verfassungsauftrag sehr ernst.

Die DDR-Führung ihrerseits fühlte sich in ihrem Selbstwertgefühl gestärkt, war aber offenkundig mit vielen Vorschlägen gänzlich überfordert. (Natürlich läßt dies den Schluß zu, daß die westdeutsche Seite das genau ins Kalkül zog – man konnte fortgesetzt Angebote in dem Wissen unterbreiten, daß sie »geprüft« und nie angenommen werden würden, weil Ostberlin damit nicht zurande kam. Im Dialog bewahrte sich Bonn aber so die Offensive.) Nichtsdestotrotz kamen auf diese Weise etliche Abkommen und Verträge zustande, die der wirtschaftlichen Entwicklung und den Menschen in beiden deutschen Staaten nützten.

Die Basis dafür lieferten die »Kanalarbeiter«, die – wie Schalck-Golodkowski bestätigte – »nach einer festen Ordnung« tätig wurden. Zu diesem Zweck hatte das ZK der SED einen »Geschäftsverteilungsplan« beschlossen, der den einzelnen Unterhändlern ihre Betätigungsfelder zuwies. Offizielle und nicht offizielle Kontakte zu Regierungsstellen, Parteivorständen und anderen wichtigen Gremien in der Bundesrepublik und in Westberlin durften ausschließlich mit Honeckers Zustimmung unterhalten werden. Und so verhielten wir uns auch. Schalck log nicht, als er 1995 in seiner schriftlichen Stellungnahme auf mein Buch »Länderspiel« erklärte: »Mir ist zumindest niemand bekannt, der diese Entscheidungen nicht vorbehaltlos durchgeführt hat. Wenn heute jemand behauptet, er hätte aus Eigeninitiative und moralischem Verantwortungsbewußtsein in das Geflecht der deutsch-deutschen Kontakte maßgeblich eingegriffen, ist er unglaubwürdig.«

Mit einer Einschränkung: Nicht nur zwischen Himmel und Erde, auch zwischen Bonn und Ostberlin passierten viele Dinge, die weder in Lehrbüchern noch Geschäftsverteilungsplänen enthalten waren.

Zweifellos hielt man sich streng an das Reglement, wenn es um »regierungsoffizielle« Verhandlungen über konkrete Projekte ging, etwa den Bau oder die Erneuerung von Autobahnen und Schienen-verbindungen. Doch es gab unendlich mehr, worüber gesprochen wurde – und mitunter waren die Tagespolitik rascher und die Phantasie der Unterhändler größer als die des Politbüros, wodurch Fragen aufs Tapet kamen, die nicht vorhersehbar, mithin planbar waren.

Wolfgang Schäuble sieht das wohl ähnlich. In diesem Sinne äußerte er sich auch im April 1994 gegenüber »Spiegel-TV«, indem er auf die vielen Begegnungen und Diskussionen hinwies, die es in den 80er Jahren, also unter der CDU-geführten Regierung, gab. In diesem Geflecht, so Schäuble, habe der seinerzeitige Kanzleramts-minister Philipp Jenninger »eine hervorragende Rolle« gespielt.

Auf DDR-Seite spielte diese *hervorragende Rolle* Herbert Häber. Der hatte von Honecker Prokura für Kontakte in die Bundesrepublik erhalten, doch der Staats- und Parteichef ließ ihm freie Hand bei der Wahl seiner Gesprächspartner. Die Gegenleistung für diese Generalvollmacht des Generalsekretärs: »Honecker wollte im Interesse der Politik Ergebnisse sehen.« Je höher der Partner angesie-delt, je bedeutender sein Einfluß auf die Politik war, umso besser sei dies »für die Sache« gewesen. Dabei hatte Häber weniger konkrete Vorhaben im Auge, die gemeinsam realisiert werden sollten, sondern mehr »die Gesamtheit der politischen Rahmenbedingun-gen und deren Gestaltung, unter denen die konkreten Beziehun-gen sich entwickeln sollten«. Allerdings waren Schmidt, Wehner und später Kohl für ihn tabu.

Wie der Berliner »Tagesspiegel« am 2. Oktober 1997 schrieb, habe es keinerlei Vollmachten außer der entscheidenden gegeben: »gegenseitiges Vertrauen aufzubauen, nie den Kontakt abreißen zu lassen. Die Verträge machen andere. Der Parteisoldat Häber erkun-dete die politische Wetterlage und spickte die wetterfühligen Par-teispitzen Ulbricht und später Honecker mit detailliertesten Infor-mationen.«

Das paßte natürlich in keinen Geschäftsverteilungsplan. Vor al-lem aber widerspricht das der Auffassung Schalcks, daß es keinerlei individuellen Spielraum gegeben habe. Häber selbst polemisierte gegen derartige Positionen, als er im März 1998 in einem Vortrag in Berlin-Pankow erklärte: »Es hat keinen Beschluß gegeben, daß ich mit führenden Persönlichkeiten der bundesdeutschen CDU/CSU Verbindung aufzunehmen habe. Es gab sogar Widerstand, und obwohl ich über zehn Jahre solche Beziehungen auf hoher Ebene gepflegt habe, auch mit Politikern der SPD und der FDP, bin ich niemals aufgefordert worden, darüber vor diesem Politbüro zu berichten oder gar Rechenschaft abzulegen. Meine Informationen gab Honecker gelegentlich an die anderen zur Kenntnis weiter. Oft aber auch nicht.«

Als Häber im Herbst 1985 aus dem Politbüro entfernt wurde, räumte man auch seinen Panzerschrank. Dabei wurden offenkundig die meisten seiner Unterlagen und Akten vernichtet, denn sie sind bis heute unauffindbar. Häber zur seinerzeit üblichen Praxis: »Es reichte ein Ersuchen an Honecker, daß ich zu Gesprächen nach Bonn zu reisen gedachte, um die Zustimmung zu erhalten. Meist entschied sich erst dort, wer mit mir aus den Spitzen der Parteien zusammentraf. Und das ging über Jahre so.«

Ein Vertrauter von Helmut Schmidt bezeichnete am Rande des deutsch-deutschen Gipfeltreffens 1980 in der DDR Häber als »Libero in der SED«. Diese Charakterisierung traf gewiß zu – der Libero in einer Fußballmannschaft ist der freie Mann, der keinen festen Gegenspieler hat.

Ansonsten hatte nahezu jeder im geheimen deutsch-deutschen Mit- und Gegeneinander sein Pendant, auf jeder Etage der beiden Machthierarchien. Die Kanzler Brandt, Schmidt und Kohl konferierten mit dem Staats- und Parteichef Honecker, kurzzeitig auch mit dessen temporären Nachfolger Krenz. Auch wenn dies überraschen mag: Sowohl Schmidt als auch Kohl hatten auch außerhalb des offiziellen Protokolls Unterredungen mit Honecker, die der Öffentlichkeit verborgen blieben. Das waren diskrete Unter-vier-Augen-Gespräche bei Gelegenheit von Gipfeltreffen am Rande von Trauerfeiern oder anderen offiziellen Begegnungen. Zumeist telefonierte man jedoch miteinander. Soweit nach der Wende diese Geheimgespräche publik wurden, läßt sich feststellen, daß neben Lapidarem oft auch Grundsätzliches erörtert wurde. Nach meinem Eindruck – und das will ich allen Beteiligten gern nachsagen – beschäftigten seit der zweiten Hälfte der 70er Jahre zunehmend gemeinsame deutsche Interessen. Natürlich war das Thema zumeist eingebettet in die Friedenssicherung, doch die Übereinstimmung in der Kernthese, daß von deutschem Boden nie wieder Krieg ausgehen dürfe, führte zu einer Annäherung in bestimmten Positionen. Nach meiner Überzeugung war die fortgesetzte Betonung der Friedensfrage bei Honecker keine rhetorische Übung – es entsprach seiner tiefen inneren Überzeugung. (Bei aller berechtigten Kritik, die man an ihm üben muß, sollte diese Tatsache nicht übersehen oder gar geringgeschätzt werden. Zu den Verdiensten, die man Ulbricht wie Honecker uneingeschränkt nachsagen kann, gehört der keineswegs zufällige Umstand, daß niemals Kampfeinheiten der NVA an einem Krieg oder einer militärischen Intervention beteiligt waren. Nicht unerwähnt soll bleiben: zu jener Zeit auch kein Bundeswehrsoldat .)

Ich glaube auch nicht, daß Honecker – wie andere behaupten – im Wissen um die Sorgen des Kreml selbst bei Unter-vier-Augen-Gesprächen die Friedensfrage derart strapazierte. Nein, das hatte verständliche, nachvollziehbare Ursachen. Und indem er sich um den Frieden in Europa sorgte, sorgte er sich zugleich um die Menschen in der Bundesrepublik und in der DDR. Frieden war nur miteinander, nicht gegeneinander zu haben. Das hatte Konsequenzen. Schmidt und Kohl bzw. Schäuble hingegen brachten die Nöte nicht nur der Westdeutschen, sondern vor allem der Ostdeutschen unmittelbar aufs Tapet. In den Geheimgesprächen mit Honecker diskutierten sie Verbesserungen im Reiseverkehr, die Aufhebung von Kontaktverboten, Städtepartnerschaften, Familienzusammenführungen, Verbesserung der Telekommunikation, Aids-Bekämpfung, Stipendien, Häftlingsaustausch etc. Honecker lieferte bei solchen Themen nicht nur keine Impulse – die Protokolle, soweit vorhanden, vermerkten an diesen Stellen längere Pausen. Er sagte wenig oder eben nichts. Und wenn er reagierte, flüchtete er sich in Gemeinplätze oder Floskeln, etwa daß die DDR ein souveräner Staat sei und über ihre inneren Angelegenheiten selbst bestimme. Und genau damit bewies er, daß die vermeintliche Souveränität nicht existierte. Es war nicht nur eine Frage der Intelligenz (bzw. ihrer Abwesenheit), keine Frage der sogenannten Prinzipienfestigkeit, daß Honecker in der Sache derart niveaulos lavierte. Es war die Schwierigkeit im Umgang mit der Wahrheit.

In dieser Hinsicht waren darum die Geheimverhandlungen auf der Kapitänsebene eher unergiebig. Sie bewegten weder im Großen noch im Kleinen etwas, von der Hilfe in einzelnen Fällen mal abgesehen. Wesentlich ergiebiger waren die Kontakte auf der nächsten Ebene. Das waren die Deutschlandexperten in den Führungsgremien der Parteien und Regierungen. In der Regel genoß jeder aus diesem Personenkreis das persönliche Vertrauen der jeweiligen

Nummer Eins. Bei Schmidt waren dies Hans-Jürgen Wischnewski, Staatsminister im Bundeskanzleramt, sowie Herbert Wehner, Fraktionsvorsitzender der SPD im Bundestag und Partei-Vize. Unter Kohl waren das Dr. Philipp Jenninger, gleichfalls Staatsminister im Bundeskanzleramt, und dessen Nachfolger Dr. Wolfgang Schäuble. Ihm folgte Dr. Rudolf Seiters in der Endphase der DDR, doch aufgrund der Umstände kam er kaum noch dazu, in die Rolle eines offiziellen Unterhändlers hineinzuwachsen. Ich habe allerdings meine Zweifel, ob er dies selbst bei Fortexistenz der DDR gekonnt hätte. Aber vermutlich will er heute diese Art Unfähigkeit als Ausdruck kühler Berechnung gewertet wissen.

Eine Sonderrolle als Unterhändler der CDU spielte viele Jahre Walther Leisler Kiep. Er bahnte nicht nur – wie bereits erwähnt – die Kontakte seiner Partei zur SED-Führung an, sondern besuchte wiederholt in der Folgezeit die DDR, um Hintergrundgespräche zu führen. Die dort aufgenommenen Informationen flossen in parteiinterne Diskussionen und Regierungsentscheidungen in Bonn mit ein. Wie man in Kieps neuestem Buch »Was bleibt ist große Zuversicht« lesen kann, hatte er es mit dem Parteivorsitzenden Kohl nicht einfach. Dieser habe ihn wiederholt desavouiert. Seine, Kieps, Gespräche mit Häber hätten zu Irritationen zwischen Kohl und Strauß geführt. Der BND habe sich eingeschaltet. »Die CSU-Riege im BND hat hier offensichtlich zugeschlagen«, schreibt Kiep im Buch. Und Kohl artikulierte seinen Unmut in einem an anderer Stelle wiedergegebenen Brief vom 30. Juni 1980 an den Staatsminister Kiep in Hannover: »Ich überlasse es Dir zu beurteilen, ob diese Art des Umgangs mir gegenüber als Person akzeptabel ist. Gegenüber dem Parteivorsitzenden der CDU ist diese Art des Umgangs unerträglich. Mit freundlichen Grüßen. Dein Helmut Kohl.«

Die Gesprächspartner des genannten Bonner Personenkreises in der DDR waren Herbert Häber und Günter Mittag. Beide gehörten dem Politbüro und dem Sekretariat des ZK der SED an. Häber leitete bis zu seinem Aufstieg ins Politbüro 1984 die Westabteilung des ZK (und auch danach), Mittag war zudem Stellvertreter Honeckers im Staatsrat und zeitweise auch Stellvertreter Stophs. Doch wie schon bei Häber, dessen Akten nach seinem Sturz 1985 verschwanden, wurden auch bei Mittag, der mit Honecker am 18. Oktober 1989 stürzte, die Akten stark gefleddert. Wer es tat, warum und in wessen Auftrag wurde nicht bekannt, auch wenn es etliche Hinweise auf die Täter gibt. Insofern ist auch diese Quelle des Honecker-Vertrauten Mittag, die für die Aufhellung der deutsch-deutschen Beziehungen hätte nützlich sein können, versiegt.

Der Umgang der Unterhändler aus West und Ost auf dieser Ebene war fair. Man akzeptierte sich gegenseitig, ging respektvoll miteinander um und verkehrte auf gleicher Augenhöhe. Trotz politischer Gegensätze war das persönliche Verhältnis gut, man verstand sich. Mitunter schien es geradezu familiär. Prof. Häber »ging durch alle Zimmer der Abgeordneten des Deutschen Bundestages einschließlich des Kanzleramtes«, erklärte Jenninger im Bonner Schalck-Untersuchungsausschuß, und der Ausschuß-Vorsitzende Friedrich Vogel (CDU) pflichtete ihm bei: »Ja, ich habe auch das Vergnügen gehabt.«

Es ist belegt, daß Häber mit Führungsleuten aller im Bundestag vertretenen Parteien gesprochen hat, wobei ihm Wischnewski (SPD) und Jenninger (CDU) in besonderer Weise zugetan waren. Sie hoben sich aus dem Kreis der Gesprächspartner heraus. Ob auch Jenningers Nachfolger Schäuble sich gegenüber Häber ähnlich verhalten hätte, bleibt Spekulation: Als der CDU-Politiker diese Aufgabe übernahm, war über Häber in Ostberlin bereits der Stab gebrochen worden und MfS-Oberst Schalck verhandelte im Auftrag und als Vertrauter Mielkes vor allen anderen aus der DDR-Hierarchie mit dem Bonner Kanzleramtsminister. Allerdings hatte Schalck – so Jenninger vor dem Untersuchungsausschuß an anderer Stelle – »eine etwas stärkere Position auch im Verhältnis zur Bundesrepublik«. Weshalb das so war, ist inzwischen bekannt.

Eine Sonderrolle in der politischen Hierarchie der Bundesrepublik nahm zweifellos Franz Josef Strauß ein. Der bayerische Ministerpräsident und CSU-Vorsitzende war in bezug auf die DDR erheblich aktiver als alle seine Ministerpräsidentenkollegen. Obgleich 1980 als Kanzlerkandidat der Union gegen Helmut Schmidt unterlegen, hatte er nie seine bundespolitischen Ambitionen aufgegeben. Er stellte sogar öffentlich die deutschlandpolitische Kompetenz der Kohl-Regierung infrage, die 1982 in Bonn angetreten war. Es ist ein offenes Geheimnis, daß Strauß in der Folgezeit politische und Personalentscheidungen am Rhein vorgegeben, mindestens mit beeinflußt hat.

Strauß war letztlich auch dafür verantwortlich, daß Schalck-Golodkowski in diese Schlüsselstellung aufstieg, die er bis kurz nach der Wende in der DDR dann einnahm. Bis zu Beginn der 80er Jahre, so schätzen es Fachleute aus seiner Umgebung und aus Bonner Regierungskreisen ein, besaß Schalck eine eher durchführende technische Position. Er war zuständig für spezielle Wirtschaftsprojekte oder Finanzierungsfragen, die sich aus Abkommen zwischen Bonn und Ostberlin, vornehmlich aus dem Grundlagenvertrag, ergaben. In dem Augenblick, als er jedoch mit Strauß den sogenannten Milliardenkredit zustandebrachte, rückte Schalck in der Hierarchie der Unterhändler bis in die Nähe Mittag, die zweite Ebene, auf.

Zuvor war er auf der dritten Ebene. Dort agierten Personen wie der Rechtsanwalt Wolfgang Vogel. Er war für »humanitäre Fragen« zuständig. Auf diese Feststellung legt Prof. Dr. Vogel auch heute noch großen Wert. Zweifellos hat sich Vogel große Verdienste erworben bei der Regelung komplizierter Fälle. Selbst wenn nach dem Beitritt der DDR zur Bundesrepublik mancher seiner Mandanten dieses Engagement anders bewertete als vordem, bleibt es Vogels unbestrittene Leistung, in das Dickicht von politischen, juristischen und wirtschaftlichen Vorschriften, zwischen Pressionen von Politik und Staatssicherheit, eine Schneise für bedrängte Menschen geschlagen zu haben.

Gesprächspartner von Vogel waren in Bonn Bundeskanzler Schmidt, Wehner und Wischnewski, später Jenninger und Schäuble. Vogel vermochte es 1981 auch, daß das Zürcher Modell (siehe »Länderspiel«) zur Chefsache zwischen Schmidt und Honecker erklärt wurde, in das auch Wehner, Lahnstein und Wie-nand eingebunden waren. Bekanntlich wurde dieses Vorhaben, mittels einer gemeinsamen Bank die wirtschaftliche Lage der DDR zum Preis politischer Zugeständnisse zu stabilisieren, nach dem Zustandekommen des Milliardenkredit-Abkommens »heruntergehängt«, wie Jenninger sagte, doch nie ad acta gelegt – es war während der 80er Jahre immer mal wieder im Gespräch.

Unterhändler wie Vogel agierten auch außerhalb der etablierten westdeutschen Parteien. Sie hatten unzählige Kontakte zu nichtstaatlichen Organisationen, zu Kirchenleuten und Gewerkschaftsführern, zu Wirtschaftskapitänen und Verbandsfunktionären, zu Juristen und Journalisten und woben ein Netz stabiler Beziehungen, von der die Menschen in beiden Staaten wie auch die internationalen Beziehungen in Europa unmittelbar und mittelbar profitierten.

Auf einer weiteren, der vierten, Ebene arbeitete eine ganze Reihe ausgewählter Experten. Das waren vor allem Diplomaten, leitende Beamte aus der Ministerialbürokratie, Kirchenleute, Wissenschaftler, Juristen, Geschäftsleute, Journalisten. Diese gingen ihrer eigentlichen Tätigkeit nach. Allerdings wurden sie von Fall zu Fall angesprochen, um als Unterhändler aktiv zu werden, ohne jedoch von ihrem offiziellen Arbeitgeber dafür freigestellt zu werden. In der Regel waren nur die Chefs über diese Art Nebentätigkeit informiert, ohne in die Details eingeweiht zu sein, die Kollegen ahnten schlimmstenfalls etwas. Da ich selber zu dieser Ebene gehörte, habe ich erfahren, was dies bedeutete. Zugegeben: das war eher typisch DDR. Als Professor am Institut für Internationale Politik und Wirtschaft (IPW) geriet ich, wenn ich denn in solcher Mission unterwegs war, gelegentlich auch in die Zeitungsspalten, etwa als ich Otto Wolff von Amerongen nach Jena begleitete, wo er an der dortigen Friedrich-Schiller-Universität zum Dr. h. c. gemacht wurde. Solche – aus der Sicht manches Kollegen – exorbitanten Aufgaben hoben mich angeblich oder tatsächlich aus der Schar der namenlosen Wissenschaftler heraus, was immer Neid und Mißgunst im Gefolge hat. Dies wiederum führt oft, wie jeder weiß, zu Veränderungen im Umgang miteinander.

Auf dieser vierten Ebene wurden Kontakte der Vertreter der höheren Ebenen angebahnt, Themen dieser Treffen diskutiert, Informationen ausgetauscht oder Begegnungen organisatorisch-technisch vorbereitet und begleitet. Die Aufträge für solche geheimen Verbindungen schienen eher den Charakter von Zufälligkeit zu haben, sie waren mitunter einmalig und selten dazu angetan, aus der Singularität Dauerhaftigkeit werden zu lassen. Nur wenn Themen und Projekte es opportun erscheinen ließen, blieb der Faden geknüpft – oder, was wahrscheinlicher war, der Vorgang wurde »nach oben« abgegeben, weil er die Kompetenz der Gesprächspartner überstieg. Insofern übten die Akteure auf dieser Ebene zwar wichtige, aber im Kern lediglich dienende Funktion aus, sie waren die unverzichtbaren Wasserträger.

Wie das im einzelnen aussah, möchte ich gern an einem konkreten Beispiel illustrieren.

Die westliche Wirtschaft folgte den Gesetzen des Marktes und nicht ideologischen Vorgaben. Sie suchte Absatzmärkte und Rohstoffquellen überall auf der Welt, auch in ihrem kommunistischen

Teil. Und im Drang nach Profit machte man auch mit den »Feinden« Geschäfte. Im deutsch-deutschen Verkehr kam noch ein anderes Moment hinzu: Teile der westdeutschen Elite dachten und handelten national. Die DDR war zwar de facto ein anderer Staat, de jure aber nicht Ausland. Zu diesen aufgeklärten Weltbürgern, die das Nationale verinnerlicht hatten, gehörte zweifellos Otto Wolff von Amerongen. In seiner Eigenschaft als Vorsitzender des Ostausschusses der deutschen Wirtschaft schickte er eines Tages dessen Geschäftsführer zu mir. Dr. Karl Hermann Fink sollte bei mir ausloten, inwieweit die DDR-Spitze bereit sei, mit Bonn über eine gemeinsame Produktion bestimmter Erzeugnisse im Inland und in Drittstaaten zu diskutieren. Damit wären Handelshemmnisse unterlaufen worden, westdeutsche Unternehmen hätten Absatzmöglichkeiten im Osten und die DDR ökonomisch gestärkt werden können. Das war eine Offerte, von deren Realisierung beide Seiten profitieren würden. (Allerdings gab es namentlich im Politbüro viele Hardliner, die gegen jede Art Kooperation mit westdeutschen Unternehmen und Einrichtungen waren. Das hatte zur Folge, daß Mittag – bei dem Angebote solcher Art grundsätzlich aufliefen – entsprechende Vorschläge und Ideen überhaupt nicht mehr in dieses Gremium trug. Er entschied entweder selbst oder suggerierte Honecker eine zustimmende Entscheidung.)

Ich nahm Finks Überlegung – die ja nicht nur die seine war – interessiert zur Kenntnis und formulierte sie als schriftliche Information, die ich Außenhandelsminister Gerhard Beil übergab. Meist enthielt ich mich einer eigenen Wertung des Vorschlags, mitunter war es jedoch angeraten, entweder zu befürworten oder abzulehnen. Damit geriet man allerdings in eine mißliche Lage. Einerseits lief man Gefahr, gänzlich neben der »neuen Linie« zu liegen, die soeben von Honecker und Mittag entschieden worden war – was gestern schlecht war, konnte heute schon gut sein (und umgekehrt). Anderseits war es denkbar, bei vorsichtiger Formulierung der Leisetreterei oder bei überschwenglichem Votum subversiven Engagements bezichtigt zu werden. Die Wahrscheinlichkeit, kritisiert statt gelobt zu werden, war in der DDR allemal größer.

Beil gab die Information an Mittag, Mittag leitete sie an Honecker weiter. Der erteilte grünes Licht. Dann kam der Auftrag zurück, das Thema weiter zu diskutieren, es gebe noch Klärungsbedarf. Das ließ ich Fink wissen. Es wurde auf beiden Seiten von den Experten erörtert. Sodann kamen Fink und ich überein, daß Wolff und Beil sich treffen sollten. An dieser Runde nahmen auch wir beide teil. Es war eine anregende, offene Debatte, bei der Grundsatzfragen wie auch verschiedene sehr komplizierte Details besprochen wurden. Nachdem alles in Sack und Tüten war, machten wir Meldung – und der Staatsratsvorsitzende Honecker empfing Tage später Otto Wolff von Amerongen. Bei dieser offiziellen Spitzenbegegnung wurde die Absicht beider Seiten bekräftigt, nunmehr in bestimmten Bereichen miteinander zu kooperieren.

Wenngleich das Wesentliche propagandistisch genutzt wurde, so blieben die Details weiter unter der Decke und wurden unverändert als geheim behandelt. Dennoch wollte Ostberlin in Erfahrung bringen, wie dieses Signal im Westen aufgenommen worden sei. Beil erteilte mir den reichlich merkwürdigen Auftrag, in meinen westdeutschen Kanälen zu eruieren, wie das Echo auf dieses Treffen in Bonn und Umgebung ausgefallen wäre und welchen Eindruck der DDR-Spitzenmann hinterlassen habe. Das Echo war sehr positiv, nahezu überschwenglich. Honecker und Mittag registrierten es mit Wohlgefallen und interpretierten es als Zustimmung zu ihrer »klugen Politik«. (Der Wahrheit zuliebe: Auch bei mir wurde gelegentlich von westdeutscher Seite Ähnliches angefragt. Und ich bestreite nicht, gleichfalls der Versuchung erlegen zu sein, aus Gefälligkeit positiver gewertet zu haben, als die Reaktion tatsächlich gewesen ist.)

Für die Mehrheit meiner vielen Gespräche mit westdeutschen Kontaktpersonen läßt sich sagen, daß es im Kern um Sachfragen ging. Wir haben offen über politische, wissenschaftliche und wirtschaftliche Themen debattiert. Ideologische Scheuklappen gab es nicht, obwohl jeder wußte, daß sein Gegenüber die aufgenommenen Informationen nicht für sich behalten werden würde. Im Gegenteil: Es sollte an die Spitze herangetragen werden. Aber, und das war die Geschäftsgrundlage, der Kreis der Eingeweihten war überschaubar, politischer Mißbrauch in der Regel ausgeschlossen.

Natürlich wurde gelegentlich auch nach Interna und Personalien gefragt, nach Klatsch und Tratsch aus Wandlitz und den Korridoren der Macht. Ich habe mich bei solchen Erkundigungen stets einer gewissen Zurückhaltung befleißigt, was sich – wie ich später erfahren sollte – durchaus als nützlich erwies. Wie ich bei Befragungen durch das Bundeskriminalamt und der Bundesanwaltschaft in den 90er Jahren feststellen mußte, haben einige meiner westdeutschen Gesprächspartner auch für das MfS gearbeitet. Insofern zielten solche Fragen sowohl auf Erkenntnisgewinn als auch darauf, inwieweit ich gegenüber meinem Auftraggeber – die Partei- und Regierungsspitze – loyal war. Oder um es deutlicher zu formulieren: Man testete meine »Linientreue« und Eignung. Offenkundig habe ich die Proben bestanden, sonst hätte man mich nicht weiter auf heikle Missionen geschickt.

Wolfgang Vogel,
der Advocatus diaboli?

Ministerpräsident Hans Modrow, nach dem Sturz der Honecker-Riege im November 1989 ins Amt gekommen, verlangte von Rechtsanwalt Vogel darüber Aufklärung, was es auf sich habe mit diesem »Menschenhandel«, bei dem er eine Schlüsselfigur gewesen wäre. Vogel antwortete schriftlich, daß es sich um den Austausch von Gefangenen handelte. Dieser sei »1964 von beiden Kirchen in der BRD und auch in der DDR vorgeschlagen, organisiert und zwischen beiden Regierungen durch Vermittlung von Rechtsanwälten vereinbart worden. Er hat bis 1989 funktioniert und betraf
- Häftlinge (Wiedergutmachung von Schaden)
- Ausreise (Ausbildungskosten)
- Botschaftsfälle (Ausbildungskosten).
Die Kirchen waren bis zuletzt aktiv beteiligt.«

Das war nur ein Teil der Wahrheit. Es darf spekuliert werden, weshalb der Genosse Vogel dem Genossen Modrow damals nicht alles offenbarte. Waren es die gleichen Gründe, weshalb der Ministerpräsident – in Kenntnis, mit Billigung oder gar im Auftrag von Krenz, des amtierenden Vorsitzenden des Staatsrates und des Nationalen Verteidigungsrates – schon bald von den Informationen der MfS-Spitze ausgeschlossen wurde? Gab es zwei Optionen für das weitere Vorgehen? Wären Modrow und sein Kurs dann »konterrevolutionär« gewesen und deshalb liquidiert worden?

Über Rechtsanwalt Vogel ist in den 60er, 70er und 80er Jahren in der Bundesrepublik viel geschrieben worden, darunter viel dummes, unwahres Zeug. Er hat nie oder selten offen widersprochen, was mit eben seiner Tätigkeit zusammenhing. Die erfolgte im Verborgenen. Publizität hätte ihr nur geschadet. Diesem Grundsatz blieb er auch nach Erledigung treu. Und wenn er und seine Unterhändlertätigkeit nicht in den 90er Jahren wiederholt durch die Justiz an die Öffentlichkeit geholt worden wäre, hätte man ihn vermutlich schon längst vergessen. So aber lieferte er den Paparazzi Nahrung, die ihn mitunter als Anwalt des Teufels erscheinen lassen. Andere hingegen setzten Vogel auf einen Denkmalsockel.

Wolfgang Vogel hat mehr als dreieinhalb Jahrzehnte im Auftrag der DDR-Führung zwischen Ostberlin und Bonn auf vielen Feldern vermittelt. Seine Hauptbetätigung war jedoch die Klärung sogenannter humanitärer Fälle. Es besteht kein Zweifel: Diese Fälle hätte es ohne die besondere deutsch-deutsche Situation und den Ost-West-Konflikt nicht gegeben. Weil die Lage anomal war, verliefen folglich auch viele Schicksale nicht normal. Die allgemeine politische Situation kann Rechtsanwalt Vogel nicht zum Vorwurf gemacht werden, ebenso wenig, daß er aufgrund dieser Umstände als Anwalt und Unterhändler sehr beschäftigt war. Er hat – nicht ganz selbstlos oder uneigennützig, aber das ist wohl in jedem Gewerbe legitim – zwischen 1964 und 1989 dafür gesorgt, daß viele DDR-Bürger ihren Wunsch nach Ausreise erfüllt bekamen.

Begonnen hatte alles mit dem sukzessiven Austausch von Agenten, die jeweils auf beiden Seiten einsaßen. Vogel führte die Verhandlungen, er organisierte die Abwicklung. Es fing mit dem CIC-Mann Friedrich Weihe an, der Vogel 1956 die Anregung zum Agententausch gab. Die Freundin des einstigen SS-Obersturmbannführers und Gestapospitzels, die amerikanische Agentin Kunow, saß in DDR-Haft. Weihe beauftragte Rechtsanwalt Vogel, Frau Kunow in den Westen zu bringen, was auch gelang. Weihe selbst wurde 1957 von einem MfS-Kommando in Westberlin gekidnappt, in Ostberlin inhaftiert und erst 1977 gegen den chilenischen Kommunisten Jorge Montes ausgetauscht.

Bei diesen »Geschäften« avancierte ein kleiner Parkplatz an der Sandkrugbrücke in Berlin-Tiergarten zum Agentenumschlagplatz.

Im Rahmen seiner Tätigkeit zwischen den politischen Blöcken bekam Vogel im Herbst 1956 auch Kontakt zu einem Herrn Krügler. Dieser outete sich bald als Heinz Volpert, Offizier im MfS. Rechtsanwalt Vogel geriet an den DDR-Geheimdienst.

Zu den wohl spektakulärsten seiner annähernd 150 Fälle, in denen Agenten ausgetauscht wurden, gehörte jener, bei dem der SPD-Politiker Alfred Frenzel und der KGB-Mann im BND Heinz Felfe freikamen. Nicht zu vergessen der Fall des sogenannten Kanzleramtsspions Günter Guillaume. Daß er und dessen Frau nach einigen Jahren der Haft in die DDR entlassen wurden, geht auf das Wirken von Rechtsanwalt Vogel zurück. Erwähnt werden muß auch der Austausch von Abel und Powers auf der Glienicker Brücke im Februar 1962. Rudolf Iwanowitsch Abel war der Kopf einer

KGB-Gruppe in den USA und durch Verrat in Haft gekommen, der Amerikaner Francis Powers als Pilot eines Spionageflugzeuges vom Typ U2 über der Sowjetunion abgeschossen worden. Auf der Havelbrücke zwischen Potsdam und Berlin (West) wechselten beide Männer über die Front des Kalten Krieges.

Auch wenn sich Vogel vorrangig deutscher Agenten-Fälle annahm, so war sein Aktionsradius erheblich weiter. Er handelte im Auftrage von etwa zwei Dutzend Staaten bzw. deren Regierungen und Geheimdiensten. Auf seinem Tisch landeten die Unterlagen von Agenten der USA, Israels, Frankreichs, Großbritanniens, der UdSSR, der CSSR, Polens, Rumäniens und Bulgariens, von Staaten des Nahen Ostens und Afrikas.

Seine eigentliche Arbeit lag jedoch auf anderem Gebiet. Schon bald war er einer von Honeckers wichtigsten Unterhändlern in heiklen politischen Angelegenheiten. Nicht selten kündigte Honecker bei Kanzler Schmidt telefonisch seinen »Briefträger« an. Noch häufiger war Vogel bei Herbert Wehner. Selbst als der Stellvertretende SPD-Vorsitzende bereits schwer erkrankt war, besuchte ihn der Ostberliner Anwalt. Die Verbindung zum Hause Wehner überdauerte auch den Tod, Vogel kontaktierte danach Wehners Witwe Greta. Ich selbst war bei einer dieser Begegnungen im Mai 1997 in Bonn zugegen. Auch Karl Wienand, mein Partner in Sachen Zürcher Modell, fädelte mit Vogel etliche geheime Aktionen und Treffen ein, worüber bislang wenig publiziert wurde.

Meine Bekanntschaft zu Vogel ist eher flüchtig, wir trafen uns selten. 1985 wurden wir – gemeinsam mit anderen – auf einer Veranstaltung zu Professoren gemacht. Die feierliche Zeremonie fand in einem Regierungsgebäude in der Leipziger Straße in Berlin statt. Ich reiste mit dem Wartburg an und mußte die letzten Meter zu Fuß zurücklegen, weil es eine Bannmeile gab, RA Vogel ließ sich von seiner Frau Helga im Daimler bis hinter das Portal kutschieren. Wenn der Unterschied schon nicht im Titel ausgewiesen werden konnte, tat man es eben auf diese Weise.

Vogel – der sinnigerweise von meinen westdeutschen Partnern mit dem Codenamen »Spatz« bezeichnet wurde – spielte in bezug auf das Zürcher Modell eine höchst merkwürdige Rolle. Damals vermuteten Bahl und ich es lediglich. Wie ich inzwischen aus den Unterlagen recherchiert habe, hat er qua Order seiner Auftraggeber mal das Konzept für eine deutsch-deutsche Annäherung protegiert, ein andermal gebremst. Daraus läßt sich wohl auch auf die schwankende Haltung Honeckers schließen.

Um auf das »Alltagsgeschäft« von Vogel zurückzukommen, muß die Frage gestellt werden, wer auf die Idee kam, daß in der DDR Inhaftierte durch die westdeutsche Seite freigekauft werden sollten. Sie läßt sich kaum beantworten, schon eher die Gründe für diese Praxis. In der Marktwirtschaft ist alles Ware, jedes hat seinen Preis. Gewiß stehen ethische und moralische Gründe dagegen, auch Menschen auf diesen Charakter zu reduzieren, doch so zu verfahren ist nur konsequent. In der DDR (und allen anderen Ostblockstaaten) herrschte fortgesetzter Mangel an Devisen, zumal ihre Währungen nicht konvertierbar waren. Also sann man in den dortigen Führungen fortgesetzt darüber nach, wie man in den Besitz von Valuta gelangen könnte. Zwar war man nicht derart zynisch wie etwa der hessische Landgraf, der seine Landeskinder als Soldaten seinerzeit nach Übersee verkaufte. Das geschah nämlich gegen deren Willen. In der DDR gab es jedoch nicht wenige, die das Land (und/oder das Gefängnis) freiwillig verlassen wollten, und da es dafür keine Gesetze gab, die das regelten, mußten die Ausreiseinteressierten notabene gegen geltendes DDR-Recht verstoßen, was oft zu ihrer Inhaftierung führte. Wenn die denn wegwollen, sollen die auch dafür zahlen, die sie haben wollen, lautete die Lesart in Ostberlin. Schließlich bekämen sie qualifizierte Leute, für deren Ausbildung die DDR gezahlt habe...

Es steht für mich außer Frage, daß zumindest zu Beginn dieser Praxis die DDR-Führung gewisse Probleme damit hatte. Sie hätte lieber Personen gegen Personen getauscht als Geld gegen Personen, das widersprach denn doch sozialistischem Selbstverständnis. Allerdings saßen in westdeutschen Gefängnissen nicht annähernd so viele Menschen, die von der BRD in die DDR wollten, wie in DDR-Haftanstalten Ausreisewillige, Dissidenten sowie westdeutsche Spione und Fluchthelfer, die man als Äquivalent hätte anbieten können.

1962 verhandelten Vogel und der Kirchenanwalt Reymar von Wedel erstmals über die Freilassung von Häftlingen auf finanzieller Basis. Schließlich wurden mit Zustimmung der Adenauer-Regierung acht Personen in den Westen entlassen – im Gegenzug flossen 340.000 DM. Bereits in den 50er Jahren hatte es in zwei, drei Fällen ähnliche Transaktionen gegeben, wobei die »Kopfprämie«, so

Vogel, in bar bezahlt worden war. Er nahm das Geld und reichte es an das Ministerium für Staatssicherheit weiter. Daß dies nicht zufällig geschah, hing mit dem Staats- und Sicherheitsverständnis der Führung zusammen. Die DDR war, wie die Bundesrepublik, ein Produkt des Kalten Krieges, beide Staaten waren die Speerspitzen der beiden Super- und Führungsmächte USA und UdSSR. Im Unterschied zur Bundesrepublik war die DDR jedoch ein von Stalin und seinem Staatsverständnis bestimmtes Gemeinwesen. Die SED war Staatspartei, der Staat war ihr Staat, ihr totaler Führungsanspruch in der Verfassung fixiert. Die SED wiederum war, wie später der ganze Staat, hierarchisch organisiert – an der Spitze der Pyramide herrschte einsam und außerhalb jeglicher demokratischer Kontrolle der erste Mann der Partei. In diesem Selbstverständnis hatten Funktionäre zu funktionieren und die Staatsbürger sich mindestens loyal zu verhalten. Als treue Untertanen, die an den »oben« beschlossenen Segnungen partizipierten, bestand ihr Schicksal im wesentlichen darin, hier zu leben und zu arbeiten. Individuelle Bedürfnisse und Freiheiten mußten in dem Maße hinter die kollektiven Bedürfnisse zurücktreten, wie sie den »Interessen der Gesellschaft« – die tatsächlich nichts anderes als das Machtbedürfnis der SED-Spitze waren – zuwiderliefen. Elementare Menschenrechte wie etwa das Recht auf Freizügigkeit wurden mit dem Hinweis negiert, man garantiere die wesentlich elementareren Menschenrechte, etwa das Recht auf Arbeit, auf Wohnung, auf Ausbildung, unentgeltliche medizinische Betreuung usw. Das traf zwar zu. Da aber die Menschenrechte weder unteilbar noch gegeneinander aufzurechnen sind, stand die SED-Führung sowohl innenpolitisch wie außenpolitisch stets unter Druck. Um ihn zumindest zu beherrschen, installierte sie das MfS als Schild und Schwert der Partei. So lag es in der Natur der Sache, daß auch Rechtsanwalt Vogel und seine Tätigkeit – um es neutral zu formulieren – für die Genossen der Staatssicherheit von Interesse waren.

Als Vogel Heinz Volpert Ende der 50er Jahre kennenlernte, war dieser Hauptmann und Mitte 20. Im Jahre 1986 wurde Volpert zum Oberst befördert. Allerdings erlebte der sportliche 52jährige seinen nächsten Geburtstag nicht mehr. Er verstarb in seiner Haussauna. Die Ärzte stellten einen natürlichen Tod fest.

An die Stelle von Volpert trat General Niebling, was auch nicht überraschte: Mielke hatte die Angelegenheit längst zur Chefsache erklärt und griff in solchen Fällen gern auf einen Führungsoffizier aus seiner unmittelbaren Umgebung zurück. Überdies war die Hauptabteilung IX, das sogenannte Untersuchungsorgan des MfS, in den Menschenhandel involviert.

Auf westdeutscher Seite waren seit Beginn der 60er Jahre ebenfalls Regierungskreise in die Praxis des Freikaufs eingebunden. Zwar hatte Barzel, der im Dezember 1962 zum Bundesminister für Gesamtdeutsche Fragen berufen wurde, laut Auskunft von Ludwig Rehlinger, seinem Büroleiter, keine Ahnung. Er besaß »keinerlei Kenntnisse von den Schritten, die andere unternommen hatten, um politischen Häftlingen in der DDR die Ausreise zu erleichtern«. Doch sein Nachfolger Erich Mende (FDP), der nach Adenauers Rücktritt im Oktober 1963 Minister und Vizekanzler geworden war, schien erheblich informierter und entschlossener und zog die Freikäufe auf den Regierungstisch. Dennoch blieb bis zuletzt die Kirche mit der Abwicklung betraut.

In jener Zeit sprach man von sogenannten Kredithäftlingen, die Formel lautete »humanitäre DDR-Leistungen gegen westliches Darlehen«. Das deckte sich mit meiner Beobachtung, daß der DDR-Führung der Vorgang peinlich war. Aber ernst nahm dies vermutlich kaum einer. Der 1986 verstorbene Volpert zitierte wohl nicht grundlos die Äußerung des US-Diplomaten Meehan ihm gegenüber: »Ihr seid so arm, daß Ihr den Kredit sowieso nicht zurückzahlen könnt.«

1963 betrug der »Kredit« je Häftling rund 40.000 DM. Das galt jedoch nur für politische Häftlinge. In schweren Fällen – etwa lebenslangen Haftstrafen – war die westdeutsche Seite bereit, sogar das Vierfache zu geben. Mende erteilte dazu seinen Segen und beauftragte Bischof Kunst vom Diakonischen Werk mit der Umsetzung, später wurde auch Bischof Bengsch mit einbezogen. Am 14. August 1964 passierte erstmals ein Bus mit zwölf Häftlingen die DDR-Grenze bei Eisenach. Auf dem Parkplatz der Autobahnraststätte Herleshausen wechselte das Dutzend in einen westdeutschen Bus, der sie ins Notaufnahmelager Gießen brachte – gefolgt von einem zweiten Bus, in dem Gepäck und Mitbringsel der Reisenden transportiert wurden. Da nämlich keine Mark der DDR ausgeführt werden durfte, mußte das in der Haft verdiente Geld auch in der DDR ausgegeben werden. Route und alle Details hatten zuvor Rechtsanwalt Vogel, der Westberliner Anwalt Jürgen Stange und

Ludwig Rehlinger ausgehandelt. Das von ihnen entwickelte Verfahren sollte bis zum Ende der DDR praktiziert werden. Es wurde von den Kanzlern Erhard, Kiesinger, Brandt, Schmidt und Kohl akzeptiert. Und in dem Maße, wie der Finanzbedarf der DDR wuchs, nahm die Bereitschaft der Bundesregierung zu, diese Praxis auch als politisches Druckmittel einzusetzen. Das war durchaus verständlich.

Daraus resultierten gelegentlich zusätzliche Spannungen in dem nie spannungsfreien Verhältnis zwischen Bonn und Ostberlin. So gab es erhebliche Verstimmungen, als sich die DDR weigerte, die Lebensgefährtin des wegen Spionage für den BND hingerichteten NVA-Offiziers Winfried Baumann, Dr. Karin Schumann, ausreisen zu lassen. An diesem Vorgang waren schließlich Honecker, Mielke, Schalck, Strauß und Schäuble persönlich beteiligt.

Daß dieser Personenkreis generell in die Freikauf-Geschichten eingebunden war, verrät auch eine Aktennotiz von Schalck an Mielkes Bürochef Carlsohn vom 17. März 1986, die nach der Wende publik wurde. Ein DDR-Bürger war an der Grenze zur CSSR mit Westgeld gestellt worden, was bis nach München gedrungen war. Und so schrieb Schalck an Mielkes rechte Hand, den »lieben Genossen Carlsohn« wie folgt: »Strauß und März (*ein einflußreicher bayerischer Fleischexporteur – J. N.*) bitten um Unterstützung in beiliegender Angelegenheit (Devisenschmuggel). Es wird um eine kurze Verurteilung und anschließende Freilassung gebeten.« Aus der Mitteilung ist nicht erkennbar, wer um eine »kurze Verurteilung« bittet – Schalck oder Strauß. Vermutlich aber war es der bayerische Ministerpräsident, der nicht etwa gegen die Inhaftierung protestierte, sondern sich an die Spielregeln der DDR hielt. Einerseits kann man ihm dafür ein hohes Maß an Realismus bescheinigen, anderseits ihm den Vorwurf machen, er habe DDR-Unrecht hingenommen. Die Wahrheit liegt wohl, wie meist, in der Mitte. Nicht grundlos fragte Prof. Seiffert, mein Kollege aus DDR-Tagen: »Warum dann erst noch die Verurteilung, wenn denn doch die Freilassung ansteht? Strauß hätte sie doch gleich von seinen ostdeutschen Seilschaftskameraden verlangen sollen.« Und er äußerte die Vermutung: »Es geht um die Kopfquote.« Er hat wohl Recht mit diesem Verdacht, daß Strauß selbst daran interessiert war, daß die DDR möglichst viel Geld »legal« ins Land bekam. Das war zwar einerseits fragwürdig, weil man doch die DDR in die Bundesrepublik integrieren und nicht deren eigenständige Existenz verlängern wollte, andererseits nur fair. Die DDR verlor zwischen dem 1. Januar 1950 und dem Mauerbau am 13. August 1961 Hunderttausende Facharbeiter, Ingenieure, Ärzte, Lehrer, Wissenschaftler durch Abwerbung. Der Kieler Professor Baade bezifferte den Schaden, den die Bundesrepublik der DDR im Kalten Krieg zufügte, mit 100 Milliarden DM. Schalck sprach von einem Ausfall in Höhe von 104 Milliarden Mark.

Ein kleiner Teil davon floß nunmehr sukzessive zurück.

Die Argumentation scheint logisch. Doch die Wahrheit ist komplexer und komplizierter. Wahr ist, daß die Bundesrepublik sowohl gezielt als auch allgemein DDR-Bürger zum Seitenwechsel bewegte. Allerdings gehört zu dieser Wahrheit auch, daß die DDR mit ihrer Enge, mit ihrer repressiven Politik, mit Dogmatismus und Dummheit ihre eigenen Leute außer Landes trieb. Etliche ließen sogar freiwillig Verwandte, Freunde und Geschichte zurück, nur um im Westen mehr Geld zu verdienen. Mitunter war der im Westen aus politischen Gründen gern als Flucht bezeichnete Ortswechsel tatsächlich eine Flucht vor dem politischen System der DDR, es war eine Abstimmung mit den Füßen. Pointiert wies Christa Wolf bei der Kundgebung am 4. November 1989 auf dem Berliner Alexanderplatz darauf hin: »Stell' dir vor, es ist Sozialismus – und keiner will mehr weg!«

Ich denke, daß in Bonn und München in dieser Hinsicht eine Mischung aus Realismus, schlechtem Gewissen, politischem Kalkül und Verantwortung gegenüber allen Deutschen, zu denen laut Grundgesetz auch die Ostdeutschen gehörten, das Vorgehen diktierte. Die westdeutsche Kirche war darin eingebunden, sie partizipierte an diesem »Sondergeschäft B.« (B. stand für Bonn.) Und sie hatte auch ihren Teil am »A-Geschäft«. Das waren die vertraglich geregelten Lieferungen von Naturkautschuk, Wolle, Wolframerz, Kaffee, Kakao, Kupfer, Quecksilber und Diamanten in die DDR, die vom Diakonischen Werk und/oder der Caritas treuhänderisch für KoKo besorgt wurden. Die Berechnungsgrundlage auch dafür war das Kopfgeld – ein Häftling gleich 40.000 DM.

Die erste Gutschrift für den innerstaatlichen Menschenhandel erfolgte 1964. Dafür wurden auf dem Weltmarkt Apfelsinen für die DDR-Bürger gekauft. Ab September 1972 gingen die Zahlungen auf das Konto Nr. 528 der Deutschen Handelsbank der DDR, ab

1974 auf das Konto Nr. 628, über das allein Erich Honecker verfügte. Der setzte es für Sonderbauten ein – etwa zur Errichtung des Sport- und Erholungszentrums (SEZ) in Berlin-Friedrichshain oder des Pionierpalastes in der Berliner Wuhlheide. Vor allem jedoch gingen Mittel davon in die Dritte Welt, so wurde beispielsweise für 39,5 Millionen DM Getreide für Nikaragua gekauft, später bekam der Präsident Nikaraguas weitere 10 Millionen zur Verbesserung der Lebenslage in dem mittelamerikanischen Land. Die Polnische Vereinigte Arbeiterpartei (PVAP) erhielt von diesem Konto ebenfalls solidarische Hilfe in Höhe von 80 Millionen DM.

Insofern sind Behauptungen sachlich nicht haltbar, daß das Geld aus dem Freikauf-Geschäft ausschließlich der privaten Wohllebe des Politbüros diente.

Etwas anders sieht es mit der Vorhaltung aus, daß die DDR Häftlinge »produzierte«, um Geld zu bekommen. Vogel bestreitet dies. Aber es war ein offenes Geheimnis, daß die Höhe des Strafmaßes die Geschwindigkeit bestimmte, mit der jemand abgeschoben wurde und im Gegenzug das Geld floß. Der vormalige Ständige Vertreter der BRD in Ostberlin und spätere brandenburgische Justizminister meinte nicht grundlos: »Viele DDR-Bürger ahnten, daß so mancher lästige und unbequeme Kritiker vor allem deshalb verurteilt wurde, weil man später für ihn eine schöne Summe Geld bekam und ihn dazu noch loswurde.«

Es trifft ganz gewiß zu, daß dieser »Handel« dem Ansehen der offiziellen DDR geschadet hat – sowohl bei den eigenen Bürgern wie auch im Ausland. Hans Otto Bräutigam gehörte zu den Kritikern dieser umstrittenen Praxis. Er wurde aber in Bonn von einem Minister regelrecht belehrt, daß kein verantwortungsbewußter Politiker der Bundesrepublik bereit sei, auf die Möglichkeit des Häftlingsfreikaufs zu verzichten, so fragwürdig der Vorgang auch sein möge. Worin hätte unter damaligen Umständen die Alternative bestanden?

Und zu der ganzen Wahrheit gehört, daß es bald zum Ritual deutsch-deutscher Spitzenbegegnungen gehörte, eine Liste mit Namen zu präsentieren. Beide Seiten gefielen sich in der Rolle, »menschliche Probleme« zu lösen, wobei man dabei geflissentlich übersah, daß man sie selbst erst geschaffen hatte. Das schien anzustecken. Selbst mir wurde gelegentlich ein solches Ansinnen entgegengebracht – ich erinnere mich der Bitte meines Gesprächspartners, einen inhaftierten DDR-Sportler »freizukaufen«. Erstens war das nicht unser Thema, zweitens saß der Mann wegen Diebstahls – er wäre dafür auch in der Bundesrepublik hinter Gitter gekommen. Oder: Eine Europa-Parlamentarierin, mit der ich die wirtschaftliche Integration des Kontinents erörterte,stellte mir plötzlich Namen und Adressen etlicher junger Frauen aus der DDR zu, die angeblich zu ihren Verwandten in die Bundesrepublik ausreisen wollten. (Die Institutsleitung reichte die Liste an Vogel weiter.)

Es war schon einige Heuchelei mit im Spiel. Schalck ließ Mielke am 15. September 1986 schriftlich wissen: »Strauß übermittelte Unterlagen zur Familienzusammenführung. Speziell in dieser Frage bedankte er sich sehr herzlich für die bislang dazu gegebenen positiven Entscheidungen, die von Bundeskanzler Kohl hoch gewürdigt werden.«

Erstmals waren 1965 in der Statistik der Evangelischen Kirche, in denen die Zahlungen der Bundesregierungen aufgeführt wurden, neben 1.555 freigekauften Häftlingen auch 762 weitere Personen unter der neuen Rubrik »Familienzusammenführung« aufgelistet worden. Das waren jene Personen, die das Land DDR verließen, weil es ihnen zunehmend unerträglich wurde. Ihre Zahl stieg bis Anfang der 80er Jahre auf jährlich 7.500 an. Als der Milliardenkredit kurzzeitig Hoffnung auf Änderung der Lebensumstände weckte, ging die Zahl der Ausreisenden auf 5.500 zurück, um alsbald wieder dramatisch anzusteigen.

Der Drang, die DDR zu verlassen, steigerte sich bis zum Frühsommer 1989 zu einer Lawine. Erstmals besetzten DDR-Bürger 1984 in Ostberlin die Botschaft der USA, um ihrem Ausreisewunsch öffentlich Nachdruck zu verleihen. Es folgten ähnliche Aktionen auch an anderen Orten. 1989 wurden die diplomatischen Vertretungen der Bundesrepublik in Budapest, Prag, Warschau und Berlin regelrecht belagert.

1984 erteilte Honecker Zustimmung, daß die Botschaftsbesetzer »ohne westliche Gegenleistung« ausreisen durften – Vogel und Bräutigam brachten sie zur Caritas nach Berlin. Mit diesem an sich souveränen Schritt offenbarte die DDR ihr Dilemma und zeigte den Ausreisewilligen, wie man vergleichsweise unproblematisch in den Westen gelangte. Meist trat dann Vogel auf den Plan, sicherte Prüfung und Straffreiheit zu, und in der Mehrheit der Fälle gab es in der Tat bald den Schein, der die Entlassung aus der Staatsbürgerschaft der DDR bezeugte.

Gorbatschows Neues Denken und die Ablehnung durch Honecker nahmen vielen jungen Menschen in der zweiten Hälfte der 80er Jahre die Hoffnung auf eine innere Reform der DDR. Untersuchungen des Zentralinstituts für Jugendforschung in Leipzig zeigten, wie rapide die Bindung an die DDR verlorenging. Allerdings wuchs nicht in gleichem Maße die Zuneigung zum politischen System der Bundesrepublik. Doch für nicht wenige schien es zumindest eine Alternative zu dem, was sie täglich erfuhren. Sie wußten nicht, was sie erwartete, aber sie kannten, was sie loswerden wollten. Es fand eine Abstimmung mit Füßen statt. Das System des Freikaufs geriet aus den Fugen, Rechtsanwalt Vogel war inzwischen völlig überfordert und nicht mehr in der Lage, diese Volksabstimmung in geordnete, geregelte Bahnen zu bringen. Aber immerhin sorgte er bis einschließlich 1990 in 215.000 Fällen zur »Zusammenführung« einer Familie – was immer darunter zu verstehen war.

Bei Häftlingsfreikäufen war er fast 34.000 mal erfolgreich aktiv geworden.

Insgesamt flossen auf diese Weise rund 3,5 Milliarden DM über Kirchenkanäle in die Kassen der DDR. (Anlage 1)

Ob die Zahlen für die DDR ein wenig freundlicher gewesen wären, es also weniger Ausreisewünsche gegeben hätte, wenn es bessere Reisemöglichkeiten gegeben hätte, muß vermutet werden. Trotz der miserablen Bedingungen – fast scheint es vergessen – waren aber 1988 rund 7,8 Millionen DDR-Bürger als Rentner oder in »dringenden Familienangelegenheiten« in der Bundesrepublik. Statistisch gesehen also fast jeder zweite Ostdeutsche. Im Gegenzug besuchten knappe 6 Millionen Westdeutsche die DDR. Nach dem Gesetz der Statistik hätten es wohl fünfmal mehr sein müssen. Aber was ist schon Statistik?

In diesem Fall beweist sie nur, was wir seit dem Beitritt der DDR zur BRD erfahren: Der Osten interessiert Bürger wie Politiker im Westen wenig. Daran hat sich nichts geändert, seit wir ein Land sind.

»Big Alex«: Alexander Schalck-Golodkowski – der Totengräber der DDR?

Von Mai 1967 bis Dezember 1989 war Alexander Schalck-Golodkowski auf der innerdeutschen Bühne präsent. Seine Gespräche liefen im Geheimen, im Verborgenen. Als er im November 1989 erstmals im DDR-Fernsehen auftauchte, kannte ihn kaum jemand in der DDR – von seinen Mitarbeitern und Vertrauten einmal abgesehen. Das änderte sich binnen weniger Wochen, nachdem er sich in die Bundesrepublik abgemeldet hatte und Stück um Stück Interna der DDR-Politik und -Wirtschaft ans Licht kamen. Schalck wurde zur Inkarnation der »DDR-Schweinereien« schlechthin; kein mieses Geschäft, das ihm nicht angehängt wurde. Natürlich gilt auch hier die Binsenweisheit: kein Rauch ohne Feuer, aber Schalck war weder der Wirtschaftskriminelle, als der er von einigen hingestellt wurde und wird, noch der Landesverräter, für den ihn manche noch immer halten.

Schalck war nach meinem Eindruck ein besonders cleverer, besonders schlitzohriger Geschäftsmann mit durchaus sozialistischen Grundüberzeugungen, er war bis zu einem gewissen Grade Parteisoldat und gegenüber seinen Chefs loyal. In diesem Punkte war er gewiß integer, was wohl auch von seinen konservativen Gesprächspartnern unverändert honoriert wird.

Schalck bewegte sich zweifellos auf dünnem Eis. Seine konspirativen Gespräche mit westdeutschen Politikern bewegten sich auf dem winzigen Grat zwischen Landesverrat und Flexibilität. Das hatte auch etwas Sportives, was von überragenden Politikern wie Strauß zweifellos geschätzt wurde. Sein Spitzname »Big Alex« zielte darum nicht nur auf seinen Habitus.

Nimmt man die 22 Jahre unter die Lupe, in denen Schalck auf der innerdeutschen Bühne agierte, so gibt es drei Phasen. Die erste umfaßt die fünf Jahre vor dem Grundlagenvertrag, der 1972 geschlossen wurde. Die zweite Phase sind die 70er Jahre, in denen die beiden Staaten Vertretungen austauschten und zu einem normalen

Miteinander zu kommen versuchten. Die dritte und wohl wichtigste Phase brach an, als Kohl 1982 Kanzler wurde. Jenninger, Schäuble und Seiters in Bonn sowie Strauß und die Gebrüder März in Bayern wurden seine wichtigsten Kontaktpersonen. Die Verbindung nach München brach nach dem Tod von Strauß 1988 ab: Dessen Nachfolger Max Streibl, Theo Waigel oder Edmund Stoiber spielten nur noch eine marginale Rolle.

Der Untersuchungsausschuß des Deutschen Bundestages zu Schalck stellte fest: »Die Bedeutung seiner Tätigkeit entwickelte sich in dem Maße, wie in den 70er und 80er Jahren das Verhältnis zwischen den beiden deutschen Staaten zu einer Reihe von Verträgen und Vereinbarungen auf Regierungsebene führte. Dr. Schalck-Golodkowski hatte dabei die Aufgabe, neben den offiziell geführten Verhandlungen eine vertrauliche Gesprächsebene zu unterhalten, die auf Seiten der DDR insbesondere dadurch gekennzeichnet war, daß Dr. Schalck-Golodkowski über eine unmittelbare Verbindung zur SED-Führung verfügte.«

Wesentlicher Gegenstand der Gespräche, so der Ausschuß, seien »die finanziellen Leistungen an die DDR im Zusammenhang mit vertraglichen Vereinbarungen zwischen beiden deutschen Staaten« gewesen. Allerdings konstatierten sowohl Ausschuß wie auch interne Beobachter, daß aus dem eher subalternen Technokraten in der Folgezeit ein selbstbewußter und selbständig operierender politischer Unterhändler geworden sei. Insofern ist die Einschätzung nicht ganz abwegig, daß die Gespräche zwischen Strauß, Schäuble und Schalck hinsichtlich Umfang, Offenheit und Substanz vermutlich den Kulminationspunkt des deutsch-deutschen Dialogs darstellten.

Bis dahin war es ein langer Weg. Schalcks Feuertaufe fand am 28. Mai 1967 in Westberlin statt. Dort traf er sich in der Privatwohnung des Senators für Wirtschaft Dr. Karl König, einem Vertrauten Herbert Wehners. Das konspirative Treffen hatte Horst Krumke arrangiert, ein Großhändler für Fleisch und Schlachtvieh im Westteil der Stadt. Schalck war zu jener Zeit 1. Sekretär der SED-Kreisleitung im Außenhandel und hatte von Ministerpräsident Willi Stoph für dieses Gespräch Prokura erhalten. (Ich selbst war zu jener Zeit Stellvertretender Leiter des Presseamtes des Ministerpräsidenten und kann aus eigenem Erleben bestätigen, daß damals Stoph tatsächlich aktiv Deutschlandpolitik gestaltete. Erst in den 70er Jahren, nach der Inthronisierung Honeckers und dessen Entdeckung der Außenpolitik, wurde Stoph auch in bezug auf die Deutschlandpolitik aufs Abstellgleis geschoben.)

Bei dem Gespräch zwischen Schalck und König ging es um zwei 250-Megawatt-Turbinen und 1.000 Eisenbahnwaggons, die die DDR gern haben wollte. Der ersten Begegnung folgten weitere im Abstand von zwei bis drei Tagen, an das verabredete Stillschweigen – um »nicht die Konkurrenz im Bundesgebiet und mit ihr westdeutsche Politiker aufmerksam zu machen« – hielten sich beide. König erhielt von der DDR-Seite den Tarnnamen »Kaiser«. (Angeblich will man im Westen bis nach der Wende nicht gewußt haben, wer sich dahinter verbarg.)

Über den »Kanal Kaiser« wurde später im Auftrage Wehners der Wunsch an Schalck herangetragen, daß hochrangige SPD-Funktionäre sich in Königs Wohnung mit DDR-Vertretern treffen wollten, um Aspekte einer wirtschaftlichen Zusammenarbeit zu erörtern.

Und auch das weckt Verdacht einer sehr konspirativen Verstrickung: König übergab Schalck eine geheime Studie der Bundesregierung über den Ausbau von Berlin (West), gestattet das Kopieren des politischen Teils der Arbeit und verabredet mit Schalck, daß er dieses Papier später eigenständig vernichtet.

Allerdings erfuhr die Verbindung Schalck-König eine schwere Belastung, als sich Schalck auch politischen Projekten zuwandte und beispielsweise verschiedene Aspekte des Postverkehrs zwischen Ost und West erörterte, die Gespräche jedoch nicht zu dem von der DDR gewünschten Ergebnis kamen. Schalck drohte mit Abbruch der Kontakte, König mit der Einstellung seiner Mission als Mittelsmann im Ost-West-Dialog.

1971 ging die Zahl der Treffen mit König laut Aufzeichnungen Schalcks zurück; König wollte 1973 aus Altersgründen aus seinem Amt scheiden.

Davor wurde jedoch der Bausenator Rolf Schwedler in diese geheime Verbindung eingeführt, der »Kaiser-Kanal« existierte also weiter. Durch ihnen flossen auch die Botschaften des Bundesministers für Gesamtdeutsche Fragen, Herbert Wehner, an die Ostseite. Die Bandbreite der erörterten Themen nahm zu: Post, Verkehr, Grenzübergänge, Swing im innerdeutschen Handel usw.

Nach dem Ausscheiden Königs aus dem politischen Geschäft begaben sich auch Bonner Politiker und Beamte in diesen Kanal:

Staatssekretär Karl Otto Pöhl vom Bundesfinanzministerium und Ministerialdirektor Werner Sanne aus dem Bundeskanzleramt. Sie – und später auch noch der Ständige Vertreter Bonns in Berlin, Günter Gaus – koordinierten fortan die Gespräche und Beziehungen zur DDR. Damit verhinderten sie auch Kompetenzgerangel und Konkurrenzneid am Rhein.

Der Grundlagenvertrag 1972 legitimierte zwar fortan die Gespräche zwischen offiziellen Vertretern der DDR und der BRD, doch er beseitigte nicht die Notwendigkeit, auch weiterhin außerhalb des Protokolls und hinter verschlossenen Türen zu konferieren.

So verhandelte Schalck mit Gaus 1975 über den Autobahnbau Berlin-Hamburg, über Eisenbahnverbindungen und neue Grenzübergangsstellen. Zunächst waren an den streng vertraulich deklarierten Gesprächen auch Honeckers Vertrauter Frank Joachim Herrmann und Karl Seidel, Abteilungsleiter im Außenministerium, beteiligt, doch mit Hilfe Mielkes zog Schalck die Sache auf seinen Tisch. Das lag unter anderem daran, daß die in der DDR stationierten sowjetischen Streitkräfte sich durch solche (strategischen) Verkehrsstrassen unmittelbar bedroht sahen, was – wie Honecker einmal gegenüber Häber erklärte – dazu führte, daß Moskau auf die Bremse trat und deutsch-deutsche Regelungen auf diesem Felde mindestens verzögerte. Schalck hingegen forcierte – ganz im Einverständnis mit Honecker – das Verhandlungstempo, so daß der DDR-Spitzenmann am 9. Dezember 1975 dem Bundeskanzler meinte mitteilen zu müssen, daß das Verhandlungsergebnis »einen wichtigen Beitrag zur Unterstützung der sozialliberalen Koalition« leisten werde.

Allerdings setzte Gaus auf Solidität statt auf Tempo, worauf Schalck ultimativ erklärte, wenn es nicht bald zu einem Ergebnis käme, sei sein »Mandat erschöpft«. So war es denn auch – er wurde als politischer Unterhändler zurückgezogen, und der Ständige Vertreter telegrafierte nach Bonn: »Es ist festgelegt worden, daß die Verhandlungen durch den Stellvertreter des Ministers für Auswärtige Angelegenheiten, Kurt Nier, fortgesetzt werden.«

Schalck wurde jedoch noch 1976 zum Staatssekretär ernannt und ZK-Sekretär Günter Mittag unterstellt. Damit zog er in die Wirtschaftskommission des Politbüros ein und wurde Mitglied, später Sekretär der Arbeitsgruppe BRD (und der Arbeitsgruppe Zahlungsbilanz). Damit hatte Mielke einen seiner hohen Offiziere unmittelbar ins Zentrum des geheimen deutsch-deutschen Dialogs plaziert.

Die Arbeitsgruppe BRD behandelte nach und nach alle Bereiche der Beziehungen zwischen den beiden deutschen Staaten – und dennoch war deren Existenz (und Machtfülle) damals nur wenigen bekannt. Der Gruppe gehörten alternierend die Politbüromitglieder Axen, Verner und Krolikowski sowie der Chef der Staatlichen Plankommission, Schürer, und Vizeaußenminister Nier an. Das Gremium sollte zunächst lediglich wirtschaftspolitische Aktivitäten koordinieren, wurde aber zunehmend zu einer Schaltstelle politischer Macht. Es war ein Instrument von Mittag, das neben dem Politbüro existierte, mitunter sogar über ihm – dank des blinden Vertrauens des Generalsekretärs in seinen Wirtschaftslenker. Doch der Einfluß der Arbeitsgruppe BRD erstreckte sich nicht nur auf außenpolitische und außenwirtschaftliche Belange, sondern auch auf innenpolitische Bereiche. De facto wurde es zu einer Art Nebenregierung. Der Ministerrat durfte den in der Gruppe beschlossenen Festlegungen nur zustimmen – mehr nicht. Begründet wurde das damit, daß viele Bereiche der DDR-Wirtschaft mit der westdeutschen Seite kooperativ verbunden und folglich gesondert zu behandeln wären. Mittag trug im Laufe der Zeit Informationen und Entscheidungen zumeist nur noch an Honecker heran und umging damit nicht nur alle staatlichen, sondern auch die Parteigremien. Ab 1983/84 konzentrierte sich alles auf Mittag und den ihm untergeordneten Schalck, und Honecker und Mielke erhielten von beiden – wenn überhaupt – Nachricht.

Wie der Abschlußbericht des Schalck-Untersuchungsausschusses bedauernd feststellte, gäbe es für die Zeit von 1984 bis 1989 »nur noch wenige Protokolle der Arbeitsgruppe«. Besonders das Fehlen jener Papiere, die die heiklen finanz- und wirtschaftspolitischen Beziehungen zwischen beiden deutschen Staaten dokumentierten, wurde beklagt. Konnte das angesichts ihrer Brisanz für Bonn wirklich überraschen?

Mit dem Grundlagenvertrag und der Eröffnung der Ständigen Vertretung in Ostberlin erhielten die deutsch-deutschen Beziehungen erstmals Dynamik. Gaus traf sich über 150 mal mit Schalck, wie auf der 201. Sitzung des Schalck-Untersuchungsausschusses in Bonn festgestellt wurde. Mit dem Nachfolger Bölling gab es nur noch etwa fünfzehn Begegnungen, mit Bräutigam 1983 lediglich zwei, 1984 gar nur ein Treffen. Hans Otto Bräutigam erklärte das vor dem Ausschuß damit, daß seit Beginn der 80er Jahre eine »Politisierung der Beziehungen« stattgefunden habe, will heißen: wichtige Fragen wurden auf der politischen Ebene und nicht mehr bei inoffiziellen Begegnungen verhandelt.

Als im Oktober 1982 die Christdemokraten und Liberalen in Bonn die Regierung bildeten, fürchteten nicht wenige einen Abbruch, mindestens ein Einfrieren der deutsch-deutschen Beziehungen, schließlich hatten die Konservativen vehement die Ostpolitik Willy Brandts bekämpft. Die Ostberliner Führung verhielt sich abwartend. Zwar hatten ihre eigenen Unterhändler und verläßlichen Quellen signalisiert, daß Bonn den Kurs von Brandt und Schmidt fortsetzen würde, Häber beispielsweise hatte von Walter Leisler Kiep Zusagen bekommen – und es lagen entsprechende nachrichtendienstliche Informationen vor. Doch man nahm die CDU/CSU-Propaganda sehr ernst und fürchtete, daß die vom Grundlagenvertrag bestimmte Geschäftsordnung verlassen werden würde.

Insofern dienten die beiden Begegnungen von Schalck und Bräutigam im Oktober/November 1982 nicht der Erörterung von Einzelfragen, sondern ausschließlich der Feststellung, ob und in welchem Maße die Kohl-Regierung fortzusetzen gedachte, was ihre Vorgänger angeschoben hatten. So waren etwa die Verhandlungen zur S-Bahn in Westberlin, über den grenznahen Kali-Abbau oder zu Gewässerfragen augenblicklich unterbrochen.

Auch international war die Lage angespannt. Die NATO-Nachrüstung, die Reaktion des Westens auf den Einmarsch der Sowjetunion in Afghanistan, die Verhängung des Ausnahmezustandes in Polen sollten zum Abbruch aller Abrüstungsgespräche zwischen den USA und der UdSSR führen. In Moskau war am 10. November 1982 Breshnew gestorben, am Rande der Trauerfeierlichkeiten kam es zu einem Unter-vier-Augen-Gespräch zwischen Honecker und Bundespräsident Carl Carstens, was offenkundig abgehört wurde, denn anderentags wurde der DDR-Botschafter Winkelmann von einem hohen sowjetischen Parteifunktionär vorwurfsvoll gefragt: »Finden Sie nicht, daß Genosse Honecker zu weit gegangen ist?« (Die gleiche Frage wurde dem DDR-Diplomaten übrigens auch im Februar 1984 und im März 1985 gestellt, als sich Honecker und Kohl nach der Beisetzung von Andropow bzw. Tschernenko trafen.)

In jenen Jahren waren die Politiker in Deutschland von großer Sorge erfüllt. Der Absturz in eine politische Eiszeit war zu verhindern. Es ging darum, das Erreichte in den Beziehungen zu bewahren und gemeinsam neue Möglichkeiten in Richtung Annäherung und Verständigung auszuloten. Ostberlin suchte im bewußten Gegensatz zu Moskau den Dialog mit dem Westen, speziell mit der Bundesregierung. Es wäre für Honecker und vielleicht auch für den Frieden in der Welt schlimm bestellt gewesen, hätte man ihm in Bonn die kalte Schuler gezeigt. Das passierte aber nicht. Vor diesem Hintergrund war erklärlich, daß selbst Projekte deutsch-deutscher Annäherung wie das Zürcher Modell intern erörtert und Verhandlungen über einen Milliardenkredit geführt wurden. In der Phase der schärfsten Konfrontation von Warschauer Pakt und NATO nach Helsinki waren sich die beiden deutschen Staaten am nächsten. Die Führungen in Ostberlin und Bonn handelten aus nationaler Verantwortung für Deutschland.

Schalck, der dabei eine maßgebliche Rolle spielte, verstand seine Tätigkeit als Unterhändler auch als eine wissenschaftliche. Bereits 1970 hatte er erste Erfahrungen zu einer Dissertation verarbeitet und Lehrsätze formuliert. Für die Durchsetzung von Forderungen beispielsweise sei es entscheidend, »daß die nichtoffiziellen Kanäle straff von oben bis unten durchorganisiert sein müssen, die notwendigen Verbindungen zu Personen vorhanden sind, die entsprechende Kompetenzen besitzen und entsprechende Entscheidungen treffen können«. Ergo: »Unbedeutende und wenig einflußreiche Personen sind für solche Kanäle nicht zu gebrauchen.«
Es wäre falsch zu behaupten, daß Schalck sich nicht an die von ihm formulierten Grundsätze gehalten hätte.

Es gab nur wenige Personen in Westdeutschland, die Schalcks speziellen Maßstäben genügten und auch dazu fähig waren, das erforderliche Maß an Vertraulichkeit zu entwickeln. Herbert Wehner war dazu prädestiniert – er kam aus der KPD, gehörte in der Moskauer Emigration sogar deren Führung an, ehe er dem Stalinismus den Rücken kehrte. Er besaß noch den Stallgeruch, den er inzwischen haßte. Sein politischer »Assistent« Karl Wienand, der ebenfalls gut mit dem Ostberliner Abgesandten konnte, hatte von seinem Herrn gelernt. Günter Gaus, der aus kleinen westdeutschen Verhältnissen kam und nie seine Herkunft vergessen hatte, besaß ein überdurchschnittliches Gespür und wohl auch Sympathie für die Kleine-Leute-Republik. Gelegentlich kam der sachlich-nüchterne Hanseate durch, dann mokierte sich der Staatssekretär und Ständige Vertreter über die »große Vertraulichkeit« und die »Geheimniskrämerei«, mit der ihn Schalck bisweilen umfing. Doch im Interesse erfolgreicher Verhandlungen ließ er sich darauf ein – im Unterschied zu seinem Nachfolger Bölling, der sich über den konspirativen Charakter der Treffs beklagte und höchst widerwillig Einladungen dieser Art folgte. Schäuble dagegen hatte keine Probleme damit, denn wie Chronisten bemerkten, haben sich Schalck und Schäuble »unter konspirativen Bedingungen, die klassischen Agenten zur Ehre gereichen« würden, mehrmals im Jahr getroffen. Kohls Mann habe dabei keine Berührungsängste offenbart, selbst wenn die Zusammenkunft in einer von Stasi-Offizieren bewohnten Siedlung stattfand. So trafen sich beide am 5. Dezember 1984 in den Arbeitsräumen eines Rechtsanwalts, der auch für Mielke tätig war: Wolfgang Vogel. Mitte Januar 1985 und dann im Mai traf man sich erneut konspirativ in Ostberlin – diesmal in der Wohnung.

In einem Kapitel seiner Doktorarbeit befaßte sich Schalck mit der »Realisierung von finanziellen Forderungen der DDR gegenüber Westdeutschland«. Er kam zu dem Schluß, daß besonders viele Vorteile für die DDR herauszuholen wären, wenn bereits im Vorfeld der Verhandlungen offene Fragen in »nichtoffiziellen Kanälen« vorgeklärt werden würden. So wurde es denn auch praktiziert. Da er aber etwa für Gaus sowohl die offizielle als auch die nichtoffizielle Kontaktperson war, spielte dieser – wie Gaus selber später ironisch im Schalck-Ausschuß erklärte – das »doppelte Lottchen«. Er führte die Gespräche mal »mit Hut« und mal »ohne Hut«. Schalck gebrauchte an selber Stelle die Wendung »einmal mit Jackett« und »einmal ohne Jackett«. Für alle Gespräche aber galt strengste Vertraulichkeit. Und deshalb mied man auch Amtsräume, Botschaften oder Residenzen, vor die sich doch der eine oder andere Diplomat oder Journalist verirren konnte. Bevorzugt aufgesucht wurden Anwaltskanzleien, Privatwohnungen, abgelegene Hotels und Parks. Häber erinnert sich, mit Walther Leisler Kiep in einer Wohnung in Bonn gesprochen zu haben, an deren Tür kein Namensschild hing.

Konspirativ war auch die Sprache. Klarnamen wurden nicht aus Albernheit verballhornt oder ersetzt. Rechtsanwalt Vogel kam in den Telefonaten zwischen Schmidt und Honecker nur als »der Briefträger« vor (anderenorts als »der Spatz«). Herbert Wehner war

»der Jugendfreund«, Philipp Jenninger schlicht »Don Philippo«. Gerhard Beil firmierte als »der Geschäftsführer« oder als »Katze«. Honecker und Kohl hießen »Nummer Eins«, Franz Josef Strauß war »der Gesprächspartner«. Das war derart drin, daß Schalck selbst seine Briefe an Strauß nicht etwa mit der Begrüßungsformel »Sehr geehrter Herr Ministerpräsident« eröffnete, sondern mit der etwas ungewöhnlichen Anrede: »Verehrter Gesprächspartner«. Er selbst war »Big Alex« oder wenig respektvoll »der Dicke«.

Diese Tarnnamen erfand man nicht etwa wegen der Geheimdienste, die man – nicht zu unrecht – in der Leitung wähnte. Sondern in Kenntnis der miserablen Telefonnetze, insbesondere des der DDR. Es war nicht auszuschließen, daß Gespräche auch in andere Ohren gelangten, als nur in jene, für die sie bestimmt waren.

Der wissenschaftliche Wert der Dissertation von Schalck wurde bei ihrem Bekanntwerden nach 1990 von vielen Seiten heftig bestritten. Besonders hart attackiert wurde sie von Prof. Wolfgang Seiffert in Flensburg. Das scheint mir etwas merkwürdig, denn Seiffert geriet in den 50er Jahre als westdeutscher FDJler ins Räderwerk des Antikommunismus, kam in die DDR, machte Karriere und wurde ein Spitzenmann an der Akademie für Staat und Recht in Potsdam-Babelsberg. Honecker gab in den 80er Jahren seinem Wunsche nach und ließ Seiffert in den Westen ziehen, wo dann aus dem Saulus ein Paulus wurde.

Wie berechtigt seine und die Kritik anderer an Schalcks Doktorarbeit im einzelnen vielleicht auch sein mag: Nach meinem Eindruck hat kaum eine vergleichbare Arbeit derart unmittelbar auf die Gestaltung der deutsch-deutschen Beziehungen Einfluß genommen wie diese. Die Überlegungen sind durchaus eine Fundgrube für Unterhändler und Verhandlungen im grenzüberschreitenden Verkehr. Auch heute noch.

Im Kern liefen die meisten wichtigen Gespräche und Verhandlungen zwischen Bonn und Ostberlin in den 70er und 80er Jahren nach dem von Schalck vorgegeben Grundmuster ab. Und beide Seiten verfuhren danach, auch wenn westdeutsche und ostdeutsche Unterhändler die Doktorarbeit von Schalck gar nicht kannten. Der Rahmen war gesteckt, die Geschäftsgrundlage klar, Vertraulichkeit sicher. Trotzdem konnte selbst die erfolgreichste Verhandlungsstrategie nicht das Ende der DDR verhindern. Es änderten sich einfach die äußeren Bedingungen. Mit Konspiration ließen sich weder

der politisch-moralische Niedergang des Staatssozialismus aufhalten noch das poststalinistische System umgestalten.

Aber vielleicht lag es auch daran, daß Honecker aus Schalcks »System« fortgesetzt »ausstieg« (sofern er es überhaupt kannte und ernstnahm) und dessen Forderung nach einer zentralen Koordination und Steuerung der Kontakte im Back channel und auf der offiziellen Ebene unterlief, indem er beispielsweise verschiedene Unterhändler auf das gleiche Thema ansetzte, ohne daß diese voneinander wußten? Und es gab durchaus auch individuelle, nicht mit Honecker abgestimmte Bemühungen um Kontakte. Das läßt sich positiv interpretieren mit der Bemerkung, es sei immer besser, mehrgleisig zu fahren. In praxi jedoch machte es jedoch jene Unterhändler lächerlich (und damit den Auftraggeber), die ihre Verhandlungen abbrechen mußten, nur weil ein anderer schneller war oder von der Nummer Eins den Zuschlag erhalten hatte. Daß Schalck die Existenz dieses Dilemmas auch später nicht wahrhaben wollte, verriet mir seine Stellungnahme vom 3. April 1995. Darin erklärte er: »Generell möchte ich aus meinen Erfahrungen feststellen, daß ohne Zustimmung von Honecker ... keine Kontakte durch Persönlichkeiten der DDR zu offiziellen oder offiziösen Vertretern der Bundesrepublik und zu Parteivorständen u. a. Gremien der BRD und Berlin-West unterhalten werden durften.«

Das mag vielleicht der Anspruch gewesen sein, aber nicht die Realität. Mir war eine ganze Reihe von DDR-Personen bekannt, die Kontakte zu Vertretern der Parteien, Ministerien, der westdeutschen Wirtschaft unterhielt, ohne daß sie dafür vorher die Zustimmung Honeckers oder Schalcks eingeholt hätte. Diese Personen handelten auch nicht im Auftrag des MfS. Solche von Schalck unerwünschten, da nicht kontrollierten Verbindungen wurden mitunter in kleinen Runden etwa im Institut oder im Ministerium für Außenhandel, an denen ich selber teilnahm, offen und vorurteilslos erörtert und ausgewertet. Daß es solches gab, hatte mindestens drei Gründe: erstens entsprechende Weisungen der Partei- und Staatsspitze, zweitens die wachsende Nachfrage auf westdeutscher Seite nach vielfältigen Kontakten in die DDR – drittens das gestiegene Selbstbewußtsein ostdeutscher Fachleute, die sich zunehmend weniger reglementieren ließen.

Es wäre allerdings völlig falsch zu behaupten, die Sehnsucht nach der deutschen Einheit und die Überwindung der DDR wären ihr

Hauptmotiv gewesen. In der Mehrheit handelte es sich um überzeugte Sozialisten, die aber als Realisten die Widernatürlichkeit der deutschen Teilung und die wirtschaftlichen wie politischen Grenzen der DDR immer deutlicher begriffen. Um aus der offenkundigen Sackgasse herauszukommen, in die die selbstherrliche SED-Führung das Land gesteuert hatte, mußte man sich systemabweichend verhalten.

Es ist nicht übertrieben festzustellen, daß sich in unserem Institut vor allem politische Exponenten der anderen Seite die Klinke in die Hand gaben. Wir entwickelten ein Verfahren, bei dem die wirklich relevanten Kontakte herausgefiltert und diese gepflegt wurden, unergiebige und in der Folge wirkungslose Verbindungen stellten wir ein. Auch in diesem Bereich ging es um Effizienz. Von den meisten dieser Verbindungen hatte der DDR-Chefunterhändler – auch wenn Informationen aus diesen Kontakten an die Spitze gegeben wurden – kaum Kenntnis, und hätte er diese besessen, hätte er sie vermutlich aus egoistischen Motiven zu unterbinden versucht.

Bis dahin war es jedoch ein langer Weg. Das Beziehungsgeflecht entstand nicht über Nacht und per Dekret, sondern wurde an vielen Stellen, von nicht wenigen Personen geknüpft. Es wäre nicht zustandegekommen, wenn man damit ausschließlich Schalck beauftragt hätte. Der bewegte sich in sehr engem Rahmen. Ohne Zweifel war das notwendig, um zu konkreten Abmachungen und Verträgen zu gelangen. Aber dazu bedurfte es eines Umfeldes – und dieses ließ sich nicht nach der Methode Schalck herstellen.

Dessen schien sich auch Honecker bewußt zu sein. Anders läßt es sich nicht erklären, daß er neben sich selber und seinem Chef-Unterhändler auch den deutschlandpolitischen »Libero« Herbert Häber agieren ließ. Häber erhielt von Honecker ausdrücklich Weisung, er möge »keine Rundschreiben für das Politbüro verfassen«, sondern ausschließlich ihn informieren. Die Nummer Eins konspirierte somit gegen die Partei- und Staatsführung, der sie vorstand.

»Big Alex« war, bei aller Abgehobenheit, ein ganz normaler Mensch mit durchaus normalen Reaktionen. Er war ehrgeizig, eitel, ärgerte sich über Konkurrenten, er mochte es, von der Macht gemocht und gelobt zu werden, und sorgte dafür, daß er diese Anerkennung nicht mit anderen teilen mußte. In dieser Hinsicht war Häber ihm, dem besten Pferd in Mielkes Stall, ein Dorn im Auge.

Herbert Häber, die Akte

Häber war Jahrgang 1930 und kam aus Zwickau; Schalck war anderthalb Jahre jünger und Berliner. Mit 16 wurde der Sachse Mitglied der SED, mit 20 Mitarbeiter im Zentralkomitee, mit 35 stellvertretender Staatssekretär für gesamtdeutsche bzw. westdeutsche Fragen. Mit 41 Jahren ernannte man ihn zum Professor und zum Direktor des Instituts für Internationale Politik und Wirtschaft (IPW). Von 1973 bis zu seinem Sturz 1985 arbeitete er – auch noch, als er dem Politbüro angehörte und Sekretär des ZK war – als Leiter der Westabteilung im Apparat des Zentralkomitees.

Die »Frankfurter Allgemeine Zeitung« würdigte den damals 53jährigen Spitzenpolitiker der DDR in ihrer Ausgabe am 27. Juli 1984 als »sachkundigen, undogmatischen und offenen Gesprächspartner«, der »illusionslos und nüchtern« wäre und auf eine Kooperation mit Bonn setze. Dabei orientiere er sich an den Interessen der DDR, mithin: Er sei kein »gesamtdeutscher Träumer«. Da er aber strategisch denke, habe »er sich früh für die Zusammenarbeit mit den ›konservativen Kräften‹ eingesetzt«.

War das Anlaß oder nur Argument für die spätere Demontage Häbers? Ich weiß von einem MfS-Offizier, daß sein Chef – ein General – den Beitrag seinerzeit an eine von allen einsehbare Pinnwand nagelte, mit dem Finger darauf wies und erklärte: »Das ist er!«

Philipp Jenninger bescheinigte Häber im Schalck-Untersuchungsausschuß am 4. März 1993, er sei »der eigentliche Kontaktmann der DDR in Bonn« und sein »Hauptgesprächspartner neben Herrn Mittag« gewesen. Häber habe sich »bei seinen Beziehungen durch Herrn Schalck« nicht stören lassen.

Das Munzinger-Archiv (Ausgabe Mai 1984) konzedierte Häber, er kenne als Deutschlandexperte »nahezu alle führenden Politiker der Bundesrepublik aus persönlicher Begegnung«. Er gelte »als ein Mann, der es vermeidet, sozialistische Gebetsmühlen zu leiern, sondern in der Lage sei, auch zuzuhören und kritisch zu werten«.

Häbers persönliche Bekanntschaften rührten oft aus den 50er Jahren. Er war ein wichtiger Verbindungsmann zur KPD Max Reimanns, die in der Hochzeit des Kalten Krieges verboten wurde, und zur Nachfolgepartei DKP, die sich 1966 konstituierte. Häber besuchte Kundgebungen mit Konrad Adenauer, war auf Versammlungen mit Thomas Dehler oder bei den Deutschlandtagen in Dortmund mit SPD-Chef Erich Ollenhauer. 1952 lernte er Johannes Rau kennen, der damals mit Gustav Heinemann in der Gesamtdeutschen Volkspartei gegen den Adenauer-Kurs stritt. Gelegentlich wurde Häber nachgesagt, er kenne die Bundesrepublik besser als die Bundesregierung. Eine besondere Affinität hatte er zur SPD und zu den Gewerkschaften. Den Stuttgarter Parteitag 1959 verfolgte er als »inoffizieller Beobachter«. Brandt wurde damals erstmals in den Parteivorstand gewählt.

Daß es so war, lag weniger an Häbers persönlicher Neigung, sondern an der strategischen Orientierung der SED-Spitze. Denn entgegen allem propagandistischem Getöse glaubte man in den 50er, 60er Jahren noch an eine »Aktionseinheit mit den Sozialdemokraten«. Das war Ulbrichts Auffassung und die der unmittelbaren Chefs von Häber, die Politbüromitglieder Albert Norden und Paul Verner. Natürlich tat sich zwischen der »politischen Linie« und der öffentlichen Behandlung der SPD zunehmend eine Deutungslücke auf. So verwunderte es nicht, daß Häber 1966, im Jahr der DKP-Gründung, auf einer SED-Funktionärskonferenz in Brandenburg/Havel die irritierte Basis aufklären mußte und sie vor Fehleinschätzungen warnte. »Der Haupteinfluß auf die westdeutsche Arbeiterklasse wird von der Sozialdemokratie ausgeübt.« Das mußte in der eigenen Politik, wenn diese realistisch sein sollte, ihren Niederschlag finden.

Dennoch war nicht zu übersehen, daß der Umgang mit der SPD ein wenig merkwürdig war. Als ein Hauptmittel der Auseinandersetzung seit dem Ende der 40er Jahre begriff man offenkundig sogenannte Offene Briefe, die allenthalben im Neuen Deutschland erschienen und Druck auf die SPD-Führung ausüben, zumindest diese aber provozieren sollten. Daneben verhandelte man nahezu konspirativ mit »linken Kräften« in der SPD, um sie gegen die »rechten Führer« zu mobilisieren.

Das hatte in der orthodoxen kommunistischen Bewegung Tradition. Bekanntlich war auf dem VI. Weltkongreß der Komintern 1928 als Hauptfeind in Deutschland die Sozialdemokratie ausgemacht worden, die es zu stürzen galt, wollte man eine deutsche Sowjetrepublik errichten. Mit der katastrophalen These von den Sozialfaschisten verhinderte man eine gemeinsame Abwehr der Nazis.

Und als die Gefahr erkannt wurde, forderte man zunächst Sozialdemokraten auf, in die KPD zu kommen, zumindest aber unter ihrer Führung entschlossen gegen die Faschisten zu kämpfen. Erst als es bereits zu spät war, im Frühjahr 1932, konstituierte sich eine Antifaschistische Aktion, und Thälmann empfing eine Gruppe von Sozialdemokraten, mit denen ohne Vorbedingungen über eine gemeinsame Front gegen die drohende Diktatur der Nationalsozialisten geredet wurde – nachdem man zuvor noch beim Berliner Verkehrsarbeiterstreik mit den Nazis gemeinsame Sache gemacht hatte: Berlin wurde schließlich sozialdemokratisch regiert...

Häber brach Ende 1973 mit der Tradition der Einmischung von außen in die Belange der SPD, nachdem er zum Leiter der Westabteilung ernannt worden war. Das trug ihm scharfe Kritik jener Genossen ein, die bislang für die Westarbeit der SED bestimmend waren. Häber beendete das konspirative Gemauschel und nahm Verbindung auf zu Mitgliedern des Parteivorstandes der SPD. Auf der Basis des Grundlagenvertrages begann er die Entwicklung normaler Beziehungen von Partei zu Partei. Zunächst sprach er mit Karl Liedtke, den Vorsitzenden des Parteirates. Es folgten Kontakte mit Hans Koschnick, der Senatspräsident in Bremen und Stellvertretender SPD-Vorsitzender in Bonn war. Er kam in Saarbrücken mit dessen jungem Oberbürgermeister Oskar Lafontaine zusammen und in Bonn mit dem MdB Gerhard Schröder und Karl Raven, Bundesminister und Vorsitzender der SPD Niedersachsen. Er konferierte mit Bundesgeschäftsführer Hans-Jürgen Wischnewski, der unter Kanzler Schmidt auch Staatsminister im Bundeskanzleramt war, mit Ministerpräsident Holger Börner, Hans Jochen Vogel und Klaus von Dohnanyi, ebenso mit Egon Bahr, Volker Hauff und Franz Müntefering. Helmut Becker, Geschäftsführer der Bundestagsfraktion und später Vizepräsident des Bundestages, durfte er auf Wahlkampftour im Tecklenburger Land begleiten. Die Liste der Namen wurde immer länger. Häbers Motiv: »Ich wollte das Verhältnis zur SPD auf eine normale und saubere Basis stellen, die Schützengräben des Kalten Krieges verlassen, offen sein für die Meinungen und Interessen der Partner in der Bundesrepublik, nach Übereinstimmung suchen und die Positionen meiner Partner möglichst unverfälscht dem SED-Generalsekretär zur Kenntnis bringen.«

In gleicher Weise bemühte sich Häber um Verbindungen zur

CDU-Spitze, was bei einigen SPD-Politikern Irritationen auslöste. Wehner erklärte einmal gegenüber Honecker, damit falle die SED der Bundesregierung in den Rücken. Was ihn jedoch nicht hinderte, seine grundsätzliche Zustimmung zu diesen Kontakten zu erteilen. Häber hatte es nämlich vermocht, seinen SPD-Kritikern überzeugend zu vermitteln, daß die Gespräche mit Unionspolitikern wie Heinrich Windelen, Olaf von Wrangel, Gerhard Reddemann und anderen Kritikern der Ostpolitik halfen, den Druck aus der rechten Ecke der Union auf die Regierung zu mindern. Letztlich trug dies dazu bei, daß nach dem Sturz der sozialliberalen Koalition 1982 die CDU-geführte Bundesregierung ohne Bruch die Ostpolitik der Vorgängerregierung fortsetzte.

Häbers Orientierung sowohl auf die SPD als auch auf die Union bedeutete in der Tat einen Paradigmenwechsel in der SED-Politik. Anders als die Mehrheit in der SED-Führung, die ihre politischen Erfahrungen vornehmlich in den 20er und 30er Jahren, in den Abwehrkämpfen, in Zuchthäusern und Konzentrationslagern gesammelt hatte, gab sich Häber nicht der Illusion einer Aktionseinheit von Kommunisten und Sozialdemokraten hin, mit der in Deutschland – bald oder eines fernen Tages – erfolgreich Politik für Frieden und Sozialismus gemacht werden würde. Tragfähige, von der Mehrheit der Menschen akzeptierte Lösungen in der deutsch-deutschen Frage konnten nur gemeinsam mit den beiden großen Volksparteien in der Bundesrepublik gefunden werden. Alles andere war unrealistisch. Brandt hatte gewiß nicht unrecht, als er am Ende seiner Tage von einer Mehrheit jenseits des bürgerlichen Lagers in Deutschland sprach – aber um fundamentale, existentielle Änderungen in dieser Gesellschaft auf demokratischem Wege zu erreichen, genügte und genügt keine rechnerische Mehrheit von 50 plus X Prozent in Bundestag und Bundesrat. Dazu bedarf es eines gesellschaftlichen Konsenses, der sich summarisch schwer beziffern läßt.

In diesem Wissen wurde Häber deutschlandpolitisch aktiv und machte sich hüben wie drüben Freunde und Feinde.

Nachdem die CDU via Kiep gegenüber Prof. Bertsch Interesse signalisiert, Rechtsanwalt Vogel im Auftrag Honeckers bei Wehner im Dezember 1974 Zustimmung eingeholt hatte, trafen sich am 15. Januar 1975 in der Residenz von Günter Gaus in Berlin-Pankow erstmals Herbert Häber und Walther Leisler Kiep. Der CDU-Schatzmeister und Präside erklärte dem Leiter der Westabteilung des ZK der SED, er handele im Einverständnis des CDU-Vorsitzenden Kohl und seines Generalsekretärs Kurt Biedenkopf. Zudem legte er Wert auf die Feststellung, daß nicht zuletzt der Ort der Begegnung den offiziellen Charakter ihres Treffens unterstreiche.

Die Union – seit 1969 in der Opposition – betrachte alle von der Bundesregierung geschlossenen Verträge als gültig und werde sie akzeptieren, bekundete Kiep. (Diese Formel »Pacta sunt servanda« – Verträge sind heilig – übernahm in den 80er Jahren auch Strauß.) Die Union sehe keine vernünftige Alternative zur Politik eines friedlichen Nebeneinanders, sie entspreche den Interessen beider deutscher Staaten. Insofern sei der Grundlagenvertrag das gegenwärtig mögliche Optimum.

Walther Leisler Kiep meinte diese Erklärung abgeben zu müssen, weil die politische Auseinandersetzung in Bonn zwischen Opposition und Regierung andere Schlüsse gestattete. Das sei jedoch notwendig, so Häbers Gesprächspartner unter vier Augen, wenn man wieder auf die Regierungsbank wolle. Das sei im übrigen die feste Absicht der Union. Die SED-Führung solle das wissen und sich darum schon jetzt um gute Beziehungen zur künftigen Regierungspartei bemühen. Von Seiten der Union sei man dazu bereit, ernsthafte und dauerhafte Verbindungen mit Ostberlin zu knüpfen. Häber solle, wenn er nach Bonn käme, sich mit ihm vorher in Verbindung setzen, damit er einen Kreis prominenter CDU-Politiker zusammenrufen könne, um vertraulich zu diskutieren.

Als Häber ein knappes halbes Jahr später in Bonn weilte, bekräftigte Kiep seine Erklärung vom Januar. Die DDR werde »angenehm überrascht sein ..., wie vernünftig eine CDU-Regierung Politik machen würde«.

Der Bericht über das Treffen in Ostberlin am 15. Januar 1975 landete bei Honecker, er lag als »geheim« bis nach der Wende unter Verschluß. Der Historiker Heinrich Potthoff untersuchte dieses Papier und andere in diesem Kontext stehende Dokumente und kam zu dem Schluß: »Im Kern ging es bei diesen vertraulichen Kontakten zur SED, die auf ihre Art schon das Diktum ›Nebenaußenpolitik‹ verdienten, um die Anbahnung eines günstigen Klimas für die Regierungsübernahme durch die Union.« Insofern sei die Vorhaltung des Unionsvorsitzenden Kohl an die Adresse der SPD, ausschließlich diese habe »Nebenaußenpolitik« betrieben, kaum haltbar. Häber, der der Hauptpartner der Union gewesen sei, so

Potthoff weiter, sei wiederholt versichert worden, daß die SED mit der CDU weitaus besser zurechtkommen werde als mit der SPD.

Aufs Ganze gesehen scheint diese Feststellung nicht ganz unberechtigt. Die SED war keine »linke« Partei, die damit objektiv im Gegensatz zur »rechten« Union stand. Die Einheitssozialisten teilten mit den Konservativen etliche Eigenschaften, sie waren und dachten staatstragend.

Häber konferierte in der Folgezeit mit namhaften Unionspolitikern: Richard von Weizsäcker und Birgit Breuel, Lothar Späth und Ernst Albrecht, Walter Wallmann und Peter Lorenz, Ottfried Hennig und Heinrich Windelen. Die Protokolle füllten mehrere hundert Seiten.

Mit Walther Leisler Kiep traf sich Häber am 26. Juni 1975, am 29. April 1976, am 3. Oktober 1977, am 11. Dezember 1977, am 13. März 1978, am 3. Juni 1978. Der Kreis der in den Dialog mit einbezogenen Politiker wurde immer größer. Gerhard Stoltenberg, stellvertretender Unionsvorsitzender, kam hinzu und konferierte allein mit Häber am 6. Oktober und am 13. Dezember 1977, am 17. März und am 27. März 1978. Auch der Nachfolger Biedenkopfs im Amt des CDU-Generalsekretärs, Ottfried Hennig, traf sich in der Parteizentrale in Bonn mit dem Abgesandten der SED-Spitze.

Um das nachhaltige Interesse in Bonn an Kontakten zu Ostberlin und zur SED zu beweisen, genügt allein der Blick auf eine Besuchswoche. Herbert Häber weilte vom 9. bis 16. Oktober 1983 in der Bundeshauptstadt und berichtete Erich Honecker nach seiner Rückkehr: »Ich hatte Gelegenheit, mit folgenden Politikern zu sprechen: Norbert Blüm, Bundesminister für Arbeit, Stellvertretender Bundesvorsitzender der CDU; Lothar Späth, CDU-Ministerpräsident des Landes Baden-Württemberg; Theodor Waigel, Vorsitzender der CSU-Landesgruppe im Bundestag und Stellvertretender Vorsitzender der CDU/CSU-Bundestagsfraktion; Volker Rühe, Stellvertretender Vorsitzender der CDU/CSU-Bundestagsfraktion; Gerhard Reddemann, Bundestagsabgeordneter der CDU; Wolfgang Mischnick, Vorsitzender der FDP-Bundestagsfraktion; Hans-Günter Hoppe, Stellvertretender Vorsitzender der FDP-Bundestagsfraktion; Horst Ehmke, Stellvertretender Vorsitzender der SPD-Bundestagsfraktion; Hans-Jürgen Wischnewski, Mitglied des Präsidiums der SPD; Oskar Lafontaine, Mitglied des Parteivorstandes der SPD, Vorsitzender der SPD Saar; Erhard Eppler, Mitglied des Parteivorstandes der SPD; Hans Schumacher, Verantwortlicher Redakteur der SPD-Zeitschrift ›Neue Gesellschaft‹; Otto Schily, Sprecher der Fraktion der Grünen im Bundestag, und Dirk Schneider, Bundestagsabgeordneter der Grünen.

Das angesetzte Treffen mit Otto Wiesheu, Generalsekretär der CSU, kam wegen eines Trauerfalls in dessen Familie nicht zustande.

Der Stellvertretende CDU-Vorsitzende und Finanzminister Gerhard Stoltenberg kündigte an, er werde mich gern am 1. November bei seinem Besuch in Berlin sehen.«

Die erste Begegnung mit Peter Lorenz, dem CDU-Vorsitzenden von Berlin (West), fand am 17. März 1978 unter etwas unüblichen Umständen statt. Walther Leisler Kiep hatte in einer von ihm in Bonn gemieteten Privatwohnung das Treffen arrangiert und Häber mit dieser Nachricht überrascht. Lorenz verspätete sich, kam mit Bodyguards und fand zuächst auch nur bewaffnete Personenschützer im Treppenhaus vor. Lorenz bat Häber um »absolute Vertraulichkeit«, denn: »Wenn das meine Leute in Westberlin erfahren, dann steinigen sie mich. Ich muß sie erst allmählich daran gewöhnen.« Aufgeräumt erinnerte er sich sodann an seine Begegnungen mit Honecker und Verner (dem er »übrigens noch eine Schachtel Zigaretten schulde«), die er im Nachkriegs-Berlin hatte. Ihr Gespräch kreiste im wesentlichen jedoch um Westberlin und dessen Zukunft, die es nicht gebe, »ohne auch mit der DDR und dort vor allem auch mit der SED darüber zu reden«. Man müsse mit ihr leben. Schließlich beklagte Lorenz den erlittenen Bedeutungsverlust der Stadt (»Die Hauptstadtfunktion ist dahin.«) und brachte sich selbst als Kandidat für den Regierenden Bürgermeister ins Gespräch, nicht ohne die Betonköpfe in den eigenen Reihen Abelein und Marx denunziert zu haben.

In Kenntnis der umfangreichen Aktivitäten von Häber nach 1975, besonders aber nach 1982 scheint die Behauptung gerechtfertigt, daß dieser Mann den deutschlandpolitischen Start der Unionsregierung unterstützend begleitet hat. Auf SED-Seite warb er insbesondere bei Honecker um Verständnis und Vertrauen, auf Bonner Seite durchbrach er ideologische Vorbehalte.

Damit machte er sich notgedrungen in beiden Lagern auch Feinde. Die ganze Linie paßte Moskau ohnehin nicht, ein Grund dafür, daß Häber – Ende Mai erst ins Politbüro gekommen – schon vier Monate später zur Disposition stand.

Angesichts der sich verschärfenden globalen Konfrontation zwischen den Blöcken ging es Häber nicht nur um Schadensbegrenzung, sondern um qualitativ neue Beziehungen zwischen den beiden deutschen Staaten. Man befand sich in einer Schicksals- und damit auch in einer Verantwortungsgemeinschaft. Es bestand die Gefahr des gemeinsamen Untergangs – wenn man sich denn in Nibelungentreue an die jeweilige Führungsmacht klammerte – oder die Chance des gemeinsamen Überlebens, wenn man sich sukzessive mehr Handlungsspielraum von Washingtons bzw. Moskaus Politik verschaffte und eigene Interessen selbstbewußt artikulierte. Das wiederum würde auch Rückwirkung auf das jeweilige Bündnissystem zeitigen. Häber hatte das Fernziel einer komplexen Regelung vor Augen, die eine Konföderation beider deutscher Staaten hätte sein können. Aber weder er noch seine Partner besaßen ein ausgereiftes Konzept dafür. »Für mich war klar: Deutsche Konföderation geht nur, wenn die DDR sich mehr Spielraum gegenüber Moskau verschafft und in die Lage versetzt wird, über ihre Interessen auch selbst zu entscheiden. Und die zweite Voraussetzung bestand darin, daß die deutsche Konföderation nur erreichbar sei, wenn wir uns mit jenen Kräften in der Bundesrepublik arrangierten, die dort tatsächlich die politische Macht ausübten, d. h. mit den Repräsentanten des Großkapitals und ihren politischen Vertretern. Das hieß vor allem mit der CDU/CSU.« Und weiter Herbert Häber: »Ich war durchaus der Meinung, daß die Beziehungen zur SPD, zu Politikern und Funktionären der SPD, große Bedeutung hatten. Die SPD war und ist eine große politische Kraft in der Bundesrepublik. Aber ich hielt es für unrealistisch, anzunehmen, daß die westdeutschen Sozialdemokraten im Bunde mit der SED in der DDR die konservativen Kräfte in der BRD hätten entmachten können. Dafür gab es überhaupt keine Voraussetzungen, das war absolutes Wunschdenken. Ich übernahm den Begriff von Enrico Berlinguer, des Vorsitzenden der italienischen KP, und sprach von einem notwendigen historischen Kompromiß zwischen der DDR und den hauptsächlichen Kräften des konservativen Lagers in der Bundesrepublik.«

Zu den Kontakten und Beziehungen zwischen der SED-Spitze und konservativen Politikern gab es übrigens nie einen Beschluß des Politbüros. »Ich hatte dazu keinen förmlichen Auftrag«, erklärte Häber später. »Im Gegenteil. Bereits wenige Stunden vor dem ersten Gespräch mit Kiep in Berlin gab es massive Vorbehalte. Politbüromitglied Axen, als ZK-Sekretär zuständig für Internationale Beziehungen, wollte es verbieten. ›Wir reden nicht mit den Schwarzen‹, begründete er seine schroffe Ablehnung.« Häber konnte sich beruhigt zurücklehnen und erklären: »Herrmann, Du kommst wie so oft zu spät, der Generalsekretär hat die Sache bereits entschieden.«

Häber ließ sich in seinem Streben nicht beirren, »möglichst viele Persönlichkeiten aus den Reihen der CDU/CSU kennenzulernen und zu erreichen, daß man bereit wäre, mich und meine Positionen anzuhören – wie ich ebenso an den Auffassungen meiner Gesprächspartner sehr interessiert war.« Das war der Ausgangspunkt – denn bis 1975 herrschte zwischen beiden Seiten absolute Funkstille, es gab keinerlei Parteienkontakte. Häber engagierte sich umso mehr, als er Honecker hinter sich wußte und von diesem ermuntert wurde.

In den 70er Jahren, so Häber im Nachgang, wäre es für Berlin wichtig gewesen, Weichen zu stellen für den Fall, daß in Bonn die sozialliberale Koalition stürzte. Der Begriff »Kontinuität« wäre zur zentralen Losung geworden. Was würde mit den deutsch-deutschen Beziehungen, was mit der Entspannungspolitik in Europa insgesamt passieren, wenn die Regierung Schmidt scheitern sollte? »Es war mir sehr wichtig, daß von kompetenten Repräsentanten der CDU schon Mitte der 70er Jahre erklärt und auch begründet wurde, daß ein Regierungswechsel in Bonn keine negativen Auswirkungen auf die deutsch-deutschen Beziehungen haben würde.«

Mancher Gesprächspartner in der Union versprach sogar Besserung. Walther Leisler Kiep erklärte: »Die Beziehungen der SED zur SPD sind immer dadurch belastet, daß sie zu einer gemeinsamen Familie, nämlich der deutschen Arbeiterbewegung, gehören und ihr Verhältnis zueinander immer belastet sind durch ›Familienstreitigkeiten‹ aus der Vergangenheit. Derartige Konflikte gibt es zwischen SED und CDU nicht. Folglichkann man wesentlich sachlicher und unbelasteter miteinander verkehren.«

Und als einen weiteren Grund, weshalb er schon früh die Verbindung zur Union gesucht habe, gibt Häber heute an, er habe dadurch auch den Druck auf die regierende SPD aus der Opposition mildern wollen und können.

Nach dem NATO-Doppelbeschluß und dem Beginn der Stationierung neuer Mittelstreckenraketen in Zentraleuropa formierte sich im Westen eine beachtliche Friedensbewegung. Die wurde im Osten mit Sympathie verfolgt, aber besonders in Moskau maßlos überschätzt. Umso bestürzter reagierte man im Kreml, als die Regierung Schmidt und danach die Regierung Kohl sich über die Massenproteste hinwegsetzten und ihre eingegangenen Verpflichtungen realisierten. Nicht nur Häber fragte sich 1983, wie man aus dieser Sackgasse wieder herauskäme. Moskau hatte eine neue politische Eiszeit proklamiert. »Im November 1983 erklärte die DDR in Abgrenzung zu Moskau, für Schadensbegrenzung zu wirken und die Entspannungspolitik fortsetzen zu wollen. Ich prägte die Formel von der ›Koalition der Vernunft‹, die notwendig sei, um ein Abgleiten in die nukleare Katastrophe zu verhindern«, so Herbert Häber.

Im Oktober 1983, also einen Monat zuvor, hatte sich Häber mit Erhard Eppler in Stuttgart getroffen. Beim Mittagessen schlug der ihm vor, man solle Vertreter der SPD-Programmkommission und Gesellschaftswissenschaftler der DDR miteinander diskutieren lassen, und er verwies ausdrücklich auf das Votum des SPD-Vorsitzenden Willy Brandt. Das war der eigentliche Beginn jener Beziehung, die zum gemeinsamen Grundsatzpapier von SPD und SED 1987 geführt hat, woran sich heute die SPD nur ungern erinnert.

Das heißt: Der Unterhändler Häber fuhr bis zu seiner Ausschaltung stets zweigleisig, er setzte sowohl auf Sozialdemokraten wie auf Konservative. Er dachte an Tagespolitik wie auch an langfristige Entwicklungen, er wollte akuten Schaden begrenzen und langfristig die Folgen der deutschen Teilung überwinden. Damit war er im Osten weitaus suspekter als im Westen.

Die Annäherung beginnt: Das Zürcher Modell (1981-1983)

Auf dem IX. Parteitag der SED im Jahre 1976 war ein neues Partei-programm beschlossen worden. Erstmals wurde dort der Begriff einer sozialistischen deutschen Nation, die sich in der DDR ent-wickele, in den politischen Diskurs eingeführt. Der Fortbestand einer gemeinsamen deutschen Nation wurde offiziell bestritten, fortan grenzte man sich demonstrativ von der »imperialistischen Bundesrepublik« ab. Die Verkehrspolizei verlangte auf offener Straße von den Autofahrern, die nicht rechtzeitig das Kennzeichen D auf ihrem Fahrzeug mit dem neuen Aufkleber »DDR« überklebt hatten, umgehend das nunmehr reaktionäre Schild abzukratzen.

Und obgleich man diesen Abgrenzungskurs fortan selbst zum Preise der Lächerlichkeit nach innen durchsetzte, orientierte sich intern ein Teil der SED-Führung gänzlich anders. Die sich verän-dernde Weltwirtschaft, nicht zuletzt der dramatische Anstieg der Rohstoffpreise, hatte die ohnehin lahmende Volkswirtschaft der DDR weiter ins Hintertreffen gebracht. Die notwendigen Steige-rungsraten der Produktion wurden nicht erreicht, von einer »er-weiterten Reproduktion« der materiell-technischen Basis konnte keine Rede sein. Wissenschaftlich-technischer Fortschritt fand, wenn überhaupt, nur noch punktuell statt. Schon auf dem X. Par-teitag 1981 stand der von Honecker zehn Jahre zuvor kreierte Kurs der Einheit von Wirtschafts- und Sozialpolitik zur Disposition. Das durch sozialpolitische Geschenke und Subventionen erkaufte Wohlverhalten der Bevölkerung hatte sich nicht, wie erhofft, als neues sozialistisches Bewußtsein und höhere Arbeitsproduktivität niedergeschlagen. Die wachsende Subventionslast (bei sinkenden Erträgen) strangulierte stattdessen den Haushalt. Doch Honecker setzte sich entgegen aller wirtschaftlichen Vernunft mit seiner Linie durch, der Schuldenberg wuchs dramatisch weiter, die DDR lebte auf Pump und verzehrte ihre Zukunft. Also stellte sich zwangsläufig im Politbüro die Frage, woher man das Geld nehmen solle, um diese Politik zu finanzieren. Aus eigener Kraft kam man nicht mehr aus dieser Situation, und auch Moskau zeigte sich zunehmend unfähig und wohl auch unwillig, die Lücken zu schließen. Bereits Ende der 70er Jahre hatte Ministerpräsident Kossygin signalisiert, daß keine Finanzhilfen aus der Sowjetunion mehr kommen würden. Am 21. Oktober 1981 übermittelte ZK-Sekretär Konstantin Russakow die Absicht Moskaus, die vereinbarten Erdöllieferungen um 10 Prozent zu kürzen. Und die DDR möge mehr Lebensmittel und Verbrauchsgüter liefern. Laut Protokoll erklärte der nach Berlin geeilte Botschafter Breshnews:»Im Verlaufe der Bestehens der sozialistischen Staatengemeinschaft haben wir so oft in mancher schwierigen Situation geholfen. Jetzt bitten wir Euch um Hilfe. Wir wissen keinen anderen Ausweg. Genosse Breshnew sagte mir: Wenn Du mit Genossen Honecker sprichst, sage ihm, daß ich geweint habe, als ich unterschrieb.« Und um Berlin den Ernst der Lage zu verdeutlichen, drohte Russakow:»Wenn Ihr nicht bereit seid, die Folgen dieses Unglücks mit uns gemeinsam zu tragen, dann besteht die Gefahr, daß die Sowjetunion ihre gegenwärtige Stellung in der Welt nicht halten kann, und das hat dann Folgen für die ganze sozialistische Gemeinschaft.«

Laut Protokoll blieb Honecker hartnäckig bei seiner Forderung: »Ich muß erklären, daß die Lösung der Probleme, die sich aus der Kürzung um zwei Millionen Tonnen Erdöl für uns ergeben, schier unmöglich ist.« Völlig zutreffend meinte er, daß niemand verstünde,»wenn wir plötzlich erklären müssen, daß der Lebensstandard bei uns sinkt« – wo doch die Propaganda fortgesetzt das Wachstum des Lebensniveaus pries. »Wenn wir die Fonds kürzen, wird die Bevölkerung sagen, ihr habt uns betrogen.« Honecker sprach von Destabilisierung der DDR.

Diese Intervention Moskaus muß wohl der letzte Anstoß für Honecker gewesen sein, nach neuen und potenteren Wirtschafts-Partnern Ausschau zu halten. Um die DDR zu halten, blieb – nachdem aus dem Osten nichts mehr zu erwarten war – nur noch der Gang nach Westen. Vor diesem Hintergrund nahmen die Unterhändler Gespräche im Westen auf, die das Ziel hatten, kurz- und mittelfristig das Überleben der DDR zu sichern. Da die Gesprächsgrundlage jedoch Geld gegen Erleichterungen und Zugeständnisse im humanitären Bereich lautete, mußten derartige Geschäfte langfristig zu grundsätzlichen Veränderungen im Verhältnis der beiden deutschen Staaten führen. Insofern führte die solcherart angestrebte Stärkung der DDR objektiv in der Perspektive zu ihrer Überwindung. Dessen waren sich die Beteiligten wohl bewußt. Moskau hingegen war zu jener Zeit kaum in der Lage, Schritte in diese Richtung zu unterbinden – die Chancen für das Zürcher Modell waren günstiger denn je.

Schmidt und Honecker führten eine Reihe streng vertraulicher Telefonate. Meist griffen die beiden Politiker abends, quasi nach getaner Arbeit, zum Hörer und tauschten sich aus. Schmidt wiederholte, was auch anderenorts schon vorgetragen worden war: Die DDR sollte die Verkehrsverbindungen – Autobahn und Schiene – nach Westberlin verbessern sowie neue Grenzübergänge einrichten. Dafür war Bonn zu Zahlungen bereit. Für weitere finanzielle Zuweisungen erwartete man jedoch sogenannte menschliche Erleichterungen. Honecker, so schien es, war für derartige Zugeständnisse durchaus aufgeschlossen: Immerhin ließen sich mit solchen Schritten die erklärten Bemühungen der DDR, für Frieden, Sicherheit und Zusammenarbeit zu wirken, nachdrücklich belegen. Und die DDR wollte sich auch im »humanitären Bereich« international und national in Szene setzen.

Erste Aktivitäten gab es bereits Mitte der siebziger Jahre.

Erst 1999 wurden Dokumente aus dem Privatarchiv von Helmut Schmidt, die Aktivitäten der DDR-Spitze belegen, frühzeitig die Mauer durchlässiger zu machen, publiziert (vgl. Heinrich Potthoff, Im Schatten der Mauer – Deutschlandpolitik 1961-1990). Darin wird das gemeinsame Anliegen von Schmidt und Honecker bestätigt, den Reiseverkehr zwischen beiden deutschen Staaten zu forcieren. Honecker unterbreitete Anfang Mai 1974 der Führungsspitze in Bonn einen Zehn-Punkte-Katalog über Familienzusammenführungen, die Abschiebung von Häftlingen in die Bundesrepublik, Differenzierungen beim Mindestumtausch, über Wirtschaftskooperation (Autobhnbau, Stromlieferungen nach Berlin-West, industrielle Zusammenarbeit auf Unternehmensebene etc.). Im Punkt 7 des Honeckerkonzepts heißt es: »Möglichkeit, die Reisen von Bürgern der DDR in die BRD nicht nur in dringenden Familienangelegenheiten, sondern auch zu touristischen Zwecken zu erweitern, im engen Zusammenhng mit den ökonomischen Möglichkeiten der DDR (Devisen).«

Nach Brandts Rücktritt am 6.5.1974 ließ Honecker an Wehner und an den neuen Bundeskanzler bestellen, daß seine Vorschläge nicht nur gedacht waren, die Position des »inzwischen zurückgetretenen BK gegen Hetze zu stützen, sondern mit dem Blick auf die Zukunft« konzipiert wurden und hoffentlich »auch für den neuen BK nützlich« seien. Herbert Wehner könne sie »je nach Zweckmäßigkeit« verwenden (Potthoff, S. 130).

Am 24. Mai 1974 konkretisierte Honecker, er könne sich bei einer gesonderten Handhabung von Punkt 7 (Reiseerleichterungen für DDR-Bürger) auch mit Vorschlägen wie etwa »Herabsetzung der Altersgrenze = 1 Mio. zusätzlicher Reisender aus der DDR« anfreunden (Potthoff, S. 146; Quelle: H. S. privat, DDR 1966-1974). Damit wurden m. W. zum ersten Mal Elemente des späteren Zürcher Modells thematisiert. Im Juni 1974 gab Honecker über Vogel an Wehner für Schmidt zu verstehen, es gäbe bei der »Altersgrenze, bei Reisen von drüben nach hier, Spielraum, wenn wir eine Sprachregelung fänden (z. B. die Pauschale etwas höher setzen und dies nur eine Handvoll wissen lassen): E. H. möchte wissen, wann demnächt mal über eine solche Angelegenheit geredet würde, wie sich der BK dazu« stellt (ebd., S. 146).

Bundeskanzler Schmidt geht in nachfolgenden Gesprächen mit Repräsentanten der DDR der DDR noch weiter. Er bringt die Entwicklung der Beziehungen zwischen Ungarn und Österreich erstmals 1974 als Modell für den deutsch-deutschen Annäherungsprozeß ins Spiel, die auch dem späteren Projekt »Länderspiel« zugrunde liegen. Gegenüber dem damaligen DDR-Vertreter Michael Kohl in Bonn verweist er darauf, daß eine Herabsetzung »des Reisealters in der DDR auch aus innenpolitischen Gründen von sehr großer Bedeutung« sei. Die DDR solle »aus der Not eine Tugend« machen. »Das habe auch Ungarn gegenüber Österreich mit bemerkenswertem Erfolg getan.« (Niederschrift in H. S. privat, DDR 1978-1981). Bemerkenswert ist, daß diese Thematik in dem analogen DDR-Bericht in ihrer Bedeutung heruntergespielt und als eine rein »innere Angelegenheit der DDR« bezeichnet wird (SAPMO DY 30/J IV J/86 v. 15.6.1978).

Im Juni 1977 geht es um die Vorbereitung eines offiziellen Besuchs von Schmidt bei Honecker, allerdings mit der Bedingung, daß dabei bei Reisen von Ost nach West Substantielles, möglichst eine Herabsetzung der Altersgrenze herauskommen müsse. Aber zu derartigen Vorschlägen gab es imrner wieder Gegenwind, so z. B. im Juli 1980. Über ein Gespräch, das Vogel in Bonn führte, gab dieser zu verstehen, »seine Seite wisse – besonders auch nach dem

Gespräch mit Herbert Wehner –, daß im humanitären Bereich etwas herauskommen müsse.« Die Durchführung möglicher Erleichterungen sei aber »innenpolitisch schwierig«. Eine »Herabsetzung des Reisealters um jeweils fünf Jahre« für Westbesuche würde »nach Meinung jener, die dagegen sind, folgende Auswirkungen haben: es würden mehr Reisende als bisher nicht zurückkehren; das könnte man ertragen. Diese würden aber noch mehr Anträge auf Familienzusammenführung stellen – und das wäre nicht zu verkraften. Diesen Grund würde Honecker seinem Gast aber so nicht erläutern wollen. Seine Seite (No 1) wäre durchaus zu Maßnahmen bereit, die aber in den Vereinbarungen nicht ›zu sehr enumeriert und selektiert werden sollten‹.« Und bei einem weiteren Treffen im August gleichen Jahres werden die »Vorbehalte« der DDR benannt: »Im Sicherheitsbereich gäbe es starke Bedenken gegen eine gesetzlich festgelegte Herabsetzung des Reisealters.« Honecker »sehe das weniger so«. »Sein Spielraum, ließ Vogel durchblicken, sei begrenzt, sein Good will gleichwohl vorhanden.«

Doch Potthoff gibt in seinen Untersuchungen auch einige Gründe dafür an, daß die Bundesregierung unter Helmut Schmidt nicht in der Lage gewesen sei, der DDR einen Milliardenkredit zu gewähren, wie er 1983 von F. J. Strauß eingefädelt wurde. Potthoff nennt in diesem Zusammenhang das Haushaltsrecht, die knappe Kassenlage, Widerstand bei der Bundesbank, »so sehr sich Schmidt auch bemühte«. (S. 187/188) Offen bleibt, warum nicht eine solche oder ähnliche Regelung für die Finanzierung gefunden wurde, wie 1983? Schließlich ist aus den Gesprächen, die Ende 1981 geführt wurden, zu entnehmen, daß eine Regelung Milliardenkredite gegen humanitäre Leistungen in greifbare Nähe gerückt war.

Schließlich kommt es Ende der siebziger Jahre zu deutsch-deutschen Kontakten auf Expertenebene und am 9. Oktober 1981 zur ersten wegweisenden Gesprächsrunde in Zürich. Ein gravierender Unterschied zu allen früheren Gsprächen bestand jetzt darin, daß sich die Kreditsituation der DDR angesichts des Erdölpreisschocks und der schwieriger werdenden Wirtschaftslage im Ostblock außerordentlich negativ entwicklt hatte.

Steinbach und Grötzinger waren am 9. Okober 1981 wieder einmal in Zürich. Sie wollten mit Bahl einen 50-Millionen-Dollar-Kedit ür die Intrac unterzeichnn. Dabei äußerten die beiden DDR-Geschäftsleute, daß ihr Land bereit sei, für einen Kredit von einigen

Milliarden DM das Reisealter um mindestens fünf Jahre zu senken. Bahl sollte über seinen alten Bekannten Karl Wienand doch einmal die Lage in Bonn bei Bundeskanzler Schmidt sondieren.

Über dieses Gespräch wurden G. Mittag und E. Honecker durch die Koko-Spitze informiert. Der Banker Bahl, bereits für die Bundesregierung seit einiger Zeit mit der DDR im Gespräch, verständigte den Geschäftsführer der SPD-Bundestagsfraktion Karl Wienand , den engsten Vertrauten von Herbert Wehner.

Der Zeitpunkt schien günstig, denn der Ostberliner Rechtsanwalt Vogel, von Kanzler Schmidt als Verbindungsmann zu Honecker gewünscht, bereitete gerade den ersten Besuch des Bonner Kanzlers in der DDR vor. Neben wirtschaftlichen und humanitären Fragen, eben auch der Senkung des Reisealters für DDR-Bürger, ging es auch um protokollarische Fragen.

Am 1. März 1982 wurde Bahl nach Ostberlin gebeten. Steinebach lud ihn zum Abendessen ins Palast-Hotel. Das nahm man, gänzlich unüblich, auf dem Zimmer ein. Bahl gegenüber dem Mitteldeutschen Rundfunk in einem Interview: »Da wußte ich sofort: Das wird jetzt auf Band aufgenommen. Der Sinn der Übung war legitim. Steinebach hat verschiedene Fragen gestellt, die wahrscheinlich von seinen Chefs gestellt worden waren. Zwei, drei Stunden habe ich ihm geantwortet. Dann sagte er: ›Ich sag Dir morgen Bescheid, wie das geht.‹ Am nächsten Morgen hat der Steinebach mir gesagt: ›Die Gespräche waren sehr gut. Mann, das sieht gut aus.‹« Und Bahl stieg beglückt in sein Flugzeug und flog nach Düsseldorf, wo ihn Karl Wienand erwartete.

Als er in der Halle war, wurde er ausgerufen. Bahl meldete sich am Informationsschalter. Man reichte ihm die Telefonnummer von Steinebach in Ostberlin – er solle dort sofort anrufen. Das tat Bahl. Am anderen Ende erklärte der aufgeregte Steinebach: »Holger, ich will Dir nur eines sagen: Wir haben rein kommerziell gesprochen. Unser Gespräch war rein kommerziell. Wir haben nur über Geschäfte gesprochen, nicht über menschliche Erleichterungen. Das Thema ist tot.«

Offenkundig hatten sich zwischenzeitlich in Ostberlin die Hardliner durchgesetzt.

Honecker sah sich gerade in dieser Zeit einem zunehmenden Druck des Kremls und der »Moskau-Fraktion« im eigenen Politbüro ausgesetzt (W. Stoph, W. Krolikowski, K. Hager mit dem zwi-

schen KGB-Spitze und SED-Generalsekretär hin und her lavieren-
den Mielke). Stoph und Krolikowski hatten Honecker und Mittag
gegenüber der Kreml-Fühung bereits »als Teilnehmer eines deutsch-
deutschen Techtelmechtels« angeschwäzt, wie P. Przybylski in seinem »Tatort Politbüro« (Bd. 1, S. 340-248) belegt. Zu diesem Zeitpunkt ließ sich Honecker jedoch in seinem Annäherungskurs nicht
beirren, obgleich er sich zum Taktieren gegenüber seinem politischen Umfeld veranlaßt sah. Die Gespräche auf dem »Kanal Vogel«
schirmte er gegenüber dem Politbüro ab. Die Berichte Häbers über
seine Kontakte mit bundesdeutschen Spitzenpolitikern gab er nur
selektiv weiter.

Honecker warnte Häber vor Mielke, ermutigte seinen Westexperten jedoch zugleich, die politische Großwetterlage auszuloten,
ohne daß Dritte darüber Einzelheiten erfahren sollten. In diesem
Klima liefen die Vorbereitungen für den Kanzlerbesuch in der
DDR, dessen Termin immer näher rückte.

Natürlich erinnert sich Häber nicht nur an die politische Atmosphäre im obersten Zirkel der Macht, weit mehr an die Inhalte in
den politischen Diskussionen beim deutsch-deutschen Gipfeltreffen am Werbellinsee, an dem er als Westexperte an der Seite
Honeckers teilnahm. Ihm sei, wie er mir berichtete, dabei aufgefal-
len, daß der Gast für manchen überraschend auf den Modellcha-
rakter der Beziehungen Ungarn - Österreich aufmerksam machte.
Gerade der sich entwickelnde Reiseverkehr hätte die innenpolitische Lage in Ungarn deutlich entschärft. Auch den Zusammenhang
zwischen humanitären Schritten und den dafür erforderlichen finanziellen Voraussetzungen hätte Schmidt thematisiert.

Tatsächlich ist in der offiziellen Niederschrift des Treffens am
12.12.1981 im Gästehaus des Staatsrates am Döllnsee (immer als
Treffen am Werbellinsee ausgegeben) in den Gesprächspassagen
von H. Schmidt zu finden, daß Ungarn seinen Bürgern alle zwei
oder drei Jahre Devisen in die Hand drücke und sie ausreisen lasse.
»Das ist eine Praxis, die vieles entschärft.« (SAPMO DY 30 IV
2/1/599).

Doch ehe es zum Treffen Honecker - Schmidt kam, hatte Rechtsanwalt Vogel noch einmal sehr eindringlich die DDR-Position vor
den Bonner Spitzenpolitikern vertreten.

Im Auftrage Honeckers reiste Rechtsanwalt Vogel am 9. Dezember 1981 nach Bonn und konferierte nacheinander mit Kanzler

Schmidt und Fraktionschef Wehner. Die Visite diente der Vorbereitung des Schmidt-Besuches in der DDR im gleichen Monat.

Vogel reichte die Papiere bei Honecker ein, der zeichnete beide am 11. Dezember ab (siehe Anlage 2 und 3).

Laut Wolfgang Vogel erklärte Helmut Schmidt ihm gegenüber: »Über Reise- bzw. Rentenalter habe er (*Schmidt – J. N.*) sich ausführlich mit H. W. unterhalten. Der sei der Auffassung, daß man beim Treffen beiderseits Beauftragte benennen sollte, um dieses Thema zu behandeln. Daß es angesprochen worden sei, könne er vor der Presse nicht unerwähnt lassen. Er wisse, daß da wirtschaftliche bzw. finanzielle Gegenleistungen im Gespräch seien, die aber nicht seine Billigung fänden. ›Ein Abkaufen ist nicht drin.‹ Insofern sei dies eine einseitige und nicht verhandelbare Entscheidung von E. H. Und er sei darüber frustriert, daß da über einen Bankfachmann aus Zürich von einem DDR-Handelsunternehmen an Karl Wienand völlig unannehmbare ›Hirngespinste‹ herangetragen worden seien. Karl Wienand, dem er voll vertraue, habe ihm davon am 3. Dezember kurz berichtet, weil er sich von seinem Gesprächspartner bedrängt fühlt.«

Vogel vermochte es dennoch, den Kanzler für das Thema zu erwärmen. Auf die Bemerkung, er würde sich vielleicht eine einmalige Chance entgehen lassen, sei Schmidt nachdenklich geworden. So schlug er denn vor, daß Vogel bei Honecker darauf zu sprechen kommen sollte, »ich täte es ungern«. Und er würde sich nicht anders äußern als heute. Etwas anderes sei es jedoch, was Wehner, Egon Franke oder Hirt in dieser Sache unternehmen würden.

Wehner erklärte sich gegenüber Vogel aufgeschlossen, bestätigte jedoch – wie in diesem Papier nachzulesen ist – lediglich die Position Schmidts. »Bezüglich Rentenalter (Reisen) erklärte Wehner, z. Zt. habe der BK für eine wirtschaftliche Gegenleistung kein Ohr.« Allerdings fügte er an: » Das müsse nicht so bleiben. Wenn man am Werbellinsee das Gespräch beginnt, sollte es unter dafür Beauftragten auf nur einer Schiene fortgesetzt werden. Dann sei der BK irgendwann im Zugzwang, auch was Gegenleistungen betrifft. Ich werde nachhelfen. Von Wienand (Zürich) habe er bis zur Stunde nichts gewußt. Er war verwundert und verärgert, denn Wienand käme sonst mit jeder Sache zu ihm.

Er rief in meinem Beisein Wienand an, fragte ihn, ließ sich berichten und schrie dann in den Hörer, das sei ungeheuerlicher Dilletantismus, er könne sich nur wundern und sei beschämt vor seinem Besucher. Er gab mir den Hörer. Wienand berichtete: Am 9. Oktober sei sein Geschäftsfreund Bahl aus Anlaß der Unterzeichnung eines 50-Millionen-Dollar-Kredits von Intrac-Seite angesprochen und animiert worden, die Möglichkeiten eines Milliarden-Kredits auszuloten als Gegenleistung für eine Herabsetzung des Rentenalters. Bahl habe ihn gebeten, diesen Vorschlag an den Bundeskanzler heranzutragen.«

Diese vermeintliche Kontroverse zwischen Wehner und Wienand war gespielt, wie mir 1997 Wienand erzählt. »Natürlich habe ich meinen Chef Wehner informiert.« Aber Vogel sollte annehmen, daß Wehner an diesem Vorgang unbeteiligt war – und sich gegenüber Schmidt, unbeabsichtigt oder mit Vorsatz, nicht verplauderte. Wienand schützte also Wehner, damit dieser von Schmidt nicht attackiert werden konnte, weil er hinter seinem Rücken Fäden zog.

Die Lage schien zu Beginn des Jahres 1982 klar. Ostberlin braucht um des nackten Überlebens willen viel Geld, nicht zuletzt in Form von Krediten, um die Kreditfähigkeit auf den internationalen Finanzmärkten abzusichern – das einzige, was die DDR anzubieten vermochte, waren politische Zugeständnisse. Dazu schien Honecker, wenngleich auch widerwillig, bereit. Und als Taktiker verstand er es, daraus auch noch politisches Kapital zu schlagen. Aus dem Vogel-Papier geht nämlich an anderer Stelle über die Wiedergabe des Gesprächs zwischen Schmidt und Wehner zur Senkung des Reisealters hervor, daß dies eine Initiative der DDR sei. Schmidt spricht gar von einer einseitigen Entscheidung Honeckers.

Nach dem Treffen am Werbellinsee wurden Wolfgang Vogel für die DDR-Seite und Edgar Hirt von der Bonner-Seite zu jenen Beauftragten gemacht, nach denen Schmidt verlangt hatte.

Auf einer zweiten Schiene sollte Schalck nach Möglichkeiten suchen, wie man auch ohne Zugeständnisse an Geld kam.

In Bonn hat Kanzler Schmidt nichts dagegen, wenn Vertraute Möglichkeiten in dieser Richtung ausloteten. In der Politik pflegte man stets mit verschiedenen Optionen zu hantieren.

In diesem Gesprächskontext entstand die Idee einer deutsch-deutschen Bank, bei der sich die DDR mit etwa drei bis vier Milliarden DM hätte bedienen können. Im Gegenzug sollte das Rentenreisealter um fünf Jahre gesenkt und auch der Mindestumtausch reduziert werden. Als Schlüsselfigur dieses Denkmodells profilierte sich Holger Bahl, Chef der Bank für Handel und Industrie in Zürich (einer Tochter der Landesbank in Mainz), weshalb dieses Projekt als »Zürcher Modell« bezeichnet wurde.

Am 9. März 1982 hatten Kanzler Schmidt, Karl Wienand und Staatssekretär Manfred Lahnstein die westdeutsche Verhandlungsposition diskutiert. Ultimativ wurde erklärt: wenn Kredit, dann nur bei einem Entgegenkommen in humanitären Fragen. Das wurde durch Wienand mir gegenüber, Vertretern der Intrac und Dr. Andrä wiederholt vorgebracht. Nichts Neues also – Honecker hatte über Vogel genau das Schmidt angeboten.

Honecker nahm dazu plötzlich eine eher zögerliche Haltung ein. Wie Wienand im Oktober 1993 vor dem Schalck-Untersuchungsausschuß sagte, habe er vom seinerzeitigen Kanzleramtsminister Wischnewski zu hören bekommen, »daß in Ostberlin lediglich die Kreditgewährung diskutiert wurde, während die nach dem Projekt vorgesehenen humanitären Erleichterungen dort überhaupt kein Thema bildeten«.

Das stimmt in dieser Absolutheit nicht. Honecker wollte in der Tat möglichst keine Gegenleistungen anbieten, aber im engsten Zirkel – mit Mittag und Mielke – wurde das Thema durchaus diskutiert. Schalck wurde zudem in Marsch gesetzt, auf andere Weise die benötigten Milliarden zu beschaffen.

Das Zürcher Modell ging in die Erbmasse ein, die die Kohl-Regierung Ende 1982 übernahm. So beschrieb es Dr. Thomas Gundelach, damals Sekretär von Staatsminister Jenninger, deutlich vor dem Schalck-Untersuchungsausschuß. (Anlage 35) »Ich erinnere mich, daß Herr Wischnewski, der Vorgänger von Herrn Jenninger im Amt des Staatsministers, bei der Amtsübergabe ihn darauf hingewiesen hat, da werde sicherlich demnächst ein Bankier aus der Schweiz sich mal bei ihm melden... Herr Bahl, den ich im Laufe der Jahre recht gut kennengelernt habe, der sich häufig gemeldet hat, war ein sehr rühriger Mensch, und manches, was er übermittelte, haben wir schon eher cum grano salis genommen...

Das ging über Jahre. Ich glaube, Herr Bahl hat das die ganzen 80er Jahre hindurch weiterverfolgt, ist auch in dieser Sache nach 1984 noch häufig vorstellig geworden oder hat sich gemeldet – bei mir oder bei Herrn Jenninger.«

Wienand bestätigte bei seiner Befragung durch den Schalck-

Untersuchungsausschuß im April 1994, daß nach seinem Eindruck Kanzleramtsminister Jenninger »ernsthaftes Interesse« an diesem Projekt besessen habe. Auch Bahl bestätigte, im Auftrage Jenningers mit verschiedenen DDR-Vertretern Gespräche in dieser Sache geführt zu haben. Und es gibt von ihm eine Reihe Vermerke, die er nach Gesprächen mit Jenninger zu diesem Thema niedergeschrieben hat, über die er mich in Kenntnis setzte bzw. die Dr. Andrä nach Unterredungen mit mir formuliert worden waren. (Am 19. April 1994 übergab er sie dem Vorsitzenden des Schalck-Untersuchungsausschusses. Der Ausschußvorsitzende ließ sich von mir die Echtheit der Papiere in der gleichen Sitzung im bayrischen Landtag bestätigen. Sie trugen den handschriftlichen Eingangsvermerk von Jenninger bzw. von Gundelach.) Ich selbst weiß aus Gesprächen mit Gundelach, daß dieser wiederholt mit Jenninger darüber konferiert hat.

Moskau hätte bei einer gravierenden Veränderung der Reisemöglichkeiten für DDR-Bürger befragt werden müssen – und hätte sich ganz gewiß mit einer Zustimmung schwergetan. Das hypertrophierte Sicherheitsinteresse der Sowjets (und ihre Furcht, den wichtigsten Verbündeten an den Westen zu verlieren) hatte, wie Häber zum Beispiel berichtet, noch ganz andere Blüten getrieben. Einmal habe ihm Honecker – in einem Anflug von Leutseligkeit, die ihn zuweilen überkam – eine Karte des Berliner Umlandes gezeigt und mit dem Finger eine Linie zwischen Reinickendorf und der Autobahn nahe Oranienburg gezogen. Hier solle die neue Trasse für die Autobahn nach Hamburg enstehen, die Generalität in Wünsdorf aber lege sich quer. »Sie haben Angst, daß die Trasse zu nah an ihren Kasernen vorbeiführt«, sagte Honecker höhnisch. »Als ob man noch etwas bei ihren Panzern abgucken könnte.« Und als man Westdeutschen und Westberlinern gestattete, mit ihrem PKW in die DDR zu kommen, habe – so Häber – ein leitender Mann des Moskauer Außenministeriums besorgt in Ostberlin angefragt, ob die DDR etwa ihr ganzes Territorium für PKW öffnen wolle und man dabei auch genügend die legitimen Sicherheitsinteressen der sowjetischen Streitkräfte bedacht habe.

Nein, Moskau ließ sich die Hegemonie in der deutsch-deutschen Politik nicht nehmen, und wollte Honecker dazu zwingen, wenig oder nichts von dem preiszugeben, was unter der politischen Grundsubstanz des Staatssozialismus verstanden wurde.

Auf der anderen Seite hatte die im Grunde bankrotte DDR 1982/83 so gut wie keinen Spielraum mehr, um sich einem solchen Angebot – Kredit gegen Zugeständnisse – entziehen zu können. Insofern ist der Vorwurf, den SPD und Grüne im Untersuchungsausschuß des bayerischen Landtages gegen den Strauß-Kredit vorbrachten, völlig verständlich: » Im Grunde genommen hat es also zwei Kreditlinien gegeben. Aufgrund der prekären Finanzlage in der DDR hätte die DDR zwangsläufig auf das Zürcher Modell zurückkommen müssen. Nachdem sich aber die Möglichkeit über Franz Josef Strauß ergeben hat, hat die DDR entschieden, die Linie Bahl nicht weiter zu verfolgen. Ob das Zürcher Modell belastbar gewesen wäre, ist nicht ausgetestet worden. Wir können heute nicht sagen, daß die weitergehenden Forderungen des Zürcher Modells (Senkung des Reisealters, humanitäre Gegenleistungen) zum Erfolg geführt hätten. Wir können nur feststellen, daß es nicht ernsthaft versucht worden ist, diese Forderungen durchzusetzen.« (Abschlußbericht Bayrischer Landtag, Drucksache 12/16598 aus 1994)

Nach meiner Einschätzung hätte das Modell auch Moskaus Zustimmung erhalten. Zähneknirschend, aber letztlich doch. Die Sowjetunion selbst war nicht in der Lage, der DDR zu helfen – sie suchte selbst auf den internationalen Finanzmärkten nach Krediten. Deshalb bin ich unverändert der Überzeugung, daß es ein Fehler Ostberlins und Bonns war, es damals nicht gewagt zu haben. Dieser Weg der Annäherung wäre besser und billiger gewesen als jene 90er Sturzgeburt, an deren Folgen viele noch immer tragen.

Die wirtschaftliche Lage des Ostblocks und insbesondere der DDR verschlechterte sich zu Beginn der 80er Jahre noch dadurch, weil Anfang 1982 Polen seine Zahlungen an den Westen einstellte. Gerhard Schürer, damals Vorsitzender der Staatlichen Plankommission, berichtete: »Die Polen waren nicht mehr zahlungsfähig. Haben also ihren Konkurs erklärt und ein Moratorium gesucht. Und das brachte natürlich großes Mißtrauen gegenüber den sozialistischen Ländern. Also nicht nur gegenüber der DDR. Die Rumänen haben immer erklärt, sie seien zahlungsfähig. Aber sie haben Rechnungen nicht bezahlt. Und das betrachtet man in der internationalen Finanzwelt als noch schlimmer, als wenn einer ein offenes Moratorium macht. In dieser Situation stiegen die Zinsen.«

Die westlichen Banken, so Bahl, bekamen in dieser Situation Angst und fürchteten den Kollaps der DDR. »Sie hatten kein Vertrauen mehr, und der Kreditstrom wurde ruckzuck abgeschnitten. Deswegen kam die DDR 1982 finanziell in Schwierigkeiten, weil die erwarteten Kreditverlängerungen nicht mehr eintraten.«

Obgleich im Hintergrund immer noch das Zürcher Modell existierte, blieb es es lediglich Option und nahm nicht Gestalt an. Ungeachtet dessen sollte die Urheberschaft des Zürcher Modells benannt werden. Der Schalck-Untersuchungsausschuß des Bayerischen Landtages nennt in seinem Abschlußbericht vom 6. Juli 1994 den Schweizer Bankier Holger Bahl und »hochrangige Mitarbeiter des Bereiches KoKo«. Gemeint waren Horst Steinebach – Generaldirektor der Intrac, dem Finanzierungsunternehmen des Koko-Imperiums – und dessen Stellvertreter Horst Grötzinger, zwei wichtige Mitarbeiter von Schalck. Bahl hatte mit ihnen ein Konzept entwickelt, das er am 17. Februar 1982 Wienand und Grötzinger förmlich übergab.

Der damalige HVA-Chef und Stellvertreter Mielkes, Markus Wolf, schrieb in seinem Buch »Spionagechef im geheimen Krieg«, das Zürcher Modell sei hinter dem Rücken der Hauptverwaltung Aufklärung abgelaufen, »und zwar ausschließlich über die Schiene Schalck-Mielke; mein Minister hatte mich nicht informiert. Als ich Mielke zur Rede stellte, tat er die ganze Sache als ›Hirngespinst‹ ab und meinte, ich sei einer Desinformation aufgesessen.«
Wolf weiß auch die Gründe, weshalb »sein Minister« sich bedeckt hielt. »Eines der Motive für die Geheimniskrämerei Mielkes war, daß er die Meriten als Retter der DDR vor dem Bankrott nur mit Schalck teilen wollte. Ein anderer Grund war, daß weder die meisten Mitglieder des Politbüros noch die Führung in Moskau offiziell in diese Verhandlungen eingeweiht waren, obwohl es dabei um wichtige politische Zugeständnisse unserer Seite ging. Die Sowjets, informiert von den eigenen Quellen, mißtrauten dieser unkontrollierten und undurchsichtigen Kungelei, bei der sich private mit politischen Interessen mischten.«

An anderer Stelle seines Buches verriet Wolf, was er damit meinte. »Wienand erhoffte sich für seine Mitwirkung nicht nur Provisionen, sondern auch den Posten eines Bankdirektors.« Für die Aufsichtsposten wurden neben Karl Wienand Philipp Jenninger, Alexander Schalck und Wolfgang Vogel gehandelt. (siehe Anlage 5)

Ehe man jedoch das Zürcher Modell zum Abschluß brachte, hatte Schalck die Milliarden zu den von Honecker gewünschten Konditionen besorgt: quasi zum politischen Nulltarif. Als Schmidt am 5. September 1983 – inzwischen Ex-Bundeskanzler – Honecker neidlos zum Kredit gratulierte (»Einen so günstigen Kredit bekommen Sie auf der ganzen Welt nicht wieder.«), kommentierte Honecker die Bemerkung nur mit Heiterkeit. Man sei dazu wie die Jungfrau zum Kind gekommen. Schmidt habe sich im Gespräch auch erkundigt, ob das Zürcher Modell durch die DDR weiter verfolgt werde, worauf Honecker geantwortet habe: »Nein, von uns aus ist es tot.« (Brief von H. Schmidt an Wienand, Anlage 15)

Damit folgte er Mittags Linie, dem es egal war, wie man an Geld kam. Er war nach dem Regierungswechsel in Bonn auch als erster Spitzenpolitiker der DDR an den Rhein geeilt. Und Staatsminister Jenninger signalisierte Mittag, wie man an »frisches Geld« käme, etwa auch über einen Bankenkredit. Schließlich interessierte Mittag nur das – nicht etwa die Möglichkeit, wie man den Bürgerinnen und Bürgern der DDR Reisemöglichkeiten in den Westen eröffnete. Also wurde pragmatisch umgeschwenkt. Als ich ihn kurz vor seinem Tode im Frühjahr 1994 in dieser Sache von einem seiner wenigen Vertrauten befragen ließ, orakelte Mittag, man werde noch staunen, wenn publik würde, was zwischen 1982 und 1987 tatsächlich zwischen Bonn und Berlin besprochen und verhandelt worden sei. Dieses »Geheimnis« nahm er mit ins Grab. In seinen Unterlagen fand sich zunächst nichts, sie waren offenkundig gefleddert. So existieren beispielsweise nur wenige Unterlagen über die Gespräche 1982/83, die zwischen Bonn und Ostberlin in Sachen Kredit liefen. Der Verdacht, daß nie welche angefertigt wurden, kann zerstreut werden. Protokolle der ersten Verhandlungen zwischen dem Beauftragten von Schalck und Holger Bahl in Zürich wurden mir 1994 von der Gauck-Behörde zur Verfügung gestellt (einiges davon habe ich in meinem Buch »Länderspiel« veröffentlicht; weiteres in diesem Buch), und in den Akten des Büro Mittag fand ich jene, die der KoKo-Stellvertreter Seidel seinerzeit an Mittag persönlich übergab, und worüber Schalck noch ein persönliches Gespräch mit Mittag führte. (Anlage 4)

Das Zürcher Modell, da hat Schalck mit seiner Bemerkung recht, war nur eine Episode in der deutsch-deutschen Politik. Nur wenige hatten damals davon direkt Kenntnis – in der DDR Honecker, Mittag, Mielke, Sindermann und Häber, in der Bundesrepublik einige wenige SPD- und CDU-Poliker, darunter Schmidt, Wehner,

Schäuble, Jenninger, Wienand und Jenningers Sekretär Gundelach. Dieser erklärte gegenüber dem Bonner Schalck-Untersuchungsausschuß: »Soweit ich weiß, hat Herr Jenninger auch den Bundeskanzler in der Regel mündlich informiert, vielleicht mal mit einem handgeschriebenen Blatt mit den entscheidenden Punkten. Aber ich kann mich nicht erinnern, daß Akten im klassischen Sinne in diesem Zusammenhang angelegt worden sind.«

Im Schlußbericht des bayerischen Schalck-Untersuchungsausschusses heißt es dazu: »Das Büro Mittag sagte schließlich bei Minister Jenninger im Februar 1983 das Projekt ab.«

Das mutet schon reichlich kurios an. Eines der geheimsten Projekte zwischen Bonn und Ostberlin in vier Jahrzehnten soll telefonisch abgesagt worden sein wie eine Pizza-Bestellung? Und dazu noch auf Mitarbeiter-Ebene?

Das glaube, wer naiv genug ist.

Auf der Südschiene wird das Konkurrenzprojekt installiert (1983-1985)

Ich war seinerzeit in die Gespräche zum Zürcher Modell involviert und habe mich seit der Wende mit diesem Thema ausdauernd beschäftigt. Nach Sichtung der seither zugänglichen Dokumente, der Protokolle diverser Untersuchungsausschüsse, Veröffentlichungen von Beteiligten oder anderer Interessierter, Zeugenbefragungen und Gesprächen mit Politikern bin ich der festen Überzeugung, daß erstens das Zürcher Modell und seine Fortsetzung unter der Bezeichnung »Länderspiel« eine vernünftige Alternative zur Sturzgeburt der deutschen Einheit gewesen wäre, und daß zweitens dieser Weg einer sanften Annäherung der beiden deutschen Staaten durch ein Komplott verhindert worden ist. Die maßgeblichen Personen bei dieser Politintrige großer Dimension waren Schalck und der hinter ihm stehende Erich Mielke. Diese handelten unter politischem Druck von Franz Josef Srauß.

Bei dieser Behauptung stütze ich mich auf Wahrnehmungen in meiner Tätigkeit, auf die Aktennotizen Schalcks, die er über seine Treffen mit Strauß und dem Unternehmer März fertigte, auf Bonner Regierungsunterlagen und die Aufzeichnungen des Bankers Bahl, auf die Protokolle der Schalck-Untersuchungsausschüsse in Bonn und München sowie Notizen von Helmut Schmidt. Ich fand schlüssige Zitate von Kohl, Schäuble und Jenninger in dem Buch von Korte (»Deutschlandpolitik in Helmut Kohls Kanzlerschaft«) sowie relevante Aussagen von Hans-Jürgen Wischnewski und Karl Wienand. Und um das gleich noch vorweg zu sagen: Inzwischen hat sich auch Schalck in seinen »Deutsch-deutschen Erinnerungen« dazu bekannt, daß es beim Milliarden-Kredit niemals um echte Zugeständnisse in puncto Freizügigkeit für DDR-Bürger gegangen war. »Wir konnten uns auf ein Junktim schlechterdings nicht einlassen« (S. 295 ff.). Schalck bestätigt auch die durch die Politik von Strauß stark reduzierte Rolle Kohls in der Deutschlandpolitik: »Strauß, nicht Kohl, war zu unserem wichtigsten Ansprechpartner geworden« (S. 304). Zwischen Strauß und Honecker bzw. Mielke wurden die Linien in der Deutschlandpolitik gezogen.

Die Protagonisten der Achse Berlin-München kenne bzw. kannte ich eher oberflächlich. Schalck lernte ich in den 50er Jahren während meiner Tätigkeit im Pressekollegium Leipziger Messe kennen, mit Mielke – der Mitglied des Ministerrates war – bekam ich es gelegentlich in meiner Funktion als Vizechef des Presseamtes der DDR-Regierung zu tun. Er sorgte mit seiner Schlagfertigkeit und seiner Spottlust wiederholt für Heiterkeit und erschien damals nicht als jener Finsterling, für den ihn die meisten heute halten. Damals war er, zumindest in seinem Auftreten, noch ein anderer Mensch. Strauß traf ich das erste Mal persönlich bei einem internationalen Treffen am Schwarzen Meer in den späten 80er Jahren (siehe »Länderspiel«), Josef März in den 80er Jahren auf der Leipziger Messe – ohne zu wissen, welche wichtige Rolle der Strauß-Intimus bei den Gesprächen zwischen Ostberlin und München spielte. Strauß, so weiß ich heute, lernte März bereits 1947 kennen, als dieser Landrat in Schongau war. 1975 knüpfte der Fleischhändler März aus Rosenheim Kontakte zu Schalck – er bot dem KoKo-Chef Geschäfte und politische Kontakte zu Strauß an. Denn im Nebenberuf war er noch Schatzmeister der CSU und Mitglied des Wirtschaftsausschusses dieser Partei.

Minister Mielke bekam über dieses Angebot am 16. März 1975 Nachricht von Schalck. In der Folgezeit fanden zahlreiche Begegnungen zwischen März und Schalck statt, man korrespondierte und telefonierte miteinander, und das vielleicht häufiger, als es gemeinhin zwischen politischen Geschäftspartnern üblich ist. Mielke, also das MfS, finanzierte zuweilen Flugtickets für März und veranlaßte wohl auch die Steigerung der Fleischlieferungen aus der DDR an die Firma Marox, die März gehört. Die bislang besser belieferte Konkurrenz Moksel wurde dadurch deutlich aus dem Rennen gewunken.

In den 80er Jahren wurde die Verbindung noch weiter intensiviert. März infomierte Schalck über Vertrauliches und Internes aus den Zentralen der bundesdeutschen Politik und wurde darin vielleicht nur noch von seinem Chef Strauß übertroffen. (Ein ehemaliger hoher HVA-Offizier erklärte mir gegenüber in den 90er Jahren, der Auslandsnachrichtendienst der DDR habe nur wenige Topagenten besessen, die derart wertvolle Nachrichten geliefert hätten.)

Die wachsende Wirtschafts- und Finanzmisere der DDR war seit Ende der 70er Jahre Gegenstand der Gespräche auf höchster Ebene, und auch Schalck und März bzw. Strauß konferierten darüber. Im Unterschied zum Zürcher Modell, bei dem es um ein Volumen von etwa vier bis fünf Milliarden Mark ging, gaben sich die anderen zunächst bescheiden – obgleich der reale Bedarf der DDR wesentlich höher lag. Bei ihrem Treffen im Oktober 1982 konferierten Schalck und März über einen möglichen Kredit in Höhe von »einigen Hundert Millionen Mark«. Ein reichliches Vierteljahr später telefonierten Kohl und Honecker. Bei diesem Punkt hielt sich Kohl bedeckt. Kohl spricht einerseits von wirtschaftlichen Leistungen an die DDR, erwartet andererseits auch ein Entgegenkommen der DDR im humanitären Bereich. Auf keinen Fall hat er je daran gedacht, der DDR einen Kredit ohne Gegenleistungen zu gewähren. Deshalb kann nicht gesagt werden, ob der Bundeskanzler das Zürcher Modell oder eine andere Kredit-Variante favorisierte. Er hatte, wie auch Honecker, zu diesem Zeitpunkt von beiden denkbaren Optionen vage Kenntnis, doch um Details kümmerte er sich nicht, wie Vertraute bestätigten.

Erstmals war durch Schalck im Spätsommer 1982 ein Kreditwunsch der DDR an Ministerpräsident Strauß herangetragen worden. Das mag verwundern – immerhin befand sich die Union damals noch in der Opposition.

Allerdings: Ostberlin wußte unter anderem über die Sekretärin des FDP-Spitzenpolitikers Bangemann, die als Sonja Lüneburg für die HVA arbeitete, daß die eine Koalitionspartei beabsichtigte, aus der Schmidt-Regierung auszusteigen und mit einem CDU-Kanzler eine neue zu bilden. Mithin: Die DDR richtete sich bereits vor dem Machtwechsel am Rhein auf die zu erwartenden Verhältnisse ein. Anders noch als 1972, als man beim konstruktiven Mißtrauensvotum gegen Brandt mindestens zwei CDU-Stimmen kaufte, um den SPD-Kanzler im Amt zu halten, ließ man es diesmal laufen.

Vielleicht wünschte Mielke sogar, daß Schmidt stürzte? Denn während Honecker weitestgehend auf Schmidt setzte, waren Mielke diese deutsch-deutschen Techtelmechtel suspekt.

Am Ende der Regierung Schmidt war das Zürcher Modell nach monatelangen Verhandlungen ausgearbeitet, aber, wie Wischnewski und Wienand vor dem Schalck-Untersuchungsausschuß bestätigten, nicht reif fürs Kabinett und einen offiziellen Abschluß.

Die Regierung Kohl-Genscher, so wird man in Ostberlin über-
legt haben, mußte erst Tritt fassen und hatte vielleicht keine Neigung, ein solch heißes Eisen wie das Zürcher Modell anzufassen.
Wenn Mielke grundsätzlich etwas gegen dieses Projekt hatte, war
das für ihn ein Glück. War er in dieser Hinsicht leidenschaftslos
(was aber nicht angenommen werden darf) und nur daran interessiert, möglichst rasch möglichst viel »frisches Geld« zur Stabilisierung der DDR ins Land zu bekommen, dann war der Regierungswechsel in Bonn ärgerlich. Aber es gab noch die zweite Schiene ...

Schalck hatte am 28. Oktober 1982 Mielke berichtet, daß März
»zur Bereitstellung eines größeren Kredits von 300 bis 500 Millionen DM bereits Gespräche mit Strauß hatte und auf Bankenebene
mit dem Vorstandsvorsitzenden der Bayerischen Hypothekenbank,
Arendt, sowie einem weiteren Vorstandsmitglied der Berliner Bank
über Möglichkeiten der technischen Abwicklung und der Geldbe-
reitstellung Vorgespräche geführt hat«.

Und an anderer Stelle bemerkt er optimistisch: »Aus Banken-
kreisen wird das Vorhandensein der notwendigen Mittel, die reale
Möglichkeit zur Bildung eines kleinen Konsortiums von drei bis
vier Banken aus der BRD bzw. ihren Töchtern im Ausland und damit auch der Abschluß eines Kreditvertrages mit der Außenhandelsbank (der DDR) realistisch gesehen.« Die Bundesregierung
werde, so Schalck, mit »Zahlungsverpflichtungen an die DDR«
dem Konsortium die gewünschte Sicherung liefern; wenn also die
DDR in Zahlungsverzug käme, könnte Bonn die Transitpauschale
umlenken. Einfach, aber genial. Das Risiko für die Banken wäre
somit außerordentlich gering.

März, der als Vorsitzender eines künftigen Banken-Ausschusses
gehandelt wurde, welcher die Duchführung des Geschäfts organisieren und kontrollieren sollte, hatte Schalck allerdings auch zu verstehen gegeben, daß »natürlich von Seiten der DDR zu gegebener
Zeit auf anderen Gebieten gleiche Signale erwartet werden«.

Schalck erklärte aber nach eigenem Bekunden darauf, daß »eine
Verknüpfung des jetzigen Projektes mit sozialen oder anderen Fragen keine Perspektive hat«.

Die Haltung mutet etwas unlogisch an. Im Grunde hatte Ostberlin keinen Verhandlungsspielraum mehr, aber es tat so. Man po-
kerte – wohl in der Erwartung, daß mit Hilfe von Strauß mehr zu
machen sei.

Und Bonn und München ließen sich bluffen. Oder, was noch viel bemerkenswerter ist: Der politische Status quo in Europa, die deutsche Teilung wurde – entgegen allen öffentlichen Bekundungen – offenbar als bewahrenswertes Gut betrachtet. Die Situation der DDR-Deutschen, deren Wohl und Wehe doch den Regierenden am Rhein seit 1949 so am Herzen lag, interessierte weniger. Sonst hätte man den ökonomischen Hebel bewußt eingesetzt, um der DDR politische Zugeständnisse abzutrotzen.

Auch anderenorts finden sich Belege dafür, daß man im Westen nicht am Status quo rütteln wollte: Anfang der 80er Jahre hatte der ungarische Staats- und Parteichef Janos Kadar bei Kanzler Schmidt den Wunsch signalisiert, Ungarn wolle der Europäischen Gemeinschaft beitreten, was zwangsläufig den Austritt aus dem Warschauer Pakt und den RGW bedeutet hätte. Schmidt hat nach eigenem Bekunden heftig abgewehrt, weil er das politische Gleichgewicht auf dem Kontinent gefährdet sah. Als Trost nahm man später Budapest in den Internationalen Währungsfonds (IWF) auf, was in Moskau zwar zur Verstimmung und auch in Berlin zu Unmut führte, wogegen die krisengeschwächte Sowjetunion aber nicht mehr zu intervenieren vermochte...

Am 23. Dezember 1982 konnte Schalck befriedigt die Nachricht von März vernehmen, daß Strauß und Kohl zum zweiten Male in dieser Sache ausführlich gesprochen und positiv entschieden hätten. Es gäbe keine Einwände. Ostberlin hatte sich also durchgesetzt.

Ich will zugestehen: Zu damaliger Zeit und aus der Perspektive der politischen Führung der DDR erschien das als ein Erfolg (es hieß dann immer: die realistischen Kräfte auf der anderen Seite haben sich durchgesetzt). Ich war damals sehr betrübt darüber, daß das Ziel meiner Gespräche, die Mauer durchlässiger zu machen oder gar zu öffnen, in immer weitere Ferne gerückt war. Zugleich verschlechterten sich die Positionen von Häber und Sindermann. Wir alle arbeiteten ja daran, daß diese DDR nicht unterging. Mit dem Wissen von heute und dem Blick auf den Gang der Geschichte sollte man diesen Vorgang aber anders werten. Bonn hat damals einen gravierenden politischen Fehler gemacht – und bis heute nicht den Mut gefunden, dies auch öffentlich einzugestehen.

Wie im klassischen Drama gab es aber auch in diesem Falle ein retardierendes Moment. Laut Unterlagen hatte März am 26. Januar 1983 im Gespräch mit Schalck dennoch Gegenleistungen von der DDR eingefordert. »Damit werden die von Ihrem Bekannten unterstützten vernünftigen Absichten undurchführbar«, erklärte Schalck daraufhin und drohte bei Aufrechterhaltung eines Junktims mit Abbruch der Kredit-Gespräche .

März informierte Strauß. Schon am nächsten Tag, am 27. Januar, klingelte bei Schalck in Berlin das Telefon. »Es muß eine Denkpause eingelegt werden«, zitiert er März in seinem Bericht an Mielke.

Die politische Großwetterlage war schlecht wie seit Jahren nicht, Moskau sah in der Regierung Kohl – anders als Ostberlin – einen Gegner der Ostverträge und Aktivisten der Raketenstationierung in Westeuropa. In der Bundesrepublik tobte der Wahlkampf, die DDR-Führung schien offenkundig ratlos. Ihre Unterhändler wurden angewiesen, sich bei ihren Gesprächen bedeckt zu halten oder zu erklären, kein Mandat mehr zu haben. Die »Denkpause« dauerte jedoch keine vier Wochen. Am 17. Februar trafen sich Schalck und März. Der überbrachte eine Offerte von Strauß, sich einmal zu sehen. Schalck reagierte darauf, er sei weiterhin »für das begonnene Thema der Ausreichung eines Kredits gesprächsbereit«. Die Antwort wurde vermutlich durch eine völlig unerwartete Mitteilung provoziert. Strauß, so März, bedanke sich »sehr nachdrücklich für die großzügige und schnelle Entscheidung« der DDR-Seite bei Familienzusammenführungen und in Häftlingsfällen. Bayerns Nummer Eins meinte damit die Erledigung einiger Härtefälle, die er der DDR angetragen hatte.

Es gab keinen anderen erkennbaren äußeren Anlaß für diese Feststellung – es sei denn, Strauß wollte um gutes Wetter nachzusuchen. Mehr noch: Eigentlich signalisierte er damit, daß der Westen bereits die laufenden – im wesentlichen über Wolfgang Vogel abgewickelten – Geschäfte als »humanitäre Leistung« und »Entgegenkommen« der DDR wertete. Schalck wertete das als ein strategisches Signal. Damit war der Forderungsdruck weg.

Anfang März öffnete die Frühjahrsmesse in Leipzig. Die Drehscheibe im Ost-West-Handel war zugleich auch politischer Markt. Bahl, der Banker, kam im Auftrag von Jenniger, das Zürcher Modell weiter voranzubringen. Er sprach mit verschiedenen Leuten, darunter auch mit mir. Über unser erstes Zusammentreffen an der Bar im Hotel »Stadt Leipzig« berichtete er Monate später an Jenninger: »Mit Dr. Nitz bin ich auf der Frühjahrsmesse 1983 erstmals zusammengetroffen, und zwar aufgrund einer Vorstellung von Dr.

Rösch. (Ministerialrat Dr. Rösch war Bevollmächtigter der Bundesregierung für den innerdeutschen Handel und auch dem Bundeskanzleramt zugeordnet. Ich kannte ihn bereits länger durch Diskussionen zu Sachfragen.) Laut Dr. Rösch ist Dr. Nitz enger Vertrauter von Staatssekretär Beil. Nach außen ist Dr. Nitz tätig am Institut für Politik und Wirtschaft (IPW), DDR-Berlin.« (Anl. 11)

In der Tat hatte uns Rösch am Abend des 3. März 1983 zusammengeführt. Wir kannten uns seit Jahren. Rösch meinte, ich müsse Bahl, der deprimiert schien, unbedingt helfen. Er hätte wichtige Nachrichten aus Bonn für die DDR-Führung in Sachen Wirtschaft und Finanzen. Durch den Regierungswechsel in Bonn und die reservierte Haltung Moskaus sei die Verbindung etwas abgerissen.

Als Empfänger dieser Botschaften wurden Horst Sindermann und Herbert Häber genannt. Dies war ein wesentlicher Teil meiner Gespräche mit Bahl. Auch Dr. Andrä brachte Häber als DDR-Partner für Jenninger ins Gespräch. Entsprechende Kontakte wurden über Bahl mit Gundelach vorbereitet. Über ein Kontaktgespräch Häber-Wienand gab es bereits Informationen (Anlage 11). Sindermann präsidierte die DDR-Volkskammer, und es war daran gedacht, daß dem geplanten Honecker-Besuch in Bonn eine Reise des Parlamentspräsidenten vorgeschaltet werden sollte. Auch Mittag und Axen kamen in Betracht. Alle vier Politbüro-Mitglieder kannte ich persönlich aus meiner Zeit als Redakteur bzw. im Regierungsapparat.

Bahl setzte mich bei einigen Gesprächen in Leipzig und Berlin über das Zürcher Modell ins Bild. Ich hatte davon nur vage im DDR-Außenhandelsministerium etwas gehört, nunmehr erfuhr ich Details. Wunschgemäß setzte ich mich mit Sindermann in Verbindung – um ihn zu informieren und um mir Prokura für weitere Gespräche in dieser Sache erteilen zu lassen. Sindermann zauderte zunächst. »Mach um Himmelswillen nicht zu viel Zusagen. Du kennst ja unsere Grundpositionen.«

Fortan wurden Sindermann und Häber über wichtige Gesprächsinhalte von mir informiert. Aufgrund der guten Beziehungen der HVA zum IPW gingen wie üblich auch Informationen an Wolf bzw. Großmann. Die HVA nutzte natürlich diese Informationsschienen und konsultierte sich mit mir.

Mein Vorgesetzter im IPW, sowohl durch mich als auch »von oben« bereits benachrichtigt, daß ich für Gespräche mit Vertretern der Bundesrepublik auf der Schiene Mittag-Beil freizustellen war, meinte pflichtschuldigst, ich dürfe meine wissenschaftliche Arbeit nicht vernachlässigen.

Wie immer half mir auch diesmal der Segen der Obrigkeit, der mitunter auch sehr konkret erteilt wurde: In den Wiener Internationalen Rat für neue Initiativen in der Ost-West-Kooperation führte mich die »graue Eminenz« Gerhard Beil als sein Vertreter ein. Damit hatte er zwar maßlos übertrieben, aber mir persönlich einen großen Dienst erwiesen. Ich wurde künftig auch in der Bundesrepublik wie sein Vertreter behandelt.

Strauß indes hatte von der Bahl-Mission im Auftrage Jenningers Wind bekommen und ließ durch seinen Intimus März Schalck vier Fragen ausrichten. Erstens: Welche Projekte hat Bahl ans DDR-Außenhandelsministerium herangetragen? Zweitens: Wer führt noch deutsche-deutsche Geheimgespräche? Wer sind also die Konkurrenten? Drittens: Was haben Honecker und Kohl am Telefon besprochen? Viertens: Wer agiert im Auftrag des Bundeskanzleramtes als Unterhändler? (Anlage 8)

Es mutete schon reichlich merkwürdig an, daß die Antworten auf diese Fragen konspirativ bei einem MfS-Offizier und nicht bei dem dafür zuständigen Bundeskanzler eingeholt wurden.

Vor allem bekundete Strauß nachdrückliches Interesse, daß er in der Deutschland-Politik die entscheidenden Pflöcke setzen wollte. Einen anderen Schluß gestatteten die Ausführungen von März gegenüber Schalck nicht. Strauß lege Wert darauf festzustellen, so März, »daß das Hineintragen eines Junktims nicht seinen Vorstellungen entspricht und offensichtlich Kohl durch inkompetente Leute, in der Sache nicht informierte Leute, falsch beraten wurde«. (Anl. 9)

Damit fand die »Denkpause« ihr Ende. Die Weichen waren gestellt. Bei allen nun nachfolgenden Gesprächen mit Schalck stand das Thema Kredit auf der Tagesordnung. Und ferner: Wie alles Weitere konspirativ abgesichert zu erfolgen habe.

Zunächst gab MfS-Oberst Schalck den Namen Bahl preis. Der und dessen Hintermann, Kanzleramtsminister Jenninger, gerieten nunmehr ins Fadenkreuz. Das macht die Befragung im Schalck-Untersuchungsausschuß zehn Jahre später deutlich. Dr. Andreas von Bülow (SPD) erkundigte sich bei Jenninger: »Aus den Akten ergibt sich, daß auf jeden Fall Schalck im Gespräch mit Strauß darüber reflektiert, daß im Kanzleramt nach wie vor die alten Anhänger dieses Züricher Modells säßen, und die schössen noch aus verschiedenen Ecken heraus, und die müßte man schließlich überwinden. Wer war das im Kanzleramt?« (Anlage 10)

Darauf der vormalige, nunmehr in Erklärungsnot geratene Kanzleramtsminister Jenninger im Bonner Schalck-Untersuchungsaußchuß am 4.3.1993: »Das kann nur ich gewesen sein, nicht? Aber für mich war das Zürcher Modell ... schon nach der ersten Begegnung mit Mittag tot, spielte überhaupt keine Rolle. Aber das ist diese Eifersuchtsszene gewesen, die sich da abgespielt hat, daß man also mir unterstellt, ich sei da ein großer Anhänger des Zürcher Modells, nicht wahr, und störe den Kredit, weil ich auch ein bißchen mehr Bedenken hatte gegen dieses Geschäft als vielleicht andere. Dann war ich derjenige, der das also sabotiert. Also, das muß man ertragen können.«

Diese »Eifersucht« veranlaßte Bahl am 18. Mai 1983 zu der Aktennotiz nach einem Gespräch mit Jenninger, daß der Druck auf das Zürcher Modell »erheblich« zugenommen habe. Und über Karl Wienand erfuhr er, daß dessen Informanten aus Ostberlin berichteten, die DDR-Führung verfolge andere Überlegungen. (Anl. 17)

Davon wußte aber nun Jenninger noch nichts. Niemand aus der DDR hatte ihn diesbezüglich informiert. Bleibt also offen: War das eine gezielte Desinformation an Wienand (und falls ja: in wessen Auftrag wurde sie erteilt?) – oder eine Indiskretion in Ostberlin?

Bahl berichtete mir, daß man vermutete, Vogel habe seine Hände mit im Spiel gehabt. Da aber bekannt war, daß Vogel in solch heiklen Fragen nie allein, sondern stets im Auftrag handelte, ist Schalck als Auftraggeber anzunehmen, der wiederum von Strauß dazu animiert worden sein könnte; eine damals durchgängig vertretene Auffassung.

Schalck wußte – das ergibt sich aus seinen Gesprächsvermerken –, wie Strauß dachte, welche politischen Absichten ihn trieben und wie groß sein Ehrgeiz war, sich auch gegen Bonn durchzusetzen. Als Linie wurde sichtbar:

1. Honecker durfte in den Augen von Strauß nicht mit Gegenleistungen vornehmlich im humanitären Bereich überfordert werden. Also auch keine Junktims. (vgl. Anlage 10)

2. Kohl war von inkompetenten Leuten umgeben, die ihn falsch berieten. Der Kanzler selbst war in den Augen von Strauß überdies »führungsschwach« und »politisch unfähig«. (Anlage 10)

3. Walther Leisler Kiep – der wichtigste Gesprächspartner von Häber in der CDU-Führung – wurde fortgesetzt von Strauß klein-gemacht. Mielke und Honecker wurde wahrheitswidrig bedeutet, Kiep sei »ohne Einfluß« und »für große Fragen nicht interessant«. (Anlage 10)

4. Bahl wurde dahingehend kompromittiert, daß Strauß sugge-rierte, er arbeite möglicherweise für westliche Dienste. Staatsse-kretär Schreckenberger, der als Koordinator der bundesdeutschen Geheimdienste im Kanzleramt tätig ist, wurde von Strauß nachge-sagt, er habe sich für Bahl interessiert. (Anlage 10) – Mielke nahm solche »Signale« als Anlaß, dem Zürcher Modell »subversiven Cha-rakter« zu unterstellen (späterer Bericht der MfS-HA XVIII).

5. Jenninger wurde durch Strauß in bezug auf das Zürcher Mo-dell zum Lavieren gezwungen. (z. B. Inhalt der Anlage 12 im Zu-sammenhang mit Inhalt Anlagen 13 und 14)

6. Honecker mußte die Kredite ohne Konsequenzen im huma-nitären Bereich für die bessere Option halten. Unter solchen Um-ständen war ein Annäherungsprozeß, zu dem das Zürcher Modell eine Chance eröffnen würde, obsolet. Der Einfluß von Strauß auf das deutschlandpolitische Kozenpt Bonns nahm folgerichtig zu...

Nach den Bundestagswahlen im März, die Kohl im Amt be-stätigten, kam es bei einer nächtlichen Sitzung, bei der die Koaliti-onsvereinbarungen erörtert wurden, zu »schwersten Auseinander-setzungen«, wie sich Strauß erinnerte. Streitpunkt war die Frage, ob man gegenüber der DDR eine harte oder eine weiche Linie ein-schlagen solle. Kohl meinte, er würde für einen harten Kurs gegen-über Ostberlin keine Bundesgenossen finden – weder in der FDP, noch in der SPD oder bei den Grünen, nicht bei den Gewerkschaf-ten oder den Kirchen. Auch die Medien seien gewiß dagegen und Teile der Industrie.

Strauß allerdings war dagegen, Honecker jetzt einzuladen, und sichtlich genervt, daß Kohl dies bereits getan hatte, indem er ledig-lich die Einladung von seinem Vorgänger Schmidt erneuert hatte. Das müsse er schon selber tun, brüllte der CSU-Vorsitzende wü-tend. Ja oder nein.

Diese hitzige Nacht, so Strauß später, sei »die geistige Geburts-stunde des Milliardenkredits« gewesen. Weil Kohl ihn ausgebremst hatte? Weil er ins bayerische Abseits gestellt wurde und keine Funk-tion auf Bundesebene bekam? Weil man nicht mal auf ihn hörte?

Für die staatsmännische Größe des bayerischen Ministerpräsidenten sprach allerdings etwas anderes.

Wenig später, am 10. April, kam am Grenzübergang Drewitz bei Potsdam ein westdeutscher Berufskraftfahrer zu Tode. Die lapidare ADN-Mitteilung nannte als Ursache plötzlichen Herztod, allerdings wies die Leiche Kopf- und Halsverletzungen sowie Blutergüsse auf. Obgleich die Obduktion keine Gewalteinwirkung nachwies, wohl aber einen Sturz auf einen Heizungskörper konstatierte, sprach Strauß öffentlich von »Mord«. Strauß liebte starke Begriffe und drastische Wendungen, er war eine hervorragende Quelle für die schreibende Zunft. Und natürlich war er sich absulut sicher, daß jener LKW-Fahrer nicht von DDR-Grenzern zu Tode geprügelt worden war – doch ihm stank die Art und Weise, wie sich die DDR-Organe an den Grenzübergangsstellen aufführten. Von lächerlichen Aufforderungen wie »Machen Sie mal das Ohr frei!« bis hin zu demütigenden Schikanen (»Schrauben Sie die Rückbank ab!«) war alles drin. Für seinen Mordvorwurf bekam er viele Vorwürfe, auch jenen, daß er den von Honecker auf der Messe für das Jahr 1984 angekündigten Besuch der Bundesrepublik unmöglich gemacht habe. (Strauß sollte sich später bei Honecker persönlich für seine Überreaktion entschuldigen.)

Doch zwei Wochen später nach der Attacke erhielt er trotzdem von seinem Freund Josef März die Nachricht, ein Mittelsmann von Honecker wünsche ihn zu sprechen.

Strauß willigte ein – und das sprach eben für ihn – und schlug den 5. Mai vor. Da sollte sein zweiter Sohn in Roth bei Nürnberg bei der Bundesluftwaffe vereidigt werden. Er würde diesen Schalck-Golodkowski auf einem Parkplatz an der Transitstrecke auf halbem Wege abholen und ins Gästehaus von Josef März auf Gut Spöck am Chiemsee bringen lassen, dann käme er hinzu. So wurde es denn auch gemacht – Schalck reiste noch in der Nacht nach Berlin zurück, um am nächsten Morgen bei Mielke zu rapportieren.

Schalck intervenierte zunächst wegen des Mord-Vorwurfes, der habe Honecker sehr betroffen gemacht. Strauß quittierte später in seiner Autobiographie diese Bemerkung mit dem Satz: »Ich horchte auf. Das war nicht der übliche propagandistische Ton kommunistischer Funktionäre.« Doch deshalb wäre er, Schalck, wohl nicht aus Berlin gekommen, sondern er wolle – wie Strauß informiert worden sei – »über Möglichkeiten, Formalitäten und Modalitäten eines Überbrückungskredites zur Entlastung der Zahlungsbilanz der DDR« sprechen.

Zugleich machte Strauß auf den Widerspruch aufmerksam: Einerseits wolle man von der Bundesrepublik Geld, aber ihre Bürger behandle man zumindest an der Grenze wie Feinde. »Die Praxis der Grenzabfertigung, das Gebrüll und Geschrei, die Schikanen, man meint wirklich, man kommt in einen Zuchthausstaat, wenn man bei Ihnen als normaler Tourist die Grenze überschreitet. Dieses Verhalten Ihrer Grenzorgane steht im scharfen Gegensatz zum Grundlagenvertrag – oben die schönen Worte, unten die brutale Praxis.« Strauß machte aus seinem Herzen keine Mördergrube. Und er hatte ja auch recht. Daß diese Art Sozialismus mitunter auch von uns selbst als Kasernenhof-Sozialismus bezeichnet wurde, kam nicht von ungefähr. Der Umgangston, zumal im Verkehr mit dem potentiellen Klassenfeind – und das war jeder, der einen BRD-Paß vorwies – war alles andere als freundlich und international üblich.

Schalck fragte betreten, was Strauß verlange.

»Das ist ganz einfach. Sie sollen unsere Bürger so behandeln, wie die Polizei in Frankreich, in Italien, Dänemark oder Schweden deutsche Bürger behandelt, wenn sie einreisen, genauso. Wir wollen einen normalen, freundlichen Umgangston, eine korrekte Abfertigung. Ich unterstütze weder Zoll- noch Devisenvergehen, die Ihre Wirtschaft ruinieren, aber Behandlung und Kontrolle müssen den zivilisatorischen Gepflogenheiten entsprechen. Die Unfreundlichkeit, das Geschrei, der Kasernenhofton müssen aufhören!«

Zwei Wochen später bekam Strauß erste Meldungen vom BGS und der bayerischen Grenzpolizei, daß sich an der gesamten Grenze zur DDR wundersame Dinge ereigneten. Die Kontrolleure seien weniger ruppig, es gehe entschieden ziviler zu.

Vierzehn Tage später reiste Schalck zum zweiten Besuch nach Bayern und zog einen elfseitigen Brief von Honecker aus der Tasche, der mit der Anrede »Sehr geehrter Herr Ministerpräsident« begann. Schalck trug den Text vor. Er dürfe ihm das Schreiben nicht aushändigen, sagte er, weil es den Kopf des Autors kosten könnte, wenn der Inhalt publik würde.

Das Papier, so erinnerte sich Strauß, sei in drei Abschnitten gegliedert gewesen. A. Die wirtschaftliche Lage der DDR in den »üblichen Beschönigungsphrasen«, B. der Zwang, ohne harte Einschränkungen des Lebensstandards der DDR-Bevölkerung die aktuen Probleme zu lösen, und C. die Möglichkeiten einer Lösung. Honecker habe offenbart, daß er lieber Hilfe aus dem Westen denn aus Moskau haben möchte, da die DDR mit dem Westen wirtschaftlich zu kooperieren wünsche. Strauß: »Fazit des Schreibens: Wenn ich ihm helfen würde, in Bonn die Barriere zu durchbrechen, die solchen Wünschen bisher entgegengestanden habe, dann wäre ihm der Weg nach Westen lieber.

Es folgte ein Angebot von Gegenleistungen: Beseitigung der Selbstschußanlagen vom kommenden Herbst – 1983 – an, Änderung in Art und Ton der Grenzabfertigungen, wesentlich erleichterte Familienzusammenführungen, Verbesserungen im Reiseverkehr und weitere Punkte.

Da dieser Brief bis heute nicht vorliegt, Absender und Empfänger tot sind und mithin die Memoiren von Strauß der einzige gedruckte Beleg darstellt, besteht kaum die Möglichkeit kritischer Quellenanalyse. Nur Schalck als Überbringer könnte helfen.

Strauß war klug genug, um der Vorhaltung, er habe die DDR ohne Gegenleistung unter die Arme gegriffen, wirksam zu begegnen. Immerhin wurden die Selbstschußanlagen im Herbst demontiert, und an der Grenze ging es ein wenig ziviler zu. Und Strauß legte Wert auf die Feststellung, daß es kein staatlicher Kredit war. Er habe zur Vermittlung nur deshalb die Hand gereicht, »weil niemals auch nur ein Pfennig Steuerzahlergeld auf dem Spiel stand«. Das Geld sollte von privaten Banken kommen, und als Sicherheit verpfändete die DDR die Transitpauschale für fünf Jahre, also rund drei Milliarden Mark. Sollte die DDR, so das Angebot Schalcks, bei der Rückzahlung in Verzug geraten, könne Bonn die entsprechende Summe von der Berlin-Pauschale an die Banken abtreten.

Laut Strauß habe er dann Schalck einen Brief diktiert, den der DDR-Finanzminister in dieser Sache an den BRD-Finanzminister schicken sollte. Bei ihrem dritten Treffen, an dem auch Staatsminister Jenninger teilnahm, sei diesem eben jenes Schreiben zur Weiterleitung an Stoltenberg übergeben worden.

Nicht ohne Genugtuung vermerkte Strauß: »Mein Briefentwurf ist in Ost-Berlin so gut wie nicht geändert worden.« Dieses Treffen am 5. Juni – Strauß holte Schalck persönlich mit einem Landrover am Münchner Bahnhof ab – machte den Weg frei für den Kreditfluß, der am 1. Juli offiziell abgesegnet werden sollte.

Kohl solle nicht sonderlich zufrieden gewesen sein über den Bericht, welcher ihm von Jenninger vorgelegt wurde, und habe nach

Sicherheiten für die Gegenleistungen gefragt. Schließlich hatte er von Honecker am 24. Januar 1983 am Telefon Gegenleistungen im humanitären Bereich und die Zusage verlangt, daß er die Aushandelungs des Kredits besorgen sollte. (Honecker sollte sich jedoch für Strauß entscheiden.)

Nunmehr wurde Jenninger auf Druck des Kanzlers aktiv. Bei einem Treffen mit Schalck mahnte er im Beisein von Strauß, die DDR müsse Signale setzen. Am 9. Juni 1983 telefonierte er mit Schalck und forderte Gegenleistungen – Schalck lehnte, nach Rücksprache mit Strauß, dies kategorisch ab. Daraufhin schlug Jenninger vor, wenigstens in einem Non-Paper eine »gemeinsame Sprachregelung« vorzunehmen, um einen erkennbaren Zusammenhang zwischen Kredit und Veränderungen im zwischenstaatlichen und humanitären Bereich herzustellen. Schalck und Strauß blockierten jedoch jeden Versuch einer nachträglichen Korrektur der getroffenen Absprachen, die – um es noch einmal deutlich zu sagen – keinerlei Verbesserungen für die DDR-Bürger bedeuteten.

Wie sehr Kohl an diesem Thema hing, erklärte Rainer Barzel am 5. März 1997 gegenüber Karl-Rudolf Korte, der ihn seinem Buch »Deutschlandpolitik in Helmut Kohls Kanzlerschaft« zitierte. Kohl habe in jener Zeit den Bundestagspräsidenten Barzel gefragt: »Was würden Sie sagen, wenn Sie davon erfahren, daß die DDR bei uns nach einem Kredit in Milliardenhöhe nachfragt?« Darauf soll Barzel gesagt haben: Ich nehme an, daß der Kredit gegeben werden kann, wenn auch die CSU einverstanden ist, und wenn er mit einer ausreichenden Gegenleistung der DDR verbunden ist.« Die Antwort von Kohl solle gelautet haben: »Ja, so beurteile ich das auch.«

Im Kabinett wurde das Thema wie eine heiße Kartoffel behandelt. Am 29. Juni erkundigte sich Verteidigungsminister Wörner, was mit den Gegenleistungen wäre. Kohl und Jenninger blieben die Auskunft schuldig und setzten »auf Vertrauen auch innerhalb der Bundesregierung«. Der Kanzler habe von seiner Richtlinienkompetenz Gebrauch gemacht, verriet später sein Adlatus Eduard Ackermann in seinem Buch »Mit feinem Gehör«. Im deutschlandpolitischen Koordinierungsgespräch am 12. Juli im Bundeskanzleramt erfuhren die Staatssekretäre auch »nichts Konkretes«; Jenninger versteckte sich hinter der Notwendigkeit strikter Vertraulichkeit, so Meichsner in einem Aktenvermerk am 13. Juli. Der Leiter des Arbeitsstabes Deutschland bedrängte Jenninger, daß dieser für Klarheit sorgen solle, »welche Gegenleistungen die DDR erbringen wird und wann sie geleistet werden«. Er erhielt keine Auskunft. Was hätte Jenninger auch sagen sollen, da es nichts Greifbares gegeben hatte. Inzwischen arbeitete die Bundesregierung aber bereits an den Formalitäten für einen zweiten Milliardenkredit auf der Südschiene. - Keine Frage: Kohl und Jenninger kuschten vor dem allmächtigen Strauß. Nicht sie, sondern er bestimmte mit Honecker und Mielke, wie es in Deutschland weiterging.

Honecker revanchierte sich beim bayerischen Ministerpräsidenten mit einer Einladung. Am 24. Juli 1983, mit seiner Familie in Polen unterwegs, reiste Strauß via Pomellen an den Werbellinsee. Tage zuvor war er auf dem CSU-Parteitag mit dem für Wahlen in Bayern beschämenden Ergebnis von 77 Prozent in seinem Amt als Parteivorsitzender bestätigt worden; nicht nur die antikommunistisch geprägte Parteibasis war wütend über den Milliardenkredit und den Beitrag von Strauß am Zustandekommen dieses, wie man meinte, einseitigen Geschäfts.

Die Frage, weshalb der Kommunist Honecker und der Antikommunist Strauß, wie sich bald zeigen sollte, trotz weltanschaulicher Gegensätze bemerkenswert harmonierten, ist leicht zu beantworten. (Frau Strauß hielt Honecker nach ihrer ersten Begegnung für ein »beeindruckendes Mannsbild«, und Strauß selbst sprach in seiner Autobiographie mit großer Hochachtung von Honecker, schilderte ihn als »lebendigen Erzähler«, als frisch und geistig wendig. In seinem Denken will Strauß sogar ein »nationales Element« entdeckt haben. Beide teilten zudem sentimentale Jugenderinnerungen. Honecker, Jahrgang 1912, und Strauß, Jahrgang 1915, hatten sich 1946 auf Burg Hoheneck bei Neustadt an der Aich getroffen. Der Berliner war als FDJ-Chef dort, der Münchner in Vertretung des Bayerischen Kultusministeriums. Strauß wäre nach eigenem Bekunden damals von seinem Freund Heinrich Lade auf Honecker hingewiesen worden, auf den solle er aufpassen, »der werde noch einmal eine wichtige Rolle spielen«.)

Der Konservative Strauß war eine überragende Führungspersönlichkeit mit strategischem Weitblick und realistischem Pragmatismus. Wenn er eine Sache als richtig und notwendig erkannt hatte, setzte er sie auch gegen Mehrheiten durch. So führte er beispielsweise für die bayerische Polizei eine Fahne ein, weil es ihn nervte, daß ausländische Gäste nach Abschreiten der Ehrenformation mit einer Verbeugung den Schellenbaum der Kapelle grüßen mußten. Die Polizeigewerkschaft war gegen ein solches Banner – Strauß wischte den demokratischen Widerstand mit der Bemerkung vom Tisch, die Polizeigewerkschaft solle sich um Besoldungen und Beförderungen kümmern, nicht aber um solche politischen Dinge. Die Polizeifahne wurde übrigens erstmals beim Besuch Honeckers in München 1987 eingesetzt, und dieser habe sich, so Strauß befriedigt, »tief vor der Fahne verneigt«.

Strauß war selbstbewußt und autoritär, auch Honecker war dies. Das machte beide ähnlich und ermöglichte kurze Entscheidungswege. Palaver und demokratische Diskurse mochten sie als Autokraten nicht. »Ein Politiker wird in seinem Handlungsspielraum, in seiner Führungsfähigkeit erheblich begrenzt, wenn er vor einer wichtigen Entscheidung diese auf breiter Ebene diskutieren und möglichst noch durch eine Meinungsumfrage in der Öffentlichkeit absegnen lassen soll«, meinte Strauß und beklagte: »Heutzutage gibt es anstelle eines Vertrauensvorschusses im Grunde eher einen Vorschuß an Mißtrauen – ganz im Gegensatz zum 19. Jahrhundert, wo Geheimdiplomatie und Kabinettspolitik die Grundlagen einer oft wirkungsvollen Politik waren.« Diese Denkungsart bestimmte auch das persönliche Handeln Kohls, wie sein Biograph Prof. Korte feststellt und die Enthüllungen der neunziger Jahre bestätigen.

Nun mag man dagegen einwenden, daß wir nicht mehr im 19. Jahrhundert leben und der Souverän, das Volk, durchaus Anspruch darauf hat zu erfahren, was die von ihm gewählten Vertreter und Repräsentanten mit der ihnen leihweise übergebenen Macht machen. Aber das Volk ist auch ein wenig bequem (was beispielsweise Gaus für ein legitimes Menschenrecht hält) und darum mehrheitlich dankbar, wenn »die da oben« ihm das Regieren abnehmen und ihn in Ruhe lassen. Und wenn das Regieren mit Schneid, Volksnähe und spürbarem Erfolg geschieht, sieht man der Obrigkeit freiwillig manche Macke nach.

Auf dieser Grundhaltung von Strauß und Honecker wurzelte eine wechselseitige Affinität, die zwangsläufig Kritiker in beiden Lagern auf den Plan rief. Die Bundesregierung mit Kohl nahm übel, weil ihnen ein Politiker in der Provinz die Show stahl, und wollte sich mit einem Non-Paper, das die Gegenleistungen auflistete, zumindest in den Kontext einbringen. In der DDR hatte Honecker das Problem zu erklären, weshalb Franz Josef Strauß, bis gestern die

Inkarnation des westdeutschen Imperialismus und Revanchismus, ab sofort ein Freund der DDR sein sollte. Genüßlich zitierte Strauß einmal einen ostdeutschen Professor, der das Gerücht, Strauß werde die DDR besuchen, öffentlich kategorisch mit der Bemerkung zurückwies: »Das ist völlig unsinnig, der wird bei uns nicht einmal von einem Hausmeister empfangen.« Und nachdem er am Werbellinsee war, solle dann eben jener Akademiker von Kollegen gefragt worden sein, ob Honecker nun Hausmeister geworden sei.

Der Kredit floß nach dem 30. Juni 1983 in zwei Raten, ausgereicht wurde er von der Bayerischen Landesbank, die Laufzeit betrug fünf Jahre. Die Abwicklung erfolgte über eine Tochterbank in Luxemburg, weil wegen eines noch immer gültigen Alliierten-Gesetzes von 1948 – dem MRG 53 – direkte Kreditverträge zwischen Institutionen und Bürgern aus West- und aus Ostdeutschland nur mit Einschränkungen gestattet waren.

Bis Ende 1984 senkte im Gegenzug die DDR den Mindestumtausch von 25 auf 15 DM für Rentner, Unfallrentner und Jugendliche unter 14 Jahren, und sie veränderte das Grenzregime. Das war einerseits nicht wenig, andererseits nicht genug, wenn man berücksichtigte, daß die Chance zu einem großen Durchbruch in Richtung mehr Freizügigkeit für die DDR-Deutschen bestanden hatte.

Kanzler Kohl log sich (und anderen) noch nach der Vereinigung in die Tasche, als er vor der Enquete-Kommission im Berliner Reichstag die Milliardenkredite mit dem Hinweis verteidigte, diese hätten dazu geführt, daß die DDR sich großzügiger bei den Familienzuführungen und im Reiseverkehr gezeigt habe. Die Statistiken belegen anderes (vgl. Anlage 1): 1982 gab es 6.302, im Jahr darauf 5.487 Familienzusammenführungen. 1984, im Jahr nach dem Kreditfluß, schnellte die Zahl auf 29.526, um dann Jahr für Jahr wieder zu sinken (1985: 17.315; 1986: 15.767). Im Jahr 1987, als Honecker in die Bundesrepublik fuhr, halbierte sich die Zahl im Vergleich zum Vorjahr – 8.225 Familienzusammenführungen. Kortes Schlußfolgerung ist schwer von der Hand zu weisen: »Man konnte den Eindruck gewinnen, daß die DDR so lange großzügige Ausreisegenehmigungen gestattete, bis die Bundesregierung zufriedengestellt und man über einen neuerlichen Kreditwunsch zu sprechen bereit war.«

Ähnliches läßt sich auch über den Reiseverkehr sagen. 1983 wurden 1,5 Millionen Besuchsreisen Ostdeutscher in die Bundesrepublik registriert, 1986 ganze 1,7 Millionen, d. h. es gab kaum eine Entwicklung. 1987 fuhren 5 Millionen, 1988 gar 7,8 Millionen in den Westen – aber nicht als Gegenleistung für Milliardenkredite, sondern wegen oder infolge der Honecker-Visite in Bonn.

Geschichte ist Geschichte. Hinterher finden sich stets welche, die es immer anders und besser gemacht hätten. Auf alle solche Kommentare paßt die Bemerkung von Lothar de Maizière. Der nannte dies gegenüber Altbundeskanzler Schmidt, als der Mitte der 90er Jahre in der ihm eigenen oberlehrerhaften Art die Fehler der deutschen Einheit auflistete, »postmortale Klugscheißerei«. Denn als die Sache am Laufen war, hatte sich Schmidt nicht so geäußert.

Ähnlich verhält es sich wohl auch mit dem von Strauß eingefädelten Milliardenkredit. Ihn als die schlechte Alternative zum Zürcher Modell zu kritisieren, heißt nicht, seine politische Legitimation zu bestreiten. Geschichte läuft nicht nach Gesetzen und mit innerer Logik. Stets sind mehrere Varianten und Optionen möglich, und der Weg, den sie wählt, ist nicht immer der beste. Der Milliardenkredit an die DDR verlängerte deren Überleben. Er verschaffte ihr auf den internationalen Finanzmärkten ein ausreichendes Standing, die DDR erhielt mehr Kreditangebote aus westlichen Industrieländern, als sie eigentlich benötigte (Anlage 18). Als gute Kreditadresse ergaben sich Chancen, um Vorhaben im wissenschaftlich-technischen Bereich anzugehen – was man auch tat. Ein Programm zur Entwicklung der Mikroelektronik wurde aufgelegt, und Schalck – mit einer entsprechenden Kreditoperation beauftragt – meldete Vollzug an Mittag, den dieser umgehend an Honecker weitermeldete. Die derart wirtschaftlich stabilisierte DDR demonstrierte Stärke nach außen wie nach innen, was u. a. die Bürgerbewegten zu spüren bekamen.

Entgegen anderslautenden, später etwa von Jenninger gemachten Aussagen beerdigte Bonn das Zürcher Modell nach dem Milliardenkredit keineswegs – wie Jenningers Sekretär Gundelach wiederholt erklärte. (siehe Anlage 35) Honecker signalisierte über Günter Mittag im September 1983 dem Außenhandelsministerium, die Kontakte über Bahl nicht abreißen zu lassen. Der Banker wurde vom Vize-Generaldirektor im DDR-Außenhandelsministerium Dr. Wolfgang Andrä animiert, in einem Gespräch mit Häber in Bonn das Zürcher Modell anzusprechen. (Das Gespräch kam aber nicht zustande, weil Jenninger den Termin wegen einer unaufschiebbaren USA-Reise absagen mußte.) Beil, der in Essen zum Geburtstag von Berthold Beitz weilte, zeigte sich für das Thema empfänglich. (siehe Anlage 13) Er schnitt es auch 1984 bei Kiep an, als Schalck als Unterhändler zur Disposition stand. (Anlage 17)

Auf der Herbstmesse 1983 konferierten Wienand und Häber in Leipzig darüber. Jenninger hatte Bahl über seinen Bürochef Gundelach informieren lassen: »Die Bundesregierung ist nach wie vor an der Durchführung des Zürcher Modells interessiert, und der Bundeskanzler wie Dr. Jenninger stehen zu ihrer Zusage, den zuständigen Bevollmächtigten der DDR persönlich zu empfangen.« Bahl gab mir diese Botschaft zur Kenntnis.

Am 4. Oktober 1983 informierte ich Häber und Sindermann auch über diese neue Offerte. Der Volkskammerpräsident sicherte mir zu, er werde Honecker unverzüglich darüber in Kenntnis setzen. Bereits einen Tag später erteilte Honecker Häber den Auftrag, einen Brief an Kanzler Kohl zu entwerfen, in dem die Rahmenbedingungen für das künftige Miteinander abgesteckt wurden. Den Kern bildete das Angebot einer »Koalition der Vernunft«. Am 14. Dezember 1983 antwortete Kohl mit einer »Verantwortungsgemeinschaft« der beiden deutschen Staaten. Der Annäherungsprozeß zwischen Ostberlin und Bonn gewann spürbar an Tempo.

Strauß jedoch, der davon Kenntnis erhielt und fürchtete, die deutschlandpolitische Initiative an Bonn zu verlieren, versuchte mit Hilfe Schalcks, das Zürcher Modell neuerlich zu denunzieren. (siehe Anlage) Nämlich: Der Ostberliner Unterhändler und Mielke-Vertraute versuchte in Bonn, Staatsminister Jenninger »klarzumachen«, daß eine Senkung des Rentenreisealters um fünf Jahre »leider nicht möglich« sei. Es bleibe bei den 65 Jahren für Männer und 60 für Frauen, erklärte der MfS-Oberst Alexander Schalck-Golodkowski.

Jenninger nahm diese Mitteilung laut Aussage Schalcks »mit größtem Bedauern zur Kenntnis«, zudem äußerte er »Zweifel an der Zweckmäßigkeit«, daß Männer fünf Jahre länger als Frauen warten müßten, ehe die DDR sie in den Westen fahren lasse. Doch er sicherte die Weiterleitung der Botschaft an Kanzler Kohl zu, »diesen Punkt unter den obwaltenden Umständen vorerst nicht mehr zu verfolgen«. Will heißen: Das Zürcher Modell, das ja eben diesen Punkt zum Gegenstand hatte, sollte begraben werden.

Das passierte zu diesem Zietpunkt jedoch noch nicht.

Die Lotsen der deutschen Annäherung werden von Bord gebracht (1985-1987)

Die Querelen der deutsch-deutschen Beziehungen vollzogen sich vor dem Hintergrund einer Verschärfung des Rüstungswettlaufes. Die östliche Führungsmacht trieb seit Ende der 70er Jahre mit schwacher Führung dahin – der schwerkranke, später von seinem Arzt als drogenabhängig bezeichnete Breshnew agierte kaum noch. Nach seinem Tode 1982 trat der keineswegs jüngere und gesündere Andropow an seine Stelle; bereits nach Jahresfrist folgte der Apparatschik und Hardliner Tschernenko. Erst 1985, als Gorbatschow Generalsekretär wurde, sollte Moskau in die weltpolitische Arena als gestaltende Kraft zurückkehren.

In Washington regierte seit 1981 ein ehemaliger Schauspieler. Ronald Reagan, ebenfalls ein Hardliner, hatte die Absicht erklärt, Moskau – »das Reich des Bösen« – totrüsten zu wollen.

In diesem Kontext kamen neue und moderne Atomraketen nach Deutschland, und in beiden deutschen Staaten wuchs die Einsicht, man dürfe nicht zu fremdgesteuerten Vasallen der jeweiligen Führungsmacht werden und sich in die Katastrophe treiben lassen. Honecker bot Kohl am 5. Oktober 1983 in dem von Häber konzipierten Schreiben Kontinuität und eine »Koalition der Vernunft« an. Kohl reagierte am 24. Oktober in seiner Antwort positiv auf dieses Angebot. Karl-Rudolf Korte zitiert in seinem Buch »Deutschlandpolitik in Helmut Kohls Kanzlerschaft« die Stellungnahme der Ständigen Vertretung in Ostberlin: »Das Bekenntnis Honeckers zur Kontinuität wirkt eindringlich und von persönlichem Engagement getragen. Angesichts der undurchsichtigen Führungssituation in Moskau fällt auf, wie stark sich der SED-Generalsekretär jetzt exponiert. Es scheint, als setze er sein ganzes politisches Gewicht ein, um in der eigenen Partei, aber auch gegenüber Moskau die Kontinuität des Dialogs und der Zusammenarbeit zu sichern.«

Am 19. Dezember 1983 telefonierten Kohl und Honecker erneut – es war dies ihr drittes Telefonat in diesem bewegten Jahr. Das letzte

Mal hatte man nach dem Zwischenfall in Drewitz im April miteinander konferiert. Man sprach von gemeinsamer Schadensbegrenzung angesichts der neuen Stufe der Rüstungsspirale. Kohl wörtlich: »Sie können vor allem davon ausgehen, das glaube ich, ist sehr wichtig, Sie sprechen hier mit einem Mann, der nichts unternehmen wird, um Sie in eine ungute Lage – ich will es nicht näher interpretieren –, in eine ungute Lage zu bringen.« Dazu H. Potthoff in seinem Buch »Im Schatten der Mauer«: »Doch was immer sich Helmut Kohl im geheimen damals dabei gedacht haben mag, es war ein unzweideutiges, nicht zu leugnendes Versprechen des Kanzlers, alle Maßnahmen zu unterlassen, die Honeckers Herrschaft in der DDR hätten gefährden können. In seiner vollen Tragweite bedeutete das selbst den Verzicht auf eine Reformierung des SED-System, wie es Ende 1983 war.«

Am 11. März 1984, bei seinem traditionellen Messerundgang in Leipzig, kündigte Honecker vor der Presse an, er werde im Herbst der Bundesrepublik den lange fälligen Gegenbesuch abstatten.

Am 23. Mai schickte Honecker Häber zum Empfang in die Ständige Vertretung, damit dieser dem Bonner Diplomaten mitteile, er halte unverändert an seinem Kurs und seiner Absicht fest.

Anderentags, am 24. Mai, ließ der Generalsekretär das ZK-Mitglied Häber im Plenum des Zentralkomitees in der Diskussion reden. In der Beratungspause unterbreitete Honecker einen Kadervorschlag: Häber solle Vollmitglied im Politbüro werden, sofort und ohne Umweg über den Kandidaten. Mit dem Aufstieg seines Westexperten ins Politbüro wollte er seinen neuen Kurs in der Politik gegenüber Bonn nachdrücklich unterstreichen und seine Linie im Führungsgremium personell stärken. Er spürte den Gegenwind aus Moskau und den Widerstand im Politbüro gegenüber einer anderen Gangart in bezug auf Bonn. Und indirekt bestätigte das Krenz 15 Jahre später in der »Super-Illu«, wo er seine Sympathie für die Moskau-Fraktion artikulierte. (Der politische Aufstieg der Schlüsselfigur in den deutsch-deutschen Beziehungen hatte objektiv aber auch Nachteile: Die bislang so ergiebigen Kontakte des Abteilungsleiters Häber bekamen nunmehr einen anderen Charakter und waren darum nicht mehr so unkonventionell und zwanglos wie vordem. Die Aufwertung bedeutete auch ein höheres Risiko für Häber, der nunmehr in die Reihe der Kronprinzen gelangt war und damit neue Gegner bekam.)

Und noch ein anderes Moment spielte bei der plötzlichen Berufung Häbers in den Führungszirkel eine Rolle. Es war ein offenes Geheimnis, daß Mittag und Krenz um die Honecker-Nachfolge buhlten. Nunmehr trat ein Rivale auf den Plan, der zudem von Honecker favorisiert wurde. Mittag reagierte umgehend: Er forderte Häber wenig später auf, in seinem Büro bzw. in der Arbeitsgruppe BRD zu erscheinen, mit der drohenden Bemerkung: »Damit Du weißt, wo es hier langgeht!« Wie von einem MfS-General zu hören war, sollen Mittag, Mielke und Schalck bereits vorher versucht haben, Häbers Berufung ins Politbüro zu verhindern bzw. ihn zu stürzen. Schalck würde »Material« beschaffen.

Am 27./28. Mai tagte in Westberlin der Parteitag der dortigen SEW. Ursprünglich sollte dort Egon Krenz die Grüße des Generalsekretärs überbringen – jetzt wurde die SED-Delegation gleich von zwei Politbüromitgliedern geleitet. Mehr noch: Im Tagungslokal überbrachte ein Kurier Honeckers Botschaft: »Der Generalsekretär hat entschieden, daß Du mit von Weizsäcker sprichst.« Keine Frage: Es vollzog sich im Politbüro eine Verschiebung der Kräfte.

Am 18. Juli erörterten in Berlin das Politbüromitglied Herbert Häber und der Ständige Vertreter Hans Otto Bräutigam im Hause des ZK der SED die beabsichtigte Reise Honeckers in die Bundesrepublik. »Man sei sich wohl einig", so Bräutigam, »daß es sich um einen Arbeitsbesuch handelt. Aber dabei sei völlig klar, daß der Tatsache Rechnung getragen wird, daß Erich Honecker das Staatsoberhaupt der DDR ist.«

Bonn, so läßt sich aus dem Protokoll der Unterredung erkennen, wollte keinen Staatsbesuch mit allen protokollarischen Konsequenzen, sondern wünschte alles möglichst niedrig zu hängen.

Anders der designierte Bundespräsident Richard von Weizsäcker, mit dem sich Horst Sindermann und Herbert Häber am 28. Mai 1984 – wenige Tage nach dessen Wahl – in Hubertusstock trafen. Häber hatte, wie gesagt, per Kurier am Vortag dazu den Auftrag erhalten. Der ehemalige Regierende Bürgermeister von Berlin war – begleitet von Beauftragten der Kirchenleitung, eskortiert von Ladas des MfS – in die Schorfheide gefahren worden. Honeckers Besuch, so von Weizsäcker gegenüber Sindermann und Häber, müsse zustandekommen und dürfe nicht »als Alltagsereignis behandelt werden«; deshalb wolle er als Bundespräsident Erich Honecker »als Staatsoberhaupt der DDR« empfangen. Auch der

Präsident des Bundesrates – bis November 1984 Bayerns Minister-präsident Strauß – müsse ihn empfangen. Er sei auch deshalb für einen offiziellen Besuch Erich Honeckers in der BRD, weil er, Weizsäcker, die Absicht habe, als Bundespräsident die DDR zu besuchen, so Häber in seiner Aktennotiz für Honecker am 29. Mai. »Der Besuch des Staatsratsvorsitzenden der DDR müsse von politischer Substanz erfüllt sein. Es gehe sowohl um politische Fragen, einschließlich der Abrüstungsproblematik, aber nicht nur um sie, sondern um alle Felder der Beziehungen, wie Wirtschaft, Kulturabkommen bis zum Reiseverkehr. Das müsse man vorher sorgfältig abklopfen und ordnungsgemäß vorbereiten. Der geplante Besuch dürfe jedoch nicht öffentlich mit Hypotheken belastet werden.« (Anlage 20, Privatarchiv Häber und SAPMO)

Doch ehe »sorgfältig abgeklopft« wurde, schlug Moskau zu.

Im Zentralorgan des ZK der SED erschienen in den Wochenendausgaben am 2./3. Juni und 28./29. Juli zwei Beiträge aus sowjetischen Blättern, die sich mit dem Revanchismus in der Bundesrepublik auseinandersetzen. Ein dritter, nicht minder dogmatischer Artikel sollte folgen. Häber intervenierte bei Honecker in der Mittagspause, und dieser nahm seine bereits erteilte Zustimmung für den Nachdruck zurück. Man könne nicht in die Bundesrepublik reisen wollen, so Häber, und zuvor auf diese primitive Art polemisieren. Jarowinski, der Moskau-Fraktion zugehörig, warnte daraufhin Häber, künftig solche Interventionen zu unterlassen. Es nahm darum nicht wunder, das wenig später dieser interne Vorgang von der Kreml-Führung thematisiert werden sollte.

Honecker – begleitet von den Politbüromitglieder Mielke, Axen und Hager – wurde von Tschernenko vorgeladen und am 17. August auf rüde Weise maßgenommen. Der Kreml sah die SED-Führung auf falschen Wegen, meinte auf den Revanchismus der Bundesrepublik hinweisen zu müssen, mahnte revolutionäre Wachsamkeit an und untersagte dem DDR-Staatsoberhaupt eine Reise nach Bonn. Die Falken im Kreml wie im SED-Politbüro hatten sich durchgesetzt und Honecker deutlich gemacht, daß Alleingänge des Bundesgenossen in der Politik, schon gar nicht in der Deutschlandpolitik, hingenommen werden würden.

Honeckers Konzept zur weiteren Ausgestaltung der Beziehungen zwischen Bonn und Berlin, das Häber ausgearbeitet hatte, war von Bruno Mahlow, ZK-Mitarbeiter in der Internationalen Abteilung, ins Russische übertragen und auf dieser Zusammenkunft verlesen worden. Wie sich der DDR-Botschafter Egon Winkelmann erinnerte (und er zitierte beispielsweise den sowjetischen Funktionär Martynow), deuteten die Reaktionen bei seinem Vortrag darauf hin, daß die sowjetische Seite bereits über den Inhalt des Papiers informiert gewesen sei.

Während Honecker schon auf dem Weg nach Moskau war, tagte in Berlin seit 10 Uhr das Politbüro. Die Einladung zu dieser Sondersitzung war erst am Vortage von Honecker ausgesprochen worden. Tagesordnung: 1. Beschlußfassung über die Delegation; 2. Bestätigung eines Dokuments (hier war hinzugefügt worden: Bitte 30 Minuten früher erscheinen, um es zu lesen).

Das alles war mehr als ungewöhnlich. Zum einen ließ sich Honecker schon seit Jahren kaum noch von ihm beschlossene Richtlinien bestätigen, zum anderen war es reichlich merkwürdig, ein Papier zu diskutieren und zu beschließen, das fast zur selben Stunde bereits dem Generalsekretär des ZK der KPdSU vorgetragen wurde. Zum dritten schließlich: Ein derart wichtiges Dokument in Abwesenheit des Generalsekretärs zu behandeln, sprach für Arroganz – oder Taktik.

Die Sitzung leitete Werner Jarowinsky. Häber referierte zu den von ihm ausgearbeiteten Teilen der Honecker-Rede – und das Gremium bestätigte das Dokument einmütig. Möglicherweise hatte Honecker bewußt darauf gesetzt, daß während seiner Abwesenheit niemand im Politbüro, auch nicht die kritische Moskau-Fraktion, gegen seine Vorlage zu votieren wagte. Das traute sich niemand, für einen Königsmord besaß nicht einer in diesem Gremium Courage, auch wenn später mancher Gegenteiliges behauptete. Honeckers Schachzug ging jedenfalls auf. Inge Lange, ewige Kandidatin des Politbüros, klopfte anschließend Häber schwärmerisch-anerkennend auf die Schulter: »Da hast du aber für den Erich was Gutes gemacht. Ich denke, das kannst nur du.«

Die Genossen in Moskau sahen das ganz anders.

Die Maßregelung durch die sowjetische Führung entbehrte zudem nicht einer gewissen Pikanterie. Zum einen saß der ZK-Sekretär Gorbatschow mit am Tisch, der Honecker nicht nur nicht unterstützte, sondern in die gleiche dümmliche Kerbe haute wie Tschernenko. Das hinterließ Wunden, die das Verhältnis zwischen Gorbatschow und Honecker bis ans Ende belasteten; zudem versuchte Gorbatschow später auch als KPdSU-Generalsekretär, die Honecker-Reise zu unterbinden.

Zum anderen war mit eben jener Vorhaltung, zu eigenmächtig in der Deutschlandpolitik zu agieren, Honeckers Vorgänger Ulbricht 1970 gestürzt worden. Damals hatten Erich Honecker und andere Politbüromitglieder den Ersten Sekretär bei Breshnew angeschwärzt, um ihn loszuwerden. Nach knapp anderthalb Jahrzehnten Regierens war Honecker inzwischen klargeworden, daß die von ihm forcierte Abgrenzung gegenüber dem zweiten deutschen Staat nicht durchzuhalten und auch nicht wünschenswert war. Die These Lenins, daß sich die Überlegenheit eines gesellschaftlichen Systems in der höheren Arbeitsproduktivität manifestiere, erwies sich zunehmend als richtig – aber nicht in dem von ihm erhofften Sinne. Im Osten stagnierte sie, im Westen schritt sie fort, der Abstand wurde immer größer. Die Wirtschaft der DDR und des gesamten Ostblocks hatte sich selbst isoliert, sich selber ausgegrenzt und von der Weltwirtschaft abgekoppelt. Die Folgen waren nicht zu übersehen und auch nicht mehr zu kaschieren. Honecker wollte sukzessiv aus dieser Zwangsjacke heraus, ohne Moskau gegen sich aufzubringen. Es war die Quadratur des Kreises: Ohne die Sowjetunion war die DDR nicht lebensfähig – aber mit ihr zum Untergang verurteilt. Oder, was auch denkbar war: Moskau ließ die DDR vorher fallen, um sich selbst zu retten, zumindest einen Versuch zu riskieren.

Unter diesen Umständen deutsch-deutsche Annäherung betreiben zu wollen, war schier unmöglich. Belauert von den Hardlinern in Moskau und in Berlin, mit einer Partei im Nacken, die durch eine – von Honecker maßgeblich selbst betriebene – Feindbildpropaganda nichts vom Klassenfeind wissen wollte (»Uns verbindet nichts, aber auch nichts mit der imperialistischen BRD«) und vieles mehr – all das stellte die Nummer Eins vor unlösbare Probleme. Letztlich hat sich Honecker damit überfordert. Er war zugleich Schöpfer und Gefangener seines eigenen Systems, nicht minder seiner eigenen Politik, und nicht imstande, alles wie einen Gordischen Knoten zu zerteilen. Es hätte seinen eigenen Untergang bedeutet.

Der Dissens mit Moskau – von beiden Seiten nicht so bezeichnet, denn öffentlich galten noch immer die alten Formeln von der unverbrüchlichen Treue und ewigen Freundschaft – bestand nur vordergründig in der unterschiedlichen Sicht auf bestimmte Schritte und in der Maßregelung eines Satelliten durch die Führungsmacht. Im Kern war es der Streit um zwei unterschiedliche Politikansätze: zwischen tradiertem dogmatischen, poststalinistischen Denken einerseits und einem an den Realitäten orientierten Pragmatismus andererseits. Honecker, so muß man trotz aller begründeten Kritik sachlich konstatieren, zeigte sich in der ersten Hälfte der 80er Jahre zumindest auf dem Felde der Außenpolitik als Reformer. Das wurde weltweit durchaus wahrgenommen. Die DDR genoß im Westen beachtliche Wertschätzung. Zu der internationalen Konferenz aus Anlaß des 100. Todestages von Karl Marx beispielsweise kamen 1983 auch sehr viele nichtkommunistische Parteien, Organisationen und Einrichtungen nach Berlin. Die gleiche Veranstaltung in Moskau, hätte sie denn stattgefunden, hätte nur ein Bruchteil dieser Aufmerksamkeit erfahren. Die Welt schaute in jenen Jahren auf Ostberlin.

Bei den Vorhaltungen von Tschernenko an Honecker an jenem Augusttag spielte der Milliardenkredit eine maßgebliche Rolle. Der KPdSU-Generalsekretär erklärte, man müsse »vermeiden, daß nicht gerechtfertigte Zugeständnisse an den Gegner gemacht« würden, womit er unterstellte, daß Honecker dies bereits getan habe. Und daß er seine Kompetenz überschritten habe, denn – so Tschernenko – die Gestaltung der Beziehungen zwischen der DDR und der BRD sei »eine Frage der gemeinsamen großen Politik«, will heißen: Moskaus. »Eine aktive Politik in den deutschen Angelegenheiten kann nicht getrennt von der internationalen Lage geschehen.«

Der kurzatmige Tschernenko sah »keine Veranlassung für die Losung einer gesamtdeutschen Koalition der Vernunft« und rief über den Tisch zu Honecker, daß es »die sowjetischen Kommunisten« positiv aufnehmen würden, wenn er »von dem Besuch Abstand nehmen« würde. Verteidigungsminister Ustinow, der sogar einmal bei seinen Ausführungen die Faust reckte, hielt Honecker vor, es fehle ihm »etwas an Härte in den Beziehungen mit der BRD«. Die Erklärung von Kohl, daß nie wieder von deutschem Boden eine Gefahr für den Frieden ausgehen dürfe, sei doch »nur Heuchelei, nur ideologische Tarnung«. Und um die Drohung noch zu verstärken, fügte er an: »Wir möchten darauf aufmerksam machen, daß mit den größeren Möglichkeiten des Zutritts von Bürgern der BRD zur DDR die Gefahr der Spionage steigt. Wir fragen auch, ob

– wenn man das Tor weiter aufmacht – keine Auswirkungen auf die Soldaten entstehen?«

Honecker bewies zwar insofern Mut, als er auf alle Vorhaltungen mit der Bemerkung reagierte, daß sein Besuch in der Bundesrepublik eine Sache wäre, »die in der Führung der SED zu entscheiden« sei, aber man werde bei der Entscheidungsfindung das soeben Gehörte berücksichtigen.

Bereits im Juni 1984 hatte Mielke in Honeckers Auftrag versucht, über KGB-Chef Viktor Tschebrikow um Gutwetter zu bitten. Honecker gab Mielke einen Text, den dieser an Markus Wolf mit dem Befehl weiterreichte, ihn telefonisch durchzugeben. Der SED-Generalsekretär ersuchte darin die sowjetische Seite, die öffentliche Polemik einzustellen und beharrte auf der Notwendigkeit des Dialogs mit der Bundesrepublik. »Darauf erwiderte Tschebrikow«, erinnert sich Markus Wolf, »er vermisse eine Antwort auf die sowjetische Frage nach Honeckers geplantem BRD-Besuch. Sollte inzwischen eine Entscheidung gefallen sein, seien für einen Meinungsaustausch die Parteikanäle zuständig und nicht Staatssicherheit und KGB.« Auch ein zweites Telefonat brachte nichts. Mielke verpflichtete seinen Stellvertreter Wolf zu absolutem Stillschweigen und fuhr in die Schorfheide, »um dort zusammen mit Mittag auf den Generalsekretär einzuwirken«.

Häber schlußfolgerte resignierend die Vorgänge im Spätsommer 1984: »Honecker hatte meine Ausarbeitung in Moskau vorgetragen und erhielt eine vernichtende Antwort. Es wurde uns gesagt, wir verfolgten einen Kurs, der die Sicherheitsinteressen der UdSSR berühre. Meine Losung von der Koalition der Vernunft wurde als Floskel zur Irreführung der Menschen abgetan. Der oberste Militär des Warschauer Paktes, Marschall Ustinow, ging noch weiter und erklärte, wir begünstigten die NATO-Spionage. Drohender konnte man eigentlich nicht reagieren. Da bekannt war, wer den Text verfaßt hatte, war klar, daß meine kurze Zeit im Politbüro abgelaufen war.«

Die sowjetische Standpauke löste nicht nur Unmut in der SED-Spitze aus – die moskautreuen Politbüromitglieder wie Stoph, Mielke, Krolikowski, Hoffmann und Neumann waren nicht unzufrieden. Alfred Neumann, der nach der Wende seine Erinnerungen unter dem bezeichnenden Titel »Poltergeist im Politbüro« offenbarte, hielt Honecker darin vor, er habe sich »vom Osten ab- und an den Westen angekoppelt«. Honeckers Reisepläne und die Vorstellungen darüber, wie die Mauer durchlässiger zu machen wäre, waren dem gestandenen Berliner Barrikadenkämpfer ideologisch suspekt und politisch gefährlich. Und nicht nur ihm.

Egon Krenz erklärte 1999, daß er »Mitte der 80er Jahre« bei Honecker »Führungsschwächen« festgestellt und darüber unter anderem mit Stoph und Mielke gesprochen habe. Hatte er sich damals der Moskau-Fraktion als Hardliner angeschlossen, fragte ich mich.

Der SED-Generalsekretär, mit dem Sensorium von Machtmenschen ausgestattet, wußte nach dem Zusammenstoß in Moskau, daß auch er zur Disposition stand. Er ist bereits tot und kann nicht mehr befragt werden, Mielke scheidet auch als Quelle aus. Aber es kann als sicher angenommen werden, daß zwischen beiden das »Bauernopfer« - in diesem Falle ein Menschenopfer – besprochen wurde, das sie glaubten bringen zu müssen, um Honeckers Kopf zu retten. In Moskau war bekannt, wer der Autor das vorgetragenen Papiers war. Man wußte dort außerdem, daß Honecker eigenmächtig, ohne Rücksprache mit der Moskau-Fraktion im Politbüro, Häber in dieses Gremium geholt hatte, um seinen Kurs der West-Annäherung personell zu stärken. Wenn nun Honecker seinen Kopf aus der Schlinge ziehen wollte, mußte stattdessen ein anderer hineingesteckt werden...

Von wem die Initiative ausging, weiß heute niemand mehr. Aber aus den Fakten läßt sich schließen, daß Mielke der schärfste Gegner Häbers wurde, der im Komplott mit höheren MfS-Offizieren die politische Vernichtung Häbers in die Wege leitete. Das Szenario glicht denen in der Sowjetunion 1937/38.

Bezeugt ist, daß schon im Sommer 1984 eine Reihe belastender Unterlagen von Häber bei Mielke waren. Bekanntlich sammelte der MfS-Chef von Politgrößen der DDR Dokumente, um diese im Bedarfsfalle auf den Tisch zu packen; seine Hauptabteilung II Spionageabwehr versuchte schon seit den fünfziger Jahren »belastendes Material« zusammenzutragen.

Am 15. Oktober 1984 lag eine »Operative Auskunft« über »Herbert (53)« vor. (siehe Anlage 28, Publikation in Nakath/Stephan: Die Häber-Protokolle, Berlin 1999) Unter Punkt 1 »Berufliche und gesellschaftliche Entwicklung« hieß es schon in der zweiten Zeile denunziatorisch: »In seiner Oberschulzeit gehörte er dem faschistischen Jungvolk als Jungenschaftsführer an.«

Im weiteren wurde eine Verbindung zum BND konstruiert. Ein »Gehlen-Agent« namens Flegel habe 1954 angegeben, einen Redakteur der »Freien Presse« geworben zu haben. Dieser Gottwaldt habe ihm fünf Personen genannt, mit denen er in Verbindung stünde und »die er der Organisation nutzbar machen könnte«. Einer davon war »Herbert Häber, Stellv. Leiter der Abt. Westdeutschland im ZK der SED, Potsdam«. Diese Verdachtsäußerung wurde am 23. Dezember 1980 von der MfS-Bezirksverwaltung Berlin, Abt. II als »Gruppenvorgang Re.-Nr.: 11/54 – Deckname Kreuzspinne« archiviert.

Dieser »Verdacht« wurde in der »Operativen Auskunft« vom 15. Oktober 1984 kräftig bedient: »Dem BND liegen nachweislich seit 1979 Informationen eines ›westlichen Medienvertreters‹ vor, der im Rahmen seiner geheimdienstlichen Tätigkeit verantwortliche Genossen unserer Partei abschöpft. Zu seinen Informanten gehörte u. a. eine als ›hoher SED-Funktionär‹ bezeichnete Person. Die von Agenten wiedergegebenen Äußerungen dieser Person lassen Einblick in interne politische Prozesse erkennen. Teilweise werden antisowjetische Tendenzen und pragmatisches Herangehen an die Beurteilung politischer Prozesse und Erscheinungen durch den Informanten sichtbar. Im Widerspruch zu seiner vom BND ausgewiesenen Funktion lassen die Äußerung des Informanten kaum einen Klassenstandpunkt erkennen.«

Das dann folgende Zitat wurde von der Gauck-Behörde geschwärzt. Die Schlußfolgerung des MfS in bezug auf Häber lautete: »Unabhängig davon, ob o. a. Äußerung von ... stammt bzw. vom vermutlichen Agenten oder dem BND richtig wiedergegeben wurde, muß festgestellt werden, daß es dem BND damit gelungen wäre, im unmittelbaren Umfeld des ... einen Agenten einzubauen, der obendrein das Vertrauen von ... besitzt. Diese Version muß im Zuge der Bearbeitung des verdächtigen ›Grenzgängers‹ noch bewiesen werden.«

Am 17. Oktober 1985, zwei Tage später, schrieb die Ex-Schwägerin Häbers einen vierseitigen Brief an das »Ministerium für Staatssicherheit« in der Normannenstraße 22. Diese Form der bestellten Denunziation hat Tradition. (siehe Anlage 21)

Annemarie Schneider stellte ihrem Schreiben voran, daß sie seit 1956 Mitglied der SED, Tocher einer Verfolgten des Naziregimes und Ehefrau eines MfS-Mitarbeiters sei. (Was sie allerdings verschwieg: Sie war auch in der Privatsphäre der KoKo-Spitze tätig, und zwar als die Haushälterin des Stellvertreters von Schalck-Golodkowski, Manfred Seidel, Oberst des MfS. Und daß sie diesen Brief eigentlich auf Veranlassung von zwei netten Herren um die 40 geschrieben hatte, die sie zu Hause aufgesucht und über die »karrieristischen Umtriebe« ihres Schwagers ins Bild gesetzt hätten. Das berichtete sie nämlich erst 1998 dem »Spiegel«.) Sie befinde sich in einem »Gewissenskonflikt«, schrieb sie damals, denn sie wisse etwas, was sie »weder mit meinem Ehemann noch mit anderen Genossen« habe beraten können, deshalb wende sie sich »vertrauensvoll an das Ministerium für Staatssicherheit«. Zudem: Diesen Brief hat niemals die Post befördert, er ist nicht gefaltet, ein Briefumschlag nicht frankiert. 1951 habe eine französische Delegation Zwickau besucht und den Vater ihres einstigen Schwagers als »Angehörigen eines Erschießungskommandos der Wehrmacht wiedererkannt. Der Vater wurde aus der SED ausgeschlossen.« Annemarie Sch. kam dann zum eigentlichen Anlaß ihres Schreibens: »Ich persönlich habe über die Entscheidung unserer Parteiführung nicht zu befinden, halte mich auch wie stets diszipliniert an die Beschlüsse meiner Partei, möchte aber zum Ausdruck bringen, daß es mich doch persöhnlich tief bewegt, das unter diesen Bedingungen Genosse Prof. Häber als Mitglied unseres Politbüros und Sekretär des ZK gewählt wurde.«

Eine merkwürdige Bewegung, die sie justament befiel, als Argumente gegen Häber gebraucht wurden, wo doch dieser schon seit Mai, seit fünf Monaten also, in diesem Gremium saß...

Die Sache mit dem Vater hatte Häber laut eigener Kaderakte bereits im Oktober 1954 aufgeworfen, nachdem der Vater eben wegen seiner Wehrmachtsache aus der SED ausgeschlossen worden war. Häber jr. kannte die Vorgänge bis dato nicht und fragte damals, nach Bekanntwerden, an, ob dies für ihn als politischen Mitarbeiter des ZK Konsequenzen habe. Dazu fand sich in der Akte kein weiterführender Vermerk.

Am 2. Februar 1959 gab es in der Zentralen Parteikontrollkommission (ZPKK) ein Gespräch mit Herbert Häber in gleicher Sache – der Anlaß war ein Schriftwechsel seines Vater mit der ZPKK, in dem Fritz Häber um neuerliche Aufnahme in die SED nachsuchte. (Das wird der Kaderbeauftragte des ZK-Apparates Fritz Müller am 14. Juni 1985 auf Anfrage seinem Generalsekretär bestätigen.)

Er selber hatte während seines Studiums in Moskau in der ersten Hälfte der 50er Jahre bei einer Begegnung mit Karl Schirdewan, der an der Parteischule einen Vortrag hielt, die gleiche Frage aufgeworfen. Im Beisein des Mitarbeiters der Kaderabteilung Joos informierte das Politbüromitglied den Kursanten Häber über die Vorwürfe an die Adresse seines Vaters. Häber jr. zeigte sich betroffen und fragte nach Folgerungen für ihn. Schirdewan winkte ab, es gäbe in der Partei keine Sippenhaft.

Das Mielke-Ministerium trug alles zusammen, was man zu einem Netz gegen Herbert Häber verspinnen konnte. Alle finsteren Reizworte der kommunistischen, stalinistischen Terminologie wurden darin fest eingewoben: faschistischer Hintergrund, Vater Verräter an der Sache der Arbeiterklasse, er Informant (wenn nicht gar Agent) des BND, kein Klassenstandpunkt, antisowjetische Positionen etc.

Unter Punkt 3 der »Operativen Auskunft« vom 15. Oktober 1984 wurden vier Maßnahmekomplexe vorgeschlagen, darunter »Einleitung politisch-operativer Kontrollmaßnahmen zu den Verwandten von ... unter besonderer Berücksichtigung der Personen, die in der Vergangenheit aufgrund politischen, kriminellen und moralischen Fehlverhaltens negativ in Erscheinung traten«. Ferner sollten alle Unterlagen aus Archiven der DDR »konspirativ« eingezogen werden, in denen der Name Häber auch nur auftauchte. Das Mielkesche Räderwerk arbeitete heftig. Man wähnte sich im Besitz eines Trumpfes, als in Erfahrung gebracht wurde, daß Häber mit Wirkung vom 3. Dezember 1980 beim Bundesamt für Verfassungsschutz aus dem Namensregister jener Personen getilgt worden war, die beim Aufenthalt in der Bundesrepublik besonders überwacht wurden. Die Streichung seines Namens wurde als Indiz dafür genommen, daß Herbert Häber ein Mann des Westens sei. Das wurde jedoch vom MfS nicht gesondert überprüft. Die Tatsache genügte bereits als Beweis.

Häber selbst merkte von den Nachforschungen zunächst wenig, er wußte auch nicht, daß sein Haus in Wandlitz von der HA II/6 (Spionageabwehr) nunmehr verwanzt und abgehört wurde. Doch die Atmosphäre um ihn herum wurde immer frostiger, Häber spürte das durchaus. Von dem Schreiben der Sch. erfuhr er nichts – bis auf eine eher beiläufige Bemerkung Honeckers im Fahrstuhl, als man vom gemeinsamen Mittagessen kam. Ob er was von einem

»anonymen Brief« gehört habe? Häber verneinte, verzichtete auf Nachfrage, zumal Honecker ohnehin gleichsam abschließend erklärte, es habe sich erledigt.

Was es natürlich nicht war. Ein MfS-Kommando von der Zentrale in Berlin machte sich befehlsgemäß nach Karl-Marx-Stadt auf, ließ sich vom dortigen 1. Sekretär der SED-Bezirksleitung Vollmacht geben, daß es im Archiv des Organs der Bezirksleitung »Freie Presse« und im Parteiarchiv wühlen dürfe, und fand gemeinsam mit dem Leiter der dortigen Bezirksverwaltung des MfS, Generalmajor Gehlert, sowohl die Akten von Fritz Häber wie auch Meldungen in der lokalen Presse über den Parteiausschluß wegen »parteischädigenden Verhaltens«. Aus dem Bericht eines Offiziers: »Neben Banalitäten (Alkohol/Frauen) enthielt die Akte Häber Angaben über dessen Beteiligung an der Exekution eines Deserteurs der Wehrmacht auf einem Schießstand in der Nähe von München (Freilassing bei München). Neben Fritz Häber waren an der Exekution, die etwa 1943/44 stattfand, neun weitere Wehrmachtangehörige beteiligt. Häber hatte bei den Ermittlungen seine Beteiligung nicht geleugnet, berief sich aber darauf, auf Befehl gehandelt zu haben. Zeugen aus Zwickau behaupteten demgegenüber, daß Häber vor 1945 gesagt habe, er hätte freiwillig an der Exekution teilgenommen, um Sonderurlaub zu erhalten. Er solle sich auch mit seiner Tat gebrüstet haben. Eine Klärung konnte nicht herbeigeführt werden, da keiner der unmittelbar Beteiligten, obwohl namentlich bekannt, auffindbar war. Auch wir scheiterten, trotz sachkundiger Unterstützung durch die Hauptabteilung IX/11 (Oberstleutnant Skiba) und Nutzung der Möglichkeiten der Personendatenbank des Ministerium des Innern, an dieser Aufgabe.« – Vielleicht waren auch diese »Zeugen« nur erfunden und existierten lediglich auf dem Papier? Die Diktion der Belastungsakte lassen das jedenfalls vermuten. Ein seinerzeit an der Untersuchung beteiligter MfS-Offizier erklärte 1992, daß ihnen schon vor der Recherche klar gewesen sei, daß Häber »schon erledigt war, ehe wir angefangen hatten«. Häber sei im Grunde nicht mehr zu retten gewesen. Das stärkt den Verdacht.

Inzwischen liegt ein weiteres Dokument vor, das diese Vermutung ebenfalls erhärtet. Die Landesschiedskommission Sachsen der PDS hob 1990 den Parteiausschluß von Hans Häber auf. Begründung: »Der Parteiausschluß beruhte in wesentlichen Punkten auf Unterstellungen und nicht bewiesenen Behauptungen.«

Honecker notierte handschriftlich auf einem Zettel, der kein Datum trägt, vier Punkte. (Anlage 32) Darin werden die von der Schreiberin im Brief erhobenen Vorwürfe rekapituliert. Honecker verliest als Gedächtnisstütze:

> »1.) Nach Wahl PB Gewissenskonflikte
> 2 a) 1951 – franz. Delegation Zwickau – Vater Häber als An--
> gehöriger eines Erschießungskommandos wiedererkannt
> b) Nach seiner eigenen Meinung hatte er keine andere Wahl,
> um nicht auch erschossen zu werden
> 3) Doch unter diesen Bedingungen Gen. Häber PB«

Und am Ende fordert Honecker, alles »noch einmal sorgfältig zu prüfen«. Die Prüfung durch den Chef der Kaderabteilung des ZK, Fritz Müller, entlastet Herbert Häber absolut (Anlage 33). Es ist unklar, ob er das vor der Untersuchung im Bezirk Karl-Marx-Stadt oder erst danach verlangte, auf alle Fälle schien ihm alles nicht sehr geheuer. Zudem wußte Honecker, daß er mit einer auf diese Weise bewerkstelligten Ablösung Häbers sich ins eigene Knie schoß – schließlich hatte er Häber protegiert und ins Politbüro gehoben. Zwar müßte Häber von dem Vorwurf freigesprochen werden, er habe die Sache mit seinem Vater verschwiegen, die stand ja in seinen Akten –, aber er selbst, Honecker stünde dann in der Kritik, es nicht publik gemacht und damit Häbers Berufung in den inneren Machtzirkel verhindert zu haben. Honecker ahnte das Ungemach, was da auf ihn zukommen würde, wenn er Mielke weiter allein hantieren ließ. Obgleich er wußte, daß der Sicherheitsminister ihn mit seiner Gestapo-Akte in der Hand hatte, präferierte Honecker eine elegantere Lösung...

In Bonn geschahen in diesen Tagen und Wochen ebenfalls ungewöhnliche Dinge. Philipp Jenninger, als rechte Hand Kohls seit 1982 Staatsminister im Kanzleramt und dort für die Deutschlandpolitik zuständig, wurde auf den Posten des Bundestagspräsidenten abgeschoben. Nominell ist dies das zweithöchste Amt, das die Bundesrepublik zu vergeben hat – aber es ist auch ein politisch höchst einflußloses. Jenningers überraschender Wechsel kann nur damit erklärt werden, daß in der Deutschlandpolitik neue und andere Akzente gesetzt werden sollen.

Acht Jahre später interviewen Filmer und Schwan, zwei Buchautoren, Jenningers Nachfolger im Amt. Das war Wolfgang Schäuble, der am 15. November 1984 zum Bundesminister für besondere Aufgaben und Chef des Bundeskanzleramtes berufen worden war. Unter der bezeichnenden Überschrift »Nothelfer« äußerte sich Schäuble über die Situation, in die der amtierende Bundestagspräsident Barzel wegen irgendwelcher Finanzgeschichten die Union gebracht hatte. Die Landesgruppenchefs von CSU und CDU brüteten über einer Lösung. »Eine wirklich gute Idee für die eventuelle Neubesetzung des Präsidentenamtes fiel keinem der Anwesenden ein. Der Kanzler, der sich meistens in Personalfragen bedeckt hielt, lauschte kommentarlos den Vorschlägen der Parlamentarier. Der Name von Lilo Berger fiel, jene Berliner Abgeordnete, die sich im Petitionsausschuß einen Namen gemacht hatte. Keine Reaktion, Schweigen, Nachdenken.« So ging es eine ganze Weile, bis Johannes Gerster, Chef der Landesgruppe aus Rheinland-Pfalz, den Namen Philipp Jenninger fallen ließ. »Wenn der Kanzler ihn freigeben würde, wäre er der richtige Nachfolger für Rainer Barzel, meinte der Mainzer«, schilderte Schäuble Gersters spontane Offerte. Kohl soll in die Runde gefragt haben: »Ist das Eure Meinung?« Natürlich regte sich kein Widerspruch.

Das einst gute Verhältnis zwischen Kohl und Jenninger hatte sich in der letzten Zeit verschlechtert, das Klima stimmte nicht mehr. Kohls Arbeitsstil mißfiel Jenninger zunehmend. In dem Maße, wie sich ihre Beziehung abkühlte, wurde die zwischen Kohl und Schäuble immer besser. Insofern war Gersters Vorschlag – wenn er denn nicht vorbereitet worden war, was aber doch wohl vermutet werden darf – für Kohl eine Steilvorlage, sich von »Don Philippo« zu trennen.

Auf dem gemeinsamen Flug nach Hamburg wenig später bat Kohl Schäuble offiziell, Jenningers Nachfolger zu werden. Schäuble veranlaßte auch, daß der Parlamentarische Staatssekretär Schreckenberger, Chef des Kanzleramtes, ebenfalls in die Wüste geschickt wurde, um freie Hand zu haben. Kohl, der wußte, daß er sich den wohl klügsten Kopf in der Union an die Seite geholt hatte, ließ Schäuble gewähren. So baute dieser das Kanzleramt zur Machtzentrale um und aus, er selber fungierte als Chefberater.

Beim Aufräumen bemerkte Schäuble, daß die Aktenlage nicht sonderlich umfangreich und lückenlos ist. »Warum gibt es im Bundeskanzleramt keine Unterlagen über die Gespräche Jenningers mit Schalck?«, wollte er wissen. Die Frage erreichte auch Schalck und Strauß, was beide zu einem weiteren geheimen Gespräch veranlaßte. Für Schäuble war es nahezu unmöglich, die diversen Kontaktlinien und Gesprächsthemen, Zusagen und Verabredungen zu rekonstruieren. Aber um den Dialog fortzusetzen, woran er natürlich interessiert war, denn einen anderen Auftrag gab es nicht, brauchte er dieses Hinterland. Er muß mit der Nummer Eins reden, mit Mittag über Wirtschaftsfragen, mit Häber, mit Schalck – aber an wen sollte er sich zuerst wenden? Schalck hat bekanntermaßen gute Kontakte zu Strauß... Also er. Am 5. Dezember 1984 reiste Schäuble erstmals nach Ostberlin. Die an den Tag gelegte Eile zeigte, wie wichtig Bonn die Verbindung zu Ostberlin war.

Sein erster offizieller Termin erfolgte jedoch erst am 6. Dezember: Antrittsbesuch bei Herbert Häber, Mitglied des Politbüros und in der DDR-Führung zumindest nach außen noch immer der Mann für die Westverbindung. Das Gespräch hatte der Ständige Vertreter, Hans Otto Bräutigam, vorbereitet. Die Atmosphäre beim Gespräch im Hause des ZK war betont freundlich. Schäuble erklärte seinen Wunsch, Häber »sogar öfter, entweder hier oder in Bonn« zu treffen.

Gegenstand der ersten Gesprächsrunde waren zunächst Projekte im Verkehrswesen und beim Umweltschutz, dann kam man zur Sache. Häber monierte, daß Bonn die deutsche Frage noch immer als offen betrachte. Eine »Vertragspolitik mit beschränkter Haftung« sei für die DDR nicht annehmbar. (Anlage)

Schäuble nahm Häbers Papier, auf dem die Respektierung der Staatsbürgerschaft formuliert war, mit der süffisanten Bemerkung in die Tasche, er werde es aufmerksam lesen. Im weiteren sprach Schäuble die Besetzung von BRD-Botschaften durch DDR-Bürger an und forderte Häber auf, gemeinsam nach Lösungen zu suchen, wie man der Situation Herr werden könne. Unterm Strich aber: Mehr als ein Protokolltermin war das alles nicht.

Am Vortag jedoch hatte sich Schäuble mit Schalck konspirativ in Ostberlin getroffen. Dieser ersten Begegnung zwischen Kohls rechter Hand und dem MfS-Oberst war ein Gespräch zwischen Strauß und Schäuble und ein Schriftwechsel zwischen Schalck und Strauß vorausgegangen. Schäuble hatte Ende November Strauß in München aufgesucht, um sich von diesem über Schalck ins Bild setzen zu lassen. Strauß warb für Schalck: »Sie werden in ihm einen intelligenten und einsichtigen Gesprächspartner finden.« Am Ende kam man überein, daß Strauß ein Treffen mit Schalck arrangieren sollte, was dieser auch tat. Auf dessen Anfrage in Ostberlin reagierte Schalck ein wenig irritiert. »Lieber Gesprächspartner«, antwortete er wie gewohnt am 29. November 1984, »aus prinzipiellen Gründen kann ein Gespräch mit dem angekündigten Partner nur durchgeführt werden, wenn strengste Geheimhaltung gewährleistet wird. Kann dieser Grundsatz nicht garantiert werden, ist ein solches Gespräch nicht möglich.«

Am gleichen Tage schrieb Oberst Schalck-Golodkowski an seinen Dienstherrn, Minister Mielke. Ein Zusammentreffen mit Schäuble setzte nämlich die Zustimmung von Honecker und Mittag voraus. »Das würde ich in der gegenwärtigen Situation als für nicht zweckmäßig halten, da ja sofort die Frage aufkommen könnte, was da besprochen werden soll«, erklärte Schalck. Und er schlug Mielke vor: »Denkbar halte ich, daß Schäuble zu Wolfgang Vogel ins Büro geht und ich ›zufällig‹ dazukomme, wenn Schäuble garantiert, daß dieses ›zufällige‹ Zusammentreffen bei Wolfgang Vogel nicht bekannt wird. Dies würde jegliche informelle Kontakte von meiner Seite auf dieser Ebene unmöglich machen.«

So geschah es denn auch. Doch in den Akten des Bundeskanzleramtes gibt es keinen Hinweis auf diese Begegnung. Der Name Schalck taucht dort erstmals in Unterlagen aus dem Jahre 1986 auf, bis dahin führte man ihn anonym als »Gesprächspartner«. Korte, der die Unterlagen als einziger bisher einsehen durfte, charakterisierte sie als »lückenhaft«. Und er geht in diesem Kontext davon aus, daß die Genehmigung zu diesem Treffen zwischen Schalck und Schäuble von Honecker erteilt worden sei, wobei er sich auf die beiden Schäuble-Biographen Filmer und Schwan beruft. »Ohne Einwilligung des SED-Generalsekretärs Honecker und des DDR-Wirtschaftslenkers Mittag war ein Treffen mit Schäuble nicht möglich«, schreiben sie. Damit haben sie grundsätzlich recht. Auch Schalck hat nie Gegenteiliges behauptet.

Aber Schalck wäre nicht Schalck, wenn es nicht doch noch eine andere Wahrheit gäbe. In seiner Stellungnahme vom 6. April 1995 zu meinem Buch »Länderspiel« bestätigte er die allgemeine Auffassung, daß alles im deutsch-deutschen Verkehr über Honeckers Tisch gehen und von ihm genehmigt werden mußte. Aber: Dies trifft nicht für die Nachrichtendienste der ehemaligen DDR zu.

Ergo: Schalcks Treffen mit Bundeskanzleramtsminister Schäuble am 5. Dezember 1984 in der Kanzlei Vogel in Berlin-Friedrichsfelde hatte ausschließlich nachrichtendienstlichen Charakter. Der MfS-Oberst traf sich im Auftrage Mielkes mit Schäuble!

In seinem Bericht an Mielke über dieses Treffen lesen wir: »Schäuble war offensichtlich durch sein Gespräch mit Strauß und Jenninger gut auf die anstehenden Probleme vorbereitet und hinterließ den Eindruck eines ehrgeizigen und unter Erfolgszwang stehenden Politikers, der das volle Vertrauen des pragmatischen Bundeskanzlers genießt und selbst in seiner letzten und neuen Funktion neben der persönlichen Freundschaft zu Jenninger über direkte und nach seinen Aussagen sehr konstruktive Verbindungen zu Genscher und anderen wichtigen Politikern der BRD verfügt. Er hat die Fähigkeit, ein aufmerksamer Zuhörer zu sein und war an Hand der behandelten Fragen bemüht, daß beide Seiten tragbare Lösungen finden.«

Die erörterten Themen verraten, daß dieses Treffen eine Schlüsselstellung im weiteren Verlauf der deutsch-deutschen Beziehungen einnehmen sollte. Und bei genauerer Betrachtung ist erkennbar, daß die seit dem Moskau-Rüffel erfolgte Akzent- und Personalverschiebung in der Ostberliner Deutschlandpolitik bereits ihren Niederschlag fanden. Häber, intern bereits als Unperson abgehängt, spielte beim Gespräch keine Rolle. Zu den erörterten »Fragen auf humanitärem Gebiet« gehörten laut Aussage Schalcks die ausstehende Abschiebung von Karin Schuhmann, der Lebensgefährtin des in der DDR hingerichteten BND-Agenten Baumann, eine Liste mit Häftlingen, die freigekauft werden sollten, sowie die Besetzung der Prager Botschaft durch DDR-Ausreisewillige.

Filmer und Schwan rekapitulieren aus ihren Quellen das Gespräch so: »›Eine besondere Rolle in seinem Auftreten spielte die Problematik der sogenannten Botschaftsfälle und dabei die Botschaft der BRD in Prag‹, notierte Schalck-Golodkowski weiter. In der deutschen Botschaft in Prag waren im Dezember 1984 vierzig der dort auf ihre Ausreise wartenden DDR-Flüchtlinge in den Hungerstreik getreten. ›Er (Schäuble) war sich um die komplizierte Lage und Problematik recht klar, machte aber im Verlaufe des Gespräches mich und Rechtsanwalt Dr. Vogel mehrmals darauf aufmerksam, daß auch unter dem Eindruck des Weihnachtsfestes mit einer außerordentlich negativen Presse zu rechnen ist, wenn sich dort nichts bewege.«

Schäuble regte einen gemeinsamen Besuch von Rechtsanwalt Vogel und dem Bonner Staatssekretär Rehlinger in Prag an, ›um den in der deutschen Botschaft befindlichen DDR-Bürgern einvernehmlich klarzumachen, daß ihnen Straffreiheit zugesagt wird, wenn sie unverzüglich an ihre Wohnorte in der DDR zurückkehren und dort ihre Anträge zur Ausreise aus der DDR beantwortet werden.‹ In Schalck-Golodkowskis Protokollnotiz heißt es abschließend: ›Das ist und bleibt das maximale Angebot der DDR.‹«

Obgleich Schalck wußte, daß sich Schäuble anderentags mit Häber, dem politisch ranghöchsten Gesprächspartner, treffen würde, erwähnte er dessen Namen nicht einmal.

Lediglich Oskar Fischer – die Begegnung mit dem DDR-Außenminister am 6. Dezember hatte zwar eher Good-will-Charakter, denn nach dem Verständnis der Bundesregierung war die DDR nicht Ausland, folglich deren Außenminister auch nicht Gesprächspartner für innerdeutsche Fragen, jedoch war der Minister der hochkarätigste Staatsbeamte, mit dem er zusammentraf – spielte in einem Hinweis von Schalck eine Rolle. Schäuble solle im Gespräch »mit Genossen Fischer« nicht den jüngsten Grenzzwischenfall, bei dem Michael Schmidt ums Leben gekommen war, ansprechen, »das würde atmosphärisch sicherlich nicht gut sein«. Daran hielt sich Schäuble nicht. Gegenüber Häber allerdings äußerte sich der Kanzleramtsminister mit keinem Wort zu dem Mauertoten. (Anlage) Bei Schäubles Biographen Filmer und Schwan hingegen heißt es fälschlich: »Gegenüber seinen Gesprächspartnern«, also Häber und Fischer, habe der Bonner Politiker den jüngsten tödlichen Zwischenfall an der Mauer »verurteilt«.

Häber erfuhr nicht einmal, daß sich Schäuble überhaupt mit Schalck getroffen hatte, obgleich die Schäuble-Biographen Filmer und Schwan solches suggerieren: »Als Schäuble am 6. Dezember 1984 seine ersten Gespräche mit DDR-Spitzenpolitikern führte, wußten sie dank Schalck-Golodkowskis Aufzeichnungen bereits, um welche Themen es sich handeln könnte. Damit hatte der neue Kanzleramtsminister gerechnet. Ihm war bewußt, daß die Inhalte aller Gespräche mit Vertretern des DDR-Regimes an interessierte Stellen der DDR-Regierung weitergeleitet wurden.«

Entweder handelte es sich hierbei um Ausfluß von Unwissenheit bei den Autoren – oder um eine bewußte Ehrenrettung für Schäuble, dessen Treffen mit Schalck vom Ruch des Konspirativen und damit des politisch Kompromittierenden befreit werden sollte, schließlich wußte 1990, als das Buch geschrieben wurde, fast jeder, in wessen Diensten Schalck stand.

Beide – Schalck und Schäuble – haben sich bei ihrem Treffen zur Geheimhaltung verabredet. »In Übereinstimmung wurde vereinbart, die Anwesenheit von Genossen Schalck als streng geheim zu behandeln und nicht in irgendeiner Weise gegenüber Dritten bekanntzugeben«, heißt es im Vermerk von Schalck am 5. Dezember 1984). Daran haben sich beide bis heute gehalten. Häber erfuhr erst 1997 von diesem Treffen aus einer Publikation.

1999 erklärte mir Fischer, er sei damals von Honecker zu diesem Gespräch mit Schäuble verpflichtet und ausdrücklich autorisiert worden. Darüber habe er anschließend dem Generalsekretär berichtet. Allerdings verstehe er nicht, warum Schäuble die »irreführenden Äußerungen« seiner Biographen nicht korrigiere.

Ja, warum wohl nicht?

Weil es eben ein konspiratives Treffen mit einem Exponenten eines Geheimdienstes einer fremden Macht war. Dagegen ist nichts zu sagen – wenn man denn heute ehrlich und offen dazu stehen würde. Das aber tut man nicht, weil man heute diese DDR und ihre Institutionen glaubt anders bewerten und beurteilen zu müssen, als man es damals tat. Und deshalb möchten manche Politiker nicht an ihre Haltungen und Handlungen in der Vergangenheit erinnert werden. Andere Deutungen wüßte ich nicht.

Über das Gespräch informierte Schalck nur zwei Personen: Mielke und Strauß. Und auch Schäuble berichtete nach München. So entstand ein merkwürdiges Dreiecksverhältnis zwischen Bundeskanzleramt, bayerischem Ministerpräsidenten und dem Ministerium für Staatssicherheit, denn Strauß informierte Schalck, was Schäuble ihm berichtet hatte, was dieser wiederum umgehend Mielke auf den Tisch legte.

Am 7. Dezember 1984 – am Tag nach seiner Rückkehr in Bonn – rief Schäuble in Ostberlin an und verabredete ein erstes Gespräch unter vier Augen mit Schalck. Das sollte am 14. Januar 1985 stattfinden, und dazu sollte auch Honecker befragt werden und Prokura erteilen. Der wollte im wesentlichen zwei Dinge durch die beiden geklärt wissen: Abschluß einer langfristigen Vereinbarung über den Swing 1986 bis 1990 und die Verhinderung weiterer spektakulärer Botschaftsbesetzungen.

Mielke konnte zufrieden sein: Nachdem er seinen Oberst Schalck bereits als akzeptierten und dauerhaften Gesprächspartner des CSU-Chefs hatte plazieren können, war dieser nunmehr auch der wichtigste Mann in Ostberlin für Kohls rechte Hand geworden. Alle anderen offiziellen und inoffiziellen Verhandlungs- und Gesprächsebenen mußten damit zwangsläufig an Wert verlieren. Korte kommentiert so: »Der DDR (war es) durch diese personelle und strukturelle Konstruktion des Verhandlungskanals möglich geworden, mit ihrem Anliegen direkt ins Machtzentrum zu stoßen.« Und an anderer Stelle bemerkte der wohl beste Kenner der Bonner Verhältnisse: »Indem Schäuble auch zum Hauptgesprächspartner für Schalck avancierte, wurde dieser Sonderkanal für das deutschlandpolitische Regierungshandeln zum alles entscheidenden Dreh- und Angelpunkt. Schäuble relativierte alle anderen Kontakte, so z. B. auch diejenigen, die Schalck weiterhin mit Strauß pflegte. Sie blieben für das Selbstverständnis von Strauß und für die notwendige Strategie der Einbindung des CSU-Rivalen für den Bundeskanzler politisch wichtig. In der Sache der operativen Deutschlandpolitik wurden die Entscheidungen im Duo Schäuble-Schalck vorbereitet.«

Strauß war also marginalisiert, Jenninger ein Träumer, wenn er noch behauptete, in der Deutschlandpolitik »erheblichen Einfluß« auf den Kanzler zu haben. Er, Barzel und Schreckenberger waren die unmittelbaren Verlierer in Bonn. In Ostberlin war es Häber. Die von Bräutigam vorbereitete Antrittsvisite am 6. Dezember 1984 hatte allenfalls noch protokollarischen Charakter. Im politischen Schachspiel von Mielke war er bereits geopfert und erledigt, als sich Schäuble zum Gespräch bei ihm im Hause des ZK gegenüber der Friedrichwerderschen Kirche einfand. Honecker zögerte damit noch, aber letztlich waren die Würfel gefallen.

Nüchtern und distanziert betrachtet war eine Doppelgleisigkeit bei Spitzenkontakten nicht sinnvoll. Es gab Überschneidungen, Mißverständnisse, Konkurrenzneid. Häber besaß nicht das logistische Umfeld, das Oberst Schalck besaß, er hatte – mit einem Geheimdienst im Hintergrund – andere Möglichkeiten, Gesprächspartner zu gewinnen, konspirative Treffs zu organisieren oder die Kontaktpersonen unter Druck zu setzen, als Häber sie jemals besaß. Insofern mußte auch objektiv eine Entscheidung fallen.

Noch immer standen die sogenannten Geraer Forderungen auf der Tagesordnung, wobei die Anerkennung der DDR-Staatsbürgerschaft und die Auflösung der Erfassungsstelle Salzgitter den Schwerpunkt bildeten. Honecker hatte inzwischen aus der Anerkennung der Staatsbürgerschaft intern eine »Respektierung« gemacht, und auch beim Fixieren des Grenzverlaufs an der Elbe kam man voran. Häber übergab am 6. Dezember 1984 Schäuble ein Papier mit einem Protokollvermerk der Grenzkommission von 1975, nach der angeblich Einigkeit über den Grenzverlauf erzielt worden sei. Ferner händigte er ihm ein Expertenpapier ohne offiziellen Charakter zu Fragen der Respektierung der Staatsbürgerschaft aus. Korte dazu: »Es gehörte ... zum Ritual aller Antrittsbesuche, auf diese Geraer Forderungen zu rekurrieren. Durchaus lagen in den Bonner Ressorts Überlegungen vor, wie man auf diese Forderungen eingehen sollte. Zuletzt hatte Meichsner, Abteilungsleiter im Innerdeutschen Ministerium, gegenüber Windelen versucht, Bewegung in die Verhandlungen zu bringen. Der Fortbestand der Erfassungsstelle Salzgitter sollte in die Diskussion eingebracht werden, da die DDR die Minenfelder und die Selbstschußanlagen abgebaut hatte.« Schäuble setzte dieses Thema erst nach dem Schußwaffengebrauch am 1. Dezember 1984, bei dem Michael Schmidt an der Berliner Mauer zu Tode gekommen war, aus. Jenninger jedoch ließ mich über Bahl und Gundelach genau das Gegenteil wissen.

Am 14. Januar 1985 trafen sich Schäuble und Schalck erneut in Berlin. Offiziell war es ihr erstes Treffen, für das Schalck »strengste Vertraulichkeit« forderte. Er blieb bei der Geheimnistuerei. Die Begegnung wurde wie ein Spionagezirkel arrangiert. Erst rief Rechtsanwalt Vogel bei Schäuble an, um anschließend Schalck die Bitte zu übermitteln, daß er bei Schäuble am 7. Januar um 13.30 Uhr anläuten solle. Diskretion sei Ehrensache. Was den Treffpunkt angehe, so müsse – laut Schäuble – der Ort »zumutbar« sein. »Mit meinem Büro wäre er einverstanden.« Mit grüner Tinte schrieb Vogel an Schalck weiter: »Er landet erst 19.15 in Tegel, also 20.30 Büro. Offensichtlich hat er begriffen, denn er wußte nicht, ob er Dich direkt anrufen dürfte.«

Bei dieser Dreier-Begegnung im Büro Vogels am 14. Januar wurden nicht nur der Swing, der Reise- und Besucherverkehr, Umweltschutz und das Kulturabkommen erörtert. Es kamen auch die Botschaftsbesetzung in Prag und erstmals auch das Problem der Asylanten, die über den DDR-Flughafen Schönefeld nach Westberlin einreisten, aufs Tapet.

Die Verhandlungen in Prag, mit denen Rechtsanwalt Vogel beauftragt worden war, traten auf der Stelle. Die Besetzer weigerten sich, die BRD-Botschaft zu verlassen. Sie glaubten der Zusage Vogels nicht, daß sie straffrei blieben und einen Ausreise-Antrag stellen könnten, der in der DDR zügig geprüft werden würde. Vogel forderte sie ultimativ auf, diesem Wunsch der DDR bis spätestens nächster Woche nachzukommen, anderenfalls gebe er sein Mandat zurück. Straffreiheit könne dann nicht mehr garantiert werden. Im Gespräch mit Schäuble machte Vogel auf den Sachverhalt aufmerksam und äußerte die Bitte, Bonn möge prüfen, wie man DDR-Bürger davon abhalten könne, über bundesdeutsche Botschaftsgebäude in Osteuropa den Weg in den Westen zu wählen. Auch bauliche Veränderungen müßten erwogen werden. Daraufhin Schäuble: Er wolle mit Hans-Dietrich Genscher darüber reden. »Noch im gleichen Jahr«, so hieß es im Spiegel 22/1997, »war es für DDR-Bürger wesentlich schwerer, ohne zwingenden Grund in die Räume der diplomatischen Vertretungen der Bundesrepublik im Ostblock zu gelangen.« Das Nachrichtenmagazin kam daher zu dem Schluß, daß mancher Bonner Politiker mitgeholfen habe, »die Grenze noch dichter zu machen«. Rechtsanwalt Vogel bestritt allerdings in einem Leserbrief – veröffentlicht im Spiegel 23/1997 –, daß er bei dem Gespräch zwischen Schalck und Schäuble überhaupt zugegen gewesen sein will. »Das Gespräch hat zwar in meiner Kanzlei stattgefunden, ich aber habe daran nicht teilgenommen.«

Wo wartete der Gastgeber so lange, bis seine beiden Gäste ihr Gespräch beendet hatten?

Zur selben Zeit etwa stand in Häbers Kalender eine Reise nach Bonn, die von der Ständigen DDR-Vertretung besonders sorgfältig vorbereitet worden war. Honecker erklärte jedoch plötzlich, er müsse nicht fahren, und ließ alle Termine seines verdutzten Politbüromitgliedes absagen.

Der nächste Affront erfolgte zur Frühjahrsmesse in Leipzig im März. Bei der Vorbereitungsrunde im Februar ließ Mittag Herbert Häber wissen, er müsse diesmal nicht mitkommen. Er habe aber einen Termin mit Walther Leisler Kiep, wandte Häber ein. Den nehme er wahr, antwortete Mittag.

Auch in Berlin drängte man Häber systematisch aus seinem Arbeitsfeld und stellte ihn kalt. Als der SPD-Spitzenpolitiker Hans Jochen Vogel eintraf, übernahm ihn Egon Krenz wie selbstverständlich.

Und als Häber Differenzen mit dem DKP-Chef Herbert Mies

hatte und er bei Honecker um einen Termin nachsuchte, fertigte dieser ihn bereits auf dem Flur ab. Häber wurde gemieden. Kaum einer sprach mit ihm, fast alle schnitten ihn. Selbst draußen in Wandlitz, im Ghetto der Politbüromitglieder. Häber existierte nicht mehr. Doch er gehörte noch immer dem Politbüro an, er war Sekretär des ZK der SED und gewähltes Mitglied des Zentralkomitees. Nur der Parteitag, der erst 1986 tagen sollte, konnte ihn aus dieser Funktion entfernen...

Honecker hatte natürlich wenige Tage nach Rückkehr aus Moskau seine für den Herbst angekündigte Reise in die Bundesrepublik abgesagt. Der Große Bruder hatte ihm im August 1984 seine Folterinstrumente gezeigt. Die Kontakte mit Bonn auf der Zürich-Schiene wurden auf die niedrigste Ebene gebracht. Unterhändler Andrä erklärte, so sein Gesprächspartner Bahl in einer Aktennotiz im September 1984: »Abkopplung des menschlichen Bereichs sowie jeglicher politischer Inhalte«. Alle Verbindungen liefen fortan nur noch auf kommerzieller Ebene. Von der in Zürich gegründeten Industriekreditbank übernahm die Intrac 50 Prozent des Aktienkapitals, doch die Geschäfte, die sie abwickelte, fanden auf sogenannten Dritten Märkten statt. Mehr blieb nicht vom Zürcher Modell.

Der Stand der DDR auf den internationalen Finanzmärkten hatte sich durch den Milliardenkredit von 1983 allerdings erheblich verbessert. Über den »Drei-Milliardenfolgekredit ein Jahr später«, so klagte Strauß in seinen Erinnerungen, »redete niemand«. Die DDR war im Herbst 1984 durchaus liquide, auch ohne Westreise Honeckers, und rief nur die ersten zwei Milliraden ab. Strauß glaubte, daß die DDR aus Sorge über die möglichen Folgen der Raketendebatte – die ja auch zu einer totalen Abschottung hätte führen können – sich auf diese Weise im Westen Einkaufsreserven sichern wollte. Was genau zutraf.

Aber da war noch das Problem Häber...

Ursula Rackwitz, Leiterin der Abteilung Kultur im Zentralkomitee, kehrte aus Moskau zurück und berichtete Häber von einem Gespräch mit Pjotr Abrassimow. Der war auf Betreiben Honeckers als Botschafter abgelöst worden, weil er sich als Hoher Kommissar in der DDR aufführte. Hinter vorgehaltener Hand nannte man ihn spöttisch »Regierenden Botschafter«, weil er mitunter zu offen demonstrierte, wer eigentlich in Berlin das Sagen hatte. Nunmehr leitete er das Reisebüro »Intourist«, das über erhebliche Valutamengen verfügte und interessante Westreisen anbot, wohl nicht zuletzt an die Auslandsaufklärung. Das Unternehmen galt als Depandance des KGB. Der eitle Abrassimow war auf der politischen Bühne noch immer eine wichtige Figur mit wichtigen Kontakten. Abrassimow habe, so die Rackwitz, ihr gegenüber sein Befremden erklärt, weshalb Personen wie Häber (oder Mittag) noch immer dem Politbüro angehörten. »Die gehören dort nicht hin.« Das, so Häbers Informantin, hätte sie sehr irritiert, weshalb sie glaubte, ihr Wissen unbedingt dem Generalsekretär mitteilen zu müssen. Doch dieser, zweite Überraschung, habe das gar nicht wissen wollen.

Honecker war sich offenbar noch immer nicht schlüssig, wie man mit Häber weiter verfahren sollte.

Am 18. August 1985 war das Maß voll, Häber psychisch am Ende. Er erlitt einen Nervenzusammenbruch und wurde in das Regierungskrankenhaus in Buch, Station 9, eingeliefert. Entgegen der sonst üblichen Praxis, daß das Politbüro Blumen und beste Genesungswünsche ans Krankenlager schickte, kamen diesmal keine Nelken aus dem ZK. (Der einzige, der sich mit einem Blumengruß meldete, war der Ständige Vertreter Bonns, Hans Otto Bräutigam.) Und es schaute auch keiner der Mitgenossen, die zu einer Untersuchung oder ambulanten Behandlungen im Hause waren, besuchsweise vorbei, wie es sonst Brauch war. Häbers Abschottung war total. Er bekam keine Post, keine Beschlüsse, keine Vorlagen, keine Berichte, nichts. Das passierte aber ganz gewiß nicht wegen der angeschlagenen Gesundheit, um die sich Prof. Dagobert Müller mit reichlich Medikamenten sorgte.

Am 27. August, anderthalb Wochen nach Häbers Einlieferung ins Hospital, nach bemerkenswert kurzer Zeit also und ohne Wissen darüber, wann bzw. ob Häber wieder arbeiten wird, veranlaßte Honecker, daß das Politbüro Hermann Axen mit der Leitung und Anleitung der bisher von Häber geführten West-Abteilung und des IPW beauftragte.

Dieser Beschluß entmachtete intern Häber, und er war nicht von der Sorge diktiert, diesen Gremien eine gesunde Führung zu geben. Axen sollte auch für den Fall, daß Häber Tage später genesen sein würde und arbeitsfähig wäre, der zuständige ZK-Sekretär bleiben. Honecker ergriff die günstige Gelegenheit beim Schopfe und schickte Häber vom Feld.

Der Generalsekretär teilte seinem ehemaligen Vertrauten das selber mit. Das war nicht etwa Ausdruck von Größe, sondern zwingend erforderlich. Honecker konnte und wollte das keinem anderen überlassen, zumal er bereits gegen das Parteistatut verstoßen hatte, als er Häber als ZK-Sekretär ablösen ließ. Das stand nur dem versammelten Zentralkomitee zu. Also mußte er die Sache auch selbst zu Ende bringen.

Fast drei Wochen später, am 16. September, fuhr er nach Buch. Häber zeigte sich überrascht und legte das Buch beiseite, das er gerade las. Honecker, aus Neugier oder um ins Gespräch zu kommen, erkundigte sich nach Titel und Inhalt der Lektüre. Es wäre ein Buch über die deutsche Sozialdemokratie, antwortete Häber.

»Interessant«, sagte Honecker hintersinnig. »Aber das ist jetzt nicht mehr nötig, daß Du so was liest. Damit wirst Du künftig nichts mehr zu tun haben.« Häber wollte zu einer Antwort ansetzen, doch Honecker tat eilig. »Du mußt gar nichts mehr sagen, die Sache ist schon entschieden. Zu niemandem ein Wort.«

Häber glaubte die Anspielung richtig zu deuten. Allerdings setzte Honecker noch einen drauf. »Wegen schwerer Verletzung der Disziplin des Politbüros mußten wir Dich absetzen.«

Er, Häber, könne froh sein, daß seine Ärztin eine so gute Genossin sei. Wenn das an die Öffentlichkeit gedrungen wäre, was er als Mitglied des Politibüros und Sekretär des ZK der SED erzählt habe, dann hätte es einen Weltskandal gegeben. (Eine Nummer kleiner ging es bei Honecker einfach nicht.)

Nach und nach begriff Häber, worauf sich Honecker bezog. In seinem Haus in Wandlitz hatte es ein Gespräch zwischen ihm, seiner Frau und der Ärztin gegeben, der er voll vertraute. Häber hatte dabei die Spannungen zwischen Moskau und Berlin angesprochen, die unterschiedlichen Linien in den jeweiligen Führungsgremien in bezug auf den Westen und die Erwartungen an den neuen Generalsekretär Michail Gorbatschow, der Tschernenko im Frühjahr nachgefolgt war, offen und ohne Zurückhaltung debattiert.

Die »gute Genossin« hatte über die unverblümten Ausführungen ihres Patienten ihrer Chefin, der Leiterin des Regierungskrankenhauses, umgehend Mitteilung gemacht. Ob Honecker von ihr oder mittels Abhörtechnik, die die Spionageabwehr des MfS in Häbers Haus installiert hatte, diese Informationen bekommen hatte, steht dahin – vermutlich stammte seine Kenntnis aus beiden Quellen. Honecker servierte nunmehr Häber kalt ab und gab dem Opfer die Schuld.

Allerdings wollte er eben das nicht nach außen dringen lassen: Häber mußte freiwillig »wegen Krankheit« demissionieren und durfte nicht rausgeworfen werden, damit ihm, Honecker, unangenehme Fragen erspart blieben.

Der seit Monaten auf Häber ausgeübte Psychodruck zeitigte Wirkung. Nachdem Honecker gegangen war, ließ Häber seine Frau kommen und diktierte ihr in die Schreibmaschine seine Rücktrittserklärung. Sie wurde auf dem ZK-Plenum im November 1985 behandelt. Im Kommuniqué, welches in der Samstagsausgabe des Zentralorgans, am 23./24. November 1985, veröffentlicht wurde, hieß es lapidar: »Das Zentralkomitee entsprach der Bitte der Genossen Herbert Häber und Konrad Naumann, sie aus gesundheitlichen Gründen von den Funktionen eines Mitgliedes des Politbüros und Sekretärs des Zentralkomitees zu entbinden und dankte ihnen für die geleistete Arbeit.« (1999 tauchte ein Tonband auf, ein Mitschnitt einer Mielke-Rede vor Führungskadern der HA IX. »Diese Danksagung, Genossen, stand nur in der Zeitung.« Gelächter im Saale.)

Das Groteske an den Kaderbeschlüssen war, daß neben Krenz (Jahrgang 1937) Häber und Naumann die an Jahren jüngsten Mitglieder des Politbüros und die mit der kürzesten Verweildauer im Sekretariat des ZK waren. Der großkotzige Naumann war im Mai des Vorjahres zusammen mit Häber als Sekretär berufen worden. Aber er war nicht an seiner Arroganz und Trunksucht gescheitert, sondern weil er Honeckers Politik bei einer Vorlesung an der Akademie für Gesellschaftswissenschaften beim ZK der SED kritisiert hatte. Ein Tonbandmitschnitt brachte das Faß zum Überlaufen. Aber, und das belegt einmal mehr die Annahme einer politischen Intrige gegen Häber, für Konrad Naumann wurden sehr üppige »Regelungen« für seine Rückkehr ins zivile Dasein geschaffen. Und als ähnliches die Leiterin des Honecker-Büros, Gisela Glende, auch für Häber plante, senkte Mielke am 11. Dezember 1985 den Daumen.

Häber blieb stattdessen Wochen im Krankenhaus in Buch. Er durfte es tagsüber nicht verlassen, wofür die abkommandierten Begleiter des MfS Sorge trugen. De facto stand er unter Hausarrest. Zur Nachtruhe durfte er sich, unter Bewachung, nach Wandlitz begeben, am Morgen rückte er wieder ein. Im Ghetto zu Wandlitz rief er bei Honecker an, um zu fragen, ob er denn keine Einladung für das turnusmäßige ZK-Plenum im November erhalte, worauf ihn der Generalsekretär kurz abbürstete: »Wir wollen Dich dort nicht sehen!« Und damit das auch wirklich nicht passieren konnte, verordnete man Häber bis zum 6. Dezember einen Kuraufenthalt im thüringischen Bad Liebenstein. Unter Aufsicht des MfS.

Unterdessen kursierten in Berlin die Gerüchte, woran denn der zurückgetretene Häber leide. An unheilbarem Krebs, hieß es, andere bewegten die flache Hand vor der Stirn: »Dachschaden«.

Weisungsgemäß meldete sich Häber nach seiner Rückkehr aus Bad Liebenstein am 7. Dezember 1985 im Büro des Politbüros, um sich zu erkundigen, welche Aufgabe die Partei für ihn vorgesehen habe. »Du sollst zu Axen«, hieß es. Der erklärte, er solle sich bei Otto Reinhold melden, dem Rektor der Akademie für Gesellschaftswissenschaften beim ZK der SED. Häber tat dies. Reinhold wies ihm wohl ein kleines Zimmerchen zu, aber keine Tätigkeit. Am ersten Arbeitstag des neuen Jahres rief Häber entnervt im Büro Honecker an, ob man ihm denn nicht endlich eine Aufgabe stellen könnte. Die Auskunft – nach kurzer Unterbrechung, die Sekretärin mußte erst nachfragen – lautete: Er solle sich noch einmal im Regierungskrankenhaus melden, es gäbe da noch »etwas zu besprechen«. Für Honecker und Mielke war der genesene Häber ein Risiko. Selbst wenn er das wenige, was er über seine politische Ausschaltung wußte, anderen mitteilte.

Häber folgte dieser Aufforderung, rief aber zuvor noch seine Frau an. Er müsse noch einmal raus nach Buch, danach hole er sie ab. In Buch bekam er erst Kaffee, dann Medikamente und sei dann »nicht mehr präsent« gewesen, erinnerte sich Häber später. Während des gesamten Wochenendes habe man ihn nicht ansprechen können. Am Montag wurde er abgeholt. Wohin, wollte er wissen. »Das dürfen wir Ihnen nicht sagen«, hieß es.

Schon wenig später saß er in einem Krankenwagen. Wegen angeblicher Suizidgefahr und ruhiggestellt mit reichlich Psychopharmaka wurde er in die Psychiatrische Klinik Bernburg überstellt. Dorthin schob die DDR ihre Prominenten ab, deren Krankheit und Verbleib geheim bleiben sollten. Der an Alzheimer leidende Ernst Busch verbrachte seine letzten drei Lebensjahre in Bernburg (offiziell wurde sein Sterbeort mit Berlin angegeben).

Prominente Personen mit Alkoholproblemen wie Regina Sindermann, die Schwiegertochter des Volkskammerpräsidenten, oder Minister Kurt Singhuber, wurden dort behandelt, gleichfalls Funktionäre mit psychischen Auffälligkeiten wie der Sportchef Manfred Ewald.

Häber war von Berlin als »ein hoffnungsloser Fall« angekündigt worden, der »auf Eis zu legen« sei, und kam in eine geschlossene Abteilung. Lediglich seine Frau wurde über seine Verlegung informiert, er durfte weder telefonieren noch das Haus verlassen. Und sich anderen in der Anstalt, etwa Mitpatienten, anzuvertrauen, war albern. Wenn er erklärt hätte, er sei ehemaliges Mitglied des Politbüros und Sekretär des ZK der SED, hätte man ihm vielleicht entgegnet: »Und Sie sprechen mit dem Schah von Persien.«

Die Krankenakte Häbers mit Eingangs- und Ausgangsdiagnose ist aus dem Klinik-Archiv in Bernburg wie aus dem Regierungskrankenhaus in Berlin-Buch verschwunden. Lediglich Eintragungen im Anwesenheitsbuch der Anstalt bezeugen seinen Aufenthalt zwischen dem 6. Januar und dem 18. März 1986 in Bernburg. Der in Berlin für die Behandlung Häbers zuständige Prof. Dr. Dagobert Müller, der ihn therapierte und ihn zum »hoffnungslosen Fall« stempelte, verübte nach der Wende Selbstmord; der Bernburger Chefarzt Dr. Peter Reßler – der ihn fachgerecht behandelte und die Psychopharmaka unverzüglich absetzte – arbeitet heute in Niedersachsen. In Häbers Erinnerung war er sein Retter, er ist ihm noch heute dankbar. Reßler habe ihn untersucht und die Leistungsfähigkeit seines Gehirns bestätigt und danach als Diagnose erklärt: »Sie sind nicht geisteskrank, sie leiden unter einem psychosomatischen Syndrom.« Und unter solchen körperlichen Beschwerden als Folge seelischer Belastungen litten und leiden bekanntlich sehr viele Menschen.

Nach der Wende untersuchte Sonja Süß, eine Ärztin, ob es in der DDR-Psychiatrie politischen Mißbrauch gegeben habe. In bezug auf Häber kam sie zu dem Schluß, »daß Erich Honecker 1985 den angegriffenen Gesundheitszustand Herbert Häbers ausnutzte, um ihn als politisch unbequem gewordenen Genossen aus der SED-Machtzentrale zu entfernen«. Ob dieser auch auf die medizinische Behandlung Häbers und seine Abschiebung nach Bernburg Einfluß genommenhabe, »bleibe unklar«. Häber heute dazu selbst: »Ich war nicht völlig gesund, und genau das paßte der Führung ins Konzept, um mich loszuwerden.«

Aus allem, was bis heute bekannt wurde, läßt sich schließen, daß der Fall Häber die einzige politische Intrige in der Ära Honecker war, die – mit der Absicht zu einem politischen Paradigmenwechsel in der deutsch-deutschen Politik oder als deren Folge – in Szene gesetzt wurde. Der Befestigung des Status quo, aus dem die Bundesrepublik und die DDR wirtschaftliche und politische Vorteile zogen, erhielt den Vorzug gegenüber der schrittweisen Auflösung und Überwindung bestehender Verhältnisse zwischen den beiden deutschen Staaten.

Bei einem Besuch in Bonn im Februar 1986 – Häber war in Bernburg und seit Monaten von der politischen Bühne verschwunden – unterrichtete Philipp Jenninger den Protagonisten des Zürcher Modells und damit der anderen politischen Linie, Holger Bahl, über ein Gespräch mit Kanzleramtsminister Wolfgang Schäuble. Der habe Strauß zitiert, welcher von Schalck mitgeteilt bekommen hätte, daß das Zürcher Modell »jegliche Aktualität« verloren habe.

Im folgenden Monat, im März 1986, erfuhr Bahl den nächsten Niederschlag: Die Kreditgespräche zwischen seiner Bank in Zürich, die Industriekredit (IK), der KoKo-Tochter Intrac und der westdeutschen Kreditanstalt für Wiederaufbau (KfW) wurden auf Wunsch Ostberlins abgesagt. Ferner erklärte die Intrac ihren Wunsch, daß ihre geschäftlichen Aktivitäten zur IK »auf ein minimales Niveau« beschränkt und die zur KWF auf Null gefahren würden. Zudem bestand die DDR-Seite darauf, daß die Beteiligung der Intrac an der IK »nach außen nicht in Erscheinung tritt«. Offenbar war diese Verbindung lästig geworden, man wollte sie mindestens vor der Öffentlichkeit verbergen.

Ein Grund: In Ostberlin arbeitete seit geraumer Zeit das Mielke-Ministerium an der Aufdeckung einer Verschwörung gegen die DDR. Im Fadenkreuz befanden sich Personen und Institutionen, die Schritte zur Überwindung der widernatürlichen Verhältnisse in Deutschland unternahmen bzw. unternehmen wollten. In diesem Kontext erhielt Schalck am 8. Mai 1986 schriftlich die »Empfehlung« von der Hauptabteilung XVIII des MfS, er solle prüfen, »unter welchen Bedingungen die Intrac sich von der Industriekredit AG lösen kann« und das Zürcher Modell, »unabhängig von seinen Modifizierungen« (die inzwischen unter der Projektbezeichnung »Länderspiel« diskutiert wurden), unrealisiert bliebe. Ich selbst, so weiß ich aus meinen Akten, wurde nunmehr politisch denunziert, da ich an einem »subversiven Projekt« gearbeitet hätte. Ich wurde schärfer als vordem überwacht und kontrolliert. Nur jene, die ihre schützenden Hände über das Institut hielten, verhinderten das Schlimmste.

Unsinnig jedoch war die Hypothese einer »Verschwörung der Häber-Brüder gegen die Honeckers«, die mit der MfS-eigenen Akribie zu belegen versucht wurde. Herbert Häber, der Anfang März 1986 zu einem »Urlaub auf Ehrenwort« in einem MfS-Auto und in Begleitung eines Offiziers nach Berlin reisen durfte, lud sich bei seinem Bruder Hans ein. Dieser war stellvertretender Chefredakteur des Organs der SED-Bezirksleitung Frankfurt/Oder, »Neuer Tag«. Das Familientreffen fand am 2. März statt, die HA II/6 war mit ihren Wanzen dabei. Die Abhöraktion der Lauscher brachte nichts, Häbers sprachen über Kinder, Familie, Hausreinigung und andere Themen. Dennoch wurden anschließend – ausgewiesen durch ein Protokoll vom 14. April – die IM »Winzer« und »Helga« aus der Redaktion sowie IMB »Löffel« aus dem Bereich Spionageabwehr auf den Journalisten in Frankfurt angesetzt. (Anlage 34)

Ein Interview mit dem pensionierten Direktor des auch international bekannten Zentralinstituts für Schweißtechnik (ZIS) Halle lieferte den lange gesuchten Anlaß. Prof. Werner Gilde hatte in diesem Zeitungsgespräch das Bildungssystem der DDR dahingehend kritisiert, daß es sich zu sehr auf das Mittelmaß orientiere und wenig zur Förderung der Begabten tue. Diese eher beiläufige Bemerkung hatte den wütenden Protest der Volksbildungsministerin Margot Honecker bei der SED-Bezirksleitung hervorgerufen. Ob diese Passage etwa auf die Parteiführung gemünzt wäre und der Genosse Honecker einem jüngeren Begabten den Platz räumen solle, wollte die BL wissen. Als Verantwortlicher wurde Hans Häber ausgemacht, der am Tage des Drucks des inkriminierten Textes zufällig Chef vom Dienst, aber keineswegs dessen Autor gewesen war. Und obgleich der Beitrag schon lange in der Redaktion vorlag, wurde ausschließlich Hans Häber wegen »grober Vernachlässigung seiner Aufsichtspflicht« zur Verantwortung gezogen: Parteistrafe, Entlassung, sozialer Absturz. Hans Häber versuchte bei der Pressestelle des Berliner Magistrats unterzukommen. Erfolglos. Oberst Neuberger, Leiter der Abteilung II/6, fertigte nach einem Gespräch mit seinem vorgesetzten General im November 1986 folgende Aktennotiz: »Mitteilung Gen. Kratsch: Gen. Minister hat mit dem Generalsekretär gesprochen. Dieser hat entschieden, daß HH nicht in diese Funktion kommt.« Zum 750. Geburtstag Berlins kämen viele Fremde in die Stadt, da wüßte man nicht so genau, wie sich dieser unsichere Kantonist HH verhielte. Diese Erklärung trug mir ein Offizier der Spionageabwehr nach der Wende zu, der den Fall der Gebrüder Häber längere Zeit bearbeitet hatte.

Erich Honecker, Herr über knapp 17 Millionen Menschen, sorgte sich also selbst um die Beschäftigung bzw. Nichtbeschäftigung eines im Grunde kleinen Redakteurs bei einer im Informationssystem der DDR wohl eher unbedeutenden Pressestelle. Das kann man wirklich nur verstehen, wenn man der These einer Verschwörung anhing.

Hans Häber bekam schließlich eine untergeordnete Tätigkeit in einer der zahlreichen Vertretungen des Mansfeld-Kombinates zugewiesen. Sein Versuch, gegen Ende der DDR zumindest von seinen ehemaligen Vorgesetzten rehabilitiert zu werden, scheiterte: Dem »Verschwörer« wurde unverändert die kalte Schulter gezeigt.

Deutsch-deutsche Koppel-
geschäfte: der Asylantenstopp

Zwischen Bonn und Ostberlin kam es Mitte der 80er Jahre zu einem Vorgang, der am 29. Oktober 1986 mit einem Schreiben von Bundeskanzler an Honecker seinen Abschluß fand. Dem SED-Generalsekretär wurde für »pragmatische Regelungen im Interesse guter Nachbarschaft« gedankt, und der Brief schloß mit der bis dato gänzlich unüblichen Formel: »Ihr H. Kohl«.

Was war geschehen? Dazu muß man ein wenig ausholen.

In den 80er Jahren spitzten sich die ethnischen Konflikte in Sri Lanka zu. Die Insel vor dem indischen Subkontinent wurde von blutigen Exzessen gegen die Tamilen erschüttert, was zum Massenexodus führte. Einige Tausend von ihnen flogen nach Berlin-Schönefeld, um von dort nach Westberlin zu reisen. Im Westteil der Stadt, die de jure nicht zur Bundesrepublik gehörte und noch immer unter der Hoheit der Alliierten stand, erfolgten weder Einreise- noch Ausreisekontrollen. Da die Stadt allerdings de facto wie ein Teil der Bundesrepublik behandelt wurde, war es auf diese Weise jedem möglich, ohne Visum in die Bundesrepublik Deutschland einzureisen. Davon machten nunmehr auch die geflüchteten Tamilen Gebrauch.

Dieser unkontrollierte Zustrom von Bürgerkriegsflüchtlingen bereitete den westdeutschen Behörden zunehmend Kopfschmerzen. Bereits am 15. Juni 1984 thematisierte der Bonner Vertreter Hans Otto Bräutigam im Gespräch mit dem IPW-Direktor Max Schmidt das Problem. Am 18. Juli, vier Wochen später, kam der Ständige Vertreter bei einer Begegnung mit Herbert Häber erneut darauf zu sprechen. Schäuble sprach das Problem bei seiner Begegnung mit Schalck-Golodkowski im Januar 1985 an.

Auf Initative des Regierenden Bürgermeisters von Berlin, Eberhard Diepgen, fand am Rande der Leipziger Messe ein Gespräch mit Herbert Häber eigens zu diesem Thema statt. Diepgen hatte sich auf die Begegnung mit Häber am 12. März 1985 offenbar intensiv vorbereitet. Gleich zu Beginn machte er deutlich, daß es sich nicht um eine Berliner Angelegenheit, sondern um eine der Bundesrepublik handele. Berlin sei nur »ein Durchgangsort«. Häber, für den die Menschenrechte universal galten (weshalb er sich u. a. für die Gewinnung der Freizügigkeit für die Ostdeutschen engagierte), wies Diepgens Ansinnen zurück: »Die DDR geht konsequent vom Prinzip der Transitfreiheit aus. Es ist eine seltsame Forderung, von uns zu verlangen, daß die DDR für Westberlin ein Grenzregime errichtet. Die Frage, wer nach und von Westberlin einreist, ist Sache von Berlin (West) selbst.« (Anlage 22)

Das Protokoll seiner Unterredung mit Diepgen, aus dem diese Bemerkung stammt, reichte Häber wie üblich anderentags bei Honecker ein. Es trägt jedoch nur einen Vermerk von Egon Krenz. Häber hörte aus den bekannten Gründen nichts mehr in dieser Sache.

Könnte, so die Vermutung, diese schroffe Abfuhr Häbers in Unionskreisen zu dem Schluß geführt haben, daß dieser Mann an dieser Stelle die falsche Adresse war, daß er störte und darum wegmüßte? (Das deckte sich mit den Ostberliner Intentionen.) Wünschte man einen anderen Ansprechpartner, der leichter zu gewinnen war?

Außerdem wähnte sich Bonn im Besitz eines Druckmittels. Es stand die Verlängerung des Swing für die Jahre 1986 bis 1990 ins Haus. Der Swing im innerdeutschen Handel war eine Art Überziehungskredit, um den Warenfluß am Laufen zu halten. Die DDR konnte jährlich Lieferungen mit einem Gesamtvolumen bis zu fast einer Milliarde Mark in Anspruch nehmen, ohne dafür Zinsen zahlen zu müssen. Schäuble, der neue Kanzleramtsminister, wollte seine Zustimmung für eine Verlängerung von greifbaren Angeboten der DDR abhängig machen.

Am 3. Juni 1985 konferierten Schalck und Schäuble, drei Tage später rief Schäuble erneut an und bat um eine zweite Runde. Als Termin nannte er den 20. Juni. Mittag erteilte seine Zustimmung, Minister Mielke auch. Schäuble passierte den Grenzübergang Invalidenstraße, stieg in eine Großraumlimousine des MfS und wurde – mit einem Führungsfahrzeug voran – mit Tempo 100 in den Nordosten Berlins befördert, wie ein Zeuge berichtete. Gesprächsthema: Wie kann der unkontrollierte Zustrom von Flüchtlingen via Schönefeld gestoppt werden? Schalck war diesbezüglich »aufgeschlossener« als Häber – und auch berechnender. Er notierte genüßlich: »Die BRD-Seite ist sich völlig darüber im klaren, daß sie in dieser Frage hoffnungslos dem guten Willen der DDR unterliegt.« Seinem Dienstherren Mittag versuchte er das in seiner Aktennotiz zu erläutern: »Da die Asylgewährung Bestandteil des Grundgesetzes ist und nur durch die Stimmen der SPD verändert werden könnte – was nicht denkbar ist –« solle die DDR die mißliche Angelegenheit regeln.

Nüchtern betrachtet bedeutete dies: Bonn wollte die DDR – den wegen der Verletzung der Menschenrechte, wegen der Todesschüsse an der Mauer und anderen polizeistaatlichen Resitriktionen fortgesetzt kritisierten Staat – als Bundesgenossen für die Verweigerung des Asylrechts einzuspannen. Die CDU-geführte Regierung wünschte, daß die DDR ihnen die Flüchtlinge vom Halse hielt, um das im Grundgesetz gesicherte Recht auf Asyl nicht gewähren zu müssen. Die Mauer, die die DDR für ihre Bürger errichtet hatte, damit sie ihr nicht davonliefen, sollte nunmehr auf Drängen Bonns auch für den Rest der Welt gelten, um diesen an der Einreise in die Bundesrepublik via DDR zu hindern.

Die wohlhabende Bundesrepublik galt spätestens seit den 70er Jahren für viele Menschen in der Welt als ein Land, in dem Milch und Honig flossen. Es zog die Notleidenden in der Dritten Welt magisch an, wozu auch die durchaus großzügigen Sozialgesetze beitrugen. Selbst als arbeitsloser Asylbewerber konnte man dort besser leben als in der Not des Heimatlandes. Zu dieser Wahrheit gehörte natürlich auch, daß der Reichtum der Bundesrepublik nicht nur Resultat eigener Anstrengungen war – man partizipierte durchaus an der Ungerechtigkeit der Weltwirtschaft und bereicherte sich auf Kosten der Zweiten und Dritten Welt. Die westdeutschen Kaufhäuser und Ladenketten etwa profitierten von den Billigwaren aus dem Ostblock oder den Entwicklungsländern, denen die Preise diktiert wurden. Die DDR setzte in der Regel 1 Mark ein, um dafür in der Bundesrepublik 0,20 DM zu bekommen. So profitierte selbst der Letzte unter den Westdeutschen von den in der Welt existierenden ungerechten Verhältnissen.

Nun lag und liegt es in der Natur des Menschen, seine Lebenslage zu verbessern oder, sofern das nicht geht, seinem Elend oder/und der politischen Verfolgung zu entrinnen. Und da die reiche Bundesrepublik gegen die Not in der Welt und verbündete Diktatoren zu wenig tat, machten (und machen) sich Menschen nach Westeuropa auf, um am dortigen Wohlstand teilzuhaben. Für dieses Bedürfnis gab (und gibt) es Organisationen, die aus der individuellen Not kollektives Kapital schlagen: Kriminelle Menschenschlepperbanden beförderten diese Menschen illegal dorthin, wohin sie wollten, und nahmen ihnen nicht selten das Letzte. Westeuropa schützte sich und seinen Reichtum, indem es sich einzumauern und abzuschotten begann. Auch diese Reaktion war legitim, aber nicht sonderlich human, mit christlicher Nächstenliebe, worauf das christliche Abendland sich viel zugute hält, hatte das wenig zu tun.

In der Tat existierte hier ein Zwiespalt, der mit den Mitteln tradierter Politik nicht aufgehoben werden konnte: Einerseits konnte die Bundesrepublik (und Westeuropa) nicht die Not der Welt allein überwinden und alle, die an ihre Pforten klopfen, mit offenen Armen empfangen. Andererseits fühlte sich man durchaus in der moralischen Pflicht – hatten doch viele Länder deutschen Emigranten auf der Flucht vor den Nazis Obdach gegeben. Und: Menschenrechte waren nicht teilbar!

Auf nahezu allen Kontinenten, Australien und die Antarktis vielleicht ausgenommen, gab es ethnische Konflikte, Bürgerkrieg, Mord und Vertreibung. Diktatoren und Ideologien, religiöser Fundamentalismus und soziale Gegensätze störten (und stören unverändert) in vielen Ländern das friedliche Neben- und Miteinander. Die Auswirkungen waren nun in Westeuropa zu spüren.

Kanzler Kohl unterstrich mit einem Schreiben an Honecker am 14. Juli 1986 die fortgesetzte Dringlichkeit dieses Ansinnens, weil offenkundig sich in der Sache wenig getan hatte. »Ich bin fest davon überzeugt, daß Fortschritte in diesen Fragen mehr Verständnis und Vertrauen in die bilateralen Beziehungen bringen und helfen können, Spannungen und Mißtrauen abzubauen. Dazu gehört auch, daß das Problem der illegal bei uns einreisenden Ausländer gelöst wird. Die Lösung dieser Frage ist dringend. Der fortgesetzte Zustrom der Monat für Monat über den Flughafen Schönefeld illegal einreisenden Ausländer belastet das Verhältnis zwischen unseren beiden Staaten zunehmend und berührt den Stand der Beziehungen, die durch Verläßlichkeit und Berechenbarkeit sowie das Bemühen um gute Nachbarschaft gekennzeichnet sein sollten.«

Am 8. August gab Honecker in Berlin den Kohl-Brief dem Politbüro zur Kenntnis – und in Bonn Außenminister Genscher seinem DDR-Gesprächspartner Otto Reinhold mit auf den Weg, daß eine Nichtlösung des Problems »die Beziehungen zwischen der Bundesrepublik und der DDR sehr belasten könne«. Er, Genscher, kenne die Position der DDR genau, halte sie aber für falsch. Nach seiner Auffassung trete die DDR »mit aller Kraft in die Weichteile der Bundesregierung«.

Offenkundig genügte Bonn es noch nicht, daß die DDR seit dem 15. Juli 1985 den aus Sri Lanka einreisenden Tamilen das Transitvisum verweigerte, wenn sie keinen Einreisevermerk des Ziellandes – also ein BRD-Visum – vorweisen konnten. Und daß im Januar 1986 diese Praxis auf weitere zwölf Staaten bzw. deren Bürger ausgedehnt worden war.

Man erwog in Bonn die Streichung von Zinsvorteilen für Ostberlin, die Absage an ein in Aussicht genommenes Kulturabkommen, eine langsamere Gangart bei den Verhandlungen für ein Wirtschaftsabkommen, die Ausladung von DDR-Politikern, die Verweigerung von Landerechten für Interflug und Aeroflot. (Auch damit wäre die DDR nicht zu erpressen gewesen – an der Beförderung der Tamilen verdiente sie alles in allem vielleicht 3,5 Millionen Mark, eine vergleichsweise lächerliche Summe.) Auf der anderen Seite glaubte man auch mit Zugeständnissen die DDR bewegen zu können – etwa mit der Zusage, sich finanziell an der Grunderneuerung der Transitstrecken zu beteiligen, die Regelung des Grenzverlaufs an der Elbe (das stellte Schäuble gegenüber Schalck in Aussicht), Salzgitter könnte zur Disposition gestellt oder Honecker erneut eingeladen werden. Das meiste davon blieb jedoch Gedankenspiel. Doch das Problem drückte politisch wie öffentlich.

Bei einem erneuten Geheimtreffen Schäubles mit Schalck in dessen Berliner Privatwohnung am 4. Februar 1986 gab der Kanzleramtsminister unumwunden zu, daß er beabsichtige, für die Bundestagswahl 1987 das Asylrecht zum Wahlkampfthema gegen die SPD zu machen. »Wenn es dadurch und vielleicht mit Unterstützung der DDR gelingen würde, die SPD für eine entsprechende Änderung des Grundgesetzes zu gewinnen, so würde durch diese Veränderung des Asylrechts in der BRD das Problem gelöst werden können«, vermerkte Schalck in seiner Aktennotiz. Die DDR konnte sich also als eingeladen betrachten, in der Bundesrepublik innenpolitisch aktiv zu werden.

Verstieß Schäuble damit nicht gegen den allgemein gültigen Grundsatz bundesdeutscher Politik, daß außerhalb der eigenen Landesgrenzen strittige innenpolitische Themen nicht unter parteipolitischen Aspekten vorgetragen werden? Nun ließe sich vielleicht einwenden, daß in diesem Sinne die DDR nicht Ausland war, es also durchaus zulässig gewesen sei, was Schäuble damals tat und sagte. Gemäß dieser Logik müßte dann die damalige Bundesregierung jedoch auch für das Regime an der DDR-Grenze, das man für eigene Zwecke zu instrumentalisieren gedachte, in Haftung genommen werden – zu solchen Schlüssen gelangen nicht nur Historiker.

Am 28. August trug Schäuble das Anliegen Honecker selber vor. Der belehrte ihn in Sachen politischer Moral, menschlichem Anstand und internationalem Recht – und hatte nicht einmal unrecht. Das Asylantenproblem müsse allein von der Bundesrepublik gelöst werden, es könne nicht Gegenstand einer Einigung zwischen der DDR und der BRD sein. Honecker verwies auf die Jahre der Hitlerdiktatur, in denen »vielen Menschen das Überleben ermöglicht wurde«, indem sie in anderen Ländern Aufnahme fanden. In diesem Kontext erwähnte der Generalsekretär die entsprechenden Passagen im Grundgesetz und würdigte sie. Er wies auch den Vorwurf zurück, die DDR-Luftfahrtgesellschaft Interflug würde an den Asylanten verdienen – die Mehrzahl der Einreisenden kämen mit anderen Fluggesellschaften.

Unter diesen Umständen mußte man in Bonn über einen neuen Ansatz nachdenken.

Zur Leipziger Herbstmesse 1986 kam »die Tamilen-Frage« neuerlich zur Sprache. Dr. Thomas Gundelach, einst Sekretär bei Kanzleramtsminister Jenninger und noch immer als Mitarbeiter des Bundestagspräsidenten einer der wichtigsten Ost-West-Unterhändler in Bonn, pirschte sich auf etwas ungewöhnliche Weise an die im Leipziger Rathaus zum Messeempfang weilende DDR-Spitze heran, obgleich er keine Einladung besaß. Er bestellte Mittag, Beil und Schalck beste Grüße aus Bonn, man müsse die »bekannten Probleme« erörtern, und stieß auf Reserviertheit. Gundelach konnte das nicht verstehen, da er der DDR-Führung durchaus Greifbares – nämlich wirtschaftliche Gegenleistungen – anbieten wollte.

Mir fiel die Aufgabe zu, im Anschluß an den Empfang mit Gundelach und Bahl im Hotel »Merkur« die Bonner Offerte zu diskutieren (wirtschaftliches Entgegenkommen auch im High-tech-Bereich für politische Leistungen). Am nächsten Tag setzten wir beim Mittagessen die Botschaft für Sindermann und Axen auf, die diese an Honecker geben sollten. Tenor: Es wird höchste Zeit, Herr Generalsekretär!

Am Abend kamen Gundelach im Foyer des »Merkur« und Dr. Wolfgang Andrä, Schalcks Vertrauter und Direktor im Außenhandelsministerium der DDR, zusammen. Das MfS überwachte die Begegnung vollständig, in der Gauck-Behörde sind die Mitschnitte unter der Registriernummer XVIII/Tb/58 abrufbar.

Gundelach forderte die DDR-Seite nahezu ultimativ (»Ich höre nur von Ihrer Seite, naja, das geht eben nicht anders – aber dann geht vieles andere auch nicht.«) auf, Schönefeld als Loch in der Mauer vollständig zu stopfen und die sogenannten Transitreisenden zurückzuweisen. Andrä konterte mit dem Vorschlag, als Gegenleistung Waren zu liefern, die auf der Embargo-Liste des Westens stünden. High-Tech, »vor allem Großgeräte, insbesondere von der Siemens AG, mit einem hohen wissenschaftlichen Grad«.

Offenkundig glaubten Schalck und seine Hintermänner, nunmehr den Hebel gefunden zu haben, um Bonn für die wirtschaftliche Aufrüstung der DDR zu gewinnen. Sie hatten sich nicht geirrt.

Gundelach sah in der Erfüllung der Wünsche von Andrä kein Problem. »Wenn Sie was haben, dann sagen Sie das«, heißt es im Tonbandprotokoll des MfS. Schließlich habe man Wünsche dieser Art auch schon für die Sowjetunion und Bulgarien erfüllt. Der DDR-Vertreter kündigte eine Liste an. Wenn alles klappe, folgten »größere Anschlußanträge«.

Es ist nicht völlig im einzelnen eruierbar, welche konkreten Auswirkungen das Geheimtreffen von Gundelach und Andrä auf den Umgang des Cocom-Embargos durch Bonn hatte. Gundelachs Reaktion bedeutete aber auf alle Fälle ein deutliches Signal für Ostberlin, daß Bonn politisches Entgegenkommen mit einem Technologietransfer honorieren würde. Der wurde im Osten gebraucht – und auch die westdeutsche Wirtschaft wollte ihn. Mir fiel die Aufgabe zu, dieses Koppelgeschäft High-tech gegen Asylantenstop am späten Abend und am nächsten Tag beim gemeinsamen Mittagessen mit Gundelach und Bahl noch einmal festzuhalten, und diese für die DDR wichtige Information an Mittag und Axen zu geben.

Die DDR brauchte einen solchen Technologietransfer, weil sie dabei war, ihre Volkswirtschaft umzustrukturieren. Mit dem angestrebten Ausbau der Bereiche Mikroelektronik, Elektrotechnik, Elektronik und Maschinenbau sollte der Marktanteil im Ostblock erhöht und die Umsatzrendite im Westen verbessert werden, um die wachsenden Schuldenberge abtragen zu können. Für diese Aufgabe war Schalck von Mittag beauftragt worden, von Ende 1986 bis 1990 weitere, d. h. über die schon geplanten Aufwendungen hinausgehenden Devisenmengen aufzutreiben – Insider gingen von 2,5 Milliarden Mark und mehr aus. Als bevorzugte Lieferanten wurden in den streng geheimen Unterlagen des Bereiches Kommerzielle Koordinierung und der Staatlichen Plankommission genannt: Siemens (Computer, Steuerungen, Fernmeldetechnik), Rohde & Schwarz (Meßtechnik), SEL (Fernmeldetechnik), FUBA (Fertigungstechnologien für Leiterplatten). Aus den USA wollte die DDR Meßtechnik von Hewlett Packard und Computer von IBM, aus der Schweiz Werkzeugmaschinen und Leiterplattentechnologien, in Japan wollte man mit Toshiba und in Italien mit Olivetti ins Geschäft kommen. Österreichs Voest Alpine sollte Industrieausrüstungen liefern.

Als Empfänger in der DDR waren vorrangig die Kombinate Carl Zeiss Jena, Robotron Dresden, Mikroelektronik Erfurt, Elektronische Bauelemente Teltow und Automatisierungsanlagenbau Berlin genannt.

Bayerns Ministerpräsident Strauß war natürlich mit von der Partie und unterstützte maßgeblich beispielsweise die Lieferung von Kernspin- und Computertomografen durch Siemens an die DDR. Der Zufall fügte es, daß ich selbst – damals am Zustandekommen der Vereinbarung mit der DDR-Außenhandelsfirma Intermed beteiligt – in den 90er Jahren in Ostberliner Einrichtungen diese Geräte in Anspruch nehmen mußte. Und auchin die Lieferung von Airbussen an die Interflug war der CSU-Chef involviert.

1987 wurde unter der schützenden Hand von Strauß ein Projekt angeschoben, das bis dahin ohne Beispiel war: In Oberfranken (Bayern) und dem Bezirk Gera (Thüringen) sollte eine Wirtschaftssonderzone gebildet werden, in der High-tech-Erzeugnisse in gemeinsamen Betrieben produziert werden sollten. Noch immer sind nicht alle Zusammenhänge und Hintergründe im Kontext mit dem »Begegnungszentrum Töpferhof« aufgeklärt. In Römhild (DDR), nahe der deutsch-deutschen Grenze, erörterten hochrangige Fachleute aus beiden Staaten konspirativ Möglichkeiten einer sogenannten Technologietransferschleuse zwischen Römhild und Bad Königshofen auf der gegenüberliegenden Seite. Schalck schlug auf Bitte von Strauß Honecker eine Städtepartnerschaft vor, doch dieser – wohl in Unkenntnis der eigentlichen Absichten – lehnte ab.

1986 schlossen Unternehmen in Baden-Württemberg und der DDR erstmals Verträge über eine Wirtschaftskooperation. Diese deutsch-deutsche Premiere hatten Ministerpräsident Lothar Späth und Politbüromitglied Günter Mittag gegen den Widerstand der Moskau-Fraktion auf den Weg gebracht. Es folgenden 1987 ähnliche Projekte. In diesem Sinne konferierte auch Walther Leisler Kiep im Mai und im Oktober 1988 mit Vertretern des IPW. Über die angedachten Projekte waren ausschließlich Kanzler Kohl, Kaske von der Firma Siemens und Herrhausen von der Deutschen Bank informiert. Doch Honecker war physisch und psychisch schon zu sehr angeschlagen, um solchen Überlegungen noch zu folgen. (Anlage 27)

Die Einsilbigkeit der DDR-Spitze bis zum Treffen Gundelach-Andrä im September 1986 in Leipzig rührte allerdings nicht aus etwaigen Skrupeln, sondern war dem Angebot geschuldet, das die SPD der DDR-Spitze unterbreitet hatte. Egon Bahr nämlich war zunächst bei Axen, dann bei Honecker vorstellig geworden und hatte den Wunsch seiner Partei vorgetragen, die DDR möge dem Spitzenkandidaten Johannes Rau Wahlkampfhilfe gewähren. Und zwar könnte ein Nachgeben der DDR in dieser leidigen Asylanten-Angelegenheit nach einem Besuch Raus bei Honecker als Erfolg der SPD verkauft werden, als Ausdruck beharrlichen Drängens und Beleg für die unveränderte Wirkung sozialdemokratischer Politik. »Wenn Kanzlerkandidat Rau in der Lage wäre zu erklären, wir haben mit der DDR gesprochen, sie gibt sich Mühe, dann wäre das eine große Hilfe. Das ist unsere Grundüberlegung.« Und weiter bot Bahr an (im Auftrage von Willy Brandt, wie er sagte): »Wir wollen in aller Form erklären, daß bei der Regierungsübernahme durch die SPD die Regierung der BRD voll die Staatsbürgerschaft der DDR respektieren und Schmidt dieses Thema beerdigen wird. Dies soll Teil einer offiziellen Regierungserklärung sein.« (Anlage)

Ob nun die CDU oder die SPD sich das Verdienst zuschreiben darf, Ostberlin weichgekocht zu haben, steht dahin. Der Ansturm bundesdeutscher Politiker aller Parteien in den folgenden Wochen wirkte jedenfalls so, daß am 18. September 1986 die DDR-Führung durch ihr Außenministerium erklären ließ, daß ab 1. Oktober nur noch solche Personen die DDR im Transit nach Berlin (West) bereisen dürften, die über ein Anschlußvisum anderer Staaten verfügten.

Am 29. Oktober 1986 dankte Kanzler Kohl Erich Honecker in einem bereits zitierten Brief für die Schließung der Berliner Mauer.

Dr. Heinrich Potthoff von der Historischen Kommission der SPD kritisierte Jahre später, als diese Dokumente ans Tageslicht gelangten, die Führungen der beiden großen Parteien: »Um Menschen, die in Not in die Bundesrepublik drängten, fernzuhalten, benutzten sie ein diktatorisches System als Handlanger und begaben sich in Komplizenschaft mit einem Freiheit, Menschen- und Grundrechte geringschätzenden und mißachtenden Regime.« Und deshalb kam er – an die Aussage Honeckers gegenüber Schäuble erinnernd – zu dem gewiß zutreffenden Schluß: »Es war sicherlich kein Ruhmesblatt für den Westen, daß das Oberhaupt eines diktatorischen Regimes den Vertreter einer demokratischen Regierung an das im Grundgesetz garantierte Asylrecht erinnerte und darauf verwies, die Lösung des Asylantenproblems sei in erster Linie Sache der Bundesrepublik.«

Aber eine solche Wertung leugnet eine gewisse Parteilichkeit nicht. Auch andere Interpretationen sind nämlich möglich.

Vielleicht war das eine Regime gar nicht so diktatorisch und das andere gar nicht so demokratisch, wie heute immer behauptet? Und: Es war kein Privileg der jeweiligen Regierungsparteien, sich um die Gunst des »Diktators« bemüht zu haben. Das taten auch die Parteien in der Opposition.

Mithin: Sie sitzen alle im Glashaus und fügen der Demokratie weiterhin gemeinsam Schaden zu, wenn sie ihr damaliges Verhalten weiterhin verdrängen oder verleugnen oder Schuld ausschließlich der politischen Konkurrenz vorhalten.

Man muß eventuell sogar noch weiter gehen. In einem Urteil des Bundesverfassungsgerichts – Beschluß des 2. Senats vom 24. Oktober 1998 (2 BvR 1851/94) – nahmen die höchsten Verfassungsrichter dieses Landes Stellung zum Macht- und Normengefüge der DDR. Sie begründeten darin die Aufhebung eines Rückwirkungsverbots bundesdeutscher Gesetze für Straftaten hoher Politiker und Militärs der DDR. Diese Personen sollten und sollen weiterhin zu Verantwortung gezogen werden. Die Begründung für diese Entscheidung: »Das Grenzregime der DDR habe sich ... in einem unerträglichen Widerspruch zum Grundgedanken der Gerechtigkeit und Menschlichkeit befunden.«

Wenn dies zutrifft – hätten dann nicht nur, wie von den Richtern in Karlsruhe unterstellt, die DDR-Politiker, sondern auch ihre damaligen Bonner Kollegen davon wissen müssen..Da diese aber beispielsweise in der Asylanten-Frage es nicht nur unterließen, das DDR-Grenzregime zu kritisieren, sondern es zur Durchsetzung eigener politischer Ziele sogar nutzten, liegt es folglich nahe zu fragen: Warum werden heute dafür nur DDR-Politiker von der Justiz zur Rechenschaft gezogen? Oder: Kann man DDR-Politiker, da deren bundesdeutsche Pendants völlig unbehelligt bleiben und als Einheitspolitiker gefeiert werden, überhaupt zur Rechenschaft ziehen?

Der Weg in die Sturzgeburt
»Deutsche Einheit«

Die Ausschaltung der Visionäre unter den Unterhändlern in der Deutschlandpolitik und der damit vollzogene Paradigmenwechsel in der Politik zwischen Ostberlin und Bonn in der Mitte der 80er Jahre trat hinter einen weltpolitischen Vorgang erkennbar zurück. In Moskau war 1985 Michail Gorbatschow Generalsekretär des ZK der KPdSU geworden, der mit seiner Politik von Perestroika und Glasnost sukzessive die tödliche Blockkonfrontation aufbrach und die Bipolarität der Welt überwand. Die fatale Neigung nicht nur von Politikern, Prozesse von ihrem Ende her zu interpretieren, führte dazu, daß heute Gorbatschows Politik als ausschließlich als auf dieses Ziel gerichtet betrachtet wird. Selbst er behauptet inzwischen, er wäre damals angetreten, um die Sowjetunion und den Ostblock abzuschaffen. Er versucht glauben zu machen, er sei schon immer ein Gegner von Stalinismus und Kaltem Krieg gewesen. Die Dokumente bezeugen anderes.

Noch 1987, als Honecker in die Bundesrepublik reiste und damit sein politisches Lebenswerk zu krönen wähnte, intervenierte der Kremlchef wie seine Vorgänger. Es war nicht nur der Eitelkeit Gorbatschows geschuldet, daß er noch vor Honecker zum wichtigsten Verbündeten der USA auf dem europäischen Kontinent reisen wollte. Diese imperiale Denkungweise, wie mit Satelliten umzugehen war, und speziell mit diesem, war in Moskau seit Jahrzehnten zu Hause. Und je nachdem, welche Strömung in der sowjetischen Führung gerade dominierte – die deutschfreundlichen, europaorientierten »Germanisten« oder die dogmatischen, nationalistischen Großrussen –, so gestaltete sich auch das Verhältnis zur DDR. Mal war sie Faustpfand und Speerspitze gegen den Imperialismus, mal lästiger Klotz am Bein und Ballast, mal ließ man die Leine länger, mal kürzer. Tschernenko hatte Berlin 1984 wieder an die Kette gelegt und jeglichem deutsch-deutschen Techtelmechtel eine definitive Absage erteilt. Sein Nachfolger Gorbatschow änderte daran zumindest in den ersten drei Jahren seiner Herrschaft wenig bis nichts. Folglich ist auch er für den verhängnisvollen Wechsel in der Deutschlandpolitik in der Mitte der 80er Jahre mit in Haftung zu nehmen.

In den politischen Unterredungen zwischen Bonn und Berlin sowohl auf offizieller, mehr aber noch auf inoffizieller Ebene ging es seither kaum noch um das Ausloten von Möglichkeiten, wie die Mauer durchlässiger werden könnte, um »Verbesserungen im humanitären Bereich«, sondern einzig um die Befestigung des Status quo. Beide Seiten schienen sich darin verabredet zu haben, sich in der politischen Konstellation, an deren Überwindung man nicht mehr glaubte, auf Dauer einzurichten.

Im Lichte dieser Entwicklung präzisierte Holger Bahl nach Konsultationen mit Jenninger und mir die zweite Phase des Zürcher Modells. Die Überarbeitung – von ihm 1986 mit der Bezeichnung »Länderspiel« versehen – lief im Kern auf die Anerkennung, mindestens auf die Respektierung einer DDR-Staatsbürgerschaft hinaus, wofür sich die DDR mit dem freien Reiseverkehr ihrer Bürger revanchieren sollte. Am 28. September 1986 gab er mir das zwischen uns diskutierte Papier mit Bitte um Weiterleitung an Sindermann, der es Honecker überreichen sollte. Er selbst drückte es Jenninger in die Hand, der es dem Bundeskanzler zur Kenntnis geben wollte. Informiert waren Jenningers Sekretär und Vertrauter Gundelach, einer der Ideengeber, sowie Karl Wienand; auf unserer Seite bekam es zumindest noch Beils Mitarbeiter Wolfgang Andrä. (Anlage 16). Über eine »Kontrollabteilung« im Ministerium für Außenhandel gelangte die Konzeption an die MfS-HA XVIII, wie im Schalck-Ausschuß München festgestellt wurde.

Egon Krenz geht heute davon aus, daß Honecker damals diese Informationen zum »Länderspiel« gar nicht erreicht haben könnten. Bekanntlich ging er aber mit seiner Bemerkung 1987 in Neunkirchen sogar noch über die Position des »Länderspiels« hinaus: Die Öffnung der Grenze wurde nicht an eine Anerkennung oder Respektierung der Staatsbürgerschaft geknüpft. Gundelach unterstrich in Zürich gegenüber Nitz Jenningers Meinung: »Wenn die DDR zum freien Reiseverkehr übergehen will und dies anbietet, könnte sich der Kanzler dem nicht verschließen. Er müßte die Frage einer Grundgesetzänderung durch den Bundestag neu beantworten lassen. Der Kanzler würde sich nicht der Realisierung einer Position, der zufolge sich die Deutschen nach so langer Trennung an jedem beliebigen Ort wieder zusammenfinden könnten, entgegenstellen.«

Aber diese Information (von Bahl) hatte ich schon 1984 an Häber und Sindermann gegeben; nun ging die Bestätigung durch Gundelach noch einmal den gleichen Weg.

Ende August 1994 bestätigte in einer ARD-Sendung der damalige Staatssekretär im Innerdeutschen Ministerium Ottfried Hennig erstmals, daß sowohl über das »Zürcher Modell« als auch über das »Länderspiel« und die Konföderation verhandelt worden sei – was in Bonn bekanntlich bestritten wurde.

Margarita Mathiopoulos, Vertraute Willy Brandts, teilte in ihrem Buch »Rendezvous mit der DDR« mit, sie habe im Kontext des Honeckerbesuches von einem Vertrag gehört, mit dem der freie Reiseverkehr aller DDR-Bürger Realität werden sollte. Sie suchte 1990 Bestätigung bei Beil – und will sie dort auch bekommen haben. Der ehemalige Außenhandelsminister dementierte zwar einige Passagen aus dem Text, doch sie blieb bei ihrer Aussage.

Was keiner der an der Erarbeitung des Modells Beteiligten zu diesem Zeitpunkt exakt wußte, und Bahl hatte mir auch nur seine vagen Vermutungen mitgeteilt: Seit 1981 observierte die HA XVIII des MfS Holger Bahl. Nach ihrer Auffassung besaßen das Zürcher Modell, ganz besonders aber seine Weiterentwicklung »subversive Zielstellungen«. Mielke hielt es nunmehr für angezeigt, einerseits das Umfeld von Bahl (insbesondere seine Gesprächspartner in Ost und West) genauer unter die Lupe zu nehmen, andererseits gegen Bahl – einem »Feind der DDR« – aktiv zu werden. Zumal Strauß gegenüber Schalck den Gedanken geäußert hatte, hinter Bahl könnten auch westliche Geheimdienste stecken. Solche Hinweise stießen stets auf offene Ohren in der Berliner Normannenstraße, obgleich es dafür keine Beweise gab. Die HA XVIII und die Spionageabwehr wurden gegen leitende Mitarbeiter in Banken (konkret: gegen den Direktor der Deutschen Handelsbank), im Außenhandel (Andrä) und Insitituten (Nitz), aber auch im ZK der SED (Abteilungsleiter Prof. Seidel) aktiv.

Andrä wurde sukzessive aus dem Verkehr gezogen und verlor seine Vollmacht, mit Bahl zu verhandeln. Mir selbst bedeutete Axen am Rande einer Veranstaltung im IPW, ich solle »das mit dem Bahl jetzt sein lassen«. Und Beil ließ mich am Rande eines Treffens mit Matthias Wissmann von der CDU wissen, daß die Beziehungen zu Bahl gefährlich sein könnten.

Bahl selbst spürte plötzlich Hindernisse bei seinen Geschäften mit der Sowjetunion, deren Ursachen er nicht ergründen konnte, und an der Grenze zur DDR bekam er Probleme, die ihm bislang fremd waren. Am 6. Mai 1986 hatte die Hauptabteilung XVIII in ihre Akte ein Blatt mit der Überschrift eingelegt: »Informationen über Aktivitäten des Bürgers der Bundesrepublik Holger Bahl zur Herbeiführung finanzieller Abhängigkeiten der DDR gegenüber der Bundesrepublik«. Als er wenig später in die DDR einreisen wollte, ließ man ihn stehen. Früher dauerte es keine Minute, bis man ihn durchwinkte. Jetzt wurde aufgeregt telefoniert, bis dann doch nach geraumer Zeit jemand Zustimmung erteilte. Dazu waren nur zwei, drei Leute in der DDR in der Lage – und die ließen ihn dann trotz der vom Mielke-Ministerium geäußerten »Sicherheitsbedenken« herein. Denn letzten Endes waren Bahls kommerzielle Verbindungen für die DDR-Führung unverzichtbar. Also ignorierten die Entscheidungsträger die »Warnungen« Mielkes.

Dennoch war offensichtlich, daß dieser Kanal systematisch trockengelegt wurde. Die Chance auf eine organische Entwicklung einer deutsch-deutschen Annäherung bis zur Konföderation, sofern sie denn überhaupt jemals bestanden hatte, wurde in der zweiten Hälfte der 80er Jahre immer geringer. Honeckers Reise in die Bundesrepublik im September 1987, namentlich seine Bemerkung in Neunkirchen über die Grenze zwischen der DDR und der BRD, die eines Tages auch verbinden könnte, wirkte eher als retardierendes Moment, wenn es auch den geheimen Wünschen des Generalsekretärs entsprach, die er jedoch nicht selbst zu realisieren vermochte. Außenminister Oskar Fischer war bei diesem Auftritt Honeckers zugegen und wies mir gegenüber 1999 Mutmaßungen zurück, bei dieser Erklärung habe es sich um eine sentimentale Wallung gehandelt. Das sei »absolut abwegig« anzunehmen. »Die geäußerte Position entsprach genau seinem deutschlandpolitischen Konzept.« Er, Fischer, habe die Äußerung begrüßt, und so auch eine Anzahl der politischen Führungsleute aus Bonn, die zu den Gesprächspartnern Honeckers gehörten.

Das scheint zuzutreffen, denn reichlich zwei Jahre später erklärte Honecker gegenüber dem Generalstaatsanwalt der DDR nach seiner Inhaftierung: »Die geschlossenen Grenzen zwischen der DDR und der BRD waren nicht mehr zeitgemäß und brachten menschliche Erschwernisse. Zugleich wurden sie zunehmend zum Hindernis für die Normalisierung der Beziehungen.«

Diese Auffassungen wurden von Sindermann, Häber, Mittag und anderen geteilt. Und auch bundesdeutsche Politiker – namentlich jene, die Honecker 1987 begleiteten – empfanden dies als einen Schritt vorwärts. »Meine Erklärung«, so Honecker gegenüber dem Generalstaatsanwalt weiter, »daß bei Durchführung der im gemeinsamen Kommuniqué festgelegten Maßnahmen der Charakter der Grenze zwischen der DDR und der BRD der gleiche wie der der Oder-Neiße-Friedensgrenze zwischen Polen und der DDR werden solle, wurde begrüßt, rief aber in den eigenen Reihen auch Verwunderung und Unverständnis hervor«. Verwundert, so sagte mir Manfred Uschner, habe sich sein Chef Axen in der Tat gezeigt. Und die Moskau-Fraktion im Politbüro reagierte verständnislos.

Die Äußerung kam für Freund wie Feind sehr spontan, keineswegs für jene, die in die Projekte Züricher Modell und Länderspiel involviert waren. Der sowjetische Botschafter Kotschemassow – so Egon Krenz im Spätsommer 1999 mir gegenüber – habe ihn damals angerufen und erbost erklärt, dies sei nicht mit Moskau abgestimmt gewesen. Also wieder ein Alleingang des SED-Generalsekretärs. Allerdings räumte Krenz auf der gleichen Zusammenkunft ein, daß das Politbüro einstimmig Honeckers Auftreten in der Bundesrepublik gebilligt und ihm den Dank ausgesprochen habe.

Jedoch blieb seine Äußerung ohne Folgen. Bonn unterließ es, an diesem Punkt anzusetzen – Insider fragen sich nicht erst heute: warum?

Gültig im Umgang hingegen blieb Honeckers Bemerkung, daß sich Bundesrepublik und DDR ebenso wenig vereinigen ließen wie Feuer und Wasser, womit der Generalsekretär wieder einmal mehr seine Vorliebe für falsche sprachliche Bilder unterstrich. Feuer und Wasser lassen sich sehr wohl »vereinigen« – es entsteht Dampf, mithin eine neue Qualität.

1985 hatten sich im Politbüro die moskautreuen Falken durchgesetzt, Honecker war ihnen gefolgt und hatte ein Menschenopfer gebracht. Inzwischen aber gab es in Moskau eine andere politische Linie. Gorbatschow, assistiert von seinem Außenminister Schewardnadse, sandte ungewöhnliche Signale Richtung Westen. 1987, bei einem Gespräch mit dem Vorstandsvorsitzenden einer deutschen Bank, erklärte der Kreml-Chef, daß Moskau sich durchaus vorstellen könne, darüber nachzusinnen, ob die weitere Anwesenheit der DDR im Warschauer Pakt zwingend notwendig sei. Wenn die Deutschen es wünschten, sei Moskau bereit, die DDR aus dem Warschauer Pakt zu entlassen, also von ihren Bündnisverpflichtungen zu entbinden. Diese Botschaft wurde in Bonn durchaus so verstanden, wie sie gemeint war. Ein Teilnehmer an dieser Runde informierte mich darüber. Ich leitete die Nachricht über die IPW-Spitze ins Politbüro (siehe »Länderspiel«). Honecker erhielt auch auf anderem Wege Kenntnis. Er deutete es in seinen »Moabiter Notizen« mit Berufung auf diplomatische Kreise der USA an (die das 1990 bestätigten): »Wir erhielten schon 1987 gewisse Informationen.« Worin die »gewissen Informationen« bestanden haben könnten, läßt sich allenfalls ahnen, wenn er verschwommen schreibt: »Wir konnten und wollten solchen Warnungen nicht glauben, sie nicht zur Grundlage unserer Politik machen. Dies, obwohl unser Botschafter in Moskau schon im Jahre 1987 feststellte, daß sowjetische Persönlichkeiten in den verschiedenen Medien ›die Überwindung der deutschen Zweistaatlichkeit‹ als ›politische Tagesaufgabe‹, als eine Voraussetzung zur ›Herausbildung des Europäischen Hauses‹ betrachten. Dies konnte nach Lage der Dinge nur durch die Liquidierung der DDR erreicht werden.«

Postum, nach erfolgter Liquidierung der DDR, machte sich eine solche Aussage gut, minderte sie doch das eigene Maß an der Verantwortung für den eingetretenen Zustand. Honecker, sonst wahrlich nicht bibelfest, sprach sogar von der »Opferung der DDR auf dem Altar des von Gorbatschow so eifrig verfochtenen ›europäischen Hauses‹«.

Doch blieb damit die Frage nach dem politischen Status des Landes unbeantwortet. Sicher hätte Moskau ein neutrales Gesamtdeutschland favorisiert. Dies hatte Stalin schon 1953 seinen westlichen Alliierten angeboten. Genau das war auch jene Konzeption, die dem damaligen Bonner Finanzminister Schäffers bei dessen geheimen Kontaktgesprächen in Ostberlin angeboten wurde, wie sich Markus Wolf in seinem Buch »Spionagechef im geheimen Krieg« erinnert. Stets ohne Erfolg. Um sich wenigstens einen gewissen Einfluß auf Ostdeutschland zu sichern bzw. die NATO aus diesem Gebiet herauszuhalten, war der Kreml nun um die »Finnlandisierung« der DDR bemüht. Es gibt Papiere der HVA, die von einer Neutralisierung der DDR sprechen, im Sinne eines »österreichischen Modells«. In diesem Zusammenhang ist auf das Wirken der Sondergruppe »Luch«« im KGB (zu deutsch: Strahl) in den Jahren 1988/89 in der DDR (und die Rolle des Ex-KGB-Offiziers Wladimir Putin) zu verweisen, die Ralf Georg Reuth und Andreas Bönte in ihrem Buch »Das Komplott« beschreiben (S. 210 ff.). Dem liegt ein Bericht des Bundesamts für Verfassungsschutz zugrunde, der mit Datum von 1992 an einen kleinen Bezieherkreis verteilt wurde.

Zweifellos traf es zu, daß die sowjetische Führung insofern eine »abenteuerliche Politik« betrieb, als sie sich der Konsequenzen ihres Tuns nicht bewußt war. Die Perestroika war keine Umgestaltung, es wurde lediglich, und das zumeist auch noch inkonseqent, abgetragen und abgebaut, was in Jahrzehnten gewachsen war – ohne zu wissen, was man künftig an seine Stelle setzen wollte. In dieser Hinsicht verhielten sich Gorbatschow und die Seinen verantwortungslos gegenüber dem eigenen Volk, ihren Verbündeten und gegenüber der Welt. Kein Wunder, wenn ihn viele als Verräter betrachten.

Natürlich muß entschuldigend berücksichtigt werden, daß die Partei, an deren Spitze Gorbatschow gestellt wurde, sich systematisch – seit und wohl auch durch Lenin – in diese Sackgasse hineinmanövriert hatte, in der sie sich nunmehr befand. Die Wirtschaft war zerrüttet, das Land ausgeblutet durch Überrüstung. Bürokratie, Korruption und Schattenwirtschaft, Dirigismus und Zentralismus mit mafiotischen Strukturen, ein hypertrophiertes Sicherheitssystem und teilnahmslose Staatsbürger, die seit Jahrzehnten mit Vorsatz in Unmündigkeit gehalten wurden, verdrängte ethnische Konflikte, Unterdrückung nationaler Minderheiten – all das und noch viel mehr bestimmten den Alltag der UdSSR. Am Ende des 20. Jahrhunderts drohte die – Dank ihres Kriegskommunismus nach der Zerschlagung Hitlerdeutschlands zur zweiten Supermacht aufgestiegene – Sowjetunion zu einem militärisch starken Koloß auf tönernen Füßen zu werden, ähnlich wie unter dem Zaren.

Größe und Grenzen Gorbatschows, besser: seine Tragik, bestanden darin, die Titanenaufgabe sehr wohl erkannt und ihr Ausmaß begriffen zu haben, aber daran gescheitert zu sein. Vielleicht wäre jeder andere ebenfalls daran gescheitert, vermutlich war dieses ganze System des Staatssozialismus irreparabel und die Katastrophe mußte darum vollständig sein, um den Irrweg auch als solchen zu begreifen und darum völlig neu beginnen zu können. Mag sein.

In diesem Kontext hatte natürlich die DDR keine Chance. Sie war ein Kind des Kalten Krieges und der Sowjetunion, sie war ihr Vasall, ein Satellit, der folgerichtig abstürzte, als er die Umlaufbahn

– zwangsweise oder freiwillig – verließ, auf die man ihn seinerzeit gebracht hatte.

In der zweiten Hälfte der 80er Jahre saß der greise Honecker vom Jahrgang 1912 zwischen allen Stühlen. Den Weg nach Westen hatte er sich verbaut, als er den Moskauer Falken unter Tschernenko und der eigenen Moskaufraktion nachgab und mit Häber die Option eines sanften Übergangs aufgab. Der Weg der DDR nach Osten hatte sich mit Gorbatschow erledigt, weil der mit sich selbst und den Problemen seines Landes hinlänglich beschäftigt war.

Zudem war das persönliche Verhältnis zwischen beiden Generalsekretären sehr gestört und nicht mit der Altersdifferenz zu erklären. Honecker hatte nicht vergessen, daß in der Stunde seiner tiefsten Schmach – die Abkanzelung durch Tschernenko 1984 – Gorbatschow mit am Tische saß und nicht nur nichts gegen die dogmatischen, vorgestrigen Thesen Tschernenkos vorbrachte, sondern sie noch stützte. Plötzlich sollte er der Reformer sein, der Vater eines Neuen Denkens, gleichsam der Bannerträger intellektuellen Fortschritts, der Marx und Engels und Lenin am Ende des Jahrtausends? Honecker mißtraute Gorbatschow und seinen Methoden. Er war vier Jahrzehnte Berufspolitiker und wußte, wie schwer gesellschaftliche Experimente zu steuern waren, wie gefährlich und folgenreich jeder unbedachte Schritt sein konnte. Die wachsende Distanz zwischen Berlin und Moskau rührte von beide Seiten her.

Honecker saß zwischen allen Stühlen und konnte damit nicht umgehen. Es mangelte an Cleverness und Weitsicht, er war mit der Situation überfordert. Das Mittelmaß war der Herausforderung nicht gewachsen. Daß es so gekommen war, hatte er jedoch selbst zu verantworten. Honecker trug maßgeblich Verantwortung für das politische System dieses Landes. Er hatte die Pyramide des Nomenklaturkadersystems, auf dessen Spitze er selbstherrlich thronte, entwickelt und perfektioniert. Er setzte den demokratischen Zentralismus durch und schaltete Demokratie aus. Parteigliederungen waren im wesentlichen Durchsetzungs- und Agitationsinstrumente seiner Beschlüsse, das Staatsvolk wurde unmündig gehalten, es gab hervorragende Gesetze und Vorschriften – aber keine unabhängige Gerichtsbarkeit, diese auch einzufordern. Die DDR war zum Anachronismus geworden.

Und daran trug Honecker ein Höchstmaß an Mitschuld. Das Vertrauen, die Massenloyalität, die in der ersten Hälfte der 70er

Jahre der DDR und auch ihm persönlich entgegengebracht wurden, gingen systematisch zurück.

Das bezeugten alle empirischen Untersuchungen. Doch wie schon in grauer Vorzeit wurde der Überbringer und nicht der Verursacher der schlechten Nachricht zur Verantwortung gezogen. 1979 schloß Honecker das beim Zentralkomitee angebundene Institut für Meinungsforschung und ließ alle Akten vernichten – als könnte man damit die Wahrheit aus der Welt schaffen. Das Zentralinstitut für Jugendforschung (ZIJ) in Leipzig lag ein wenig abseits und überlebte dank einiger politischer Freunde. Es durfte aber seine Umfrageergebnisse nicht veröffentlichen, die Berichte erhielten den Aufdruck »Vertraulich« und verschwanden ohne jede Wirkung in den Tresoren des Politbüros. Aus ihnen war ersichtlich, daß die Zustimmung zur DDR in seiner Bevölkerung in den 80er Jahren rapide zurückging. Die Abstimmung mit den Füßen, welche nach Öffnung des Eisernen Vorhangs in Ungarn im Mai 1989 begann, war lediglich ihr optisches Ausdruck. Die Massenflucht hatte schon wesentlich früher begonnen, allabendlich emigrierte vor den Bildschirmen die Mehrheit des DDR-Volkes in den Westen.

Aber, und das war gar nicht erstaunlich, die Zustimmung zur Bundesrepublik wuchs nicht in gleichem Maße, wie sie zur DDR abnahm. Das war in allen Untersuchungen erkennbar, und das bot der politischen Führung der DDR noch eine Minimalchance für eine reformierte, konföderierte ostdeutsche Republik. Doch auch sie wurde verspielt, weil man sie nicht erkannte oder sie nicht wahrhaben wollte. (Nun muß sich die westdeutsch geprägte Bundesrepublik mit den politischen und mentalen Dispositionen der Ostdeutschen herumschlagen und begreift noch immer nicht, weshalb die Ossis sich mehrheitlich nicht als befreit begreifen und dankbar und unkritisch jede rheinische Segnung beklatschen.)

Honecker war zwischen die Fronten geraten und lief der Zeit hinterher. Moskaus Deutschland-Politik gewann immer mehr Tempo. Außenminister Schewardnadse, so gab er jedenfalls später zu Protokoll, wollte bereits 1986 zu der Erkenntnis gekommen sein, daß die Vereinigung »unvermeidlich« war. Ihm sei schon damals bewußt gewesen, daß die nationale Frage nicht »durch die Mauern der Ideologie, der Waffen und des Stahlbetons« beantwortet werden könne, die »Spaltung eines Volkes« sei eine nationale Frage und müsse auch durch dieses Volk beantwortet werden.

Inzwischen hat Schewardnadse in mehreren Sendungen von ZDF, BBC bzw. CNN unterstrichen, seit Mitte der 80er Jahre auf eine Überwindung der deutschen Spaltung hingearbeitet zu haben. Der damalige Berater der Kreml-Führung Prof. W. Daschitschew erzählte mir, daß er wiederholt von seinen großen politischen Chefs vorgeschickt wurde, die Teilung Deutschlands als historischen Anachronismus zu charakterisieren und infrage zu stellen sei. KPdSU-Generalsekretär und Außenminister konnten zu diesem Zeitpunkt eine solche Politik noch nicht öffentlich vertreten. Doch Schewardnadse selbst wird noch deutlicher. Er schildert Gorbatschow als politisch schwankend in seinen Positionen so: Einerseits wollte dieser die Teilung Deutschlands beenden, andererseits – maßgeblich unter dem Druck des eigenen Militärs – nahm er zeitweilig wieder eine beharrende Position ein.

In diesem Sinne machte Moskau Deutschlandpolitik – mit Widersprüchen. Gorbatschow erklärte 1987 gegenüber Bundespräsident Richard von Weizsäcker kategorisch: »Es gibt zwei deutsche Staaten mit unterschiedlicher Gesellschaftsordnung«, und Kanzler Kohl ließ er im Oktober 1988 wissen, daß die deutsche Frage – offenkundig für ihn beantwortet – ein »Ergebnis der Geschichte« sei. Und er drohte unverhohlen: »Die Versuche, diese umzustoßen oder eine unrealistische Politik voranzutreiben, sind ein unberechenbares und sogar gefährliches Unterfangen.«

Der Kanzler hatte die Lektion verstanden. Noch am 5. September 1989 warnte Kohl: »Das Verhältnis der beiden deutschen Staaten in Deutschland zueinander ist ein wesentliches Element der Stabilität in Europa. Angesichts mancher Stimmen kann ich nur warnend sagen: Wer diese Stabilität gefährdet, muß wissen, welche Folgen dies für alle Beteiligten hätte.« Dabei waren schon längst alle Messen gesungen.

Vor diesem Hintergrund wurde das Agieren der deutsch-deutschen Unterhändler immer schwieriger. Und durch den unerwarteten Tod von Franz Josef Strauß am 3. Oktober 1988 brach außerdem die seit Jahren für die DDR wichtigste und profitabelste Verbindung in die Bundesrepublik ab. Traf sich Schalck in den letzten Jahren regelmäßig mit ihm in der Münchner Privatwohnung, wurde nunmehr alles steif, förmlich und auch halb offiziell. Die Vertrautheit war weg, die politischen Erben von Strauß besaßen zu dem Preußen erkennbar kein Verhältnis. Max Streibl, Bayerns neuer Ministerpräsident, und Theo Waigel trafen sich noch ein-, zweimal in einem Stadtlokal. Am 13. Februar 1989 trank man zusammen Bier im »Bogenhauser Hof«. Die erörterten Themen waren der wohl eher dramatischen Situation auf der europäischen Bühne kaum angemessen. Statt des Strauß-Freundes März, der bislang Tag und Nacht Ansprechpartner von Schalck war und dessen Wünsche unverzüglich an den Ministerpräsidenten herantrug, wurde nun Frau Kreißel, eine Sekretärin, als dafür zuständig erklärt, ersatzweise auch Frau Koller, ihre Kollegin.

Die »Südschiene« hatte sich definitiv erledigt – obgleich es danach zunächst nicht ausgeschaut hatte. In der ersten Dezemberhälfte 1988, knapp zwei Monate nach dem Ableben von Strauß, weilte der stellvertretende DDR-Kulturminister Klaus Höpcke dienstlich in München. Er wurde von Peter Gauweiler aufgesucht, der als Vertrauter von Strauß galt und sich auf Ministerpräsident Streibl berief, als er Höpcke auftrug, er möge in Ostberlin ausrichten, daß München an der Fortsetzung der guten Beziehungen zur DDR interessiert sei. Höpcke informierte darüber Hager am 15. Dezember, Honecker zeichnete die Mitteilung ab. (Anl.) Auch der CSU-Vorsitzende Waigel schrieb in diesem Sinne an den SED-Generalsekretär. Als dieses anbiedernde Schriftstück 1996 veröffentlicht wurde, versuchte der nunmehrige Bundesfinanzminister in einem Interview mit der Süddeutschen Zeitung den Brief zu dementieren. Nun wollte auch Waigel nichts mehr davon wissen, mit der DDR-Führung sehr vertraulich gewesen zu sein. (Anlage)

Mit dem Ende der »Südschiene« verlor Schalck auch in seiner unmittelbaren Umgebung die Aura des Wunderheilers. Langsam keimte Kritik. War das, was er bislang zu Papier gebracht hatte, auch immer die ganze Wahrheit? Gaben seine Vermerke und Wortprotokolle auch den Inhalt seiner Gespräche adäquat wieder? Im Schalck-Untersuchungsausschuß des Bayerischen Landtags sollte er später die Berechtigung solcher Fragen einräumen, ja, seine Vermerke seien »auch von dem Wunsche getragen gewesen..., bei den Adressaten (Honecker, Mielke, Mittag) einen bestimmten Erfolg zu erzielen«.

Und auch bei der CSU regte sich nach dem Abgang des Patriarchen Unmut (was letztlich auch die merkliche Abkühlung im Verhältnis zu Schalck nach sich zog). In Parteien wie dieser schießen Parteisoldaten nicht auf den Befehlshaber, man beißt die Zähne zusammen und reißt sie erst wieder auseinander, wenn der Kommandeur weg ist. Strauß war weg, und schon hieß es hinter vorgehaltener Hand, er habe durch seine Kungelrunden mit Schalck und März die Partei »in eine schwierige Situation« gebracht, weil nicht nur »staatliche Interessen« dabei eine Rolle gespielt hätten. Skandalöse Vorfälle wurden bekannt.

Auch in Bonn schien Schalck nur noch wenig gelitten, sein Terminkalender wies seit Ende 1988 nur noch wenige Kontakte auf. Ein einziges Mal nur kam er noch mit Schäubles Nachfolger, Kanzleramtsminister Seiters, zusammen. Am 11. Mai 1989 erörterten sie Verkehrsfragen, Aspekte des Umwelt- und Gewässerschutzes, des Grenzverlaufs und Probleme von Grenzübergängen. Brisante Fragen wie die Errichtung von Wirtschaftssonderzonen und die sich abzeichnende gesellschaftliche Krise in der DDR – Massenflucht, Botschaftsbesetzungen – wurden nicht angeschnitten. Diese Themen, so Seiters später im Bonner Schalck-Untersuchungsausschuß, wurden mit Schalck überhaupt nicht besprochen. Schalck, so kann man vermuten, war 1989 zur Randfigur geworden.

Aber was hieß das schon in einer Zeit, als es überhaupt keine Hauptfiguren in der DDR mehr gab? Die Nummer Eins mußte den Gipfel des Warschauer Paktes im Mai verlassen und an der Galle operiert werden. Erst im August kehrte Honecker nach Krankenhausaufenthalt und Genesungsurlaub, aber noch immer sichtlich geschwächt, auf die Kommandobrücke zurück. (Wochen später, nach seinem Sturz, mußte er erneut operiert werden; die Krebserkrankung, an welcher er im Mai 1994 sterben sollte, machte sich bereits damals bemerkbar.) Die Nummer Eins war abwesend – und eine Nummer Zwei gab es nicht. Dafür hatte Honecker selbst gesorgt, indem er sich unersetzbar gemacht hatte. Formell vertraten ihn Mittag oder Krenz, doch keiner besaß Courage und Format, um tatsächlich zu agieren. Die Neigung, besser nicht zu entscheiden als falsch, war ein Wesenszug in der DDR – auf allen Ebenen und in allen Bereichen. Selbst im Politbüro.

So trieb das Staats- und Parteischiff kieloben, die Menschen liefen zu Tausenden davon und besetzten Botschaften, doch Ostberlin weinte ihnen keine Träne nach und verbreitete Horrorgeschichten von ehrbaren Mitropa-Kellnern, die vom westdeutschen Geheimdienst unter Drogen gesetzt und in den Westen entführt wurden. Es war zum Heulen und zum Lachen. Und viele in der DDR waren einfach nur noch verbittert.

Was bleibt?

Die DDR endete am 2. Oktober 1990. Ihr Territorium und die reichlich 16 Millionen Menschen, die zwischen Harz und Oder, Kap Arkona und Fichtelgebirge lebten, traten gemäß Artikel 23 des Grundgesetzes und des Mehrheitswillens ihrer Volkskammer der Bundesrepublik Deutschland bei. Entgegen anderslautenden Behauptungen kennt die Geschichte keine Stunde Null. Trotz Zäsuren: Es geht immer weiter.

Zwischen 1945 und 1990 gab es in einem Teil Deutschlands ein gesellschaftliches Experiment, an dem nicht nur die dort lebenden Menschen beteiligt waren. DDR-Geschichte war nämlich nicht nur das Produkt der DDR-Deutschen. Die Westdeutschen hatten daran auch ihren Teil – auch wenn dies von vielen maßgebenden Personen noch immer bestritten wird. Das ist auch erklärlich: Die nachträgliche Kritik an der DDR und ihrer Führung ginge dann ja auch an die eigene Adresse. Man setzte aber nur Honecker und Genossen auf die Anklagebank. Im Westen hält man sich bedeckt.

Allerdings darf bezweifelt werden, ob die Justiz das geeignete Instrument ist, der Geschichte auf den Grund zu gehen und Gerechtigkeit herzustellen. Hinter dem zutreffenden Satz von Bärbel Bohley, die Bürgerrechtler hätten Gerechtigkeit gewollt und den Rechtsstaat bekommen, verbirgt sich nämlich der fatale Irrtum, daß Justiz Gerechtigkeit herstellen könne. Es gehört nun einmal zu den Vorzügen der Rechtssprechung in einer Demokratie, daß Gerichte unabhängig sind und nicht die Opfer über die Täter urteilen. Gesetze, die zum Zeitpunkt der Tat gelten, definieren die Kriterien und nicht das Maß persönlicher (postumer) Betroffenheit. Und deshalb sage ich: Nach zehn Jahren sollten wir nur noch Politikern und Historikern, vor allem aber den Bürgern, dieses Terrain überlassen. Nicht vor den Schranken des Gerichts, in der Öffentlichkeit ist dies zu thematisieren.

Im Wendejahr 1989/90 wohnte ich etlichen öffentlichen Zusammenkünften bei, in denen uns Ostdeutschen namentlich von westdeutscher Seite Ratschläge und Hinweise erteilt wurden, wie wir Marktwirtschaft und Demokratie erlernen könnten. Nun räume ich gern ein, daß nicht alle meine Landsleute über meine Erfahrungen verfügten, doch auch ohne Paß waren die meisten Ostdeutschen nicht so uninformiert, daß sie jeden dieser Hinweise für unbedingt erforderlich gehalten hätten. Ich entsinne mich der Ausführungen eines Volkswirts einer führenden deutschen Bank, daß es im Osten rasch aufwärts gehen und Ulbrichts Versprechen, man werde den Westen überholen ohne einzuholen, Wirklichkeit würde. Ein anderer scharfsinniger Analytiker, ein Amerikaner, prophezeite das Gegenteil. Die DDR würde ein Armenhaus in Deutschland werden, weil angesichts des Konkurrenzdenkens in den westdeutschen Banken, in Industrie- und Handelsgiganten keine Chance für einen Aufstieg bestünde. Die Ostdeutschen, so seine Überzeugung, würden die Vorzüge der Markwirtschaft und der Demokratie nicht begreifen können.

Ich denke, nach fast einem Jahrzehnt läßt sich sagen, daß wohl beide recht hatten – und beide irrten.

In vielen Bereichen ist es aufwärts gegangen, was aufzuzählen namentlich den Westdeutschen schmeichelte, weil es mit einem gigantischen Finanztransfer von West nach Ost ermöglich wurde. Daß in besonderem Maße die Rentner – von den sogenannten staatsnahen mal abgesehen – zu den Gewinnern der Einheit gehören, gilt als offenes Geheimnis. (Das wird aber nicht so bleiben, die Zukunft ist ungewiß.)

Für sie hat sich ihre der DDR gegebene Lebensleistung also nahezu gelohnt. Sie haben nicht umsonst gearbeitet.

Das kann nicht jeder Ostdeutscher nach heutiger offizieller Lesart von sich behaupten. Wer ehrlich und reinen Herzens sich für eine Gesellschaft engagiert hat, die er – bei allen Gebrechen – für eine mögliche Alternative zum bürgerlich-kapitalistischen Staat hielt, wird dafür belangt. Moralisch und materiell. Deutschland endete – und das vermutlich nicht zufällig – zweimal in diesem Jahrhundert in der Katastrophe. Es einmal anders zu versuchen, war legitim und nicht strafbar. Worauf hätte man in Ostdeutschland warten sollen, nachdem im Sommer 1949 die westdeutsche Teilrepublik gegründet worden war?

Die Wächter der Reinen Lehre der Markwirtschaft scheinen das nicht zu akzeptieren.

Zu denen, die an diesem gesellschaftlichen Experiment mitwirkten, gehörten auch Häber, Nitz und eine Reihe anderer Leute. Wir waren uns der Defizite dieser DDR bewußt und wollten sie darum sukzessive überwinden – mit Partnern auf der anderen Seite. Die DDR garantierte die nicht unwichtigen Menschenrechte auf Arbeit, auf Bildung und Ausbildung, auf Wohnung und medizinische Betreuung, auf Kultur und Gleichberechtigung…

Sie versagte die nicht unerheblichen Rechte auf Freizügigkeit, auf freie Meinungsäußerung und unbeschränkten Zugang zu Informationen…

Die haben wir nun alle auf einmal bekommen. Jene Rechte aber, die etwas kosten, haben wir eingebüßt, zumindest sind sie eingeschränkt. Menschenrechte aber sind weder teilbar noch können sie gegeneinander aufgerechnet werden. Was nützen einem Arbeitslosen, dem auch noch die Wohnung verloren ging, Freizügigkeit und Redefreiheit? Als Obdachloser kann er ohne jede Einschränkung die Wände seiner Brückenpfeiler, unter denen er campiert, anschreien und erklären, der Kanzler gehöre abgelöst – seine menschenunwürdige Situation ändert er dadurch nicht.

Gleiches gilt auch für die kleine Angestellte und den selbständigen Unternehmer, die – vom Finanzamt, den Banken und den Krankenkassen gehetzt, von Ratenzahlungen gedrückt und Vorgesetzten geduckt – sich von Monat zu Monat weiterwursteln und nicht wissen, was im nächsten Jahr sein wird. De jure sind sie der Souverän, haben alle Rechte demokratischer Mitsprache und Mitgestaltung – de facto besitzen andere die tatsächliche Macht im Staate. Und das sind nicht die politischen Gremien und gesellschaftlichen Körperschaften. Die Marschroute und das Tempo diktieren global operierende Banken und Konzerne. Uneingeschränkt, bestenfalls durch Vernunft und Einsicht einzelner Persönlichkeiten in den Vorstandsetagen gemildert. Politik im nationalen Maßstab funktioniert nicht mehr, Nationalökonomie ist Geschichte. Die Rituale zur Besitzstandswahrung und -verteidigung sind Geschichte. Wer sich solcher tradierter Spielregeln noch immer bedient, offenbart nur seinen Anachronismus. Viele glaubten an Lafontaine, als er pointiert erklärte, das Herz schlage links und werde nicht an der Börse gehandelt. Doch er und seinesgleichen laufen dem Zug der Zeit hinterher, wenn sie glauben, die Instrumente geschlagener Klassenschlachten reaktivieren und die alten Klassenkämpfer reanimieren zu können. Es muß völlig neu gedacht werden.

Als die Welt bipolar und Deutschland geteilt war, gab es allein durch die Existenz eines Gegenüber ein Korrektiv, eine Elle, an der man sich maß, um anders und besser zu sein. Nein, ich will dieses Gleichgewicht des Schreckens nicht zurückhaben, dieses lebensbedrohliche Taumeln am Rande des Abgrunds. Und ich will – damit ich nicht gänzlich von manchen mißverstanden werde – auch die DDR nicht wiederhaben. Gescheiterte Experimente muß man nicht wiederholen, wohl aber die gemachten Erfahrungen erkennen und sie bewahren.

In solchen Sinne, meine ich, hatte dieses gestaltete Miteinander sein Gutes. Aus der wechselseitigen Berechenbarkeit erwuchs auch gegenseitige Kontrolle. Und darum bin ich der festen Überzeugung, daß mit mehr Weitsicht und größerer Courage auf beiden Seiten Deutschland eine andere und vielleicht glücklichere Entwicklung genommen hätte, als es sie in den vergangenden anderthalb Jahrzehnten genommen hat.

Geschichte vollzieht sich nämlich nicht, wie es die marxistisch-leninistischen Dogmatiker jahrzehntelang lehrten, gesetzmäßig. Für jeden Schritt sind verschiedene Richtungen möglich. Man kann sie gewiß planen – aber ob sie auch gegangen werden, ist nie vorhersagbar. Das Eingeständnis großer Denker, wenig zu wissen, allenfalls dies, sollten auch wir annehmen. Denn das macht die Gegenwart spannend und die Zukunft wieder offen.

So, wie es der geschmähte und gerühmte Karl Popper sah. Er war kein Optimist hinsichtlich der Zukunft und glaubte an kein Gesetz des historischen Fortschritts. Auch die metaphysische Vorstellung, daß die Weltgeschichte einen Sinn habe, war ihm fremd. Trotzdem drängte er darauf, sich heute für Dinge zu engagieren, die das Morgen besser machen könnten. Poppers Optimismus war nicht beherrscht von der Frage: »Was wird kommen?«, sondern aktiv auf die Gegenwart gerichtet und an der Frage orientiert: »Was sollen wir tun: Tun, um womöglich die Welt ein bißchen besser zu machen? Und zwar auch dann, wenn wir wissen, daß, wenn wir wirklich etwas zu verbessern imstande waren, späteren Generationen vielleicht alles wieder verschlechtern können.«

Luther wollte vor einem halben Jahrtausend noch ein Apfelbäumchen pflanzen, auch wenn er wüßte, daß anderentags die Welt unterginge. Er bezog seinen Optimismus aus seinem Glauben, Popper aus seiner Unsicherheit und Verunsicherung. Beide Haltungen und Überzeugungen boten die Basis für ein erfülltes Leben.

Poppers Zweifel an der Planbarkeit gesellschaftlicher Prozesse schloß seine Kritik an jeglicher Ideologie, an religiösem Fundamentalismus und zwanghafter Durchsetzung bestimmer Ideen ein. »Die Hybris, die uns versuchen läßt, das Himmelreich auf Erden zu verwirklichen, verführt uns dazu, unsere gute Erde in eine Hölle zu verwandeln.«

Dieser Versuchung unterlagen die Führungen in den realsozialistischen Ländern. Und ich erkenne auch eine gefährliche Neigung bei den Regierenden in den demokratischen Staaten. Sie reden sich Krisen und Katastrophen schön. Selbst im Beklagen der extrem hohen Arbeitslosigkeit, der Firmenzusammenbrüche, der Perspektivlosigkeit großer Teile der heranwachsenden Generation schwingt ungebrochener Optimismus mit: Das kriegen wir schon in den Griff auf der Titanic! Das alljährliche Sommertheater – was letztlich auch nur die allgemeine Ratlosigkeit offenbart – wird mit einem »Machtwort des Kanzlers« beendet. Damit suggeriert man den »Menschen da draußen im Lande«, der aus dem Urlaub heimkehrende Messias werde schon alles richten. Nein, das kann er nicht.

Ohne jegliche Larmoyanz gestehe ich das objektive Scheitern jener ein, die zwischen Berlin und Bonn einen Ausgleich suchten. Allen Beteiligten – selbst wenn sie heute anderes behaupten – wollten den Status quo erträglicher machen und ihn damit moderat überwinden. Die Bemühungen auf beiden Seiten in diesem Sinne wurden im Verlauf der zweiten Hälfte der 80er Jahre aus unterschiedlichen Motiven beendet, die Hintergründe habe ich versucht zu erhellen. Auch wenn mehrheitlich heute behauptet wird, es habe keine andere Möglichkeit bestanden als die 1990 gewählte, bestreite ich das. Und nicht nur aus Gründen des Selbstschutzes – wer gesteht sich schon ein, etwas Sinnloses getan zu haben? Denn es war nicht unnütz und sinnlos, daß sich Konservative, Liberale, Sozialdemokraten und Sozialisten in schwieriger Zeit miteinander ins Benehmen setzten und für Deutsche in den beiden Deutschländern, gleichsam aus nationaler Verantwortung, Frieden und Wohlfahrt sicherten und nach durchaus machbaren Alternativen suchten. Egon Bahr würdigte nach dessen Sturz den bundesweit geschmähten – da einst dem SED-Politbüro angehörenden – Hermann Axen als »deutschen Patrioten«. Der DDR-Außenpolitiker habe stets auch die Belange der Bundesrepublik mitgedacht, denn Frieden war immer nur mit, nicht gegen die anderen zu erreichen.

Eine ähnliche Würdigung der Anstrengungen anderer, die auf diesem Felde arbeiteten, steht noch immer aus.

Was wurde aus ihnen?

Strauß und Wehner (West) sind tot. Honecker, Mittag, Sindermann und Axen (Ost) ebenfalls. Karl Wienand (West) wurde wegen angeblicher Spionage zu einer langen Haftstrafe verurteilt, später begnadigt. Herbert Häber (Ost) angeklagt, gegen ihn besteht Haftbefehl. Er habe, so der Vorwurf, als Mitglied des Politbüros die Schüsse an der Mauer mitzuverantworten. Hermann von Berg, einst Ost, dann West, jetzt wieder Ost, wurde durch die DDR politisch verfolgt, in den 90er Jahren in der Bundesrepublik als Hochschullehrer entlassen und von seinem Grundstück vertrieben. Schalck lebt im Westen und Vogel auch, beide sind glücklich und zufrieden mit dem, was sie zu DDR-Zeiten an ideellen und materiellen Werten haben anhäufen können. Verfahren gegen sie gingen meist aus wie das Hornberger Schießen. Andere sind ebenfalls in Pension oder haben Ehrenämter: Jenninger lebt verbiestert in Bayern, Kiep, Wischnewski, Bahr und andere werden nur noch gelegentlich zu Rate gezogen. Bölling und Gaus wurden wieder das, was sie vor ihrer politischen Tätigkeit waren: Journalisten. Gundelach verlor seinen Job, weil der Verdacht der Spionage auf ihn fiel. Hirt, als Mitarbeiter im Bundesministerium für Innerdeutsche Beziehungen ein wichtiger Partner von Rechtsanwalt Vogel, kam für einige Jahre hinter Gitter…

Keine übermäßig gute Bilanz. Aber es gibt ja noch Hoffnung. Häber beispielsweise hat in jüngster Zeit etliche Gespräche mit bundesdeutschen Spitzenpolitikern gehabt. Das könnte man als Indiz für eine neue Sicht auf die Vergangenheit werten.

Eine späte Ehrenrettung ist immer noch besser als fortgesetzte Ignoranz.

Nichts Neues unter der Sonne – eine Nachbemerkung

Als Jürgen Nitz den vorstehenden Text zu Papier brachte, wurde Helmut Kohl noch gefeiert. Er stand gleichsam als Denkmal der deutschen Einheit in der Landschaft. Journalisten zählten eifrig die Tage, die er länger im Kanzleramt war als Konrad Adenauer, Städte trugen ihm Ehrenbürgerschaften an und Universitäten Doktorhüte ehrenhalber. Wäre er nicht ein hochgerühmter Demokrat gewesen, hätte man Anflüge von Personenkult konstatieren können, wie man ihn aus den vormals staatssozialistischen Ländern des Ostens zur Genüge kannte. Aber nein doch, wenn die vereinigten Hofschranzen in den westeuropäischen Demokratien ihren gekrönten Häuptern zum Munde reden, ist das ganz etwas anderes. Wertschätzung historischer Verdienste. Männer machen eben doch Geschichte.

Inzwischen ist das Denkmal gestürzt. Von historischen Leistungen spricht kaum noch einer, allenthalben werden Betroffenheit und Bestürzung geheuchelt. Vornehmlich von Kohls Hofstaat. So lange er hinter seinem breiten Rücken sich verstecken und an seinen Segnungen partizipieren konnte, wollte niemand etwas von Schmiergeldern und Schwarzen Konten gewußt haben, nichts von verschwundenen Akten und vernichteten Unterlagen und unwahren Erklärungen. Keiner wollte wahrgenommen haben, daß sich die herrschende Partei den Staat untertan gemacht hatte und Gesetze brach, die sie vorher selbst beschlossen hatte. Entrüstung und Empörung herrschten landauf, landab und richteten sich gegen wenige Personen, besonders natürlich gegen jenen Mann, der ein Vierteljahrhundert die Union präsidierte. All die Opportunisten wagten sich auf einmal aus der schützenden Deckung, als zum großen Hallali geblasen wurde. Sie erklärten jetzt, was sie schon immer angeblich gewußt und kritisiert hatten: Es ist etwas faul bei Hofe! Jeder, der einmal durch eine hochgezogene Augenbraue Kohls gedemütigt worden war, hob nun tapfer sein Bein. Jede, die mit in den Strudel gerissen zu werden fürchtete, kappte die Taue. Stefan Heym, der 1994 als Alterspräsident den 13. Deutschen Bundestag eröffnete, konstatierte am 23. Januar 2000 in einem Schreiben an Gerhard Zwerenz beruhigend: »Gottes Mühlen, kann ich nur sagen, mahlen langsam, aber sie mahlen eben doch.« Und er erinnerte sich ihrer gemeinsamen parlamentarischen Arbeit. »Ich sehe vor meinem geistigen Auge den dicken Kohl immer noch, wie er bei meiner

Rede im Bundestag so fett und zufrieden auf seinem Stühlchen saß, umgeben von seinen Scharen, und mir zusah, wie ich mich abstrampelte, die Seelen der Herren und Damen Abgeordneten zu berühren.« Nicht ganz ohne Häme und Zufriedenheit bemerkt der 86jährige Schriftsteller: »Jeden Tag freue ich mich auf die letzten CDU-Nachrichten, die das, was wir von den Kerlen seinerzeit schon gehalten haben, noch aufs Schönste übertreffen. Schlimm ist nur, daß die Demokratie, die ja an sich gar keine so üble Einrichtung ist, beim Volke nun in solchen Mißkredit gerät.«

Das genau ist das eigentliche Thema des Skandals, der 1999/2000 die Republik erschüttert. Er macht nur öffentlich, was seit Jahrzehnten hierzulande gängige Praxis ist. Gregor Gysi meinte mit der von ihm erwarteten Pointierung, daß damit auch für die Union endlich der Kalte Krieg zuende gegangen sei. Der Millionentransfer ins Ausland erfolgte nicht primär aus Furcht vor dem Fiskus, sondern vor den Russen. Er war die Antwort auf die Frage, wie man Macht und Fortexistenz sichern könne gegen den äußeren und den inneren (Klassen-)Feind. Ein solches dem Denken des Kalten Krieges entsprechendes Handeln herrschte auf beiden Seiten des Eisernen Vorhangs vor. Das im Osten existierende hypertrophierte Sicherheitsinteresse ging zwangsläufig zu Beginn der 90er Jahre mit diesen Parteien und den von ihnen beherrschten Staaten unter – im Westen dauerte es eben zehn Jahre länger.

Jetzt kämpfen sie wieder. Und diesmal alle Parteien. Sie strampeln kollektiv dagegen an, das sie nicht der völlige Verlust von Glaubwürdigkeit ereilt. Nachdem seit Jahren ihnen schon Mitglieder und Wähler abhanden gekommen sind, wird sich nunmehr dieser Trend verstärken. Die Bereitschaft, mit einem Kreuz diesem oder jenem unbekannten Parteigänger eine gut dotierte Arbeitsbeschaffungsmaßnahme für vier Jahre zu besorgen, sinkt in dem Maße, wie einerseits erkennbar wird, daß sich an der eigenen Lebenssituation nichts ändert, egal, welche Partei man wählt, und daß man andererseits damit Egoisten quasi einen Freibrief erteilt, sich im Selbstbedienungsladen Deutschland zu bedienen. Zu eigenem Nutz und Frommen und dem der Partei natürlich. Nicht grundlos kritisierte Altbundespräsident Richard von Weizsäcker in einem Zeitungsinterview Ende Januar 2000, Kohl habe »Parteidienst vor Staatsdienst« gestellt. Nun ja, die preußische Tugend, man solle auch als Herrscher Diener seines Staates sein, galt in den Rheinprovinzen offenbar noch nie.

Jürgen Nitz hat in seinem Buch Fakten aus den 80er Jahren zusammengetragen, die Aktivisten und Vorgänge in den komplizierten innerdeutschen Beziehungen sichtbar machen. Und er stellt Äußerungen dagegen, die nach dem Verschwinden der einen Seite auf der anderen

Seite gemacht wurden. Welch Überraschung: Auch auf diesem Felde herrscht die gleiche Amnesie vor, an der Politiker auch bei anderen Themen leiden. Offenkundig ist das eine Berufskrankheit, die endlich auch als eine solche anerkannt werden sollte. Viele Politiker vergessen grundsätzlich das, was ihnen im Lichte neuer Ereignisse nach ihrer Auffassung zum Schaden gereichen könnte.

So haben beispielsweise Kohl, Schäuble, Diepgen und andere 1985/86 wiederholt bei der SED-Führung nachgesucht, daß diese ihre Grenze für potentielle Asylbewerber dichtmache. Kohl und auch Diepgen dankten dem Vernehmen nach anschließend Honecker dafür und würdigten die restriktiven Maßnahmen als Zeichen »guter Nachbarschaft«. Die SPD bohrte das gleiche Brett, weil sie für den damaligen Kanzlerkandidaten Rau Punkte sammeln wollte und lockte – im Falle eines Wahlsiegs – mit der vollen Respektierung der DDR-Staatsbürgerschaft...

Solche und andere im Buch genannte Aktionen entsprachen der Auffassung, daß die beiden deutschen Staaten geraume Zeit nebeneinander existieren würden. Sie wurzelten in Realismus und Pragmatismus und waren legitimiert durch das erkennbare Bemühen beider Seiten, die Verhältnisse erträglicher zu machen. Das sollte man auch heute so sagen und nicht – was seit 1990 der Fall ist – verschweigen. Mehr noch: die Verantwortlichen auf der einen Seite dafür zu belangen. Wenn Honecker & Co. wegen der Verhältnisse an der innerdeutschen Grenze auf die Anklagebank gehörten, dann hätte für alle Beteiligten der Gleichheitsgrundsatz gelten müssen. Auch Bonn nutzte die Mauer zur Durchsetzung innenpolitischer Interessen. Das sollten die Politiker, die das damals taten, eingestehen und ihr »Haltet den Dieb!«-Getöse besser unterlassen.

Völlig absurd wird es zudem, wenn man den im Buch ausführlich geschilderten Fall Häber betrachtet. Herbert Häber gehörte in der SED-Führung zu den Protagonisten eines politischen Kurses, der auf Annäherung und nicht auf Abgrenzung setzte. Honecker holte ihn deshalb ins Politbüro. In einer selbst in der DDR-Geschichte beispiellosen politischen Intrige wurde Häber von den Hardlinern in Ostberlin und Moskau gestürzt, weil er offenkundig die Mauer durchlässiger machen wollte. Dieses Vierteljahr aktiver Zugehörigkeit zum Zentrum der Macht (nur nominell waren es vierzehn Monate, ehe Häber in den psychiatrischen Arrest kam) wird heute jedoch zum Anlaß genommen, juristisch gegen ihn vorzugehen. Häber mußte damals weg, weil er auf Kooperation statt auf Konfrontation setzte. Soll er heute deshalb weg, weil er einer regierenden Partei angehörte, deren Führung 1989 u. a. wegen illegaler Geldgeschäfte, persönlicher Bereicherung und Gesetzesbrüchen gestürzt wurde? »Ich kann gut verstehen, daß es Ihnen nach all dem, was Sie seit Anfang der achtziger Jahre erlebt und mitgemacht haben, unbegreiflich ist, in wie scharfem Kontrast« – so Johannes Rau am 6. April 1999 in einem Brief an Herbert Häber – »die offiziellen Auskünfte der Gauck-Behörde und das Verhalten der Staatsanwaltschaft stehen«. Eine merkwürdige Kontinuität herrscht hier.

Der Parteivorstand der SPD macht in einem Schreiben an den Buchautor vom 19. Januar 2000 auf die kurzzeitige Mitgliedschaft Häbers im Politbüro aufmerksam und verweist darauf, dass es sehr unwahrscheinlich sei, in dieser Zeit eine Mitwirkung an Entscheidungen zu den Todesschüssen an der Mauer festzustellen und stellt den »Lebensweg von Herbert Häber und seine Rolle als Dialogpartner der SED im Westen« heraus. Der Vizepräsident des Abgeordnetenhauses von Berlin Walter Momper schreibt: »Ich finde es aberwitzig, dass Herbert Häber vor Gericht gestellt wird, nach allem, was er für den Zusammenhalt zwischen beiden deutschen Staaten getan hat.«Immer mehr Menschen in dieser Republik können das kaum nachvollziehen.

Halten wir fest: Die Justiz in diesem Lande ist frei. Wie die Staatsanwaltschaft gegen Häber ermittelt, ermittelt sie auch gegen Kohl. Zur Wahrheit gehört: Für alle muß gleichermaßen die Unschuldsvermutung gelten, bis das Gegenteil bewiesen ist. Klischees und Vorurteile sind keine juristischen Maßstäbe.

Die Mächtigen genießen Artenschutz, solange sie mächtig sind. Also nichts Neues unter der Sonne. Kohls und seiner Vertrauten Finanz- und Verschleierungsakrobatik wurde schon in den frühen 90ern da und dort angesprochen. Aber hochgehen ließ man Kohl erst, als er nicht mehr in Amt und Würden war. Das kennt man: Als Honecker noch in jenem Zimmer saß, in welchem der heutige Kanzler arbeitet, gab sich dort die erste Bonner Garnitur die Klinke in die Hand. Man drängte geradezu in den Dunstkreis des Generalsekretärs und damit in das Blitzlichtgewitter der Protokollfotografen. Der Zustand des Landes damals war der nämliche, der auch nach dem 18. Oktober 1989, nach dem von der DDR-Bevölkerung erzwungenen Rücktritt Honeckers, herrschte. Als alter, kranker, ohnmächtiger Mann mutierte Honecker aber plötzlich zum Oberganoven. Wenn er denn einer war, mußte er es auch schon vor dem Stichtag gewesen sein. Doch dies wollen die Politiker (und Juristen) vom Rhein angeblich erst nach dem 18. Oktober bemerkt haben.

Kohl, in den 90ern selbst einer der Ankläger, macht nun die gleiche Erfahrung, die ihm Honecker voraus hatte. Verläßlichkeit und Berechenbarkeit gibt es in solchen Kreisen nicht, Freundschaft unter Politikern schon gar nicht. Alles orientiert sich an Zweckmäßigkeit. Ist der Zweck erledigt, ist es auch der Mann. Als Parteivorsitzender amtierte Kohl sogar noch sieben Jahre länger als Honecker. (Richard von Weizsäcker nach dem Sturz Kohls: »Nach menschlichem Ermessen kann eine fünfundzwanzigjährige Amtszeit als Parteivorsitzender zu gar nichts anderem führen als zu Erstarrung und Abhängigkeit.« Gut gebrüllt, Löwe. Fanden wir das im Osten aber nicht schon vor zehn Jahren heraus? Hiesige Erfahrungen sind offenkundig nichts wert.)

Die kollektive Mithaftung, in die wir Ostdeutschen genommen wurden und werden – egal, ob wir im einzelnen duckten oder opponierten, ob wir Parteistrafen erhielten oder ausgeschlossen wurden, ob wir uns verweigerten oder in die Psychiatrie abgeschoben wurden –, gilt sie nunmehr auch für alle Christdemokraten?

Ein solches Ansinnen ist ebenso billig wie undemokratisch. Es hilft niemandem, schon gar nicht dem inneren Frieden in diesem Lande. Die offensichtliche Analogie ist vielleicht Anlaß zur Umkehr.

Keine Frage, wer geltendes Recht brach, wer sich an der Menschlichkeit verging, muß dafür zur Rechenschaft gezogen werden. Das gilt ohne Ausnahme und unabhängig vom Parteibuch. Aber die derzeitige Staatskrise – wenn eine tragende Säule des Gemeinwesens wie die CDU ins Wanken gerät, ist es eine Staatskrise – sollte auch in dem Sinne eine Zäsur markieren, daß politische Glaubwürdigkeit auch einen sachlichen Umgang mit der eigenen Geschichte einschließt. Wer dazu unfähig oder unwillig ist, sollte besser schweigen und verschwinden.

Frank Schumann
Berlin, im Januar 2000

Nachtrag zum Fall Häber

Im Frühsommer 2000 fand in Berlin der dritte und vermutlich letzte »Politbüroprozeß« statt. Herbert Häber, Hans-Joachim Böhme und Siegfried Lorenz, den einstigen Mitgliedern der DDR- und SED-Führung, wurde von der Staatsanwaltschaft vorgeworfen, sie hätten sich am Tode von Menschen an der Mauer mitschuldig gemacht.

Häber, dessen politische Biographie in der vorliegenden Publikation ausführlich geschildert wurde, hörte Anfang 1995 erstmals im Radio davon, daß die Staatsanwaltschaft ein Ermittlungsverfahren gegen ihn eingeleitet habe. Am 29. Februar 1996 wurde gegen ihn Anklage erhoben, von der Häber erst im Mai erfuhr. Wegen Totschlages beantragte man einen Haftbefehl, der im März 1997 in kraft gesetzt wurde. Fortan mußte er sich wöchentlich auf seiner Polizeiwache in Berlin-Köpenick melden. Offenkundig fürchtete man, der Verdächtige könne untertauchen oder sich ins Ausland absetzen. Deshalb nahm man ihm auch gleich Personalausweis und Paß ab. Als der im Ausland lebende Sohn heiratete, war es Häber folglich unmöglich, an der Familienfeier teilzunehmen.

Häbers Anwälten und auch ihm selbst verweigerte man die beantragte Akteneinsicht. Außer einem Telefonat zwischen Häbers künftigen Verteidiger Dietrich Herrmann und dem Ankläger fand nichts statt. In fünf Jahren gab es kein Gespräch und keine Vernehmung.

Diverse parlamentarische Untersuchungsausschüsse hatten in der ersten Hälfte der 90er Jahre u. a. erstmals jene Projekte und Themen aus den deutsch-deutschen Geheimverhandlungen zur Sprache gebracht, die Häbers Beitrag an der Entwicklung eines gutnachbarlichen Miteinanders der beiden deutschen Staaten erkennbar werden ließen. Dieser hatte nicht, um die staatsanwaltliche Vorhaltung aufzugreifen, das Grenzregime verschärft, sondern auf das Gegenteil hingewirkt. Er gehörte unzweideutig auf der DDR-Seite zu den Protagonisten einer Humanisierung und – perspektivisch gesehen – Überwindung der Mauer und nicht zu deren Verteidigern. Das hatte ich auch in meinem Text mit Fakten belegt.

Zwischen 1993 und dem Beginn des Prozesses am 9. Mai 2000 erschienen in der deutschen Presse mehr als fünfzig Beiträge und Interviews, die sich mit dem Thema Häber beschäftigten. In etwa zwei Dutzend Fernsehsendungen wurden Zeitzeugen befragt und Positionen sichtbar, die die Fragwürdigkeit der Vorwürfe an die Adresse Häbers offenbarten. Nicht nur Historiker begannen zu recherchieren, ich selber nahm mich auch der Sache an. 1994 lieferte mir die Gauck-Behörde erstmals Unterlagen zu diesem Komplex. In der im Bundesarchiv angebundenen Stiftung Parteien und Massenorganisationen der DDR (SAPMO) wurden ebenfalls Dokumente aufgefunden, aus denen sich die Tätigkeit Häbers im Interesse der beiden deutschen Staaten rekonstruieren ließ. Und obgleich Vertreter der Staatsanwaltschaft in der einstigen preußischen Kadettenanstalt in Berlin-Licherfelde - und das fast zur selben Zeit – die gleichen Papiere studierten, kamen sie zu anderen Schlüssen.

1998 erschienen Rechercheergebnisse von Prof. Karl Rudolf Korte, der die streng geheimen Akten des Bundeskanzleramtes einsehen konnte. In der Publikation machte Korte deutlich, daß von ihm erhoffte Unterlagen zum Zürcher Modell, dem Länderspiel und zum Milliarden-Kredit dort »heute nicht mehr vorhanden sind«. Und er gab seiner Vermutung Ausdruck, daß im Bundeskanzleramt Belege zu defizilen Themen »sofort vernichtet« worden seien. Wie wir inzwischen wissen, scheint dies eher Regel denn Ausnahme unter Kohl gewesen zu sein. Und Korte war nicht der einzige, dem das auffiel. Ingrid Köppe, die für Bündnis 90/Die Grünen im Schalck-Untersuchungsausschuß saß, hatte schon in den frühen 90er Jahren das Fehlen von Akten im Kanzleramt ebenso moniert wie Jenningers Sekretär Gundelach, der auf der Suche nach dem von ihm bearbeiteten Unterlagen zum Zürcher Modell und zum Länderspiel war.

Herbert Häber selbst war auch aktiv und versuchte zur Aufklärung beizutragen. Dazu boten ihm u. a. die Friedrich-Ebert-Stiftung (SPD), die Brandenburger Rosa-Luxemburg-Stiftung (PDS), die Stiftung zur Förderung von Politik, Bildung und Kultur »Helle Panke«, Berlin, die Europäische Akademie in Otzenhausen, einem Zentrum der deutschlandpolitischen Analyse, und andere Einrichtungen eine Tribüne. Dort untersuchte man auf wissenschaftlichen Konferenzen die deutschdeutsche Politik in den 70er und 80er Jahren. Ehemals aktive (oder noch tätige Politiker) signalisierten ihr Unverständnis über die offenkundig krasse Fehleinschätzung der Rolle Häbers durch die Staatsanwaltschaft. Oskar Lafontaine, Hans-Joachim Vogel, Walter Leisler Kiep, Johannes Rau, Gregor Gysi, Hans Otto Bräutigam, Franz Müntefering, Norbert Blüm schrieben Briefe und kritisierten das Vorgehen der Staatsanwaltschaft. Walter Momper teilte mit: »Ich finde es aberwitzig, daß Herbert Häber vor Gericht gestellt wird, nach allem, was er für den Zusammenhalt zwischen beiden deutschen Staaten getan hat.«

Bei einer Podiumsdiskussion am 28. Februar 1998 in der Berliner Stadtbibliothek nutzte ich die Anwesenheit des Generalstaatsanwalts Schaefgen und von Oberstaatsanwalt Jahntz, um auf den Fall Häber zu verweisen. Mein Kommentar lag auf der gleichen Linie wie die Einschätzung in der Berliner Zeitung vom 20. Mai 2000: Häbers Geschichte sei nur eine Nebengeschichte, sie könnte aber »ins Zentrum dieses Prozesses rücken und zur öffentlichen Rehabilitierung eines Mannes führen, der sich unter komplizierten institutionellen Umständen zum Widerspruch durchgerungen hatte«.

Bis zum Beginn des Prozesses war das wesentliche bekannt, das meiste publiziert, was Häbers aktives Handeln zur Humanisierung des Grenzregimes, mithin seine Unschuld bezeugte. Jeder hätte sich ein Bild machen können oder auch von amtswegen machen müssen, wenn er denn an der Wahrheit interessiert war.

Die Anklage der Staatsanwaltschaft war am 16. Mai 2000 von Bernhard Jahntz vorgetragen worden. Sie deckte sich in weiten Teilen mit der gegen »Mückenberger und andere«, die auf dem ersten Politbüroprozeß erhoben worden war. Offenkundig hatte man sich nicht einmal die Mühe gemacht, gesondert auf das Verfahren einzugehen. Das nährte natürlich nicht nur den Verdacht von Routine, sondern auch auf ein vorgegebenes Ritual. Alle drei Ex-Politbüromitglieder hatten nämlich nie an Politbüro-Sitzungen zum Grenzregime teilgenommen, geschweige denn an entsprechenden Beschlüssen mitgewirkt. Lorenz – wie Böhme erst 1986 ins Politbüro aufgerückt – war 1. Sekretär der SED-Bezirksleitung in Karl-Marx-Stadt; dort hatte es nie einen Todesfall an der Grenze gegeben. Böhme war 1. Sekretär in Halle – der Bezirk grenzte nicht an einen anderen Staat, folglich verlief dort auch keine Staatsgrenze.

Bei Häber zielte die Anklage auf zwei Punkte. Er habe – wie die beiden Mitangeklagten – es während seiner Zugehörigkeit im Führungszirkel der SED unterlassen, auf die Humanisierung des DDR-Grenzregimes hinzuwirken. Und ferner habe er aktiv am Totschlag an der Grenze mitgewirkt. Als Beleg für diese abstruse Behauptung galt der Staatsanwaltschaft ein »Bericht der Politischen Hauptverwaltung der NVA über die politisch-ideologische Arbeit zur Verwirklichung des vom X. Parteitag der SED übertragenen Klassenauftrages«. Der sei am 11. Juni 1985 im Politbüro in Häbers Anwesenheit behandelt worden.

Der gleiche Beschluß war im Verfahren gegen Krenz, Kleiber und Schabowski als Mordaufruf interpretiert worden – der Bundesgerichtshof befand, aus dem Papier sei zu schließen, »daß weiterhin die Schußwaffe gegen einen Flüchtling anzuwenden sei, wenn anders das Überwinden der Grenze nicht verhindert werden könne, und notfalls auch sein Tod in Kauf zu nehmen sei«.

Bezogen auf Häber war der Vorwurf reichlich abwegig, er sei nicht gegen die Mauer aktiv geworden, habe es mithin unterlassen, den vermeintlichen Schießbefehl außer kraft zu setzen. Die Forderung zeugte auch von reichlicher Unkenntnis der Mechanismen in der SED-

Führung. Häber selbst trug dazu in einer persönlichen Erklärung dem Gericht vor:

»Hätte ich einfach eine Vorlage für das Politbüro der SED einreichen sollen? Ein Sekretär des ZK konnte das nur mit Zustimmung des SED-Generalsekretärs. Allein Honecker entschied über die Tagesordnung der Sitzungen. Ohne ihn lief gar nichts. Und Honecker hatte mir am 24. Mai 1984 wenige Stunden nach meiner Wahl unmißverständlich gesagt: Zwei Dinge gehen Dich nichts an – die Wirtschaft und das Militär. Außerdem: Um eine Vorlage einzureichen, die das Ressort anderer Politbüromitglieder betraf, mußte das laut geltender Ordnung mit diesen abgestimmt werden bzw. sie hätten die Sache mit unterschreiben müssen. Da gab es für mich keine Chance. So hatte der für Sicherheitsfragen zuständige Sekretär des ZK, Egon Krenz, mir einige Tage nach meinem Amtsantritt deutlich gemacht, ich möge mich ja hüten, mich in seine Zuständigkeiten einzumischen – und das sogar in ziemlicher Lautstärke.

Auch Wortmeldungen waren nur möglich durch den Sitzungsleiter – und das war in der Regel der SED-Generalsekretär. Wie das ablief, wenn ihm die Wortmeldung nicht paßte, mußte ich schon im Oktober 1984 erleben, als er mir mit der scharfen Bemerkung das Wort entzog, ich soll endlich mit meinen *vorlauten* Reden aufhören. Danach fanden Wortmeldungen meinerseits kaum noch Beachtung.

Schließlich bin ich ganz kurze Zeit nach meiner Wahl, schon im Juli 1984, direkt verwarnt worden. Ich solle aufhören, dauernd zu widersprechen, ich soll mich nicht aufspielen, als sei ich klüger als der Generalsekretär. So das Politbüromitglied Werner Jarowinski. Das war bereits die gelbe Karte!

Also konnte das für mich in meiner Situation nur heißen, politische Schritte ins Auge zu fassen, die die Chance einer tatsächlichen Verbesserung im humanitären Sinne in sich trugen. Es galt, so vorzugehen, daß die Hardliner im SED-Politbüro sich nicht sofort querlegen konnten oder der *große Bruder* im Osten nicht sofort dazwischen schlagen konnte.

Bestätigt in dieser Auffassung fühlte ich mich durch prominente Politiker der Bundesrepublik, die mich in dieser Zeit besuchten. So Herr Volker Rühe, seinerzeit stellvertretendender Vorsitzender der CDU/CSU-Bundestagsfraktion. Ihn hatte ich bereits 1983 kennengelernt. Am 23. August 1984 war er in Ost-Berlin mein Gast. Danach hat sich Herr Rühe in einer Rede in Bonn seiner Gespräche erinnert und seine Auffassung bekräftigt: Man solle uns – also Leuten wie mich – nicht zu irgendwelchen Mutproben anstacheln. Dies – so der CDU-Politiker – könnte die Möglichkeiten für Veränderungen verschlechtern.

Genau das sind meine Überlegungen gewesen – keine Kamikaze-Aktionen, also Selbstmord-Aktionen, die nichts verbessert, sondern nur zu meiner sofortigen Ausschaltung geführt hätten - wie es dann im Sommer 1985 ja auch kam.«

Häber orientierte stattdessen auf »realistische Schritte und Verbesserungen mit Langzweitwirkung«. Ihm sei es darum gegangen, »Regelungen herbeizuführen, damit niemand mehr über einen Zaun oder die Mauer klettern mußte«.

In diesem Kontext verwies Häber auf das Zürcher Modell und das Länderspiel, um eine größere Freizügigkeit zu erreichen. Diese Option sei »durchkreuzt« worden von den Herren Franz Josef Strauß, Schalck-Golodkowski, Mielke und Mittag. »So wurde eine große Chance – meines Erachtens die größte Chance zu dieser Zeit – verspielt, schon für 1984/85 wesentliche Schritte der Liberalisierung des DDR-Grenzregimes in Angriff zu nehmen. Darauf wird auch im Abschlußbericht des entsprechenden Untersuchungsausschusses des Bayerischen Landtages vom 6. Juli 1994 Bezug genommen.«

Häber hatte also nachweisbar das ihm seinerzeit politisch Mögliche unternommen, um die Grenze erträglicher zu machen. Wer Gegenteiliges unterstellte, tat dies entweder in grober Unkenntnis der damaligen Sachlage oder mit Vorsatz, einen honorigen Politiker zu kriminalisieren.

Ähnlich hanebüchen war der Vorwurf auf aktive Beteiligung, indem auf diesen Beschluß vom 11. Juni 1985 verwiesen wurde. Das vom Verteidigungsminister Heinz Keßler eingereichte Dokument war ein reines Ideologie-Papier, das von Honecker abgefordert worden war. Wie Keßler dem Autor erklärte, habe es der Generalsekretär en passant von ihm verlangt - die Armeeführung habe im Politbüro lange keine Vorstellung gehabt und solle mal – ähnlich wie FDGB, FDJ und andere bereits zuvor – im Vorfeld des XI. Parteitages der SED ihre politisch-ideologischen Positionen darlegen. (Daß es sich um ein ideologisches Traktat handelte, hatten offenkundig schon andere begriffen: In der Listung der Staatsanwaltschaft, welche Dokumente für das DDR-Grenzregime relevant seien, taucht das Papier ursprünglich nicht auf. Erst im Laufe einiger Verfahren wurde ihm plötzlich ein Stellenwert zugedichtet, den es aber nie besaß.)

Der Kern betraf die politische Schulung von Angehörigen der bewaffneten Organe, eingeschlossen die Grenztruppen. Die Angehörigen der Streikräfte, so hieß es darin, hätten die Unverletzlichkeit der Grenzen und die territoriale Integrität der DDR zu schützen.

Einen solchen Auftrag haben aber alle regulären Streitkräfte auf der Welt. Wenn sich entsprechende Wendungen in der Politbürovorlage fanden, dann auch mit der Absicht, den Soldaten bewußt zu machen, daß sich ihr Dienst in Übereinstimmung mit dem Völkerrecht und internationalen Regelungen vollzöge.

Dies nun im Prozeß gegen Häber & Genossen als Mitwirkung auf Totschlag zu interpretieren, mutete schon reichlich abenteuerlich an.

Ein solcher Auftrag für nationale Grenzorgane findet sich, so oder so ähnlich formuliert, u. a. in der Schlußakte der Konferenz für Sicherheit und Zusammenarbeit, unterzeichnet 1975 in Helsinki von 33 europäischen Staaten, den USA und Kanada. Er findet sich auch in der Moskauer Erklärung, die Kohl und Honecker im März 1985 bei ihrem Treffen am Rande der Beisetzung von Staats- und Parteichef Tschernenko abgaben. Korte schreibt dazu, daß die politisch wichtigen Passagen in dem Kohl-Honecker-Papier »verbindlichen Rechtsgrundlagen« entsprachen. Es habe sich um Grundsätze des Völkerrechts gehandelt. Daß sie »Eingang in die Erklärung fanden, war auf Druck Honeckers zustandegekommen und von daher auch ein Entgegenkommen von Bundeskanzler Kohl zur gemeinsamen Klimapflege«. So habe er, Korte, es in einem Unter-vier-Augen-Gespräch am 12. Juni 1996 von Wolfgang Schäuble gehört. Nach seiner Auffassung wären es »Kernsätze« der Bonner Deutschland- und Ostpolitik gewesen, die der Kanzler auch gegen interne Kritiker verteidigt habe. Am 10. März 1987 habe Kohl erklärt: »Was ich dort ... besprochen habe ... entspricht der amtlichen Politik«. Und im gleichen Atemzug verwies Kohl auf die aus den Verträgen sich ergebenden Verpflichtungen.

So gesehen liefen die Vorwürfe der Staatsanwaltschaft auf eine Kriminalisierung von Grundsätzen des Völkerrechts hinaus.

Aus dem Sitzungsprotokoll des Politbüros vom 11. Juni 1985 geht im übrigen nicht hervor, wer namentlich für Keßlers Vorlage stimmte. Es läßt sich noch nicht einmal beweisen, daß Häber zum Zeitpunkt der Behandlung dieses Papiers im Saal oder geistig präsent war. (Aus einem ärztlichen Gutachten vom Sommer 1985 aus dem Regierungskrankenhaus geht hervor, daß Häber bereits vor seinem Zusammenbruch im August 1985 gesundheitlich schwer angeschlagen gewesen sei.)

Er selbst erklärte dazu im Prozeß:

»Ich war seit längerem schon politisch handlungsunfähig, nachdem ich bereits am 20. August 1984 lesen mußte, daß ich verdächtig bin, Zugeständnisse an den Feind zu machen und die NATO-Spionage zu begünstigen, nachdem mir im Oktober des Jahres 1984 schon das Wort entzogen worden war und Honecker mir klarmachte, ich sollte aufhören, abweichende Meinungen zu äußern, und nachdem der Generalsekretär der SED, Honecker, am 5. März 1985 ein MfS-Dossier abgezeichnet hatte, wonach ich als *Sohn eines Verräters an der Sache der Arbeiterklasse* nicht ins SED-Politbüro gehörte. So war ich im Juni

1985 noch stundenweise präsent, besaß aber keinerlei Entscheidungskraft. Ich saß noch da, war aber bereits auf Abruf ohne Funktion… Ich durfte nur noch mitlaufen, weil man auf den Anlaß wartete, mich entfernen zu können, ohne daß Honecker gezwungen war, die Wahrheit über die Hintergründe meines Ausschlusses zu offenbaren. Acht Wochen nach diesem 11. Juni 1985, am 18. August 1985, wurde ich für immer ausgeschaltet.

Nach dem Zeugnis von Dr. Manfred Uschner hat das Politbüromitglied Hermann Axen bei dieser Gelegenheit gesagt: *Das wurde höchste Zeit und (Häber) wurde viel zu lange geduldet. Die Partei hat eine Schlange an ihrer Brust genährt. Am Schluß hätte der Ausverkauf der DDR gestanden. Mit seinen interessanten Berichten hat er Erich und uns alle zu lange getäuscht. Gut, daß die Organe (das MfS – d. A.) aufgepaßt haben!*

So war in diesem Politbüro die Stimmung über mich im Juni/Juli 1985. Da gab es für mich keinerlei Widerstandsmöglichkeit mehr.«

Häber war zum Abschuß freigegeben und sollte bald in der Psychiatrie verschwinden, während Bayerns Ministerpräsident Strauß am 10. Juni 1985 Schalck mit auf den Weg nach Berlin gab: »Eigentlich darf ich Ihnen das gar nicht sagen, Herr Schalck, aber nehmen Sie das mal mit: Ich und meine politischen Freunde sind froh darüber, daß Erich Honecker als Staatsratsvorsitzender und Generalsekretär der Partei die Geschicke der DDR leitet. Wir hoffen, daß das noch viele Jahre der Fall ist.«

Und gegen einen solchen Mann, der die Sympathie des Westens genoß, hätte Häber – sofern er psychisch zu diesem Zeitpunkt überhaupt in der Lage gewesen wäre – aufstehen sollen?

Die Zeugenaussagen bestätigten die im Prozeß vorgetragenen Positionen Häbers. Die »Frankfurter Allgemeine Zeitung« (FAZ) zitierte sie in ihrer Ausgabe am 31. Mai 2000:

Manfred Uschner, seit 1968 Mitarbeiter im ZK und von Hermann Axen, dem im Politbüro für Außenpolitik zuständigen ZK-Sekretär, bezeichnete Häber »als eine Ausnahmeerscheinung im SED-Politbüro. Er habe überhaupt nicht in das Schema der Politbürokraten gepaßt. Häbers Berichte über seine vielfältigen Kontakte und Gespräche mit westdeutschen Politikern fast aller Parteien hätten Honecker begeistert und ihn veranlaßt, Häber in das Politbüro zu holen. Im Zentralkomitee habe dieser abnorme Aufstieg unter manchen Funktionären Neid, Mißgunst und auch Haß ausgelöst, was er selbst unmittelbar erlebt habe«. Und das Blatt zitiert den Zeugen Uschner weiter: »Bei dienstlichen Besuchen in Moskau … sei von seinen sowjetischen Gesprächspartnern mehrfach geäußert worden, daß Häber, wenn er so weitermache, die Mauer durchlöchere und die Sicherheit auch der Sowjetunion gefährde. Häbers Trachten sei auf die Einheit Deuschlands ausgerichtet.« Auch im ZK der SED, so Manfred Uschner im Zeugenstand, »sei der Verdacht aufgekommen, Häber sei der Bundesrepublik zu nahe gekommen und gefährde mit seiner Politik die Existenz der DDR«.

Der Zeuge Behrens, einst Major der Spionageabwehr im MfS, berichtete, daß er 1984 den Auftrag erhalten hatte, in den Parteiakten von Häbers Vater zu forschen, inwieweit sich dort Belastendes fände. Er habe keine neuen Erkenntnisse finden können – der seinerzeit behandelte Vorgang sei 1954 bereits abgeschlossen worden. Allerdings machte Behrens darauf aufmerksam, daß es wohl einmalig, zumindest unüblich gewesen sei, daß die Partei dem MfS ihre Akten vorgewiesen und gegen ein Politbüromitglied habe ermitteln lassen. Und der Ex-Major berichtete weiter, daß Ende der 70er Jahre vermutet wurde, daß in der von Häber geleiteten ZK-Westabteilung der BND eine Quelle habe. Dieser Verdacht sei mehrere Jahre am Leben gehalten worden, obgleich es dafür keine Belege gab. »Seine Ermittlungen«, so die FAZ, »hätten sich bis 1984 hingezogen, dann sei definitiv festgestellt worden, daß Häber nicht die Quelle sei. Er sei dann beauftragt worden, eine *operative Auskunft* anzufertigen, die vom Leiter der Hauptabteilung II, Generalmajor Kratsch, mehrfach geändert worden sei. Die Korrekturen, so der Zeuge, hätten dazu gedient, Häber in einem ungünstigen Licht erscheinen zu lassen.«

Auch ich wurde in den Zeugenstand gerufen. Ich konnte mehr als eine Stunde lang die politischen Zusammenhänge und Fakten im Fall Häber darlegen und wurde anschließend dazu befragt. Ich wiederholte meine Positionen, die ich in diesem Buch mitgeteilt hatte. Inzwischen gilt bei historisch und politisch interessierten Personen das Wissen als Gemeingut, daß das SED-Politbüro aus verschiedenen Fraktionen bestand. Da gab es Häber und Sindermann, die – über konkrete politische Schritte – auf den sukzessiven Abbau der deutschen Teilung hinwirkten. Wohl wissend, daß die von der DDR dringend benötigten finanziellen Mittel auf andere Weise von der Bundesrepublik kaum zu bekommen waren. Da gab es Mittag und Mielke, die entschieden dagegen waren und auf andere Art Milliarden ins Land holten. Dann gab es noch die Moskau-Fraktion mit Stoph, Krolikowski, Neumann und Hager, denen Honeckers Deutschlandpolitik suspekt war und die diese Aktivitäten im Kreml denunzierten. Meine Ausführungen dazu quittierte der Oberstaatsanwalt mit Erstaunen, was auf Unwissenheit zurückzuführen war, und mit der Belehrung des Gerichts, daß es im Politbüro keine Fraktionen gegeben haben könne, weil laut Statut die Bildung von Fraktionen in der Partei untersagt gewesen sei. Herrliche Einfalt!

Am Ende meiner Vernehmung erinnerte ich den Oberstaatsanwalt an unsere Begegnung im Februar 1998 in der Berliner Stadtbibliothek, bei der ich ihn schon einmal auf den politischen und geschichtlichen Kontext des Falles Häber aufmerksam gemacht hatte. Dabei hatte ich die Gelegenheit, die Absichten Häbers und meine diesbezüglichen Gespräche mit Konfidenten des Bundeskanzleramtes darzulegen, die zur Konföderation der beiden deutschen Staaten führen sollten. Und daß führende Politiker in Bonn die Mauer aus eigenem politischem Kalkül durchaus akzeptiert und genutzt hätten.

Im Auditorium und auf dem Podium hatte man schnell begriffen, um was es ging. Man reagierte entsprechend dem jeweiligen eigenen politischen Hintergrund. Dr. Ullmann, Europaabgeordneter von Bündnis 90/Die Grünen, zeigte sich erst überrascht, dann nahm er die Neuigkeiten mit zustimmendem Interesse entgegen. Prof. Prokop (Historiker und PDS) ebenso wie der damalige PDS-Bundestagsabgeordnete Prof. Heuer gaben mir ihre volle Zustimmung. Letzterer ging noch einen Schritt weiter. Er erkannte sofort die politische Brisanz des Themas, der zufolge ja auch Bonner Politiker die Existenz der Mauer für ihre eigenen politischen Zwecke instrumentalisierten. Er forderte eine staatsanwaltliche Untersuchung der bis dato unbekannten Tatbestände. Nur der SPD-Politiker Richard Schröder wiegelte ab. Auch die anwesenden Staatsanwälte Schaefgen und Jahntz reagierten, vor allem als ich darauf aufmerksam machte, daß man gerade bei Häber die geschichtlichen Zusammenhänge zu untersuchen hätte.

Jahntz schien sich nicht zu erinnern, zuckte mit der Achsel. Eigentlich merkwürdig, angesichts der deutlichen Unruhe und der kontroversen Positionen, die zwischen Krenz-Sympathisanten und Gegnern der DDR im Publikum plötzlich ausgebrochen waren. Erst nach einer Weile kam ihm die Erleuchtung – die zugleich eine Peinlichkeit war. Denn allein dies offenbarte, mit welcher Lässigkeit die Staatsanwaltschaft sich auf das Verfahren vorbereitet und wenig unternommen hatte, sich vorher ins Bild zu setzen.

Generaloberst a. D. Werner Großmann, seit 1975 Stellvertreter von Aufklärungschef Markus Wolf und später dessen Nachfolger, erinnerte sich als Zeuge an einen Anruf seines Ministers im Herbst 1984, daß Häber aus dem Politbüro zu entfernen sei. Was Häber konkret zur Last gelegt wurde, sagte Mielke ihm nicht. Nur eben, daß Häber verschwinden müsse. Damit wurde in der Tat die langfristige politische Intrige gegen Häber im Wortsinne bezeugt, die eben nicht in einem konkreten Anlaß, sondern in grundsätzlichen Differenzen in bezug auf die Deutschlandpolitik zu suchen war.

Die Kenntnis solcher Sachlage mußte bei der Staatsanwaltschaft nicht zwingend vorausgesetzt werden. Noch viel weniger das Wissen, daß sich bereits Mitte der siebziger Jahre Rechtsanwalt Vogel nach Bonn in Marsch gesetzt hatte, um für Honecker zu eruieren, welche Möglichkeiten der Bundeskanzler sehe, um bei einer deutlichen Senkung der Altersgrenze bei Reisen den Wünschen der DDR näherzutreten.

Honecker war – wie man inzwischen weiß – der erste deutsche Politiker, der auf eine realistische Weise anbot, die Mauer durchlässiger zu machen oder gar zu öffnen. Bereits 1974 schlug er Schmidt und Wehner vor, die Altersgrenze für DDR-Reisende in den Westen zu senken. Und 1977: »E. H. möchte wissen, wann demnächst mal über eine solche Angelegenheit geredet würde, wie sich der BK dazu stellt.« Entsprechende Papiere waren Ende der 90er Jahre im Privatarchiv von Helmut Schmidt aufgetaucht (»H. S. privat. DDR 1974-1978, Bd. II«) und von Heinrich Potthoff publiziert worden (»Im Schatten der Mauer – Deutschland-Politik 1961-1990«). Auf dieser Honecker-Linie führte Häber Gespräche mit dem CDU-Präsiden Leisler Kiep (Erfurt, Juni 1978) und Staatsminister Hans-Jürgen Wischnewski (Bonn und Berlin). Bei einem anderen Besuch Vogels in Bonn im Jahre 1978 machte der Rechtsanwalt auf die Probleme aufmerksam, die Jahre später Häber zum Verhängnis werden sollten: »Im Sicherheitsbereich gebe es starke Bedenken gegen eine gesetzlich festgelegte Herabsetzung des Reisealters«, erfuhr Schmidt. Honecker »sehe das weniger so«. Sein Spielraum, ließ Rechtsanwalt Vogel durchblicken, »sei begrenzt, sein good will gleichwohl vorhanden«. Und 1987 will er das DDR-Grenzregime nach dem Beispiel des Reiseverkehrs DDR - Polen freizügig gestalten; ein Angebot, auf das Bonn nicht reagiert.

Auch Potthoffs Buch und diese Aussagen waren der Staatsanwaltschaft völlig unbekannt. Sie hatte es erkennbar versäumt (wenn nicht sogar unterlassen), nach den gemäß § 160 der Strafprozeßordnung entlastenden Fakten zu suchen. Denn Häber vertrat genau diese Politik. Nur Honecker machte 1984/85 unter dem Druck Moskaus erst einmal einen gravierenden Rückzieher.

Die Staatsanwaltschaft forderte stattdessen für die Angeklagten Lorenz und Böhme 2 Jahre und 9 Monate, für den Angeklagten Häber 2 Jahre. Da man Häbers Freiheitsstrafe zur Bewährung aussetzen wollte, gab man zu erkennen, sich doch ein wenig bewegt zu haben. Jahntz räumte ein, daß Häber vielleicht doch nicht so ganz für das Grenzregime gewesen sei und 1985 deshalb unter »schwerem politischem Druck« gestanden habe. Daß Häber jedoch mehr als nicht nur nicht dafür war, sondern sich für die Überwindung der Mauer engagierte, war die Staatsanwaltschaft nicht bereit einzugestehen. Für den Fall eines Freispruchs – Jahntz ahnte, daß ihm in seiner Argumentation der Richter kaum folgen würde – werde er in Revision gehen und dann

Holger Bahl als Zeugen laden. Der solle ihm das Zürcher Modell, das Länderspiel und Häbers Rolle dabei erläutern…

Bahl wird auch dort das erklären, was er wiederholt und an anderer Stelle ausgeführt hat: Im September 1983 hat es laut Aussage Karl Wienands ein Gespräch zwischen Wienand und Häber, damals Leiter der Westabteilung des ZK der SED, über das Zürcher Modell gegeben.

Im Spätherbst 1983, als die Beziehung Schalck-Strauß zu kippen drohte, habe Bahl von Andrä – einem engen Mitarbeiter von DDR-Außenhandelsminister Beil – signalisiert bekommen, daß Mittag das Zürcher Modell wieder zu aktivieren wünsche. Ansprechpartner sei Häber. Bahl, Gundelach und Nitz hätten daraufhin ein Treffen von Jenninger und Häber vorbereitet, das Ende September 1983 stattfinden sollte. Jenninger hatte bereits zugesagt, mußte jedoch wegen einer USA-Reise absagen. Dabei ließ er Bahl wissen: »Die Bundesregierung ist nach wie vor an der Durchführung des Zürcher Modells interessiert, und der Bundeskanzler wie Dr. Jenninger stehen zu ihrer Zusage, den zuständigen Bevollmächtigten der DDR persönlich zu empfangen.«

Und der Oberstaatsanwalt will auch noch Herrn Jenninger als Zeugen bitten, der übrigens am Rande des Verfahrens in der Landesvertretung des Freistaates Bayern in Berlin und leider nicht im Gerichtssaal erklärte, daß er – was vermutlich Herrn Jahntz überraschen dürfte – in vielen Punkten mit Herrn Häber damals übereingestimmt habe…

In seiner Abschlußerklärung polemisierte Herbert Häber gegen die Unterstellungen des Staatsanwalts:

»Eines möchte ich mit allem Nachdruck feststellen: Niemals ist von meinen Partnern in der Bundesrepublik meine Glaubwürdigkeit in Frage gestellt worden. Damals nicht, und auch heute nicht, wo es möglich ist, in den DDR-Archiven nachzulesen, was ich seinerzeit intern aufgeschrieben habe. Mehr noch: Ich genoß ein besonderes Maß an Vertrauen, das von mir zu keiner Zeit enttäuscht wurde.

Mit Entschiedenheit weise ich deshalb die Unterstellung des Herrn Oberstaatsanwalts zurück, in Teilen meiner Persönlichen Erklärung handele es sich um nicht glaubhafte Schutzbehauptungen. Ich habe Schutzbehauptungen nicht nötig.

So bin ich mit Herrn Dr. Philipp Jenninger, von 1982 bis 1984 Staatsminister im Bundeskanzleramt und danach Präsident des Deutschen Bundestages, vor wenigen Tagen erst, am 23. Juni 2000, zusammengetroffen.

Wir beide waren auf Einladung des Bayerischen Kultusministeriums sowie der Akademie für politische Bildung Tutzing in der Landesvertretung Bayerns hier in Berlin Redner auf einer zeitgeschichtlichen

Tagung. Seite an Seite sprachen wir zu Fragen der deutsch-deutschen Nachkriegsgeschichte. Auch über das Projekt Zürcher Modell.

Und es zeigten sich bei Herrn Dr. Jenninger sowie bei den mehr als 200 Zuhörern in der Berliner Außenstelle der Bayerischen Staatsregierung, darunter namhafte deutsche Historiker, keine Zweifel an meiner Glaubwürdigkeit und an meiner Kompetenz.

Darum halte ich alles aufrecht, was ich zu Beginn zu meinen Bemühungen sagte, die politischen Voraussetzungen zu schaffen, damit niemand mehr über eine Mauer klettern mußte, um von seinem Recht auf Freizügigkeit Gebrauch machen zu können…

Es stellt sich also die Frage: Wenn ich mich so verhalten hätte, wie es mir die Anklage nach 15 Jahren rückwirkend vorschreiben will – hätte es auf diese Weise mehr Freizügigkeit für DDR-Bürger gegeben? Mitnichten. Wäre dadurch weniger oder gar nicht mehr geschossen worden? Ebenso – mitnichten.

Im Wissen um den Mißerfolg politischen Selbstmord begehen – dieses Handlungskonzept kann ich beim besten Willen nicht begreifen. Niemals haben mir meine Partner in der Bundesrepublik den Rat gegeben, blindlings in die Messer des MfS-Ministers Mielke zu rennen. Und unter ihnen befanden sich nicht wenige Juristen von Format.

Im Gegenteil – sich auf das Machbare konzentrieren, hieß es. Schrittweise die Position ausbauen, um Änderungen zum Nutzen der Menschen in Gang zu setzen. Es wurde direkt ausgesprochen: Man soll Leute wie mich nicht zu Mutproben anstacheln, weil das nichts verbessere, sondern die Lage nur verschlechtern könne…«

Häber wurde am 7. Juli 2000, wie die beiden anderen Angeklagte auch, freigesprochen.

Richter Luther meinte, man habe juristisches Neuland betreten, weil das Gericht in seinem Urteilsspruch dem DDR-Recht gefolgt sei und nicht, wie in bisherigen Verfahren, dem bundesdeutschen Recht, das auf DDR-Bürger rückübertragen wurde. Das DDR-Grenzgesetz »war völlig in Ordnung. Wenn danach gehandelt worden wäre, hätte es die Vielzahl von Todesfällen nicht gegeben«, hieß es in der mündlichen Begründung des Urteils. Aber zwischen dem DDR-Grenzgesetz und der Wirklichkeit habe eine »große Diskrepanz« bestanden. Dafür könne man aber nicht die drei Angeklagten haftbar machen. Wie sie im übrigen auch nicht die richtige Adresse für die Forderung gewesen seien, das Grenzregime abzuschaffen. »Das war unmöglich, da gab es andere Mächte.«

Häber habe sich für Lockerungen beim Grenzregime eingesetzt und sich darum bemüht, langfristig die Fluchtversuche überflüssig zu machen. Der Richter schloß aus allem: »Er war nicht untätig.«

In der Öffentlichkeit gingen, wie erwartet, die Auffassungen über den Urteilsspruch auseinander. In den Medien herrschte erstaunliche Einigkeit in bezug auf Häber – und die reichte von BILD bis »Neues Deutschland«. Am 8. Juli meinte BILD: »Bei Häber ist das Urteil verständlich; er hatte sich nachweislich für Erleichterungen beim Grenzverkehr eingesetzt.« Für die »Berliner Zeitung« handelte es sich um einen Freispruch erster Klasse. Der »Tagesspiegel« urteilte: »Deutschland zehn Jahre nach der Einheit. Die Staatsanwaltschaft ermittelt gegen Kohl, das Landgericht spricht drei frühere Politbüromitglieder frei. Verkehrte Welt? Das Gericht entschied weise, weil es genau unterschied… Vielleicht kommen da jetzt auch die letzten kalten Krieger zur Ruhe. Und das wäre im zehnten Jahr der Einheit doch wirklich eine schöne Sache.«

Die Lernfähigkeit des Richters Luther war erkennbar größer als die der Staatsanwaltschaft. Sie ging in Revision. Wie übrigens auch die Vertretung der Nebenklage – sie nahm Häber aber aus. Deren Wortführer Hanns Eckehard Plöger konzedierte dem freigesprochenen Häber in einem Schreiben am 13. Juli 2000, daß er »nicht unerhebliche Anstrengungen für eine Humanisierung der Grenzsicherung getan hätte«.

Nicht nur der Richter erwartet, daß jetzt der Bundesgerichtshof Farbe bekennt: Galt nun DDR-Recht für DDR-Bürger oder nicht?

Und die Angeklagten? Häber sprach vor der Presse von einem gerechten Urteil und bescheinigte dem Gericht, nüchtern und sachlich geprüft und entschieden zu haben – entsprechend den Tatsachen und nicht nach einer vorgefaßten Meinung. Bärbel Bohley hingegen sprach von einem Skandal, es wäre »ein schamloses Urteil und eine Schweinerei«, daß »Schreibtischtäter« freigesprochen worden seien. »Solche Urteile machen alle Ostdeutschen zu Opfern.«

Mit dem Urteil erhält die seit Jahren geführte Diskussion um die Rechtmäßgkeit solcher Verfahren neue Nahrung, sie wird auch bald den Europäischen Gerichtshof in Den Haag beschäftigen. Manche Bürgerrechtler und der »Verein zur Aufarbeitung von Folgeschäden der SED-Diktatur« haben aber noch immer nicht begriffen, daß politische Fehler und Irrtümer nicht juristisch aufgearbeitet werden können. Und die Geschichte ist nicht so simpel in Opfer und Täter geschieden, oder – wie es in der DDR hieß – in die Kräfte des Fortschritts und die der Reaktion. Die Welt ist ein wenig komplizierter, als die letzten kalten Krieger des beendeten kalten Krieges noch immer vermuten.

Das Urteil vom Juli 2000 – zum Zeitpunkt des Erscheinens des Buches noch nicht rechtskräftig – war ein Schritt in die richtige Richtung, ein Schritt auf dem noch sehr weiten Weg zur inneren Einheit.

An dessen Anfang stand u. a. auch das Wirken des ZK-Funktionärs Herbert Häber…

Gerade nach diesem Urteil kann man von der Politik erwarten, daß die DDR - sowohl ihre Funktionsträger wie auch deren Politik - realistischer, differenzierter und eben neu bewertet wird. Der stellvertretende SPD-Vorsitzende Wolfgang Thierse meinte in einem Brief an Häber zum Urteil: »Aus meiner Sicht ist damit anerkannt, daß die Übernahme politischer Verantwortung in der DDR nicht zwangsläufig zu verurteilen ist, sondern nach dem daraus folgenden Handeln bewertet werden muß. Dies hätte ich mir angesichts mancher für eine lange Zeit die Öffentlichkeit dominierender Vorstellungen längst gewünscht.«

Und auch der CDU-Politiker Jenninger sieht es ähnlich: »Endlich wurde auch einmal öffentlich, daß es auch Politiker in der DDR (wie auch im Westen) gegeben hat, die sich darum bemüht haben, das Verhältnis zwischen den beiden deutschen Staaten zum Nutzen der Menschen friedlich und human zu gestalten.«

Die Staatsanwaltschaft hätte sich diese eklatante Niederlage ersparen können, wenn sie ordentlich recherchiert hätte. Sie offenbarte beachtliches Unwissen über bekannte Zusammenhänge. Mehr noch: Sie besaß noch nicht einmal Gespür für den Zug der Zeit. Staatsanwalt Jahntz etwa mokierte sich noch im Juni vor Gericht darüber, daß der CDU-Fraktionsvorsitzende im Berliner Abgeordnetenhaus, Klaus Landowsky, Gnade für Schabowski gefordert hatte. Wochen später gewährte der Justizsenator Diepgen (CDU) eben diese.

Übrigens: Diepgen ist der Dienstherr auch von Jahntz…

Es ist natürlich nicht völlig auszuschließen, daß es – so der Bundesgerichtshof es will – zu einer Neuauflage dieses Verfahrens kommt. Das einzige, was daran sinnvoll wäre: Es würden vermutlich noch weitere Details und Facetten der bizarren deutsch-deutschen Verflechtungen und Gespräche von Unterhändlern in die Öffentlichkeit gelangen.

Aber Geschichtsaufarbeitung ist eigentlich keine vordringliche Aufgabe der Justiz.

Anhang

Liste der Anlagen

1. Tabellen
2. Aktennotiz von RA Vogel über ein Gespräch mit Bundeskanzler Schmidt am 9. Dezember 1981, »Streng geheim«
3. Aktennotiz von Dr. Wolfgang Vogel über ein Gespräch mit Herbert Wehner, 9. Dezember 1981
4. Niederschrift über eine Beratung zum Zürcher Modell am 10. März 1982, Schreiben von Manfred Seidel an Günter Mittag vom 12. März 1982
5. Personenliste für die Leitung der in Zürich geplanten Bank zur Realisierung des Zürcher Modells, 11. März 1982
6. Meldung »Die Welt«, 8. November 1982
7. Aktennotiz von Holger Bahl zu Stand des Zürcher Modells, 2. Juni 1986
8. Aktennotiz von Alexander Schalck über ein Gespräch mit dem Strauß-Beauftragten März, 10. März 1983
9. Aktennotiz von Alexander Schalck über ein Gespräch mit dem Strauß-Beauftragten März, 22. April 1983
10. Interne Bemerkungen für Erich Mielke zur Niederschrift über das Gespräch zwischen Schalck und Strauß am 26. Mai 1983
11. Aktennotiz von Holger Bahl über ein Gespräch mit Andrä und Nitz auf der Leipziger Messe. 18. September 1983
12. Auszug aus dem Protokoll des Gespräches zwischen Schalck und Strauß am 2. November 1983 in München
13. Aktennotiz von Holger Bahl für Philipp Jenninger über ein Treffen mit Jürgen Nitz am 3. Oktober 1983
14. Vermerk von Holger Bahl über Telefonate mit Jürgen Nitz und Thomas Gundelach, 3. Oktober 1983, für Ph. Jenninger
15. Brief Helmut Schmidts an Karl Wienand über ein Gespräch mit Honecker zum Zürcher Modell, 7. September 1983
16. Konzept des Projektes »Länderspiel« von Holger Bahl, 28. September 1986
17. Aktennotiz von Holger Bahl für Philipp Jenninger über ein Treffen mit Dr. Andrä am 6. Dezember 1983
18. Einschätzung Schalcks über den Beitrag des Milliardenkredits zur finanziellen Stabilisierung der DDR, 19. August 1983
19. Aktennotiz über ein Gespräch zwischen Herbert Häber und Walther Leisler Kiep, 16. Januar 1975*

20. Aktennotiz über ein Gespräch zwischen Herbert Häber und Richard von Weizsäcker, 28. Mai 1984
21. Aktennotiz über ein Gespräch zwischen Herbert Häber und Wolfgang Schäuble, 6. Dezember 1985*
22. Aktennotiz über ein Gespräch zwischen Herbert Häber und Eberhard Diepgen, 12. März 1985*
23. Information Schalcks an Günter Mittag über ein Gespräch mit Wolfgang Schäuble, 4. Februar 1986
24. Brief Helmut Kohls an Erich Honecker, 29. August 1986
25. Protokoll des Gesprächs zwischen Erich Honecker und Wolfgang Schäuble, 29. August 1986*
26. Protokoll des Gesprächs zwischen Erich Honecker und Egon Bahr, 5. September 1986*
27. Vermerk eines Gespräches zwischen Max Schmidt und Walther Leisler Kiep über eine Technologiekooperation zwischen der DDR und der BRD, 19. Oktober 1988
28. Operative Auskunft des MfS über Herbert Häber, 15. Oktober 1984
29. Schreiben der HAII/4a des MfS in Sachen Häber, 1956
30. Vorgang »Kreuzspinne«, Bezirksverwaltung Berlin des MfS, Abt. II, 23. Dezember 1980
31. Brief Annemarie Sch. an das Ministerium für Staatssicherheit, 17. Oktober 1985
32. Aktennotiz Honeckers zum Fall Häber, ohne Datum
33. Schreiben des Leiters der Kaderabteilung des ZK der SED an Erich Honecker, 14. Juni 1985
34. Abhörbericht der HAII des MfS vom Besuch Herbert Häbers bei seinem Bruder Hans am 2. März 1986 in Frankfurt/Oder
35. Anhörung Gundelachs im Schalck-Untersuchungsausschuß am 4. März 1993

---

* Diese Dokumente sind u.a. erschienen in den Büchern von Nakath/Stephan.

Dokument 1

Jahr	freigekaufte politische Häftlinge	Familien- zusammen- führungen	gezahlte Beträge
1964	884	-	37.918.901,16
1965	1.555	762	67.667.898,52
1966	407	393	24.805.316,38
1967	554	438	31.482.433,19
1968	693	405	28.435.444,15
1969	880	408	44.873.875,05
1970	888	595	50.589.774,55
1971	1.375	911	84.223.481,52
1972	731	1.219	69.457.704,26
	2.087 (Amnestie)		
1973	631	1.124	54.028.288,39
1974	1.053	2.450	88.147.719,74
1975	1.158	5.635	104.012.504,93
1976	1.439	4.734	130.003.535,00
1977	1.475	2.886	143.997.942,27
1978	1.452	3.979	168.363.141,86
1979	890	4.205	106.986.866,24
1980	1.036	3.931	130.015.131,77
1981	1.584	7.571	178.987.210,84
1982	1.491	6.304	176.999.590,94
1983	1.105	5.487	102.811.953,50
1984	2.236	29.626	387.997.305,12
1985	2.669	17.315	301.995.568,10
1986	1.450	15.767	195.009.307,73
1987	1.209	8.225	162.997.921,59
1988	1.048	21.202	232.096.191,43
1898	1.775	69.447	267.895.657,76
1990	-	-	65.000.089,13
Gesamt:	33.755	215.019	3.436.900.755,12

Zahlungen der Bundesregierung an die DDR über die Kanäle der Evangelischen Kirche von 1964 bis 1990.
Quelle: Vogels Büroakten, aus: Ludwig Geissel »Unterhändler der Menschlichkeit«, Stuttgart 1991.

Dokument 1

Reisen aus der DDR in die Bundesrepublik Deutschland (in 1000)

	Rentnerreisen	Reisen in dringenden Familienangelegenheiten	insgesamt
1982	1.554	46	1.600
1983[1]	1.463	64	1.527
1984	1.546	61	1.607
1985	1.600	66	1.666
1986	1.516	244	1.760
1987[2]	3.800	1.200	5.000
1988	6.700	1.100	7.800
1989[3]			

Reisen aus der Bundesrepublik Deutschland in die DDR (in 1000)

A: Reisen von Westdeutschen in die DDR und zu mehrtägigen Aufenthalten nach Ost-Berlin
B: Reisen von West-Berlinern nach Ost-Berlin und in die DDR (mehrtägig)
C: Besuche im grenznahen Raum der DDR
D: Summe aus A – C

	A	B[4]	C[5]	D[6]
1982	2.200	1.700	299	4.199
1983	2.200	1.700	310	4.210
1984	2.500	1.600	343	4.443
1985	2.600	1.900	319	4.819
1986	3.800	1.800	325	5.925
1987	5.500			

Angaben nach: Kurt Plück »Innerdeutsche Beziehungen auf kommunaler und Verwaltungs-ebene, in Wissenschaft, Kultur und Sport.«
Baden-Baden, 1995.

Dokument 2

Berlin, den 11. 12. 1981

Unterredung mit dem BK vom 9. 12. 1981
Dabei: Staatsminister HUONKER

Bei der Begrüßung habe ich sogleich die Verärgerung von E. H.
über die Medienreaktion zum Falle Wolfgang PROWE zum Ausdruck
gebracht und erst danach persönliche Grüße und Wünsche von E. H.
für gutes Gelingen angemerkt. Er hat die Grüße und Wünsche erwidert und eine DPA-Meldung veranlaßt, wonach Zitate von PROWE
in der Presse nicht zuträfen. Andererseits sollte doch aber bei
uns nicht übersehen werden, daß es ausnahmslos um Falschmeldungen
der Springer-Presse ginge, die das Treffen stören möchte, wenn
es schon nicht mehr zu verhindern sei.

Sodann habe ich ihn gebeten, mir für E. H. ein paar Anhalte
mitzugeben. Ich würde mich dann auch revanchierend äußern
können. Dazu erklärte er sich ohne Zögern bereit.

- Er denke an ein wirtschaftliches Rahmenabkommen ähnlich dem
  mit der UdSSR abgeschlossenen. Dies würde u. a. bedingen,
  beiderseits eine ständige Kommission zu installieren. Eine
  solche Einrichtung würde der Friedensstabilisierung dienen
  und die besondere Rolle der beiden deutschen Staaten insbesondere bei der europäischen Friedenssicherung unterstreichen.
  Ein solches Rahmenabkommen könnte im Verlaufe des nächsten
  Jahres abgeschlossen werden und stete Folgevereinbarung nach
  sich ziehen. Zweierlei Bedingungen müßte es einbringen.
  Der Swing dürfte ebensowenig Verhandlungsmasse sein wie das
  Berlinabkommen. Beides dürfte keine Prestigefragen auslösen,
  müßte vielmehr vorweggenommenes Bestandteil des Rahmens sein.
  Er habe dazu das zustimmende Votum des Kabinetts mit Brachial-
  gewalt durchgesetzt, unterstützt von GENSCHER, FRANKE und
  SCHMUDE. Der Neid der westeuropäischen Staaten werde unüber-

Aktennotiz von Dr. Wolfgang Vogel über ein Gespräch mit Bundeskanzler Helmut Schmidt
am 9. Dezember 1981.

sehbar sein, wohl auch der osteuropäischen. In der Präambel
eines solchen Rahmenabkommens müßten diese beiden Voraussetzungen manifestiert sein.

- Der Swing ließe sich vorerst nur um ein halbes Jahr verlängern,
jedoch mit "meinem erklärten Ziel der Kontinuität". "Es kann
sein, daß wir etwas verringern müssen". Hier sollte wie auch
grundsätzlich nicht auf verschiedenen Schienen sondern nur auf
einer verhandelt werden. Das Ergebnis werde von der "Stimmung
nach dem Treffen" abhängig sein. Besonderes Problem: Bundesbank will Zinsverlust aufrechnen mit abzuführenden Gewinn.

- Elektrifizierung der Schiene von Berlin nach Helmstedt über
Magdeburg (vielleicht auch Stendal) bei überwiegender Kostenbeteiligung der BRD sei machbar. Das wäre für die DDR devisen-
bringend.

- Elbe-Grenze sei für ihn kein Streitpunkt. Unter vier Augen
werde er z. R. sagen, daß man das Gespräch hierüber erst
nach der Landtagswahl in Niedersachsen fortsetzen und voll-
enden könne, "in einer angemessenen Schamfrist". Anders ginge
es nicht wegen ALBRECHT.

- Anerkennung zweier Staatsangehörigkeiten sei nicht realisierbar.
Über Respektierung sei nachzudenken und zu reden. Man müsse
darüber reden und dafür sorgen, daß "Reibungspunkte" verhindert
werden.

- Salzgitter sei nicht wegzubringen, weil ausschließlich Länder-
sache, vornehmlich von ALBRECHT. Der Bund finanziere lediglich
mit 50.000 DM. Der leitende Oberstaatsanwalt in Salzgitter
unterstehe beamtenrechtlich ausschließlich dem Justizminister
von Niedersachsen.

- Er sei bereit mit E. H. über den Verlauf und die Ergebnisse
  des BRESHNEW-Besuches zu reden, ebenso über die Beziehungen
  zu den USA und anderen NATO-Staaten, und zwar uneingeschränkt.
  Die Frage, wie sich REAGAN zu dem Treffen mit E. H. stellte,
  wollte er vorerst nicht beantworten.

Ich habe ihm für diese punktuelle Offenheit gedankt, wenngleich
sie wenig zufriedenstellend sei. Danach habe ich ihm die 10 Punkte
aus dem Non-Paper vorgetragen, wofür er dankte mit der Einschränkung, vorzeigbar sei da nur Ziffer 1 und dies meßbar nach
Zeitablauf. Er sei enttäuscht, weil der Mindestum-tausch fehle,
das "Reisealter" und sein Wahlkreis Hamburg für den grenznahen
Reiseverkehr. Letzteres sei "ein ganz persönlicher Wunsch an
Herrn HONECKER, das werde ich ihm sagen".

Im Mindestumtausch erhoffe er sich eine "soziale Lösung,
begrenzt". Dies sei auch ein direkter Punkt beim BRESHNEW-
Besuch gewesen. Er denke an "Rentner, Sozialempfänger, Kinder
und ganze Familien, die für längere Zeit Verwandte besuchen".
Er fühle sich durch die Neuregelung des Mindestumtausches
"persönlich getäuscht", zumal man erst ein paar Stunden zuvor
über H. W. ein Signal gegeben habe. "Ich sah aus wie Pik 7,
als das verkündet wurde."

- Über Reise- bzw. Rentenalter habe er sich ausführlich mit H. W.
  unterhalten. Der sei der Auffassung, daß man beim Treffen
  beiderseits Beauftragte benennen sollte, um dieses Thema zu
  behandeln. Daß es angesprochen worden sei, könne er vor der
  Presse nicht unerwähnt lassen. Er wisse, daß da wirtschaftliche
  bzw. finanzielle Gegenleistungen im Gespräch seien, die aber
  nicht seine Billigung fänden. "Ein Abkaufen ist da nicht drin".
  Insofern sei dies eine einseitige und nicht verhandelbare Entscheidung von E. H. Und er sei darüber frustriert, daß da über
  einen Bankfachmann aus Zürich von einem DDR-Handelsunternehmen
  an Karl WIENAND völlig unannehmbare "Hirngespinste" herange-

tragen worden seien. Karl WIENAND, dem er voll vertraue, habe
ihm davon am 3. 12. kurz berichtet, weil er sich von seinem
Gesprächspartner aus Zürich bedrängt fühlt. "Das ist nicht
sehr seriös. Während Sie mit Herbert WEHNER sprechen, hetzen
Sie da parallel einen Mann auf WIENAND. Da ist nichts drin,
überhaupt nichts". Als ich nach dem Namen des Schweizers fragte,
sagte er, den kenne er nicht, müsse ihn erst erfragen.
„Und dann habe ich ihm entgegengehalten, daß er sich doch eine
seit BARZELS Ministerzeit vielleicht einmalige Chance entgehen
lassen könnte, da meinte er nachdenklich, "vielleicht bringen Sie
am 11. abends die Sprache darauf, ich täte es ungern". Sachlich
werde er sich aber nicht anders äußern als heut. Es sei eine
andere Frage, ob sich H. W., Egon FRANKE und HIRT engagieren
wollten. Übereile sei da nicht praktikabel. (Damit wollte er
wohl etwas abschwächen, weil er wußte, daß ich nach dieser
auch noch eine Unterredung mit H. W. haben würde).

- Schließlich würde es da auch noch Bemerkungen geben, die
Einzelfragen beträfen, wie Ausnahmen bei Einreisen von legal
Übergesiedelten nach Ablauf einer gewissen Zeit, Einreisen
über 24.00 Uhr hinaus und mehr. Da sei er aber nicht so im
Bilde, dies würden seine Leute ansprechen.

Er habe im Vorfeld des Treffens eine Reihe von Briefen aus der
Bevölkerung und auch von Persönlichkeiten mit humanitären
Anliegen erhalten. Diese Briefe nebst einer aufbereiteten Liste
würde er gern beim Essen im kleinen Kreis am 11. abends dem
Generalsekretär übergeben. Davon habe ich dringend abgeraten.
Auch hielte ich es nicht für angeraten, die offiziellen Delegations-
gespräche damit zu belasten. Was ich ihm dann raten würde?
Daß mir diese Unterlagen von HIRT übergeben werden. Ich würde
korrekte Bearbeitung zusichern, sofern keine Überforderungen
enthalten sind. Damit erklärte er sich einverstanden, bat jedoch,
dies nicht unter dem Teppich, sondern bei Gelegenheit des Treffens
im Bungalow von FRANKE und HIRT abzuwickeln. Ich versprach, dies
dem Generalsekretär vorzutragen.

Bei dieser Gelegenheit sollte ich danach fragen, wie E. H.
angeredet werden möchte (Generalsekretär oder Vorsitzender
des Staatsrates).
Über Gastgeschenk (Barlach, Das Wiedersehen in Gips 1926) sei
er außerordentlich erfreut, auch über die Brosche von Meissen
für seine Frau. Ihm werde von E. H. ein Herzenswunsch erfüllt.
Mit BARLACH habe er Berührung seit Kindheit.

Der Zeitablauf in Güstrow gefalle ihm ganz und gar nicht. Man
habe jetzt zwar zwischen HUONKER und MOLDT abgeschlossen.
Am 11. abends werde er aber E. H. um eine Korrektur bitten in
folgender Hinsicht: Barlachhaus, Marktplatz, Dom und nicht
Barlachhaus, Dom, Marktplatz. Ich habe ihm versprochen, E. H.
auf diesen Wunsch vorzubereiten. Er meinte dann noch, er würde
diesen von ihm erbetenen Ablauf gewiß nicht als Bad in der Menge
strapazieren oder gar mißbrauchen. Abschotten und verstecken
ließe er sich nicht. Ich habe ihm erwidert, daran denke niemand,
erst recht nicht E. H. Seine Erregung sei unverständlich und
sei wohl auf falsche Informationen zurückzuführen.

Wenn es in Halbe auch sowjetische Gräber und Gedenksteine auf
demselben Friedhof geben sollte, dann hätte HUONKER zwei Kränze
niederzulegen. Er wolle keine nationale, sondern eine internationale Geste.

Mit Günter MITTAG würde er gern eine halbe Stunde über unsere
Wirtschaft reden (Konvertierbarkeit unserer Währung etc.). Ihn
motiviere da eine fachliche Neugierde.

Er würde E. H. gern vorschlagen, daß die Tischreden am Abend
zuvor ausgetauscht werden. Je nachdem wie stark E. H. die
"Brennpunkte" herauskehre, werde er das auch tun. Daß es hier
und da unterschiedliche Auffassungen gibt, dürfe nicht ver-
kleistert werden. In seiner Tischrede werde er u. a. anschneiden:

Dokument 2

- die Entwicklung vom kalten Krieg bis Erfurt, bis zur Entspannung, bis Hubertusstock;
- Fontane;
- Kurt SCHUMACHER mit dem Zitat, "alles zu tun, daß sich die
  Verbrechen der Vergangenheit niemals wiederholen".;
- seinen guten Freund Herbert WEHNER;
- vertrauensvolle Kooperation;
- Vertrauen zum Friedenswillen von BRESHNEW ebenso wie Vertrauen
  zum Friedenswillen von E. H.

In den Vier-Augen-Gesprächen werde er mit breitem Raum über
internationale Fragen reden, "wie mir ums Herz ist, und ich
bitte Ihren Chef, mir auch zu sagen, wie ihm ums Herz ist.
Ich möcht ihn nicht erleben, wie er meint, mit mir reden zu
sollen. Viel Aufrichtigkeit, das wünsche ich mir".

Er bat abschließend nochmals, E. H. zu grüßen und um Reaktion,
sofern vor dem Eintreffen in Schönefeld möglich.

Er sei froh, daß wohl in Polen "erst ab 17. 12. mit ernsthaften Dingen" zu rechnen sei, um sich nicht in ähnlicher Lage
zu befinden, wie am 21. August 1980 am Brahmsee.

Dokument 3

Berlin, den 11. 12. 1981

Unterredung vom 9. 12. 1981

Ich habe ihm den Inhalt des Gespräches mit dem BK vorgetragen. Er meinte: "Relativ zufriedenstellend". Immerhin müßte E. H. vertraulich wissen, daß REAGAN samt seiner Administration ebenso wie die BRESHNEW-Visite auch das Treffen mit E. H. habe verhindern wollen. Der amerikanische Botschafter in Bonn habe eigens deswegen interveniert - ohne Ohr beim BK. Der ließe sich da nicht gängeln, denn er brauche das Treffen mit E. H. ebenso wie den BRESHNEW-Besuch "als Alibi für die besondere Rolle der beiden deutschen Staaten für die europäische Friedenspolitik und die Beziehungen der Supermächte".

Bezüglich Rentenalter (Reisen) erklärte er, z. Zt. habe der BK für eine wirtschaftliche Gegenleistung kein Ohr. Das müsse nicht so bleiben. "Wenn man am Werbellinsee das Gespräch beginnt, sollte es unter dafür Beauftragten auf nur einer Schiene fortgesetzt werden. Dann sei der BK irgendwann im Zugzwang, auch was Gegenleistung betrifft. Ich werde nachhelfen".

Von WIENAND (Zürich) habe er bis zur Stunde nichts gewußt. Er war verwundert und verärgert, denn WIENAND käme sonst mit jeder Sache zu ihm. Er rief in meinem Beisein WIENAND an, fragte ihn, ließ sich berichten und schrie dann in den Hörer, das sei ungeheuerlicher Dilettantismus, er könne sich nur wundern und sei beschämt vor seinem Besucher. Er gab mir den Hörer. WIENAND berichtete:

Am 9. Oktober sei ein Geschäftsfreund von ihm aus Anlaß der Unterzeichnung eines 50 Mio Dollar-Kredites von Intracseite angesprochen und animiert worden, die Möglichkeit eines Milliarden-Kredites auszuloten als Gegenleistung für eine Herabsetzung des Rentenalters. Dieser Mann habe ihn gebeten, diesen Vorschlag an

Aktennotiz von Dr. Wolfgang Vogel über ein Gespräch mit Herbert Wehner am 9. Dezember 1981.

die Bundesrepublik heranzutragen. Das habe er nicht getan, weil
er kein Vertrauen in das Projekt gehabt hätte. Nun sei er am
3. 12. von dem selben Mann erneut im Hinblick auf den Kanzlerbesuch bedrängt worden. Jetzt sei sogar eine generelle Herabsetzung des Rentenalters von 65 auf 60 bzw. von 60 auf 55 möglich.
Er habe vom BK einen Termin erhalten, sei aber nach kurzer Unter-
haltung total abgeblitzt. Darum habe er es nicht mehr für nötig
gehalten, H. W. zu informieren. Das sei alles.
H. W. meinte am Ende erbost: "Das könnt Ihr vergessen".

Den Vorschlag des BK, die humanitären Dinge E. H. vom Hals zu
halten und mit HIRT zu bewältigen, finde er gut. "Das muß lautlos
geschehen, ich rufe HIRT gleich noch an". "Und der FRANKE, der
ist gutwillig. Wenn E. H. ihn etwas streicheln und herausheben
könnte, wäre das den Dingen nützlich. Ich denk mir was dabei".

Ob er am 19. 12. nach Schweden reisen kann, stand noch nicht
fest (Vermittlungsausschuß, Sparbeschlüsse). Wenn später, dann
bekäme er möglicherweise von Dänemark keine Fähre. Für diesen
Fall würde er E. H. um Hilfe bitten (Einreise über Selmsdorf,
Schwerin, Saßnitz, Fähre Trelleborg). So könnte man vielleicht
auch etwas "vorgewöhnen".

Wir waren in Zeitnot und konnten mehr nicht behandeln.
Er trug mir Grüße und beste Wünsche zum Jahreswechsel auf.
"1982 muß friedlicher werden, wir müssen es schaffen. Werbellinsee
wird beitragen".

Dokument 4

M. Seidel   Berlin, 12.03.1982

Mitglied des Politbüros
und Sekretär des ZK der SED
Genossen Dr. Mittag

_____

Lieber Genosse Mittag!

In Abstimmung mit dem Genossen Schalck übersende
ich Dir eine Information. Zum Punkt 3 wird Dir
der Genosse Schalck einen gesonderten Vermerk
zuleiten.

Mit kommunistischem Gruß

Anlage

Niederschrift über eine Beratung zum Zürcher Modell am 10. März 1982,
Schreiben von Manfred Seidel an Günter Mittag vom 12. März 1982

Am 10.03.1982 fand in der Zeit von 11.3o bis 14.oo Uhr
in der Wohnung des Herrn Holger Bahl, Zürich-Pfaffhausen,
In der Rehweid 7, ein erstes Zusammentreffen zur Beratung des von Herrn Holger Bahl ausgearbeiteten und an
Herrn K. Wienand, Windeck/BRD sowie an Genossen
H. Steinebach, Intrac, übergebenen Arbeitspapiers
zum Thema

"Zusammenarbeit zwischen einer staatlichen Institution
der BRD und der Intrac Handelsgesellschaft mbH,
Berlin/DDR im internationalen Kreditgeschäft"

statt.

An der Verhandlung nahmen teil:

Herr K. Wienand
Herr H. Bahl
Genosse H. Steinebach
Genosse G. Grötzinger

Nach den Besprechungen wurde noch ein Mittagessen einge-
nommen, das von Frau Yvette Bahl vorbereitet und serviert
wurde.

Herr Wienand eröffnete das Gespräch damit, daß er sich als
langjähriger Vertrauter von H. Schmidt und H. Wehner
vorstellte.
Diese beiden Herren seien von ihm prinzipiell über den
Inhalt des Arbeitspapiers informiert worden.
Detaillierte Durchsprache sei im Auftrage H. Schmidts
mit dessen Staatssekretär im Bundeskanzleramt, Herrn
Lahnstein, am 09.03.1982 nachmittags erfolgt.

Wienand betonte, daß wir davon ausgehen können, daß alles
was er hier ausführen werde, den Ansichten der vorgenannten
Herren entspräche.

Um verständlich zu machen, warum Lahnstein der vom Kanzler
benannte Gesprächspartner für ihn ist, und nicht der nach
der Bonner Ministerialbürokratie eigentlich zuständige
Staatsminister Huonker erklärte Wienand, Huonker sei Jurist
und würde politische Fragen auch juristisch und nicht wie
sie es speziell verdienen politisch behandeln.

Außerdem sei Huonker der Vorsitzende eines sogenannten
"Kaffeekränzchens" im Bundeskanzleramt, das wöchentlich
unter seiner Leitung zusammentritt und sich speziell mit
allen Fragen der Beziehungen zwischen der BRD und der
DDR befaßt.

Diesem Kreis gehören auch der Staatssekretär im Bundes-
wirtschaftsministerium, der Staatssekretär im Franke-
Ministerium, der Staatssekretär im Finanzministerium,
der Staatssekretär im Außenministerium und der Westberliner Senator für Bundesangelegenheiten, Herr Norbert
Blüm/CDU an.

Würde Huonker das Papier kennen, käme es sofort ins
Kaffeekränzchen.

Nach dieser Einführung erläuterte Wienand das Ergebnis
seiner Gespräche mit Schmidt, Wehner und Lahnstein
vom gestrigen Tage wie folgt:

1. Es wird davon ausgegangen, daß die Vorverhandlungen
   zu diesem gemeinsamen Finanzprojekt zwar zunächst
   diskret weitergeführt werden können, aber es muß
   schon jetzt klar sein, daß das Ergebnis für die BRD
   letztlich öffentlich ist.

Dokument 4

2. Seine Seite geht davon aus, daß die zwischen H. Schmidt
   und E. Honecker beim Spitzengespräch im Dezember persönlich vereinbarten Verhandlungslinien

   - zu wirtschaftlichen Fragen
     Dr. Schalck/Bölling

   - zu humanitären Fragen
     Dr. Vogel/Hirt

   ausreichen, um auch das vorliegende Arbeitsprojekt
   zu behandeln.
   Deshalb wird vorgeschlagen, daß Dr. Schalck zu einem
   von ihm zu bestimmenden Zeitpunkt seinen Verhandlungspartner Bölling davon in Kenntnis setzt und dort
   beide Seiten die evtl. Weiterbehandlung festlegen.
   Wienand bemerkte, daß es günstig wäre, mitzuteilen,
   zu welchem Zeitpunkt Dr. Schalck die Frage ansprechen
   wolle, damit durch ihn der Bundeskanzler veranlaßt
   werden könnte, Bölling darauf richtig einzustimmen.

3. Die Westseite setzt voraus, daß bei der Behandlung
   dieses Projekts neben der wirtschaftlichen Seite
   auch ein humanitärer Aspekt in die Überlegungen einbezogen wird (hier nannte er das Stichwort Reisealter).
   Synchronisation der Verhandlungen müsse gewährleistet
   sein.
   Dr. Schalck könne ja entscheiden, ob das durch ihn
   selbst oder durch die Verhandlungslinie Vogel/Hirt
   erfolgt.
   Die "Geschäftsgrundlage" für eine solche Operation
   sei aus BRD-Sicht durchaus gegeben und er habe von
   H. Schmidt und H. Wehner den Auftrag, sie weiter
   auf dem laufenden zu halten.

4. Zur technischen Realisierung des Finanzvorschlages
   muß bei der Größe des Objektes für die BRD noch eine
   Sprachregelung gefunden werden, die es ihr ermöglicht,
   auf eine Bank zuzugehen und die notwendigen Mittel
   auf dem Kapitalmarkt zu mobilisieren.
   Die Bundesbank ist dafür nicht geeignet, da angesichts der differenzierten Zusammensetzung des
   3o-köpfigen Vorstandes eine einheitliche Position
   nicht zu erwarten ist.
   Hier ist nur vorstellbar, daß H. Schmidt den Bundes-
   bankpräsidenten Pöhl bestellt und ihn veranlaßt, die
   notwendige Ausnahmegenehmigung gemäß Militärregierungs-
   gesetz Nr. 53 zu erteilen, damit Kapital aus der BRD
   über ein Drittland in die DDR fließen kann.

5. Als Partner für eine Finanzierungsgesellschaft sowie
   als Kreditgeber scheint die mit loo % im Bundesbesitz
   befindliche Kreditanstalt für Wiederaufbau (KWA),
   Frankfurt/Main, geeignet zu sein.
   Um diese Funktion wahrnehmen zu können, muß aller-
   dings noch abschließend geprüft werden, ob hier eine
   Satzungsergänzung notwendig ist.
   Das in dieser Richtung von ihm angesprochene Vor-
   standsmitglied, Herr Schüler, konnte sich in der
   Kürze der Zeit noch nicht abschließend dazu äußern.

6. Die Aufbringung einer Summe von 4 Mrd in DM bzw. an-
   teiligen anderen Währungen ist nach seiner Ansicht
   und seinen Erfahrungen nicht kurzfristig und auch
   nicht in einem Betrag möglich.
   Lahnstein habe das auch besonders unterstrichen am
   Beispiel seiner eigenen Bemühungen bei der Realisierung eines zwischen H. Schmidt und dem früheren
   französischen Präsidenten Giscard d' Estaing vereinbarten Leistungen an Frankreich in Höhe von 3,5 Mrd DM.

Dazu sei die Auflage von 3 Bundesanleihen erforderlich gewesen. Ein Restbetrag von mehreren loo Mio DM ist nocht nicht abgedeckt.

7. In seinem Gespräch mit Lahnstein hatte dieser noch wissen wollen, ob eine solche große Finanzierungs- operation für die DDR nicht auch mit zentralen RGW-Institutionen abzustimmen sei.
   Der Hintergrund für diese Fragestellung seien Vor- würfe von einer RGW-Institution (deren konkrete Be- zeichnung nicht gegeben werden konnte) an die Bundes- regierung, daß sie zuviel "Hermes-versicherte" Kredite an die VR Polen gegeben habe.

   Lahnstein wollte von ihm auch wissen, ob die Kredit- aufnahmen der DDR den veröffentlichten Zahlen von 14 - 16 Mrd DM oder wie hinter der Hand gesprochen 26 Mrd DM betragen würden.

   Lahnstein würde sich auch noch nicht darüber klar sein, ob das ihm vorgetragene Finanzierungsprojekt Auswirkungen auf den Franke-Etat haben könnte.

Nach Anhörung der Ausführungen von Wienand haben wir erklärt:

1. Der Generaldirektor der Intrac und sein Finanz- direktor sind hierher gekommen, um konkrete Arbeits- schritte zur Realisierung des vorliegenden Arbeits- papiers vorzuschlagen, zu beraten und festzulegen.

2. Wir haben erwartet, daß er uns mitteilt, welche dem
   Vorschlag vom 17.2.1982 entsprechende staatliche
   Institution der BRD Verhandlungspartner der
   Intrac sein wird und welche Vollmachten sie
   erhalten hat bzw. erhält.

3. Weiter wollten wir uns über den zeitlichen Ablauf
   verständigen, damit alle notwendigen juristischen
   und banktechnischen Voraussetzungen für eine zügige
   Durchführung dieses Projekts vorbereitet und eingeleitet werden können.

4. Wir müssen feststellen, daß von seiner Seite dazu
   keine konkreten Vorstellungen und Vorschläge unterbreitet werden konnten.

5. Zu allen anderen von ihm dargestellten und aufge-
   worfenen Fragen sind wir nicht informiert und auch
   nicht kompetent.
   Wir halten es deshalb für das beste, die Zusammenkunft heute zu beenden und über die BRD-Betrachtungs-
   weise des Projekts unseren Vorgesetzten zu informieren.

Wienand bat abschließend darum, daß sein Name bei den
stattfindenden Gesprächsrunden nicht ins Spiel gebracht
wird.
Er stünde aber außerhalb der offiziellen Linien mit
seinen unverändert engen persönlichen Kontakten zu
H. Schmidt und H. Wehner zur Informationsübermittlung
und zur Beratung zur Verfügung.

Dokument 5

VS- ~~VERTRAULICH~~
geheimgehalten

Direktion:

1 Direktor   Intrac (Aufenthaltsgenehmigung
                                 erforderlich)

1 Direktor   KfW   (do.   )

1 Direktor   Schweiz (sofort)

Inspektorat:

später zu besetzen

Beirat:

geschäftsführendes Mitglied █████

Mitglied Bundesrepublik
Deutschland   Dr. Jenninger

Mitglied Bundesrepublik
Deutschland   H.-J. Gusznewski/K. Wienand

Mitglied DDR   Dr. Schalk

Mitglied DDR   Dr. Vogel

Erforderliche Dokumente zur Gründung

1. Brief des Ministeriums für Aussenhandel der DDR an
    die Intrac gemäss Anlage 1

2. Brief der Intrac an den Unterzeichner gemäss
    Anlage 2

3. Brief der Deutschen Bundesbank an die Kreditanstalt
    für Wiederaufbau gemäss Anlage 3

4. Brief der Kreditanstalt für Wiederaufbau an den
    Unterzeichner gemäss Anlage 4

Sollte die Durchführung der Gründung bis zur rechtswirksamen
Eintragung ins Handelsregister des Kantons Zürich (identisch
mit dem Beginn der Geschäftstätigkeit) zeitlich problematisch
werden, so hat der Unterzeichner dafür vorgesorgt, dass die
bis Anfang März 1983 abzuwickelnden, die Gesellschaft betreffenden Transaktionen über eine bestehende Zürcher Aktien-
gesellschaft durchgeführt werden können. Diese Gesellschaft
wird ausschliesslich vom Unterzeichner kontrolliert.

Zürich, den 29. Januar 1983   █████████████

Personenliste für die Leitung der in Zürich geplanten Bank zur Realisierung des Zürcher
Modells, 29. Januar 1983

Jenninger sucht „DDR"-Kontakt

hrk. Berlin

Die „DDR"-Führung bemüht sich. Staatsminister Philipp Jenninger aus dem Kanzleramt bei seinem in den nächsten Wochen geplanten Besuch in Ost-Berlin mit einem hochrangigen Gesprächspartner zusammenzubringen. Ost-Berlin stieß jedoch mit dem Vorschlag, Außenminister Oskar Fischer könne dieser „DDR"-Prominente sein, auf entschiedenen Widerstand der Bundesregierung. Jetzt trifft Kohls engster Mitarbeiter vermutlich mit dem Leiter der West-Abteilung im SED-Zentralkomitee, Professor Herbert Häber, zusammen.

Jenninger will mit seiner vorgesehenen Visite zwei Dinge verbinden: Zum einen soll das starke Interesse der Kohl-Regierung an ungetrübten Beziehungen zur „DDR" nachdrücklich dokumentiert werden. Zum zweiten will Jenninger selbst durch seinen Besuch der Ständigen Vertretung dokumentieren, daß Bonns Vorposten in Ost-Berlin weiterhin an das Kanzleramt gebunden bleibt.

Meldung aus »Die Welt« vom 8. November 1982

Dokument 7

Entwicklung und derzeitiger Stand des Zürcher Modells (ZM)

Die Grundkonzeption des ZM wurde in meinem Schreiben vom
17.2.1982 an Herrn H. Steinebach, DDR-Berlin, und Herrn
K. Wienand, Windeck/BRD, wie folgt festgelegt:

- Gründung einer Finanzgesellschaft in Zürich mit
  zunächst Fr. 200 Mio. Aktienkapital, welches je zur
  Hälfte von der Intrac Handelsgesellschaft mbH,
  DDR-Berlin, und der Kreditanstalt für Wiederaufbau,
  Frankfurt/Main (KFW), übernommen wird.

- Kredit über DM 4 Mrd. der KFW über die gemeinsame
  Finanzgesellschaft als Treuhänder an die Intrac mit
  einer Laufzeit von 20 Jahren.

- Abgabe der damals vorgesehenen Erklärung der zuständigen Behörden der DDR über die Senkung des Reisealters
  für DDR-Bürger in die BRD.(um 5 Jahre).

- Kapitalerhöhung der Finanzgesellschaft auf Fr. 500 Mio.
  paritätisch durch Intrac und KFW; Gründung von Filialen
  in DDR-Berlin, West-Berlin, Leipzig und Frankfurt/Main.

Diese Konzeption entwickelte sich bis heute wie folgt:

August/September 1982

Einigung beider Seiten zu dieser Konzeption zwischen dem Beauftragten der Bundesregierung, Staatsminister Wischnewski,
und dem Beauftragten der DDR, Rechtsanwalt Dr. Vogel, in
Weimar. Diese Einigung erfolgte unmittelbar nach dem Zusammentreffen von Generalsekretär Honecker mit Staatsminister
Wischnewski in Berlin. Meines Wissens wurde der Kreditbetrag
damals auf DM 5 Mrd. festgelegt.

November 1982

Abklärungen des Unterzeichners bei Rechtsanwalt Dr. Vogel und
dem Vertreter der neuen Bundesregierung, Staatssekretär
Schreckenberger, ob beide Seiten nach dem Regierungswechsel
in Bonn weiterhin an dem ZM interessiert sind. Weiterführung
der Gespräche in Bonn mit Dr. Jenninger, in Berlin mit den
Beauftragten von Dr. Mittag und Staatssekretär Dr. Beil
(Dr. Vogel hatte kein Mandat mehr).

Februar 1983

Interesse beider Seiten, das ZM vor der Bundestagswahl im
Frühjahr 1983 durchzuführen. Erstmals wird die Möglichkeit

../2

Aktennotiz von Holger Bahl zu Stand des Zürcher Modells, 2. Juni 1986

- 2 -

einer Fristentransformation zwischen Kreditgewährung und
Senkung des Reisealters diskutiert. Schliesslich Absage
durch den Beauftragten von Dr. Mittag.

April 1983

Erneut Bekundung des Interesses beider Seiten am ZM anlässlich
des Telefongesprächs des Bundeskanzlers mit GS Honecker vom
18.4.1983 sowie bei dem am gleichen Tag geführten Gespräch
Dr. Jenninger/Dr. Mittag. Benennung von Staatssekretär
Dr. Schalk als Verhandlungsbevollmächtigter der DDR. Bereitschaft des Bundeskanzlers, die Gespräche mit Dr. Schalk
persönlich zu führen. Demzufolge Aktivierung der IK Industriekredit AG, Zürich, als für das ZM vorgesehene Finanzgesellschaft,
Miete von Büroräumen in Zürich an der Mainaustrasse 19 und
Einstellung von Frau H. Emrich, vormals langjährige Kredit-
chefin bei der Bank für Kredit und Aussenhandel AG, Zürich,
als Direktorin.

Juni 1983

Erklärung meines Gesprächspartners, des Beauftragten von
Dr. Mittag, dass er kein Mandat mehr für das ZM habe. Gewährung
des Kredites über DM 1 Mrd. eines Bankenkonsortiums unter
Führung der Bayerischen Landesbank, Luxemburg, an die Deutsche
Aussenhandelsbank, DDR-Berlin.

September 1983

Besuch von Altbundeskanzler Helmut Schmidt bei GS Honecker.
Erklärung von GS Honecker, dass das ZM nach dem Milliardenkredit wohl nicht mehr nötig sei.

Oktober 1983

Neuaufnahme meiner Gespräche, nunmehr mit dem Beauftragten
von Dr. Beil. Ständiger Kontakt zu Dr. Jenninger. Querelen
um den zweiten Milliardenkredit und allfälliger Gegenleistungen.
Unstimmigkeiten über die Mandatsverhältnisse beim ZM. Auf DDR-
Seite sind Milliardenkredite und ZM offensichtlich konkurren-
zierende Kreditvarianten. Erklärung des Beauftragten von Dr.
Mittag, dass GS Honecker entschieden habe, dass die bestehenden
Kontakte meiner Gesprächspartner in der DDR*weitergeführt werden
sollen. Nunmehr wird das ZM von DDR-Seite von der Einräumung
des zweiten Milliardenkredites (ohne Gegenleistung) abhängig
gemacht.   *zu mir

Januar 1984

Einräumung des zweiten Milliardenkredites durch ein Banken-
konsortium unter Führung der Deutschen Bank AG, Luxemburg,
an die DABA. Verbesserung des Kreditstandings der DDR am
Euromarkt. Erste Kreditaufnahmen der Intrac, DABA und der
Deutschen Handelsbank.

./3

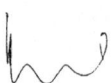

Dokument 7

August 1984

Absage des ZM durch Dr. Schalk am 1.8.1984 gegenüber
Dr. Jenninger.

September 1984

Neukonzeption des ZM anlässlich der Leipziger Herbstmesse
in Gesprächen mit dem Beauftragten von Dr. Mittag sowie
Vertretern der Intrac auf rein kommerzieller Basis wie
folgt:

- Abkopplung des menschlichen Bereichs sowie jeglicher
  politischer Inhalte.

- Uebernahme des Aktienkapitals der IK von nom.
  Fr. 900'000.-- zu je 50 % durch Intrac und KFW.

- Kapitalerhöhung auf Fr. 200 Mio. (oder direkt
  auf Fr. 500 Mio.) paritätisch durch Intrac und
  KFW.

- Geschäftszweck der IK: Durchführung von Geschäften,
  die im Interesse der Aktionäre der IK liegen, insbesondere auf dritten Märkten.

- Absichtserklärung der Vertreter der Intrac zum
  Schluss der Messe, 50 % des Aktienkapitals der IK
  zu übernehmen. Beginn der kommerziellen Geschäftstätigkeit zwischen IK und Intrac.

März 1985

Verzögerung der vorgesehenen Beteiligung der Intrac bei der
IK aufgrund der Verschlechterung der deutsch-deutschen
Beziehungen insgesamt, jedoch Intensivierung der Geschäftstätigkeit zwischen IK und Intrac. Erstes Zusammentreffen von
mir und Frau H. Emrich mit Herrn Dr. Schüler, Mitglied des
Vorstands der KFW, durch Vermittlung von Herrn K. Wienand
und Dr. Jenninger.

Mai 1985

Weitere Verzögerung der Beteiligung von Intrac bei IK.
Zusammentreffen von Dr. Jenninger, Herrn Wienand, Dr. Schüler
und dem Unterzeichner. Es wird vereinbart, dass die KFW in
Geschäftsbeziehung zur IK tritt, wobei der Geschäftsnutzen
für die IK betragsmässig dem Nutzen der IK aus der Geschäftsbeziehung zur Intrac entsprechen sollte.

Oktober 1985

Beteiligung der Intrac mit 50 % an der IK. Zuwahl von Günter
Grötzinger, stellv. Generaldirektor der Intrac, und Frau

./4

1. Ausfertigung

Dokument 7

- 4 -

Yvette Bahl-Zurbuchen in den Verwaltungsrat. Zuwahl von
Herrn Klaus Neubert, Finanzdirektor der Intrac, in die
Direktion der IK mit Sitz in Berlin. Grundsätzliche Bereitschaft der Intrac zum Verkauf des von Frau Bahl-Zurbuchen
gehaltenen restlichen Aktienkapitals der IK von ebenfalls
50 % an die KFW. Grundsätzliche Bereitschaft der Intrac zur
Zuwahl von Dr. Schüler in den Verwaltungsrat der IK. Unterrichtung von Dr. Jenninger unter Uebergabe der in diesem
Zusammenhang erstellten Dokumentation. Bitte an Dr. Jenninger,
den Bundeskanzler und den Finanzminister Dr. Stoltenberg
zu unterrichten, damit Dr. Schüler die entsprechenden
Genehmigungen erhält. Diese Unterrichtung ist offensichtlich
nicht erfolgt. Erstellung eines neuen Konzeptes für die IK.

Januar 1986

Verschiebung der Gespräche mit der KFW zwecks Beteiligung
an der IK und Entsendung von Dr. Schüler in den Verwaltungsrat
der IK auf Wunsch der Intrac. Bereitschaft der Intrac zur Aufnahme eines Kredites von DM 50 Mio. bei der IK, der durch die
IK bei der KFW refinanziert werden soll. Bereitschaft der
Intrac zu einem Abendessen mit Herrn Dr. Schüler in Zürich.

Februar 1986

Besuch des Unterzeichners zusammen mit Herrn Wienand bei
Dr. Jenninger. Unterrichtung durch Dr. Jenninger über ein
Gespräch mit Bundesminister Schäuble, wonach Dr. Schalk
gegenüber dem bayerischen Ministerpräsidenten jegliche
Aktualität des ZM verneint hat.

März 1986

Absage der Kreditgespräche zwischen der IK und der KFW sowie
des Abendessens mit Dr. Schüler in Zürich auf Wunsch der
Intrac. Beschluss des Verwaltungsrates der IK und entsprechende
Weisung an die Direktion (auf Wunsch der Vertreter der Intrac),
keinerlei Geschäftsbeziehungen zur KFW aufzunehmen. Beschränkung
der geschäftlichen Aktivitäten der IK auf Wunsch der Intrac
auf ein minimales Niveau. Die Beteiligung der Intrac bei der IK
soll auf Wunsch der Intrac nach aussen nicht in Erscheinung
treten.

April 1986

Besuch von Dr. Mittag bei Bundeskanzler Kohl und Dr. Jenninger
anlässlich der Hannover Messe. Meines Wissens unterbleibt die
abgesprochene und vorformulierte Ansprache des ZM durch
Dr. Mittag. Hingegen zeigt sich Staatssekretär Dr. Beil bei
einer Ansprache durch Dr. Gundelach i.S. ZM unterrichtet.

Zürich, den 2. Juni 1986

Dokument 8

Leipzig, den 10.03.1983

Information
Über ein Gespräch mit Josef März am 10.03.1983 in
Leipzig

Der Wunsch zu dem Treffen in Leipzig ging von Strauß
aus, weil er damit zum Ausdruck bringen will, daß
der aufgenommene Kontakt nach der gewonnenen Wahl
in der bisher praktizierten sehr sachlichen Art
weitergeführt werden sollte.

Nach Aussagen von März ist mit Sicherheit anzunehmen, daß Strauß im Bundeskabinett als Vizekanzler eintreten wird.
Diese Entscheidung soll bereits gefallen sein.

Nach Klärung der Sachfragen wird spätestens in der
Woche nach Ostern das Personalproblem in bezug
auf die Zusammensetzung des Bundeskabinettes und
anderer wichtiger Führungsfunktionen abgeschlossen.

Zu dem bisher verhandelten Thema - Ausreichung eines
Finanzkredites mit den diskutierten Abtretungen aus
Forderungen der DDR im Rahmen der Transitpauschale -
nimmt Strauß nach wie vor eine positive Haltung ein.
Er legt Wert festzustellen, daß das Hineintragen eines
Junktims nicht seinen Vorstellungen entsprach und
offensichtlich Kohl durch unkompetente, in der Sache
nicht informierte, Leute falsch beraten wurde.

Aktennotiz von Alexander Schalck über ein Gespräch mit dem Strauß-Beauftragten März,
10. März 1983

Dokument 8

Um alle undichten Stellen im eigenen Apparat auszuschließen wurde von März angefragt, ob man die
detaillierte Formulierung aus dem Telefongespräch
zwischen Genossen Erich Honecker und Kohl, speziell
zu dieser Frage Kredit und menschliche Erleichterungen
sowie der Bezugnahme von Bahl auf Jenninger in
seiner Offerte, die er unmittelbar vor den Bundestagswahlen im Ministerium für Außenhandel hinterlegt hat, zur Verfügung gestellt bekommen könnte.

Ich habe März erklärt, daß ich diesen Sachverhalt
prüfen werde.

In diesem Zusammenhang möchte ich darauf aufmerksam machen, daß ich bevollmächtigt war, März den
Namen Bahl und den hergestellten Zusammenhang zu
anderen Fragen mitzuteilen.

Strauß geht es offensichtlich darum, exaktere
Auskünfte zu erhalten, wer aus der Umgebung von
Kohl möglicherweise Indiskretionen zu diesem Vor-
gang vorgenommen hat.

Nach Angaben von März wird das als eine prinzipielle
Frage angesehen, weil bei Beabsichtigung der Aufrechterhaltung dieser Verbindung auch von seiten der
Bundesregierung eine absolute Vertraulichkeit vorausgesetzt wird.

Von Strauß wurde begrüßt, daß von seiten der DDR
diese strenge Vertraulichkeit sehr genau beachtet
wurde.

März übermittelte die Einladung an mich von Strauß
zu einer persönlichen Zusammenkunft Mitte April
nach Konstituierung der Bundesregierung.
Ich habe die Beantwortung dieser Frage völlig offen
gelassen.

März hat abschließend zum eigentlichen Sachverhalt festgestellt, daß Strauß - und das war von
Anfang an in seinen Überlegungen enthalten -
bei einer positiven Entscheidung der BRD zur Ausreichung eines Finanzkredites von seiten der DDR
Gesten angezeigt werden, die davon ausgehen, sachliche nachbarschaftliche Beziehungen weiter auf-
rechtzuerhalten.

Aus Äußerungen von März kann entnommen werden, daß
Strauß zu den von Zimmermann und anderen Politikern
getroffenen Äußerungen prinzipiell andere reale
Auffassungen vertreten werden und ganz sicher ist,
daß weder Zimmermann noch Stoltenberg zu den Freuden
von Strauß gehören.

März bat nochmals darum, daß die von unserer Seite
zugesagte positive Entscheidung über die legale
Übersiedlung von Frau Barbara Görner' vielleicht vor
einem evtl. Besuch bei Strauß abgeschlossen werden
könnte.

Bitte um Kenntnisnahme.

Dokument 9

Berlin, 22.04.1983

V e r m e r k
_____

Am 22.04.1983 fand auf Wunsch von März ein Gespräch
statt. März stellte ausdrücklich fest, daß er mit
Wissen und Zustimmung von Strauß trotz persönlicher
Erkrankung diesen Termin wahrgenommen hat, um erneut zu bestätigen, daß sich die Ausgangslage für
die beabsichtigten Kreditoperationen nicht verändert
hat.

Strauß hält allerdings auf Grund des Standes der
Kontakte und nach den jetzt abgeschlossenen Wahlen
und der Regierungsbildung der BRD die Zeit für
herangereift, einen persönlichen Kontakt mit mir
herzustellen, um Gelegenheit zu haben, seinen
Standpunkt zu aktuell-politischen Fragen und zur
Sache selbst mitzuteilen und natürlich auch von
unserer Seite die Meinung der DDR zur Weiterentwicklung der Beziehungen zwischen beiden deutschen
Staaten kennenzulernen.

März würde nach einem vorgesehenen ausführlichen
Gespräch zwischen Strauß und ihm am 24.04. sich
entweder abends bzw. am Montag melden, um eine
endgültige formelle Einladung zu einem inoffiziellen
Treffen mit Strauß am Chiemsee mitzuteilen. Von
ihrer Seite aus würde eine strenge Geheimhaltung
eines solchen Treffens gewährleistet werden.

Aktennotiz von Alexander Schalck über ein Gespräch mit dem Strauß-Beauftragten März,
22. April 1983

Ich habe März noch sehr nachdrücklich darauf aufmerksam gemacht, daß diese Position, wie sie von
ihm zu Strauß und seinen Vorstellungen zu den
zwischen uns im Gespräch befindlichen Projekten
sich nicht in Übereinstimmung mit dem persönlichen
Auftreten von Strauß zu aktuell-politischen Fragen
befindet. Die besonders in den letzten Tagen von
ihm ausgesprochenen unwahren Verleumdungen der
DDR zur Person Burkert und sein veröffentlichter
Brief an Kohl zur Frage der Staatsgrenze der
DDR zeigen Strauß in der politischen Öffentlichkeit
der DDR als denjenigen, der das in den letzten
Jahren zwischen den beiden deutschen Staaten ge-
schaffene Vertragswerk auf allen Gebieten nicht
nur stören sondern zerstören will.

März wies das energisch zurück und sagte, das
geht in diesen ganzen Fragen gar nicht so sehr
um die DDR, als vielmehr um Genscher und andere.

Auf meine Frage, daß sich diese Maßnahme auch
gegen Kohl richten könnte, antwortete März,
das sei nicht der Fall. Die beiden sind sich
jetzt wieder bei ihrem Treffen in München
einig gewesen; wobei März nicht ausschließt, daß
eine gewisse Rivalität bestehe.

Ich machte März darauf aufmerksam, daß in den
letzten Tagen bekannt wurde, daß Jenninger
im Auftrag von Kohl/Strauß derjenige sein
soll, der Gespräche zu den auch zwischen uns
andiskutierten Fragen führen soll.

Dokument 9

Dabei werden immer wieder Personen genannt,
die früher in der alten Regierung in ihren
offiziellen Gesprächen mit der DDR sogenannte
"humanitäre Fragen" mit finanziellen Komplexen
verknüpfen und zum Gegenstand von Verhandlungen
machen wollten.

März möge zur Kenntnis nehmen, daß die Illusion,
die in den Köpfen herumspukt und in internen
Kreisen mit dem sogenannten "Züricher Modell"
bezeichnet werde, jeglicher sachlicher Grundlage entbehrt und in keinem Fall von meiner
Seite aus Gegenstand von Gesprächen mit Strauß
oder anderen Persönlichkeiten sein wird.

März nahm das sehr interessiert zur Kenntnis,
weil er annimmt, daß hier neben persönlichen
Eitelkeiten und finanziellen Interessen durchaus
schon unterschiedliche Auffassungen zwischen
Strauß und Kohl bestehen können.

März meinte, vielleicht hätte ich das Glück,
einmal ein Telefongespräch zwischen Strauß
und Kohl zu erleben, dann würde ich doch
sehr schnell einen Eindruck gewinnen, wie
die Beziehungen zwischen diesen beiden Persönlichkeiten sind, und daß ganz sicher die
politischen Interessen eng beieinanderliegen
und am Schluß   taktische und subjektive
Fragen das Vorgehen einzelner Persönlichkeiten
in der BRD bestimmen.

Bitte um Kenntnisnahme.

Dokument 10

Berlin, den 26.05.1983

Interne Bemerkungen zur Niederschrift über das
am 25.05.1983 zwischen dem Vorsitzenden der
CSU, F.J. Strauß, und Genossen Schalck in
Spöck/Chiemsee geführten Gespräches
_____

Strauß teilte mir, daß seit 8 Tagen aus einer
bisher sehr zuverlässigen Quelle die Nachricht
vorliegt, daß kurzfristig der jetzige
1. Sekretär des ZK der PVAP, Armeegeneral
Jaruzelski, von dieser Funktion zurücktreten
wird, um sich nur noch militärischen Fragen
zu widmen.
Als neuer 1. Sekretär des ZK der PVAP wird
Olszewski vorgesehen.

Bei der Übermittlung dieser Information war
Strauß sehr nachdenklich und ließ erkennen,
daß eine schnelle und positive Klärung der
in der VR Polen anstehenden Probleme vor sich
gehen muß.
Die Sache ist deshalb so schwierig, weil bei
großen Teilen des Volkes irreale Vorstellungen
über den zukünftigen Weg bestehen.

Strauß teilte weiterhin muß, daß aus einer
anderen Quelle, die ja mit großem Vorbehalt
und ohne jeglicher Kommentierung vom BND

Interne Bemerkungen für Erich Mielke zur Niederschrift über das Gespräch zwischen Schalck
und Strauß am 26. Mai 1983

215

übermittelt erhielt, festgestellt wird, daß
Erich Honecker während seines letzten Besuches
in Moskau angeblich den Einsatz sowjetischer
Truppen in der VR Polen gefordert haben soll.

Ich habe dazu nur so viel festgestellt, daß er
verstehen wird, daß diese Fragen nicht in
meiner Kompetenz liegen, aber er bedenken
möchte, daß in keiner Situation und unter keinerlei Umständen weder fortschrittliche und
positive Kräfte in der VR Polen noch die UdSSR
und die anderen Mitgliedsländer des Warschauer
Vertrages zulassen werden, daß Polen aus der
sozialistischen Gemeinschaft ausscheidet oder
einen nichtsozialistischen Weg einschlägt.
Dabei wird ganz sicherlich vorrangig aus
logistischen Gründen die Sicherung des reibungs-
losen Transit eine vorrangige Rolle spielen.

Strauß nickte und hinterließ bei mir den Eindruck, daß er zumindest diesem Komplex sach-
liches und politisches Verständnis entgegen-
bringt.

Nach meinem letzten Gespräch hat Strauß mit
Jenninger sehr ernst zu dem immer wieder auf-
tauchenden Züricher Modell und dem Übermittler
Bahl gesprochen.

Auf seine Frage an Jenninger, ob Bahl zu
irgendeiner Zeit von ihm ein Mandat hatte,
über das Züricher Modell oder unter diesem
Begriff zu verstehenden Fragen Verhandlungen
mit der DDR zu führen, wurde das eindeutig

verneint.
Jenninger erklärte Strauß, daß dieser Mann
immer wieder versucht, auch unter Benutzung
der Namen von Genossen Honecker und Mittag,
der Name Schalck wurde bisher nicht genannt,
zu erklären, daß Interesse der DDR für solche
Gespräche vorliegt.

Aufgrund dieser, aus der Sicht von Strauß
hochstaplerischen, Aktivitäten hat er von
Jenninger verlangt, daß dieser Mann bearbeitet
wird, um herauszubekommen, wer hinter diesen
Dingen wirklich steht.
"Es wäre ja auch denkbar, daß die 'Dienste'
ihre Finger mit im Spiel hätten, aber das
wird sich ja dann herausstellen. So kann man
keine Politik machen, weil Honecker gegenwärtig
gar nicht in der Lage ist, die dort in einigen
Köpfen vorhandenen Illusionen durchzuführen."

Auf meine Frage, wie Leisler-Kiep gegenwärtig
aus seiner Sicht in seiner Funktion eingeschätzt
werden müsse, stellte Strauß fest, daß der Mann
in keiner entscheidenden Führungsfunktion mehr
ist und auch nicht mehr dort hingelangen wird.
Das damals anvisierte Ziel, Generalsekretär der
CDU zu werden, wurde von Kohl nicht zugelassen.
Es ist nicht ausgeschlossen, daß er eines Tages
als Botschafter der BRD tätig sein wird.
Als Gesprächspartner für große Fragen ist er
nicht interessant, er ist ohne Einfluß.

Dokument 11

A K T E N V E R M E R K

Betrifft: Leipziger Herbstmesse 1983

Zusammen mit Fräulein Emrich weilte ich vom 4.9. abends bis
8.9.1983 vormittags in Leipzig. In Sachen Zürcher Modell ist
folgendes festzuhalten:

1. Am Sonntagabend traf ich Dr. Nitz vor dem Eingang des
    Hotels Stadt Leipzig. Mit Dr. Nitz bin ich auf der
    Frühjahrsmesse 1983 erstmals zusammengetroffen und zwar aufgrund
    einer Vorstellung von Dr. Rösch. Laut Dr. Rösch ist Dr. Nitz
    enger Vertrauter von Staatssekretär Dr. Beil. Nach aussen
    ist Dr. Nitz tätig am Institut für Politik und Wirtschaft
    (IPW), DDR-Berlin.

    Nachdem sich Herr Dr. Andrä seinerzeit für zwei Wochen
    zurückziehen musste, hatte ich mit Dr. Nitz ein Abendessen
    in Ostberlin, ohne aber i.S. Zürcher Modell weiterzukommen.

    Ich verabredete bei diesem Treffen in Leipzig mit Dr. Nitz
    eine Zusammenkunft. Am Montagabend sass ich nach Mitternacht
    mit Dr. Nitz und Dr. Rösch an der Bar des Hotels Stadt
    Leipzig. Bei diesen Gesprächen verstärkte sich mein Eindruck,
    dass für die 1. Milliarde von Seiten der DDR keine Gegen-
    leistung zugesagt worden war, man aber im Herbst eine 2.
    Milliarde erwartet. Ferner liess Dr. Nitz wissen, dass er in
    die Rosenheimer Gespräche miteinbezogen war.

    Am Dienstagabend traf ich Herrn Dr. Nitz erneut im Hotel
    Stadt Leipzig und sass mit ihm ca. 10 Minuten zusammen. Ich
    konnte ihm nun erstmals den neuesten Stand des Zürcher Modells
    erklären. Dies tat ich, nachdem Herr Dr. Nitz erklärt hatte,
    er hielte es für richtig, diese Dinge "nach oben" weiterzugeben.
    Am Mittwochmittag traf ich mich mit Dr. Nitz zum Essen im
    Hotel Stadt Leipzig.

    Insgesamt informierte ich Dr. Nitz über den Stand des
    Zürcher Modells wie folgt:

    Gegenüber dem Bundeskanzler oder Dr. Jenninger ist die
    Aeusserung von Dr. Mittag, dass die DDR an der Durchführung
    des Zürcher Modells interessiert sei, bisher nicht wider-
    rufen worden. Der Bundeskanzler habe nie eine Antwort auf
    seine gegenüber E. Honecker abgegebene telefonische Einladung
    erhalten, den für die DDR Bevollmächtigten für das Zürcher
    Modell persönlich zu empfangen. Vielmehr sei von Staats-

                                                              ./2

Aktennotiz von Holger Bahl über ein Gespräch mit Andrä und Nitz auf der Leipziger Messe.
18. September 1983

Dokument 11

sekretär Dr. Schalck bei einem Treffen in München zu
Dr. Jenninger gesagt worden, Bahl habe in dieser Sache
kein Mandat und er selber (Schalck) auch nicht.

3. Karl Wienand führte am Messe-Montag ein Gespräch mit einem
    hochrangigen DDR-Politiker. Nach den Worten von K. Wienand
    sei er in den Bereich Axen einzuordnen, u.a. zuständig
    für die Beziehungen SED/SPD. Dr. Nitz sagte mir, seines
    Wissens habe Karl Wienand ein Gespräch mit Professor
    Herbert Häber, Mitglied des ZK der SED geführt. In diesem
    Gespräch sei eingehend über das Zürcher Modell befragt
    worden, insbesondere auch nach den derzeitigen Verhand-
    lungspartnern und der Rolle des Anwalts Dr. Vogel.
    Bezüglich des Milliarden-Kredites habe Prof. Häber gesagt,
    "wenn da etwas zugesagt worden sei, dann müssten diejenigen
    das selbst vertreten".

x Wienand   Häber (?-H.)

Zürich, den 18.9.1983

Dokument 12

Berlin, den 03.11.1983

Nur zur persönlichen
Information des
Genossen Minister

Auszüge aus dem Gespräch zwischen Genossen Schalck
und Ministerpräsident F.J. Strauß am
02.11.1983 in seiner Wohnung in München

Mit Befremden wurde festgestellt, Herr Ministerpräsident, daß entgegen den von Ihnen mitge-
teilten Informationen, daß außer Ihnen niemand
bevollmächtigt ist, im Namen des Bundeskanzlers
und des Staatsministers im Bundeskanzleramt
Jenninger, über die Gewährung von Krediten
durch Banken der Bundesrepublik an zuständige
Banken der DDR und in diesem Zusammenhang über
die Realisierung von Wünschen der Bundesregierung
auf humanitärem Gebiet Gespräche bzw. Verhandlungen zu führen.

In den letzten Tagen hat Holger Bahl erneut
unter Bezugnahme auf Jenninger das "Züricher
Modell", was in völliger Übereinstimmung zwischen
uns beiden schon längere Zeit zu den Akten gelegt war, wieder ins Gespräch gebracht.

Weiterhin war aus dem Gespräch zu entnehmen,
daß damit Ihre Stellung und Ihre Vollmachten
beeinträchtigt wurden, was zu gewissen Zweifeln
auf unserer Seite führte.

Auszug aus dem Protokoll des Gespräches zwischen Schalck und Strauß am 2. November 1983
in München

Strauß war über diese Mitteilung sehr erregt
und bat mich, in seiner Gegenwart dabei zu
sein, um ein Gespräch, was Strauß während
meines Zusammentreffens mit Jenninger führte
mitzuhören.

Nach Zustandekommen der Verbindung stellte
Strauß fest, daß ihm zuverlässige Informationen vorliegen, wonach trotz Zusage
von Staatsminister Jenninger erneut Bahl
im Namen von ihm Gespräche über das
"Züricher Modell" führen wollte.

Strauß vermied es dabei, über weitere
Kommentierungen zu seiner Person zu sprechen
stellte nur die Frage, ob dies den Tatsachen
entspreche.

Darauf hat Jenninger unmißverständlich erklärt, daß Bahl weder ein Mandat hätte noch
habe und das er nach dieser eigenmächtigen
Handlung veranlassen wird, daß jegliche Ge-
sprächsführung über Bahl zu diesem Thema verboten werde.

Jenninger hat nicht bestritten, daß er in
Gegenwart eines Mitarbeiters von ihm Bahl
gesprochen hat und das diese Gespräche dazu
dienten, Wissen über "die Zustände in der DDR"
von Bahl abzuschöpfen.

Dokument 13

A K T E N V E R M E R K

Betrifft: Zürcher Modell
           Treffen mit Herrn Dr. Nitz

Nach vorheriger telefonischer Terminabstimmung habe ich mich
mit Herrn Dr. Nitz am Dienstag, 27.9.1983, 20.00 Uhr, im Hotel
Metropol in Ostberlin getroffen. Vorgängig hatte ich bei Herrn
Dr. Gundelach telefonisch in Erfahrung gebracht, dass die bis
jetzt bekannt gewordenen Massnahmen der DDR von Dr. Jenninger
als nicht genügend für eine zweite Kredittranche von DM
1 Milliarde angesehenwürden und man in Bonn nach wie vor am
Zürcher Modell interessiert sei.

Zunächst war Dr. Nitz äusserst interessiert an meiner Mitteilung,
dass Dr. Jenninger die am Tage meines Treffens bekannt gewordenen
Massnahmen der DDR (Freistellung vom Mindestumtausch bei Jugend-
lichen) nicht für ausreichend für eine zweite Kredittranche
hält. Dr. Nitz fragte, warum Dr. Jenninger nicht von der
Möglichkeit Gebrauch gemacht hätte, DDR-Staatssekretär Beil
anlässlich des Beitz-Geburtstags in Essen zu treffen. Das gleiche
gelte für ein von Dr. Jenninger abgesagtes Gespräch mit dem
Mitglied des Zentral-Komitees, Prof. Haeber. Beide Herren wären
auf das Zürcher Modell ansprechbar gewesen. Hierzu konnte ich
keine Stellung nehmen, da ich über beide Dinge nicht informiert
war. Dr. Nitz betonte, er habe kein Mandat zum Verhandeln, sei
aber ermächtigt, meine Ausführungen entgegenzunehmen und an
Günther Mittag und Prof. Haeber weiterzuleiten.

Uebereinstimmend stellten wir fest, dass das Zürcher Modell nur
Chancen habe, wenn die Gründung und zumindest ein Teil der
Kreditseite bis zum Herbst (Ende November 1983) durchgezogen
würden. Ich schloss nicht aus, dass dies möglich wäre, sofern
die im Zürcher Modell festgelegte Gegenleistung der DDR - wie
schon oft im Zeitplan dargelegt - später erfolgen würde.
Dr. Nitz bat mich, in Bonn auszurichten, dass die DDR kaum an
ein Zwischenergebnis in Genf glaube. Ausserdem wünschte er eine
ausdrückliche Bestätigung von Dr. Jenninger, dass er über dieses
Gespräch nach oben berichten könne. Er würde sich dann, sofern
er einen Rücklauf erhalte, innerhalb der nächsten zwei Wochen
bei mir melden. Ich sagte Dr. Nitz noch, dass nach meiner Meinung
i.S. Zürcher Modell sowohl aus München wie von DDR-Gesprächs-
partnern unrichtige Informationen (bewusst oder unbewusst) an
die Führung der DDR weitergegeben worden sind.

Zürich, den 3. Oktober 1983

Aktennotiz von Holger Bahl für Philipp Jenninger über ein Treffen mit Jürgen Nitz
am 3. Oktober 1983

Dokument 14

```
                    A K T E N V E R M E R K
                    ─────────────────────────


    Betrifft:   Zürcher Modell
                Telefongespräch mit Dr. Gundelach und Dr. Nitz
    ──────────────────────────────────────────────────────────


    Nach meiner Rückkehr aus Bonn um 22.00 Uhr, rief Dr. Gundelach
    mich an und teilte mir mit, dass er Dr. Jenninger erreichen
    konnte und mir folgendes mitzuteilen habe:


        1.  Die bisher bekanntgewordenen Massnahmen der DDR
            reichen nicht aus, um eine zweite Kredittranche
            zu ermöglichen.

        2.  Die Bundesregierung ist nach wie vor an der
            Durchführung des Zürcher Modells interessiert,
            und der Bundeskanzler wie Dr. Jenninger stehen
            zu ihrer Zusage, den zuständigen Bevollmächtigten
            der DDR persönlich zu empfangen.

        3.  Dr. Jenninger sieht gewisse Probleme bezüglich
            der zeitlichen Verschiebung der Gegenleistung
            im Zürcher Modell. Mein Vorschlag, den Kredit-
            betrag zunächst auf 6 - 12 Monate zuzusagen und
            die definitive Zusage auf 20 Jahre erst vorzu-
            nehmen, wenn die Gegenleistung erfolgt ist,
            scheine jedoch für Dr. Jenninger ein gangbarer
            Weg zu sein.


    Hierüber unterrichtete ich Herrn Dr. Nitz anschliessend
    telefonisch, der nunmehr über unser Gespräch vom Vorabend
    nach oben berichten wird.



    Zürich, den 3. Oktober 1983
```

Vermerk von Holger Bahl über Telefonate mit Jürgen Nitz und Thomas Gundelach, 3. Oktober 1983

HELMUT SCHMIDT

2000 HAMBURG 62 · LANGENHORN
NEUBERGERWEG 80

7. September 1983

Lieber Karl ,

besten Dank noch einmal für Deinen Anruf
und den beigefügten Brief des Herrn Bahl,
den ich anliegend wieder an Dich zurück-
sende. Ich habe mit Erich Honecker darüber
gesprochen und gefragt, ob er nach dem
Strauß'schen Milliardenkredit noch an dem
seinerzeit erörterten "Schweizer Modell"
interessiert sei.

Erich Honecker war offensichtlich über die
mit meinem Stichwort "Schweizer Modell" ver-
bundenen Vorstellungen und Gespräche ausreichend informiert. Seine Reaktion war deutlich: "Nein, das ist jetzt wohl nicht mehr
nötig".

Zu dem von Strauß eingefädelten Kredit sagte
er, die DDR sei dazu gekommen wie die Jungfrau
zum Kinde. Das Letztere glaube ich nicht ganz;
ich habe ihm gesagt, daß er einen so günstigen
Kredit auf der ganzen Welt nicht wieder bekäme,
was er mit lachender Zustimmung quittiert hat.

Wahrscheinlich wird die obige Mitteilung Dich
enttäuschen - aber so ist das Leben.

Sehr herzliche Grüsse - wie stets Dein

Persönlich
Herrn
Karl Wienand
Auf der Teichhardt 2
5227 Windeck /Sieg 1

Brief Helmut Schmidts an Karl Wienand über ein Gespräch mit Honecker zum Zürcher Modell, 7.
September 1983

Dokument 16

Länderspiel

Unter Länderspiel' wird die Uebertragung gewisser, zwischen
der Volksrepublik Ungarn und der Republik Oesterreich bestehender Gegebenheiten und Regelungen, rechtlicher wie
tatsächlicher Art, auf die Bundesrepublik Deutschland und
die Deutsche Demokratische Republik verstanden. Dazu gehören
insbesondere

- die völkerrechtlichen Beziehungen beider Staaten
  zueinander

- die Situation an der gemeinsamen Grenze

- der gegenseitige Reise- und Besuchsverkehr.

Dies beinhaltet

- die Anerkennung einer DDR-Staatsbürgerschaft durch
  die Bundesrepublik - unter Aenderung des Grundgesetzes - bei Beibehaltung des derzeitigen Status
  von West-Berlin.

- die Umwandlung der ständigen Vertretungen beider
  deutscher Staaten in Botschaften.

- den Verzicht auf Ausstellung von BRD-Pässen an
  Bürger der DDR durch bundesdeutsche Behörden.

- Gleichbehandlung von Asylgesuchen von DDR-Bürgern
  in der Bundesrepublik wie von Gesuchen von Asyl-
  bewerbern aus andern Ländern in der BRD.

- Freizügigkeit im gegenseitigen Reise- und
  Besuchsverkehr.

- Wegfall der Reisealterbegrenzung für DDR-Bürger
  bei Reisen in die BRD und West-Berlin.

- Wegfall der Visumpflicht bei Reisen in beide
  Richtungen.

Unbeschadet hiervon wird jede Seite ihre unterschiedlichen
Standpunkte zu deutsch-deutschen Fragen, wie etwa der
Wiedervereinigung, beibehalten. Ich gehe davon aus, dass
über das Länderspiel sowohl Bundeskanzler Kohl wie Generalsekretär Honecker unterrichtet sind.

Zürich, den 28.9.1986

Konzept des Projektes »Länderspiel« von Holger Bahl, 28. September 1986

Dokument 17

A K T E N V E R M E R K

Betrifft: Zürcher Modell
              Gespräch mit Dr. W. Andrae am 6.12.1983
              im Hotel Metropol, DDR-Berlin

Das Gespräch war eingangs belastet durch den Handelsblatt-
Artikel über die angebliche VE-Milliarde. Da mich Dr. Andrae
am Freitag, den 25.11.1983, telefonisch auf dieses Geschäft
angesprochen hatte mit der Bitte, im Bundeskanzleramt die
Konkretheit abzuklären, und der Artikel am folgenden Montag
im Handelsblatt erschienen war, sah er zwangsläufig einen
Zusammenhang. Ich hoffe, dies ausgeräumt zu haben. Initiator
dieser VE-Milliarde ist wohl Hans Meister im Zusammenspiel mit
Franz Rösch, dem Leiter der TSI und dem Generaldirektor von
Metallurgie, Welzel.

Dann informierte mich Dr. Andrae über das Gesuch von Hans
Meister, Firmen aus der Stahlbranche als Untermieter der IK-
Büros im IHZ aufzunehmen (s. gesonderten Aktenvermerk).
Im Anschluss daran kam Herr Dr. Andrae auf das Zürcher Modell
zu sprechen. Das heutige Gespräch sei auf seiner Seite von
Staatssekretär Dr. Beil genehmigt worden. Ich nahm die Gelegenheit wahr, nochmals meine Position klarzustellen: Ich bin weder
Beauftragter der Bundesregierung noch Beauftragter der DDR,
sondern wie von Anbeginn des Zürcher Modells neutraler Makler
in der Mitte, dessen Aufgabe es ist, die Ansichten und Vorstellungen beider Seiten zum Zürcher Modell in Einklang zu
bringen. Ich sprach mein Unbehagen über gegenteilige Bemerkungen
von Staatssekretär Dr. Schalck aus, der im übrigen auch behauptet haben soll, ich hätte - sprechend für die Bundesregierung -
einen Kreditbetrag von DM 10 Milliarden in Aussicht gestellt.
Ich führte auch aus, dass nicht zuletzt durch die Querelen der
letzten Wochen die Chancen für eine Fristentransformation sich
erheblich verschlechtert hätten.

Dr. Andrae bestätigte mir die von Dr. Jenninger erwähnten Aus-
fälle von Dr. Schalck, die sich zunehmend gegen mich richten.
Bestätigt durch Aeusserungen aus München, mache Dr. Schalck mich
zunehmend für das Scheitern der 2. Milliarde mit verantwortlich.
Dr. Schalck komme mit dieser Bringschuld gegenüber der DDR-
Führung zunehmend ins Schwitzen. Erst letzte Woche habe es wieder
einen Besuch von Dr. Schalck in München gegeben. Diese Gespräche
seien begleitet von umfangreichen Geschäften der Schalck-Firmen
mit der Firma Josef März sowie mit andern bayrischen Firmen im
Rahmen des IDH. Als letzter Termin für die Beibringung der

                                                     ./2

Aktennotiz von Holger Bahl für Philipp Jenninger über ein Treffen mit Dr. Andrä
am 6. Dezember 1983

Dokument 17

2. Milliarde sei Dr. Schalck von DDR-Führung Weihnachten dieses
Jahres genannt worden; alsdann gehen auch die Vorgesetzten von
Dr. Schalck davon aus, dass die 2. Milliarde eine Ente ist.
Dr. Beil ist bereits von der Nichtmachbarkeit der 2. Milliarde
(sprich ohne Gegenleistung) überzeugt. Zunehmend wird Josef
März von Dr. Schalck für Fehleinschätzungen und Falsch-
information i.S. 2. Milliarde verantwortlich gemacht; März und
FJS kontern gemeinsam und nehmen die Schuldeinweisung Richtung
Bundeskanzleramt und Bahl vor. Dr. Andrae betonte nochmals,
dass Dr. Schalck von der DDR-Führung die Zustimmung zur Durchführung des kommerziellen Teils des Zürcher Modells habe, sofern
zuvor die 2. Milliarde rein kommerziell von FJS zur Verfügung
gestellt würde. Mit der humanitären Seite des Zürcher Modells
sei Dr. Vogel beauftragt. Der Ehrgeiz von Dr. Schalck würde es
nicht zulassen, die 2. Milliarde im Zürcher Modell unterzu-
bringen (was ich als eigenen Vorschlag andeutete).

Kommt die 2. Milliarde bis Weihnachten nicht zustande - wovon
Dr. Andrae ausgeht - wird die Zuständigkeit für das Zürcher
Modell von Dr. Schalck weggenommen und auf Dr. Beil übergehen.
Dies würde automatisch bedeuten, dass Schalck-Firma Intrac
ausscheidet und an ihre Stelle die Dr. Beil unterstellte
DABA Deutsche Aussenhandelsbank AG, DDR-Berlin, treten würde.

Ich wies darauf hin, dass ich nunmehr - nicht zuletzt aufgrund
der negativen Bemerkungen von Dr. Schalck - in Bonn nicht mehr
weiter käme und sicherlich meine Glaubwürdigkeit dort gelitten
hätte. Nach meiner Meinung sei es nunmehr unbedingt erforderlich, dass die DDR-Führung der Bundesregierung ein Signal i.S.
Zürcher Modell offiziell zukommen lasse. Darauf antwortete
Dr. Andrae, dass Dr. Beil den Beauftragten der Bundesrepublik,
Leisler-Kiep, bei seinem jüngsten Besuch indirekt auf das
Zürcher Modell angesprochen habe "es gebe ja noch einen sehr
interessanten Vorschlag aus Bonn". Leisler-Kiep habe aber
hierauf nicht reagiert.

Das weitere Vorgehen i.S. Zürcher Modell sieht Dr. Andrae
wie folgt:

- neues Gespräch zwischen Weihnachten und Neujahr
  (wenn also das Schicksal der 2. Milliarde definitiv
  feststeht),

- gegebenenfalls Vorbereitung eines Telefongesprächs
  zwischen Generalsekretär Erich Honecker und
  Bundeskanzler Dr. Helmut Kohl,

- konkretes Stadium des Zürcher Modells aus Sicht
  der DDR: März/April 1984.
  Bis dahin seien auch die Nachwehen des Nachrüstungs-
  beschlusses - hoffentlich - ausgestanden.

./3

Dokument 17

Dr. Andrae bemerkte noch, dass definitiv über das Verhältnis
der DDR zur Bundesrepublik und mögliche Folgen des Nach-
rüstungsbeschlusses erst bis März/April 1984 entschieden würde.
Vor allen Dingen würde es noch koordinierende Abstimmungen
mit den Verbündeten der DDR geben.

Dr. Andrae erklärte ferner, dass Dr. Schalck ab sofort über
die mit mir geführten Gespräche nicht mehr informiert würde.
Mein Vorschlag, über dieses Gespräch - wie bisher - einen
Aktenvermerk für beide Seiten anzufertigen, muss Dr. Andrae
noch abstimmen. Ich erhalte diesbezüglich Bericht.

Zürich, den 12. Dezember 1983

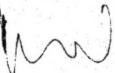

Dokument 18

Berlin, den 19.o8.1983

Einschätzung der Kreditaufnahme in Höhe von 1,o Mrd DM
auf das Kreditgeschäft der DDR

Die Kreditsituation der DDR gegenüber dem Nichtsozialistischen Wirtschaftsgebiet ist dadurch gekennzeichnet, daß
trotz wiederholter Prognosen kapitalistischer Länder die
Zahlungsfähigkeit von jedem einzelnen Tag gesichert war.
Das betrifft sowohl die Bankverbindlichkeiten als auch
die fristgemäße Tilgung kommerzieller Verbindlichkeiten.
Die Sicherung der täglichen Zahlungsfähigkeit wurde zu
einem wesentlichen Anteil über kurzfristige Warenoperationen erreicht.

Es kann eingeschätzt werden, daß die Kreditwürdigkeit der
DDR sowohl durch die ständige Zahlungsfähigkeit als auch
durch die Vergabe des Milliardenkredites an die DDR weiter
aufgewertet wurde.
Das zeigt sich an Folgendem:

- Es erfolgte nach Aufnahme dieses Kredites durch die DDR
  kein weiterer Depositenabzug kapitalistischer Banken.

- Einzelne kapitalistische Banken, wie die Citi-Bank USA,
  die PK-Banken, Schweden, haben wieder begonnen, in
  kleinerem Umfang Bankkredite an die Deutsche Außenhandelsbank zu gewähren.

- Das Verhandlungsklima ausländischer Banken zur Deutschen
  Außenhandelsbank hat sich entspannt.

Einschätzung Schalcks über den Beitrag des Milliardenkredits zur finanziellen Stabilisierung der DDR, 19. August 1983

Dokument 18

- Bei kommerziellen Krediten sind zum Teil neue Firmen
  in Erscheinung getreten (japanische Konzerne, die sich
  jedoch in Westeuropa refinanzieren).

- In einzelnen Fällen wurde eine Verlängerung der Kredit-
  laufzeiten erreicht.

- Bei Warenoperationen, speziell bei Erdöl und -produkten,
  konnte eine Kostenreduzierung durchgesetzt werden.

Es kann davon ausgegangen werden, daß das Erreichen besserer
kommerzieller Bedingungen nicht nur auf die Gewährung des
Milliardenkredites zurückzuführen ist, sondern als Zusammen-
wirken aller kreditbegünstigenden Faktoren eingeschätzt werden
muß.
Dazu zählen termingerechte Rückzahlung der Verbindlichkeiten,
Qualifizierung der kommerziellen Verhandlungen, Zeitvorlauf
für die Durchführung der Kreditgeschäfte und das Bestreben
kapitalistischer Banken, daß durch die Tilgungen freigewordene
erhebliche Kreditvolumen wieder einzusetzen, um einerseits
die Geschäftsbeziehungen zur DDR nicht zu beenden und zum
anderen über die Finanzierung kommerzieller Kredite eine
größere Gewinnspanne zu realisieren.

Dokument 19

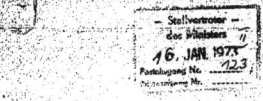

16. Januar 1975

I n f o r m a t i o n

über eine Begegnung mit Walter Leisler Kiep, Mitglied
Präsidiums und Bundesschatzmeister der CDU, Bundestagsabgeordneter und außenpolitischer Sprecher der CDU

Am 15. Januar 1975 fand in der Residenz des Leiters der
Ständigen Vertretung der BRD in der DDR, Gaus, eine Begegnung
mit Walter Leisler Kiep statt. An ihr nahmen teil:
Herbert Häber, Abteilungsleiter in ZK der SED,
Horst Grunert, Stellvertreter des Ministers für Auswärtige
                Angelegenheiten der DDR,
Wolfgang Heyl, Stellvertretender Vorsitzender der CDU, und
Karl Seidel, Leiter der Abteilung BRD in MfAA.

Von seiten der BRD waren anwesend:
Günter Gaus, Leiter der Ständigen Vertretung der BRD in
                der DDR,
Dr. Hans Otto Bräutigam, Stellvertretender Leiter der BRD-
                Vertretung, sowie
Dr. Ralf Litzenkirchen, Assistent von Leisler Kiep.

Im Verlauf eines mehrstündigen intensiven Gesprächs äußerte
sich Leisler Kiep zu folgenden Fragen:

- Kiep teilte mit, daß er im Einverständnis mit dem Vorsitzenden der CDU, Kohl, und dem Generalsekretär der CDU,
  Biedenkopf, in der DDR weilt. Er habe an Vortage in einem
  vierstündigen Gespräch mit CDU-Generalsekretär Biedenkopf
  alle Fragen des Verhältnisses zur DDR ausgiebig diskutiert,
  und es bestehe zwischen ihnen volle Einmütigkeit.

- Zum Problem der Ostpolitik der BRD gegenüber der DDR und
  den anderen sozialistischen Staaten äußerte Kiep, daß für
  die CDU die abgeschlossenen Verträge volle Gültigkeit be-

Aktennotiz über ein Gespräch zwischen Herbert Häber und Walther Leisler Kiep,
16. Januar 1975

süßen und auch eine CDU/CSU-Bundesregierung sie als
Grundlage für die Weiterentwicklung der Beziehungen betrachten würde. Auch für die CDU/CSU gebe es in Fragen
der Ostpolitik genau genommen keinen Spielraum für eine
andere Linie. Es könne sich nur um Nuancen bei der
Durchführung der Verträge handeln. Auf Befragen sagte er,
auch wenn nach 1969 in der BRD eine CDU-Bundesregierung
weiterbestanden hätte, wären die Verträge zustande gekommen. Nach seiner Meinung hätte die CDU angesichts der
weltpolitischen Entwicklung gar keine andere Möglichkeit
gehabt, eine solche Ostpolitik zu betreiben, wie sie von
der derzeitigen Regierungskoalition verfolgt wird. Es
war sein Bestreben deutlich erkennbar, mögliche Befürch-
tungen der DDR vor Änderungen im Falle einer Regierungsübernahme durch die CDU/CSU zu zerstreuen.

- Kiep stimmte ausdrücklich der Auffassung zu, daß es zur
Politik der friedlichen Koexistenz keine Alternative gibt,
daß der Grundlagenvertrag das Optimale dessen ist, was
aus der Interessenlage beider Staaten möglich war und daß
es notwendig ist, ohne Verwischung unterschiedlicher Positionen und auch gegensätzlicher Auffassungen, an alle
anstehenden Probleme konstruktiv heranzugehen.

Wir sollten verstehen, daß es einen Unterschied gibt
zwischen Aussagen von CDU-Politikern im Wahlkampf und in
der Auseinandersetzung mit der derzeitigen Regierungskoalition auf der einen Seite und der politischen Konzeption der CDU/CSU in Hinblick auf eine mögliche Regierungsübernahme andererseits.

Kiep bat um Auskunft, ob die jüngsten Vorschläge der DDR
als Schritt für die Entwicklung der Beziehungen zur BRD
auf lange Sicht anzusehen oder taktischer Natur sind. Er
wollte offenbar wissen, ob auch gegenüber einer CDU/CSU-
Bundesregierung die DDR die Politik der Normalisierung
der Beziehungen weiterführen wird.

Dokument 19

- Mit großem Nachdruck erklärte Kiep, für den CDU-
Vorsitzenden Kohl, den Generalsekretär Biedenkopf, ihn
selbst und andere CDU-Politiker besitze die Entwicklung
der Beziehungen zur Sowjetunion und zur DDR in der Ostpolitik absolute Priorität vor den Beziehungen zu Peking.
Wir möchten das mit allem Ernst zur Kenntnis nehmen.

Der CDU-Vorsitzende Kohl, der in Peking war, habe eigentlich die Absicht gehabt, vorher die UdSSR zu besuchen.
Es sei von ihm sehr bedauert worden, daß es nicht möglich
war, eine Einladung zu erhalten. Die Annahme, daß Gespräche mit der Opposition die Beziehungen der Sowjetunion
und der DDR zur derzeitigen Bundesregierung belasten künn-
ten, sei irrig. Kohl habe nach wie vor den Wunsch, in
Kürze nach Moskau zu reisen.

In diesem Zusammenhang äußerte sich Kiep zur Behandlung
der CDU/CSU in der Presse der sozialistischen Länder.
Er könne es nicht verstehen, wieso der Eindruck erweckt
werde, daß im Falle einer Regierungsübernahme durch die
CDU/CSU sich alles zum Negativen entwickeln werde. Er
frage sich, wie wir es unseren Bürgern erklären wollten,
wenn im Falle eines Regierungswechsels die Politik der
Normalisierung der Beziehungen weitergehen wird. Dabei
beklagte er die nach seiner Meinung und ....ierte Darstellung der Politik der CDU/CSU in unseren Zeitungen und
auch die ungenügende Beachtung seiner eigenen Position
zur Ostpolitik.

- Kiep warf die Frage auf, ob wir das zu erwartende Schlußdokument der zweiten Phase der Europäischen Sicherheits-
konferenz als eine Art friedensvertragliche Regelung betrachten. Unsere Festotellung, daß mit den abgeschlossenen
Verträgen alle entscheidenden Probleme völkerrechtlich gelöst sind, die durch einen Friedensvertrag hätten geregelt
werden müssen, nahm er ohne Widerspruch zur Kenntnis. Er
stimmte der Auffassung zu, daß bei realistischem Herangehen wohl kaum zu erwarten sei, daß irgendwann noch einmal

Dokument 19

ein Friedensvertrag mit einem imaginären "Deutschland" abgeschlossen wird.

- Zur innenpolitischen Situation der BRD äußerte sich Kiep folgendermaßen: Es stünden bekanntlich mehrere Landtagswahlen bevor. Die CDU werde einen "wilden Wahlkampf" führen. Man rechne überall mit Erfolgen, insbesondere in Nordrhein-Westfalen. Dabei sagte er, daß im Denken der Bürger der BRD die Wirtschafts- und sozialpolitischen Probleme eindeutig im Mittelpunkt stehen. Außenpolitische Fragen berühren sie derzeit kaum, sie spielen ... in den Reden der Politiker eine Rolle.

  Kiep wandte sich gegen den in der Bundesrepublik jetzt häufig gebrauchten Begriff von einer Tendenzwende. Das sei nicht richtig. In Wirklichkeit handele es sich um die enttäuschte Reaktion breiter Kreise der Bevölkerung auf die innenpolitischen Ergebnisse der Bonner Regierungspolitik. Für die CDU halte er den Begriff von der Tendenzwende sogar für gefährlich, denn er könne zu der Annahme verleiten, als hätte man den Wahlsieg 1976 schon in der Tasche. Dies sei aber nicht der Fall, wenn man auch aus der Sicht von heute mit der Regierungsübernahme rechne. Für die CDU stelle sich die Sache so dar, daß sie 1976 unbedingt gewinnen müsse. 4 Jahre später, 1980, habe sie kaum noch eine Chance. Die heutigen gesellschaftspolitischen Vorstellungen der CDU könnten dann mit Sicherheit ... mehr zum Tragen kommen.

- Zur Frage nach dem Kanzlerkandidaten der CDU/CSU äußerte Kiep: Die Entscheidung darüber wird mit Sicherheit nach den Wahlen in Nordrhein-Westfalen im Mai/Juni fallen. Seines Erachtens wird es 4 Kandidaten geben: Strauß, Kohl, Stoltenberg und Carstens. Strauß habe eine echte Chance. Allerdings werde sich Strauß nur dann zum Kanzlerkandidaten wählen lassen, wenn er die Sicherheit habe, daß ihm der Sprung ins Bundeskanzleramt gelingt. Er werde in dieser Frage kein Risiko eingehen.

Kiep ist der Meinung, daß aus der Sicht von heute Kohl
die größeren Chancen habe. Er selbst sei für Kohl. Bei
der Entscheidung über den Kanzlerkandidaten lasse er
sich ebenso wie andere führende Politiker der CDU nicht
nur von der Person leiten, sondern vom politischen Programm, das der betreffende Kandidat anzubieten hat. Es
sei ja bekannt, daß es in der CDU/CSU Leute gäbe, die
eine Politik der totalen Konfrontation gegenüber der
sozialliberalen Koalition proklamierten. Andere würden
diese Auffassung nicht vertreten und er gehöre dazu.

- Kiep teilte mit, daß - wie er sagte - ernstzunehmende
  Persönlichkeiten auf beiden Seiten dabei wären, die
  Möglichkeit einer großen Koalition zu besprechen. Es
  gebe die Überlegung, nach den Landtagswahlen in Nordrhein-
  Westfalen bis zu den Bundestagswahlen 1976 evtl. eine
  große Koalition unter Bundeskanzler Schmidt zu bilden.
  . . könnte die große Koalition fortgesetzt werden,
  wobei die dann stärkste Bundestagspartei den Kanzler
  stellen soll. Kiep ließ erkennen, daß er selbst kein
  Anhänger einer großen Koalition ist, wenn er auch dafür
  eintritt, vor allem in Fragen der Außenpolitik eine gemeinsame Linie mit der SPD anzustreben.

- Zur Situation der FDP sagte Kiep: Sie befinde sich in
  völliger Konfusion. Es bestehe für sie die Gefahr des
  politischen Selbstmordes, was er bedauern würde.

- Im Verlaufe der Diskussion wurde von Kiep das Problem
  des Mindestumtausches aufgeworfen. Er stellte dabei die
  Frage, ob es nicht denkbar sei, neben den Rentnern auch
  Jugendliche bis zu 18 Jahren ohne Einkommen vom Mindestumtausch zu befreien. In diesem Zusammenhang vertrat
  Gaus in recht energischer Weise die jetzt von der DDR
  getroffene Regelung. Er warf der CDU/CSU vor, durch das
  Festklammern an Fragen des Mindestumtausches den Fortgang der Normalisierung der Beziehungen ständig zu belasten.

Außerdem wurden während des Gesprächs Fragen nach der
Möglichkeit der Entwicklung des Tourismus sowie der
kulturellen Beziehungen aufgeworfen. Gaus vertrat die
Meinung, daß es für die psychologische Situation der
Bundesregierung günstig wäre, wenn vor dem Abschluß eines
Kulturabkommens die Möglichkeit bestände, daß 4 – 5 Gast-
spiele von Orchestern bzw. Musiktheatern der BRD in der
DDR stattfinden könnten.

Kiep zeigte sich interessiert an Fragen der innenpolitischen Entwicklung der DDR. Er hatte am Nachmittag eine
Stadtrundfahrt unternommen und war offenkundig sehr beeindruckt von der Bautätigkeit in der Hauptstadt.

- In einem Gespräch zwischen Genossen Mieber und Leisler Kiep
  unter vier Augen äußerte Kiep: Er hoffe, daß man in der
  DDR verstehe, daß die heutige Opposition in Bonn die kommende Regierungspartei sein kann und nach seiner Meinung
  sein wird. Er betonte ausdrücklich das große und ernsthafte
  Interesse führender Persönlichkeiten der CDU an Gesprächen
  mit uns. Er sei jederzeit zu weiteren Kontakten bereit und
  wäre einverstanden, die Verbindung mit Genossen M ber zu
  halten. Er sprach die Erwartung aus, daß Genosse Mieber im
  Falle eines beabsichtigten Besuchs in der BRD sich mit ihm
  in Verbindung setze. Er würde gern einen Kreis prominenter
  CDU-Politiker zusammenrufen und eine vertrauliche Diskussion
  ermöglichen.

- Gaus äußerte unter vier Augen, daß in der am gleichen
  Tage in Bonn stattgefundenen Ministerberatung die uns
  bereits bekannte Konzeption der BRD-Seite für offizielle
  Verhandlungen über die Vorschläge der DDR bestätigt worden
  sei. Danach werde er zum Verhandlungsführer ernannt. Er
  werde in der kommenden Woche um ein Gespräch bei Genossen
  Mier nachsuchen, um diese Vorstellungen offiziell darzulegen. Es wäre vorgesehen, eine kleine Verhandlungs-
  gruppe von seiten der BRD unter Leitung von Gaus zu bilden,

der Dr. Bräutigam und Weichert angehören würden. Man
gehe davon aus, daß von seiten der DDR eine ähnliche
Gruppe gebildet würde. Auf dieser Ebene sollten die
komplizierten Fragen erörtert werden, z. B. die Kosten-
frage. Daneben müßte man selbstverständlich Expertengruppen einsetzen, die die sachlichen Fragen auszuhandeln
hätten. Diese Expertengruppen sollten bestimmte Vorgaben
und Terminauflagen erhalten. Bundeskanzler Schmidt sei
außerordentlich interessiert daran, zumindest auf einigen
Gebieten, wo dies möglich sei, in kurzer Frist sichtbare
Ergebnisse zu erzielen. Gaus will kommende Woche in dem
Gespräch mit Genossen Nier vorschlagen, die offiziellen
Verhandlungen in der darauffolgenden Woche zu eröffnen,
wobei Bundeskanzler Schmidt Wert auf eine bestimmte
Publizität lege, um in Hinblick auf die innenpolitische
Lage in der BRD sichtbar zu machen, daß sich mit der DDR
wieder etwas bewege.

Bundeskanzler Schmidt habe das von Gaus während der
Weihnachtsfeiertage gegebene Interview gebilligt. Es
liege im Interesse der Regierung, die Erwartungen in der
Öffentlichkeit hinsichtlich der Entwicklung der Beziehungen zu den sozialistischen Staaten niedrig zu halten,
dafür aber positive Ergebnisse zu erzielen. Dies sei
besser, als illusionäre Erwartungen zu erwecken, was
unausweichlich zu Enttäuschungen führen würde.

Er wies noch einmal darauf hin, daß am 20. 1. der
Geschäftsführer der SPD-Bundestagsfraktion, Jahn, nach
Berlin kommen wird und am 7. Februar mit dem Vorsitzenden
der FDP-Bundestagsfraktion Mischnick zu rechnen sei. Es
bestehe die dringende Bitte, daß Jahn die Gelegenheit
erhalte, mit Genossen Joachim Herrmann zu sprechen und
für Mischnick eine Begegnung mit Genossen Hermann Axen
zu ermöglichen.

Gaus verwies darauf, daß am 30. Januar eine Bundestags-
debatte zur sogenannten Deutschlandpolitik stattfinden

- 8 -

wird. Es sei damit zu rechnen, daß dabei von beiden
Seiten grundsätzliche Reden zur Frage der Nation gehalten
würden. Die Regierungskoalition müsse mithalten, um der
CDU/CSU das Feld nicht zu überlassen. Er schlug vor, sich
nach Möglichkeit vorher mit Genossen Häber noch einmal
treffen zu können, um mit ihm die zu erwartenden Dinge
im Bundestag zu besprechen.

Insgesamt ist festzustellen, daß das Gespräch einen sehr
sachlichen und offenen Charakter trug. Es gab keinerlei
Äußerungen provokatorischer Art.

Dokument 20

 **SED**
HAUSMITTEILUNG

An Gen. Erich Honecker Generalsekretär	von Abteilung Abteilung Internationale Poli- tik und Wirtschaft	Diktatzeichen Hä/Hd	Datum 29.5.84	Erledigungs- vermerk
Betr.			Telefon Nr.	

Lieber Genosse Honecker!

Anbei die Notiz über das gestrige Gespräch mit Richard von Weizsäcker.

Mit sozialistischem Gruß

Herbert Häber

Herbert Häber

<u>Anlage</u>

Aktennotiz über ein Gespräch zwischen Herbert Häber und Richard von Weizsäcker,
28. Mai 1984

Dokument 20

Herbert Häber   28. Mai 1984

I n f o r m a t i o n

über das Gespräch der Genossen Horst Sindermann und Herbert
Häber mit dem künftigen Bundespräsidenten der BRD, Richard
von Weizsäcker, am 28. Mai 1984 in Hubertusstock
──

Das Zusammentreffen, das auf Wunsch Weizsäckers zustande gekommen
war, bot Gelegenheit, ihm ausführlich die von der 7. und 8. Tagung
des Zentralkomitees unserer Partei beschlossene Linie unseres ver-
stärkten Eintretens gegen das mit der Raketenstationierung in der
BRD und anderen westeuropäischen Staaten forcierte Wettrüsten zu
erläutern und ihm die Notwendigkeit darzulegen, daß von der BRD
konkrete und verstärkte Anstrengungen gegen die Hochrüstungspoli-
tik der USA erwartet werden müssen, wenn die Friedensworte Bonner
Politiker ernst genommen werden sollen. Genosse Sindermann sprach
ausführlich über die vielfältigen Friedensinitiativen unserer
Seite und betonte, daß der Begriff von der "Verantwortungsgemein-
schaft" der beiden deutschen Staaten durch Taten für den Frieden
und gegen das Wettrüsten ausgefüllt werden muß. Dabei nahm er
Bezug auf das Zusammentreffen Weizsäckers mit Genossen Erich
Honecker sowie auf die Begegnung des Generalsekretärs des ZK der
SED und Vorsitzenden des Staatsrates der DDR mit dem Bundeskanzler
Kohl in Moskau.

Weizsäcker gab zu erkennen, daß er die Materialien der 8. Tagung
des ZK der SED, soweit sie internationale Fragen betrafen, gelesen
hat. Mehrfach bezog er sich auf den Bericht des Politbüros, die
Rede von Herrn Hager, wie er sagte, sowie auf die Ausführungen von
Genossen Häber.

Er hat unseren Standpunkt angehört und nicht widersprochen und
versuchte lediglich mit den bekannten Argumenten, daß auch die
Sowjetunion Schuld am Weiterdrehen der Rüstungsspirale habe, daß

man gegenwärtig in Moskau nicht sehr gesprächsbereit sei usw.
die Haltung der BRD zu rechtfertigen. Dabei betonte er ein
weiteres mal den Standpunkt, daß jeder der beiden deutschen
Staaten im Rahmen des jeweiligen Bündnisses für Rüstungsbegrenzung und Abrüstung wirken soll und niemand versuchen möge,
den anderen in seiner Bündnisloyalität zu beeinflussen. Obwohl
er sich über die USA-Politik nur in vorsichtigen Worten äußerte,
sagte er, die Vorstellungen von Ronald Reagan über gut und böse
in der Welt halte er für falsch.

Weizsäcker kündigte an, er wolle als Bundespräsident die UdSSR
besuchen. Allerdings müsse er vorher wissen, ob er dort will-
kommen sei. Dabei nahm er Bezug auf den kürzlichen Aufenthalt
von Genscher in der UdSSR und das frostige Klima, das dabei ge-
herrscht habe.

Da Weizsäcker mehrfach auf diese Reiseabsicht zu sprechen kam,
mußte der Eindruck entstehen, daß er uns das in der Erwartung
sagte, wir würden das die sowjetischen Genossen wissen lassen.

Im Zusammenhang mit der eventuellen Reise von Genossen Honecker
in die Bundesrepublik sagte Weizsäcker:

- Er ist unbedingt dafür, daß dieser Besuch zustande kommt. Dieser Besuch dürfe nicht als Alltagsereignis behandelt werden,
  sondern wäre ein wichtiges politisches Ereignis.

- Er habe die Absicht, in seiner Eigenschaft als Bundespräsident
  Erich Honecker als Staatsoberhaupt der DDR zu empfangen. Er
  sprach sich dafür aus, daß auch der Präsident des Bundesrates
  - bis November 1984 ist das Franz Josef Strauß - Erich Honecker
  empfangen müsse.

- Er sei auch deshalb für einen offiziellen Besuch Erich Honeckers
  in der BRD, weil er, Weizsäcker, die Absicht habe, als Bundespräsident die DDR zu besuchen. Seitdem er als Bürgermeister von
  Berlin (West) Erich Honecker besucht habe, sei ja wohl bekannt,
  daß er hinsichtlich Statusfragen beweglich sei, was ihm bekanntlich mancherlei Kritik eingebracht habe.

Dokument 20

Der Besuch des Staatsratesvorsitzenden der DDR müsse von politischer Substanz erfüllt sein. Es gehe sowohl um politische Fragen, einschließlich der Abrüstungsproblematik, aber nicht nur um sie, sondern um alle Felder der Beziehungen, wie Wirtschaft, Kulturabkommen bis zum Reiseverkehr. Das müsse man vorher sorgfältig abklopfen und ordnungsgemäß vorbereiten. Der geplante Besuch dürfe jedoch nicht öffentlich mit Hypotheken belastet werden.

Der Gast fragte nach den Gründen, warum im Bericht des Politbüros der jetzige Bürgermeister von Westberlin, Herr Diepgen, so scharf kritisiert wird. Ihm war angeblich die Äußerung von Diepgen in den USA nicht bekannt. Falls der Vorwurf zutreffe, wolle er dafür wirken, daß Diepgen für derartige Kritik keinen Anlaß mehr gebe. Während der Amtszeit Weizsäckers in Westberlin habe Diepgen in allen Fragen seine Linie unterstützt.

Die Wahl von Genossen Häber ins Politbüro der SED wurde von ihm als Ausdruck des hohen Stellenwertes bezeichnet, den die Beziehungen zwischen der DDR und der BRD in der Politik der SED besitzen.

Richard von Weizsäcker bedankte sich für die Grüße Erich Honeckers und bat darum, sie herzlich zu erwidern. Er äußerte seine Befriedigung über den guten Verlauf seines jetzigen Aufenthaltes in der DDR und bedankte sich für unser Entgegenkommen hinsichtlich der Wahl des Ortes für diese Unterredung.

Das Gespräch verlief in einer sehr lockeren und freundlichen Atmosphäre. Anwesend war Frau Wolf, eine Mitarbeiterin der Kirchenleitung der BRD, die offensichtlich seit längerem mit Weizsäcker zusammenwirkt.

Genosse Sindermann konnte zu Weizsäckers Überraschung mitteilen, daß er am Vortag Großvater geworden war, was er bis dahin noch nicht wußte.

Dokument 21

Information über ein Gespräch von Herbert Häber mit
Wolfgang Schäuble, Bundesminister für besondere Aufgaben
und Chef des Bundeskanzleramtes, in Berlin
am 6. Dezember 1984[62]

Zu Beginn des Gesprächs unterstrich Genosse Herbert Häber die
Nützlichkeit des politischen Dialogs, der gerade auch in komplizierten Zeiten dazu beiträgt, Veränderungen in der internationalen Situation herbeizuführen. Er betonte, daß das Verhältnis zwischen den

---

62 Der Gesprächsvermerk wurde vom Leiter Abteilung BRD im DDR-Außenministerium, Karl Seidel, angefertigt. Schäuble war in dieser Zeit offenbar bereits bekannt, daß sein Gesprächspartner Häber sich in einer komplizierten Situation seit dem Moskaugipfel vom 17. August 1984 befand. Sein Gespräch mit
Häber gehörte nicht zur üblichen Protokollebene. Er war von Hans Otto Bräutigam arrangiert worden und hatte demonstrativen Charakter.

Aktennotiz über ein Gespräch zwischen Herbert Häber und Wolfgang Schäuble,
6. Dezember 1985

beiden deutschen Staaten große Bedeutung über die jeweiligen bilateralen Interessen hinaus für das politische Klima in Europa hat.

Schäuble bedankte sich für die Möglichkeit des Gesprächs mit Genossen Herbert Häber. Auf den Tag genau sei er drei Wochen im Amt.[63] Deshalb sei es Anliegen seines Besuches, politische Persönlichkeiten der DDR kennenzulernen und sich selbst vorzustellen.

Die Regierung der Bundesrepublik erachte es als richtig, daß bei Respektierung der unterschiedlichen Standpunkte in den Beziehungen zwischen der BRD und der DDR das mögliche angepackt werden sollte. Die Bundesrepublik leiste dazu ihren Beitrag. Man dürfe aber nicht übersehen, daß die allgemeinen politischen Rahmenbedingungen auch ihre Auswirkungen hätten.

Schäuble führte weiter aus, daß die BRD daran interessiert sei, vor allem auf dem Feld des Umweltschutzes zu weiteren konkreten Vereinbarungen mit der DDR zu kommen. Der ins Auge gefaßte Besuch des für den Umweltschutz verantwortlichen Bundesministers in der DDR sollte sorgfältig vorbereitet und bald durchgeführt werden. In der Sache sollten unbedingt Ergebnisse erzielt werden. Der Umweltschutz bewege die Menschen sehr. Er selbst stamme aus dem Schwarzwald und könne das gut beurteilen. Vor allem müsse man an die nachfolgenden Generationen denken.

Die Bundesregierung sei bereit, die Vereinbarung über den grenzüberschreitenden Kali-Abbau noch in diesem Jahr in Kraft zu setzen.[64] Sie lege in diesem Zusammenhang Wert darauf, auch zu entsprechenden Ergebnissen hinsichtlich der Reduzierung der Salzbelastung der Werra und beim Gewässerschutz der Elbe zu kommen. Lange Erörterungen hätte es in der Bundesregierung über die Frage des Autobahnabschnittes Hirschberg-Triptis[65] gegeben. Die Bundesregierung messe dem Ausbau der Verkehrsverbindungen große Bedeutung bei. Das diene den Menschen in beiden deutschen Staaten. Man habe sich deshalb entschlossen, der DDR darüber Verhandlungen vorzuschlagen, auch über eine Kostenbeteiligung der BRD.

Er möchte feststellen, sagte Schäuble, daß in den Beziehungen zwischen der Bundesrepublik und der DDR ein gewisses Vertrau-

---

63 Am 15. November 1984 trat Wolfgang Schäuble die Nachfolge von Philipp Jenninger als Bundesminister für besondere Aufgaben und Chef des Bundeskanzleramtes an. Jenninger übernahm am 5. November 1984 das Amt des Bundestagspräsidenten als Nachfolger von Rainer Barzel. Zum Wechsel des Ministers im Kanzleramt vgl. Karl-Rudolf Korte: Deutschlandpolitik in Helmut Kohls Kanzlerschaft, S. 209 ff.

65 Am 15. August 1985 unterzeichneten Vertreter der Verkehrsministerien beider deutscher Staaten in Bonn einen Briefwechsel über die Grunderneuerung von Teilen der Transitautobahn Berlin-Hirschberg.

enskapital aufgebaut worden ist. Es sei gut, daß in den zurückliegenden Jahren unbeschadet „gelegentlich schwieriger Zeiten" der Gesprächsfaden nicht abgerissen ist.

Genosse Herbert Häber griff im weiteren Verlauf des Gesprächs das von Schäuble genannte Stichwort der Vertrauensbasis auf. Zweifellos sind wir bei der Entwicklung des Klimas in unseren Beziehungen vorangekommen, sagte er. Selbstverständlich sehe auch die DDR es als eine große Aufgabe an, alles für die Erhaltung der Umwelt zu tun.

Die schrecklichen Bilder der Umweltkatastrophen in Indien und Mexiko forderten geradezu die Vorstellung heraus, welche unermeßlichen Folgen ein militärischer Konflikt im hochindustrialisierten Europa mit sich bringen würde. Das vorrangige Ziel der Außenpolitik der DDR bestehe darin, alles zu tun, um einen Krieg zu verhindern und die weltpolitische Entwicklung in ruhigere Bahnen zu lenken. Die Rüstungsschraube dürfe nicht weitergedreht werden. Damit würde den Interessen der Menschen in erster Linie gedient.

Die ganze Politik der SED sei trotz der gefährlichen internationalen Situation auf eine friedliche Zukunft gerichtet. Das machten die innenpolitischen Aufgaben der DDR deutlich, die bis zum Ende dieses Jahrzehnts abgesteckt sind und deren Überlegungen bereits bis zum Jahr 2000 reichen.

Der Stopp des Wettrüstens und der Übergang zur Abrüstung ist die Hauptaufgabe. Das oberste Gebot für das Verhältnis zwischen den beiden deutschen Staaten, sagte Herbert Häber sei, alles dafür zu tun, daß von deutschem Boden kein Krieg ausgeht. Ebensowenig dürften die beiden deutschen Staaten Schauplatz eines Krieges werden, der nicht von ihnen ausgeht. Es sei sehr zu begrüßen, daß es nunmehr zwischen der UdSSR und den USA zu Vereinbarungen gekommen ist, um Januar 1985 mit Gesprächen über den ganzen Komplex der Nuklear- und Weltraumwaffen zu beginnen. In diesem Zusammenhang verwies Genosse Herbert Häber auf die Vorschläge der DDR zur Beendigung des Wettrüstens und zur Abrüstung auf der Grundlage der Prinzipien der Gleichheit und der gleichen Sicherheit.

Es wäre nur zu begrüßen, wenn sich die Regierung der BRD ebenso fördernd und befürwortend dafür einsetzt, damit das Wettrüsten angehalten werden kann. Es sei nicht verständlich, wieso man sich dort befriedigt über die Fortsetzung der Raketenstationierung äußere. Man brauche kein Prophet zu sein, sagte Herbert Häber, um zu wissen, welche Folgen ein Mißlingen der jetzt von der UdSSR und den USA ins Auge gefaßten Gespräche hätte. Wenn sich die weltpolitische Entwicklung weiter verschärft, blieben auch die bilateralen Beziehungen nicht unberührt.

Um so wichtiger sei es, wenn mit dem Erreichten sorgfältig umgegangen würde. Herbert Häber hob hervor, daß für die Beziehungen zwischen den beiden deutschen Staaten der Grundlagenvertrag, die anderen europäischen Verträge und auch die Schlußakte von Helsinki die unverrückbare Basis sind.

Um so bedenklicher ist es, wenn durch Äußerungen und Erklärungen Bonner Politiker der Eindruck erweckt wird, als strebe man eine Relativierung der Verträge an. Das ständige Wiederholen der Behauptung, die deutsche Frage sei offen, die Verträge hätten den Charakter eines Modus vivendi und das Verhältnis zwischen beiden deutschen Staaten habe keinen völkerrechtlichen Charakter, verstärke die Zweifel daran, ob die Bundesregierung es mit den Verträgen ernst meine, ob es die Kontinuität, von der Herr Kohl gesprochen hat, überhaupt noch gibt.

Eine „Vertragspolitik mit beschränkter Haftung" sei für die DDR nicht annehmbar. Die Fortsetzung dieser Erklärungen würde das Klima in den Beziehungen ernsthaft belasten und könne Ansätze zu weiteren Schritten in den Beziehungen zerstören. Wenn man Unmögliches fordert, macht man das Mögliche unmöglich. Die Wahrheit sei, sagte Herbert Häber, es gibt zwei deutsche Staaten, die voneinander unabhängig sind und die sich im Grundlagenvertrag verpflichtet haben, ihre Souveränität zu respektieren und sich nicht in ihre inneren und äußeren Angelegenheiten einzumischen. Für die weitere Normalisierung der Beziehungen zwischen der DDR und der BRD können also nur Vertragsbeziehungen eine tragfähige Grundlage bilden.

Es stehe außer Zweifel, daß die DDR am Ausbau der Beziehungen zur BRD interessiert ist. Das ist für uns keine konjunkturelle Frage, sagte Herbert Häber, sondern ein wichtiges Element der von uns verfolgten Politik der friedlichen Koexistenz. Die DDR sei entschlossen, alles zu erfüllen und zu verwirklichen, was mit der BRD vereinbart worden ist.

Herbert Häber übergab Schäuble eine Ausarbeitung der DDR zu Fragen der Respektierung der Staatsbürgerschaft. Außerdem übergab er eine Abschrift des in der Grenzkommission im Jahre 1975 ausgehandelten Protokollvermerkes zu Fragen der Elbgrenze.

W. Schäuble sagte in Erwiderung der Ausführungen von Genossen Herbert Häber, er würde sich freuen, mit ihm öfter, entweder hier oder in Bonn, sprechen zu können. Leider sei es heute aufgrund der Kürze der Zeit nicht möglich, alle angesprochenen Themen ausführlich zu behandeln. Soviel könne er sagen: Die Regierung der Bundesrepublik wolle darauf hinwirken, daß sich zur DDR gutnachbarschaftliche Beziehungen auf der Basis des Grudlagenvertrages entwickeln. Zu Recht habe Herbert Häber darauf hingewiesen, daß Kohl von der Kontinuität seiner Regierung in der Vertragspolitik gesprochen habe. Daran würde sich nichts ändern. Auch der Wechsel von Jenninger zu ihm würde in diesen Fragen von Kontinuität geprägt werden.

Er verstehe die Philosophie des Grundlagenvertrages so, daß in Kenntnis der Unterschiede in Grundpositionen auf der Basis der Gleichberechtigung das Machbare gelöst werden müsse. Niemand wolle das ins Zwielicht bringen. Zuzustimmen sei ebenso dem, was Herbert Häber über die Festigung eines guten Klimas zwischen beiden Staaten ausgeführt hat. Die unterschiedlichen Standpunkte dürften nicht verwischt werden. Im Grundlagenvertrag stünde ja bereits, daß es in der Frage der Staatsbürgerschaft keine Übereinstimmung gibt. In bezug auf die für die Gestaltung der Beziehungen zwischen beiden Staaten geltenden Prinzipien stimme er mit Herbert Häber völlig überein. Daran gäbe es keinen Zweifel. Dankbar sei er für die dazu gegebenen Erläuterungen.

Das von Herbert Häber übergebene Papier zu Fragen der Staatsbürgerschaft würde er aufmerksam lesen. Der Protokollvermerk der Grenzkommission aus dem Jahre 1975 zur Frage der Elbgrenze sei ihm bekannt. Das sei von keiner Bundesregierung jemals bestätigt worden. Er könne soviel sagen, daß nach Abschluß der gegenwärtig angestellten internen Überlegungen die Beauftragten der Bundesregierung 1985 in der Grenzkommission einen entsprechenden Vorschlag der Bundesrepublik zur Lösung dieser Frage einbringen werden.

Was die aktuelle internationale Situation betrifft, wolle er sagen, daß die Bundesrepublik die Bedeutung der Verhandlungen zwischen der UdSSR und den USA sehe. Er stimme zu, daß ohne Frieden alles vergeblich ist. W. Schäuble machte auf den Text des Kommuniqués aufmerksam, das anläßlich des Besuches von H. Kohl bei R. Reagan in der vergangenen Woche veröffentlicht wurde. Die Bundesregierung wolle im Rahmen ihres Bündnisses mithelfen, damit der Dialog in Gang kommt. Er wolle hervorheben, daß Bundeskanzler Kohl immerhin der Regierungschef des westeuropäischen NATO-Partners der USA ist, der als erster nach der Wiederwahl mit R. Reagan gesprochen hat.[66]

Schäuble führte weiter aus, er stimme mit Herbert Häber überein, daß es zu Fortschritten auf dem Gebiete der Abrüstung kommen müsse. Er wolle daran erinnern, daß die CDU/CSU-Fraktion im Bundestag bereits in einer Zeit, als sie noch auf der Oppositionsbank saß, das weltweite Verbot chemischer Waffen gefordert habe.

W. Schäuble äußerte sich zur Kritik sozialistischer Länder am Revanchismus in der BRD und behauptete, daß diese Kampagne einem guten Klima ebenfalls abträglich sei.

Im weiteren Verlauf des Gesprächs sprach Schäuble den Aufenthalt von DDR-Bürgern in einigen BRD-Botschaften an.[67] Dieses

---

66 Ronald Reagan wurde vom Wahlmännergremium am 20. Januar 1985 für seine zweite Amtszeit zum Präsidenten der USA gewählt.
67 Seit dem 2. Oktober 1984 hatten sich bis zu 168 DDR-Bürger in der Botschaft der Bundesrepublik in Prag aufgehalten. Nach schwierigen Verhandlungen, in die Wolfgang Schäuble sowie Alexander Schalck-Golodkowski und

Problem sollte man nicht unterschätzen. Er sehe eine Gefahr, daß daraus eine Belastung in den Beziehungen entstehen könne. Die Bundesregierung habe erklärt, daß die Botschaften kein Weg für die Erzwingung von Ausreisen sein könnten. Ich bitte Sie, sagte Schäuble, mitzuhelfen, daß Lösungen gefunden werden.

Genosse Herbert Häber ging noch einmal auf den Revanchismus in der BRD ein. Schließlich brauche man sich nicht zu wundern, daß es in Ost und West zu Reaktionen führt, wenn der Eindruck erweckt wird, man wolle in Europa die Landkarte neu zeichnen. Auf der letzten Tagung unseres Zentralkomitees hat deshalb unsere Partei noch einmal unmißverständlich gesagt, daß alle Völker in Europa mit zwei deutschen Staaten leben können. Die Existenz zweier deutscher Staaten sei sogar ein stabilisierender Faktor in Europa.[68]

In bezug auf die von Schäuble angesprochene Lage in einigen Botschaften führte Herbert Häber aus: Die Bundesregierung weiß, daß die DDR mit Verantwortungsbewußtsein an diese Probleme herangeht. Wir sind der Auffassung, daß, wenn es sich um Bürger der DDR handelt, sie als Bürger der DDR zurückkommen sollten.

Am Gespräch nahmen seitens der DDR Genosse Karl Seidel, Leiter der Abteilung BRD im MfAA, und Genosse Gunter Rettner, stellvertretender Leiter der Abteilung für Internationale Politik und Wirtschaft des ZK der SED, teil.

Von BRD-Seite nahmen teil Hans Otto Bräutigam, Leiter der Ständigen Vertretung der BRD, Günther Meichsner, Ministerialdirektor im „innerdeutschen" Ministerium, sowie Hermann von Richthofen, Ministerialdirigent im Bundeskanzleramt der BRD.

Information über ein Gespräch von Herbert Häber mit Eberhard Diepgen, Regierender Bürgermeister von Berlin (West), in Leipzig am 12. März 1985[83]

Zu Beginn des Gesprächs begrüßte ich die Möglichkeit, anläßlich der Leipziger Frühjahrsmesse ein Gespräch mit dem Regierenden Bürgermeister von Westberlin führen zu können, zumal nach den in Westberlin stattgefundenen Wahlen er wiederum eine hohe Verantwortung für diese Stadt und die dort verfolgte Politik tragen wird.

Ich verwies darauf, daß am gleichen Tag die Verhandlungen in Genf beginnen, von denen für das Schicksal der ganzen Menschheit so viel abhängt. Auf der Grundlage der Reden des Generalsekretärs des ZK der SED, Erich Honecker, vor den 1. Kreissekretären und in Dresden[84] unterstrich ich den Standpunkt der DDR, daß die Sicherung des Friedens heute das wichtigste ist. Darum sind wir für den Dialog und für eine Koalition des Realismus und der Vernunft. Es gilt, das Wettrüsten im Weltraum nicht zuzulassen und auf der Erde zu beenden und damit für unsere Generation wie für unsere Nachwelt lebenswerte Existenzbedingungen zu erhalten.

Im Interesse des Friedens und der Zusammenarbeit tritt die DDR auch im Verhältnis zu Westberlin für eine positive Gestaltung des beiderseitigen Verhältnisses auf der Grundlage der bestehenden Re-

---

83 Die Gesprächsinformation war von Herbert Häber am 13. März 1985 per ZK-Hausmitteilung an Erich Honecker gerichtet. Da Honecker aufgrund der Trauerfeierlichkeiten in Moskau weilte, nahm sein Vertreter, SED-Politbüromitglied Egon Krenz, am 14. März 1985 die Information entgegen und leitete sie im Umlaufverfahren den Mitgliedern und Kandidaten des Politbüros zu.
84 Am 1. Februar 1985 sprach SED-Generalsekretär Erich Honecker vor den 1. Kreissekretären der Partei in Dresden. Er behauptete, daß der „Frieden durch den Sozialismus gesichert worden" wäre und eine „neue Eiszeit" in den internationalen Beziehungen nicht eingetreten sei.

Aktennotiz über ein Gespräch zwischen Herbert Häber und Eberhard Diepgen

alitäten und der geschlossenen Verträge ein. Zur friedlichen Koexistenz gibt es keine vernünftige Alternative. Realitätssinn sowie guter Wille der beteiligten Seiten sind dazu erforderlich.

Die in den letzten Jahren erreichten guten Ergebnisse in den Beziehungen zu Berlin (West) bestätigen, daß auf dieser Grundlage auch Fortschritte möglich sind. Die DDR tritt dafür ein, diesen Weg auch weiter zu beschreiten. Wichtig ist, eine Atmosphäre zu schaffen und zu pflegen, in der Zusammenarbeit gedeihen kann. Ständige Erklärungen aber über die „Offenheit" irgendwelcher Fragen oder die „Symbolrolle" Westberlins sind dafür nicht dienlich.

Auch bringt es nichts ein, Fragen auf den offenen Markt zu tragen, Spekulationen in den Medien hervorzurufen, statt sie zum Gegenstand von Gesprächen oder Verhandlungen an dem Tisch zu machen, auf den sie gehören. Von seiten der DDR besteht der Wunsch, eine für beide Seiten nützliche Zusammenarbeit zu entwickeln, für die diese Begegnung von Nutzen sein sollte.

Diepgen begrüßte seinerseits ebenfalls die Gelegenheit zu diesem Gespräch. Dabei äußerte er, daß er die Absicht habe, seine Besuche in Leipzig und solche Begegnungen zu einer regelmäßigen Praxis werden zu lassen.

Nachdem ich einleitend Diepgen an einen Ausspruch von ihm erinnert hatte, daß „der Dialog mit der DDR Frieden zur Voraussetzung und zum Ziel habe", äußerte er, daß auch auf seiten von Berlin (West) elementares Interesse an positiven Ergebnissen der am gleichen Tage in Genf begonnenen Verhandlungen zwischen der UdSSR und den USA über den Gesamtkomplex der Nuklear- und Weltraumwaffen bestehe. Es müsse alles getan werden, was möglich ist, um das Zustandekommen entsprechender Vereinbarungen zu fördern, „einschließlich durch den Regierenden Bürgermeister, so begrenzt seine politischen und rechtlichen Möglichkeiten auch sein mögen".

Zweifellos gehörten dazu konstruktive Bemühungen um Fortschritte in den gegenseitigen Beziehungen, indem „gegenseitige Achtung und Anerkennung sowie gegenseitige Rücksichtnahme" geboten seien.

Diepgen begrüßte ebenfalls die in den beiderseitigen Beziehungen erreichten Fortschritte. Er nannte insbesondere die Einschaltung kleiner und mittlerer Betriebe in die beiderseitigen Wirtschaftsbeziehungen, die S-Bahn-Vereinbarung, das Offenhalten der Grenzübergangsstelle Staaken, die Verlängerung des Müllverbringungsvertrages sowie den Kulturaustausch.[85]

---

85 Eberhard Diepgen bezog sich in seinen Ausführungen auf die Vereinbarung zwischen der DDR-Regierung und dem Westberliner Senat über die „Gewährleistung der Übernahme von Abfallstoffen aus Berlin (West) und ihre Beseitigung in der DDR". Diese Vereinbarung wurde am 1. Oktober 1985 durch Neufestlegung der Abnahmemengen und Preise für Abfallstoffe verlängert sowie

Dokumentvorlage...

Dokument 22

Einiges sei leider nicht fortgesetzt worden, was offenkundig zum Teil auch auf Mißverständnisse zurückzuführen sei. Dann nannte Diepgen einige Themen, wozu er sagte, es ginge ihm darum, auszuloten, was geht und was nicht. Ihn bewege, ob es Chancen gebe, die Gespräche über einen weiteren Gebietsaustausch fortzusetzen.[86]

Auf wirtschaftlichem Gebiet sollte verstärkt angestrebt werden, insbesondere durch Einbeziehung von Investgütern in die Bezüge der DDR aus Westberlin zur Überwindung des Ungleichgewichtes in der beiderseitigen Handelsbilanz beizutragen.[87] Ihn interessiere, welche Möglichkeiten für Westberlin sich aus den Planungen der DDR bis 1990 ergeben. Wichtige Bereiche der Zusammenarbeit könnten die Energieökonomie und die Umwelttechnik sein, in denen eine wechselseitige Unterstützung möglich wäre.

Neue Gespräche wolle man über den vereinbarten Neubau von Eisenbahnanlagen im Südbereich führen. Die gegenwärtige Organisation des Güterfernverkehrs in Westberlin sei wirtschaftlich wenig tragbar. Deshalb möchte man Absprachen in solchen Fragen herbeiführen, in denen ein gleichgelagertes Interesse bestehe. Der Senat hoffe in diesen Fragen auf gegenseitige Vereinbarungen und Gespräche, „die auf den richtigen Ebenen zu führen" seien. Damit möchte er auch die entsprechende Anfrage der DDR-Seite beantwortet haben.

Der Reise- und Besucherverkehr sei „immer verbesserungsbedürftig", diesbezügliche Wünsche des Senats seien bekannt. Er verwies auf kürzlich mit der VR Polen erzielte Vereinbarungen über die Errichtung von Ferienzentren in Polen. Dies müßte auch mit dem „unmittelbaren Umfeld" möglich sein, weil sie einen hohen Freizeitwert hätten und von ökonomischem Interesse sein könnten.

Beim Umweltschutz sei es notwendig zu erkennen, daß die Probleme nur gemeinsam lösbar seien. Nach seiner Auffassung sollte damit begonnen werden, Informationen über Belastungsstufen der Luft auszutauschen, so wie es über die Gewässer schon der Fall sei.

---

der Bau einer Sonderabfall-Verbrennungsanlage in Schöneiche vereinbart. Außerdem meinte Diepgen die Vereinbarung „über die künftige Durchführung des S-Bahnverkehrs" vom 30. Dezember 1983. Vgl. den Text der Vereinbarungen in: Beziehungen zwischen der Deutschen Demokratischen Republik zur Bundesrepublik Deutschland und zu Berlin (West), S. 188 f.; S. 206 ff.

Am 3. April 1986 tauschten der Berliner Senat und die DDR-Regierung Kulturgüter aus, die zuvor kriegsbedingt im jeweils anderen Teil Berlins gelagert wurden.

86 Verhandlungen über einen weiteren Gebietsaustausch wurden später fortgesetzt. Am 31. März 1988 trafen beide Seiten eine Vereinbarung über die Einbeziehung weiterer Enklaven und kleiner Gebiete in die Gebietsaustausch-Vereinbarung vom 20. Dezember 1971. Vgl. den Text der Vereinbarungen in: ebenda, S. 182 ff., 212 f.

Kompliziert sei das Problem der Asylanten. Er hoffe, daß die DDR die Zusagen gegenüber skandinavischen Ländern auch auf Westberlin anwende. Er betonte, daß es sich dabei „entsprechend dem Prinzip der Freizügigkeit" nicht primär um eine Angelegenheit von Berlin (West), sondern der BRD handele, da Westberlin „nur als Durchgangsort" diene.[88]

Abschließend betonte Diepgen nochmals, daß er für das Gespräch dankbar sei, da es die Möglichkeit biete, das Vertrauen im beiderseitigen Verhältnis zu stärken. Besser sollten künftig die Möglichkeiten ausgeschöpft werden, die sich in den Fragen ergeben, in denen „übereinstimmende oder parallele Interessenlagen" bestehen. Dazu gehören zweifellos nicht alle die von ihm genannten Punkte, die er zum Teil auch nur „pflichtgemäß vorgetragen" habe.

Auf das Thema der 750-Jahr-Feier Berlins ist Diepgen nicht eingegangen.

Genosse Horst Sölle nahm kurz zu Fragen der wirtschaftlichen Beziehungen zu Westberlin Stellung. Er erklärte, daß auch von seiten der DDR Interesse bestehe, sie weiterzuentwickeln. Deshalb würden die Lieferwünsche Westberlins bereits in hohem Maße berücksichtigt. Dabei würden insbesondere auch kleinere und mittlere Betriebe einbezogen, wie ihr verstärktes Engagement auf der Leipziger Messe bestätigt. Genosse Horst Sölle brachte die Überzeugung zum Ausdruck, daß diese Wirtschaftsbeziehungen eine gute Perspektive haben können und auf weitere Gebiete ausgedehnt werden sollten. Die Frage eines Bilanzausgleichs müßte in dem bekannten Rahmen gesehen werden.

In meiner Erwiderung bekräftigte ich noch einmal die Notwendigkeit, die erforderliche sachliche Atmosphäre zu sichern, um im beiderseitigen Verhältnis weiter voranzukommen. Reden sei zwar manchmal Silber, aber Schweigen sei manchmal Gold. Dabei sind der Blick für das Machbare und die Bewahrung von Realitätssinn unerläßlich.

Ohne auf alle Einzelfragen einzugehen, betonte ich nochmals, daß es insbesondere darauf ankommt, sich auf dem Boden der geschlossenen Verträge zu bewegen und konsequent alles zu unterlassen, was darauf hinauslaufen könnte, die erreichten Ergebnisse in Frage zu stellen. Was die von Diepgen genannten Themen angeht, so seien sie von unterschiedlicher Art. So wäre es zweifellos nicht realistisch, zu versuchen, in den Fragen des Eisenbahnverkehrs die Bundesbahn der BRD in Bereichen ins Spiel zu bringen, für die die Deutsche Reichsbahn zuständig ist.

---

88 Zu einer generellen Regelung des Problems kam es erst am 18. September 1986. Zum 1. Oktober 1986 ordnete das DDR-Außenministerium an, daß Transitvisa für die DDR nur noch an Personen mit Anschlußvisa anderer Staaten ausgegeben werden.

Was die Asylanten betreffe, so gehe die DDR konsequent vom ⌐
Prinzip der Transitfreiheit aus. Es sei eine seltsame Forderung, von
uns zu verlangen, daß die DDR für Westberlin ein Grenzregime errichtet. Die Frage, wer nach und von Westberlin einreist, ist Sache
von Berlin (West) selbst. Die Frage von Gebietsaustausch stehe ge- ⌐⌐
genwärtig nicht.

Hinsichtlich der übrigen von Diepgen vorgetragenen Angelegenheiten verwies ich auf die dafür bestehenden Gesprächsebenen.

Abschließend wurde von mir nochmals die Notwendigkeit betont, die Anstrengungen aller, die politische Verantwortung tragen,
vor allem auf jene Aufgaben der Friedenssicherung zu konzentrieren,
deren Lösung heute die entscheidenden Lebensfragen der gesamten
Menschheit darstellen.

Bei dem Gespräch waren außerdem anwesend von unserer Seite
Genosse Walter Müller, Leiter der Abteilung Westberlin im MfAA,
sowie in Begleitung Diepgens der Stellvertretende Leiter der Treu-
handstelle für Industrie und Handel (TSI), Bernd Reather.

Quelle: SAPMO-BArch, DY 30/J IV 2/10.04/31.

Dokument 23

A. Schalck   Berlin, den o4.o2.1986

Mitglied des Politbüros
und Sekretär des ZK der SED

Genossen Günter Mittag

_____

Lieber Genosse Mittag!

Beiliegend übermittle ich Dir einen Vermerk über
das geführte Gespräch mit Bundesminister Schäuble
am o4.o2.1986.

Bitte um Kenntnisnahme.

                              Mit kommunistischem Gruß

                              Alexander Schalck

Anlage

Information Schalcks an Günter Mittag über ein Gespräch mit Wolfgang Schäuble,
4. Februar 1986 (Anstreichungen E. Honecker)

Dokument 23

Berlin, den o4.o2.1986

Vermerk über ein Gespräch zwischen Genossen Schalck
und dem Bundesminister und Chef des Bundeskanzleramtes Schäuble am o4.o2.1986

Das Gespräch wurde auf Grund einer Bitte von Schäuble
vom 3o.o1.1986 durchgeführt.
Unmittelbarer Anlaß seines Wunsches, das Gespräch mit
mir zu aktuellen Gesamtbeziehungen zu führen, war ein
Telegramm von Bräutigam an den Chef des Bundeskanzleramtes vom Vortag, aus dem zu entnehmen war, daß voraussichtlich mit Wirkung vom o1.o2.1986 eine Reihe von
internen Festlegungen der DDR zur Erweiterung des
Personenkreises in dringenden Familienangelegenheiten,
einschließlich einer großzügigeren Auslegung, wirksam
werden.

Bereits vor 14 Tagen hat Konsistorialpräsident Stolpe
im Auftrage von Staatssekretär Gysi dem Beauftragten
der Evangelischen Kirche bei der Bundesregierung,
Bischof Binder, signalisiert, daß die DDR mit Wirkung
vom o1.o2.1986 beabsichtigt, das Reisealter um
5 Jahre zu senken. Diese Mitteilung wurde mit strenger
Vertraulichkeit behandelt und auch nicht mit dem Genossen
Moldt konsultiert.
Bis zu dem Telegramm von Bräutigam erwartete man auf
offiziellem Wege eine Mitteilung der DDR, die möglicherweise eine weitere Interpretation der erfolgten
Mitteilung von Genossen Gysi zuließ.

Dokument 23

Nachdem am o4.o2.1986 die französische Nachrichten-
agentur AFP diese Meldung veröffentlichte, kam es
beim Bundeskanzler und den verantwortlichen Ministern
zu Irritationen, weil von offizieller Seite der DDR
bis zu diesem Zeitpunkt keine Information über in Kraft
tretende Maßnahmen übermittelt wurde.

Besonders auch unter dem Aspekt des erwarteten Besuches
von Genossen Sindermann und von Genossen Axen werden
mit solchen Veröffentlichungen in der Öffentlichkeit
Erwartungshaltungen hervorgerufen, die aus einer gut
gedachten Sache möglicherweise bei Nichteintreten des
Sachstandes gewisse Enttäuschungen eintreten lassen.

Da ich von meiner Seite aus nicht bevollmächtigt war,
diese Frage zu kommentieren, entschied sich Schäuble,
Genossen Moldt für morgen 13,oo Uhr in das Bundeskanzleramt zu bitten und um Aufklärung hinsichtlich dieser
Presseveröffentlichung durch AFP, die sicherlich von
anderen Zeitungen am o5.o2.1986 voll übernommen wird,
zu ersuchen.

Durch ein offizielles Gespräch mit Genossen Moldt sieht
Schäuble den sichersten Weg, um mögliche falsche bzw.
einseitige Meldungen richtig zu stellen und mögliche
Enttäuschungen von vornherein zu vermeiden.

Mit großer Aufmerksamkeit wurde das veröffentlichte
Interview des Generalsekretärs des ZK der SED und Vorsitzenden des Staatsrates der DDR, Genossen Honecker
in der Wochenzeitung "Die Zeit" zur Kenntnis genommen.

Dokument 23

Der Bundeskanzler und auch Schäuble betrachten es als
eine positive Antwort zu diesem Interview, daß sie innerhalb von 16 Stunden dem Wunsch der DDR-Seite zu einem
Treffen zwischen Genossen Sindermann und dem Bundeskanzler entsprochen haben.
Die vorgesehene Zeit von 15,oo - 16,3o Uhr ist für den
Bundeskanzler ungewöhnlich lange; darin kommt die Aufmerksamkeit zum Ausdruck, die man diesem Besuch bei-
mißt.

Es kann davon ausgegangen werden, daß dem Wunsch von
Genossen Sindermann, mit allen Fraktionsvorsitzenden
zu sprechen, auch von der Fraktion der CDU/CSU entsprochen wird.

Der Bitte vom Genossen Axen, zu einem Gespräch mit
Schäuble zusammen zu kommen, wurde ebenfalls entsprochen.

Schäuble legte Wert darauf festzustellen, daß diese
kurzfristige Entscheidung auch als eine positive Reaktion auf das Interview zu werten ist.

Schäuble deutete an, daß im nächsten Bericht zur Lage
der Nation - voraussichtlich Ende Februar - der Bundeskanzler auf eine Reihe von Fragen, die im Interview
behandelt wurden, möglicherweise eingehen wird.
Dabei wird die aufgeworfene Frage der Respektierung
der Staatsbürgerschaft eine gewisse Rolle spielen.
Schäuble legte auch Wert darauf festzustellen, daß in
den Kontakten zwischen Beauftragten der Ständigen
Vertretung der DDR in der BRD und dem Bundeskanzleramt zu einer Reihe von vorgetragenen Fällen (Einberu-
fungen, Paßvernichtungen und ähnliche Fragen), wo die
Respektierung der Staatsbürgerschaft der DDR verletzt
wurde, berechtigten Klagen nachgegangen wurde.

Dokument 23

Der Standpunkt der Bundesregierung zur Respektierung
der Staatsbürgerschaft der DDR wurde nach Aussagen
von Schäuble bei verschiedensten Anlässen dargestellt.
Es ist anzunehmen, daß im Bericht zur Lage der Nation
der Bundeskanzler darauf zurückkommen wird.

Einen größeren Raum in Schäubles Ausführungen nahm
das Interesse der BRD am SDI-Programm ein.
Schäuble informierte, daß morgen ein erneutes Treffen
von Kohl mit Mitterand stattfindet und bereits in den
letzten Gesprächen diese Frage eine besondere Rolle
gespielt habe.
Schäuble betonte die unterschiedliche Interessenlage
Frankreichs und der BRD zu dieser Frage, die sich
vor allem daraus ergibt, daß Frankreich eine Nuklear-
macht ist, nicht unmittelbar an den Warschauer Pakt
angrenzt und nicht auf den atomaren Schutz der USA
angewiesen ist. Aus dieser Situation ergibt sich auch,
daß die BRD gegenüber den USA andere Verpflichtungen
übernehmen müsse, als das für Frankreich gilt.
Mitterand hat für die Haltung der Bundesregierung Verständnis gezeigt und geäußert, daß er in der Lage der
Bundesregierung auch nicht anders handeln würde.

Man ist sich mit Frankreich darüber einig, daß größte
Anstrengungen unternommen werden müssen, um das begonnene
gemeinsame Forschungsprogramm bis hin zum Bau einer
eigenen Raumfähre Hermes, fortzusetzen, um damit eine
gewisse Eigenständigkeit Frankreichs, der BRD und der
Europäischen Gemeinschaft bei der Erkundung des Weltalls
zu sichern.

Dokument 23

In diesem Zusammenhang legte er Wert auf die Feststellung,
daß besonders im militärischen Bereich zwischen Frankreich
und der BRD Maßnahmen vereinbart wurden, daß alle hohen
Offiziere mindestens 1 Jahr an einer Ausbildungsstätte
des anderen Landes studieren sollen. Es soll in einem
Zeitraum von etwa 15 Jahren erreicht werden, daß der
ganze Kaderbestand hochrangiger Offiziere über eine
zweiseitige militärische Fortbildung verfügt.

Was die Interessenlage Frankreichs am SDI-Programm betrifft,
so waren es staatliche französische Firmen die als erste
sich an diesem Forschungsprogramm beteiligten.

Schäuble betonte in diesem Zusammenhang besonders, daß
auch schwedische, schweizer und andere Firmen aus
Nicht-NATO-Ländern, soweit sie über ein entsprechendes
Potential verfügen, sich ebenfalls mit Wissen ihrer
Regierungen an diesem Forschungsprogramm der USA beteiligen.

Auf meine Frage, warum denn die Bundesregierung ein
besonderes staatliches Abkommen mit den USA anstrebt,
erwiderte Schäuble, daß hier im wesentlichen Fragen
des Geheimnisschutzes, der Sicherung des Technologie-
transfers, der Nutzung der Forschungsergebnisse für
zivile Zwecke, Patentfragen und andere übliche Fragen
geregelt werden müssen.
Schäuble stellte fest, daß auch eine SPD-Regierung sich
solchen Forderungen der USA-Regierung sehr schwer verschließen könnte und erinnerte dabei an den von Altbundeskanzler Schmidt eingebrachten NATO-Doppelbeschluß,
den er sicherlich am Ende seiner Amtszeit nicht mehr
hätte verwirklichen können.

Dokument 23

Ich hatte den Eindruck, daß in dieser Frage noch nicht
das letzte Wort über Form und Inhalt einer solchen Vereinbarung zwischen den Regierungen der BRD und der USA
gesprochen wurde.

Der Vorschlag von Genossen Gorbatschow wurde bezüglich
der Beseitigung der Mittelstreckenraketen mit großer
Aufmerksamkeit registriert.
Hier werden interessante Ansatzpunkte gesehen, auch
in Europa zu Lösungen zu gelangen, die eine schrittweise
Realisierung des gesamten Abrüstungsprogramms positiv
beeinflussen könnten.
Es entsteht der Eindruck, daß die Bundesregierung offensichtlich versucht, auf dem niedrigsten Niveau eine
Vereinbarung mit den USA über die Beteiligung von BRD-
Firmen am SDI-Programm zustande zu bringen, die auf
der einen Seite noch der Interessenlage der USA-Regierung
entgegen kommt und andererseits politischen Spielraum
im Verhältnis zu den sozialistischen Staaten, besonders
zur Sowjetunion und zur DDR zuläßt.

Als ein weiteres dringendes Problem trug Schäuble die
von ADN erfolgte Veröffentlichung zu Entscheidungen
der DDR zur Behandlung von Reisenden, die im Transitverkehr
über das Territorium der DDR in die BRD einreisen, vor.
Diese Mitteilung kam für die BRD-Seite überraschend,
da ausdrücklich der Transitverkehr nach Westberlin ausgenommen wurde.
Von Genossen Moldt wurde in seinem Gespräch mit Schäuble
zwar mitgeteilt, daß eine "Juliregelung" (Tamilen) nicht
infrage kommt. Schäuble habe jedoch in diesem Gespräch
mit Genossen Moldt eindeutig zum Ausdruck gebracht,
daß für die BRD eine Regelung ohne Einbeziehung Westberlins in der Sache nichts löst. Diesen Standpunkt
wiederholte Schäuble mir gegenüber.

Dokument 23

Schäuble erklärte, daß ihm die unterschiedliche Auslegung
des Vierseitigen Abkommens bekannt ist und die Bundesregierung ihren Standpunkt dazu in voller Übereinstimmung
mit den westlichen Verbündeten vertritt und Veränderungen
dazu nicht möglich sind.

Schäuble schloß jedoch nicht aus, daß bei einem Besuch
von Diepgen zur Leipziger Messe dieses Problem von ihm
angesprochen wird.

Abschließend erklärte Schäuble zu diesem Themenkomplex,
daß am Sonnabend als letztes Land Syrien über die neuen
Regelungen informiert wurde. Eine Veröffentlichung von
Seiten der BRD-Regierung wird nicht erfolgen, solange
die Einbeziehung Westberlins nicht geklärt ist.

Ich möchte betonen, daß Schäuble diese Fragen ohne besondere
Zuspitzung vorgetragen hat und der Eindruck entstand,
daß dieser Komplex nicht Voraussetzung dafür ist, um
die politischen Beziehungen zwischen der DDR und der
BRD positiv im Sinne des Interviews des Generalsekretärs
des ZK der SED, Genossen Erich Honecker, weiter zu entwickeln.

Schäuble bemerkte, daß er kein Geheimnis verrate, wenn
er mitteilt, daß von Seiten der CDU/CSU das Problem
des geltenden Asylrechts zum Wahlkampfthema gegenüber
der SPD gemacht wird. Wenn es dadurch und vielleicht
mit Unterstützung der DDR gelingen würde, die SPD für
eine entsprechende Änderung des Grundgesetzes zu gewinnen,
so würde durch diese Veränderung des Asylrechts in der
BRD das Problem gelöst werden können.

Zur gegenwärtigen Auseinandersetzung in der BRD zur
Änderung des § 116 des Arbeitsfördergesetzes sowie
zum Thema "Neue Heimat" schätzte Schäuble ein, daß es
zu keiner ernsthaften Konfrontation zwischen der Bundesregierung und den Gewerkschaften kommen werde.
Auch der DGB würde an einer Zuspitzung der Situation
nicht interessiert sein.
Die Bundesregierung ist nach wie vor an einer einheitlichen
Gewerkschaft interessiert und wird aus heutiger Sicht
alles tun, um sie aufrecht zu erhalten.

Schäuble schätzte weiter ein, daß bei der kommenden
Bundestagswahl die Koalitionsparteien wiederum die Mehrheit erhalten werden. Die Zersplitterung und das breite
Spektrum der SPD sowie ihr Bündnis mit den "Grünen"
in Hessen aber auch die Erfahrungen mit den SPD-Regierungen
in den Ländern würden die Chancen der SPD für die Bundestagswahlen stark einschränken.

Zur Lage der "Neuen Heimat" bemerkte Schäuble, daß die
Gewerkschaft dieses Problem allein lösen müsse und die
Bundesregierung sich nicht an dem Verlust, der etwa
5 - 7 Mrd. DM betrage, beteiligen werde. Dabei schloß
er nicht aus, daß über die Länder und Kommunen Teillösungen
erreicht werden können.

Zum Kulturabkommen informierte Schäuble, daß die bekannte
Abstimmung mit den Bundesländern bis Ende Februar abgeschlossen sein wird. Nach den derzeitigen Vorstellungen könnte
dieses Abkommen danach durch die Verhandlungsführer
Bräutigam und Nier unterzeichnet werden. Schäuble erklärte,
daß er daran interessiert sei zu erfahren, wenn die
DDR andere Vorstellungen oder Wünsche dazu habe und
er darum bittet, daß ihm dies dann durch Genossen Moldt
oder auf andere Weise mitgeteilt wird.

Dokument 23

Die beiden in Verhandlung befindlichen Abkommen auf
den Gebieten von Wissenschaft und Technik sowie zur
Zusammenarbeit auf dem Gebiet des Umweltschutzes sind
nach Auffassung von Schäuble "an den Statusproblemen
Westberlin" festgefahren.

Auch bei Tagungen und Kongressen, die in Westberlin
stattfinden, registriere die Bundesregierung, daß offizielle
Einladungen, die an DDR-Teilnehmer ausgesprochen werden,
nicht wahrgenommen würden.

Schäuble bat darum, daß von Seiten der DDR auch unter
Beachtung der Interessenlage der UdSSR diese gesamte
Problematik noch einmal durchdacht wird, da ein Abschluß
der oben genannten Abkommen oder anderer Vereinbarungen
ohne Einbeziehung Westberlins für die Bundesregierung
nicht denkbar sei.

Schäuble informierte nochmals, daß nach seiner Kenntnis
Ministerpräsident Lothar Späth den Wunsch habe, die
DDR zu besuchen und dabei Möglichkeiten für Gespräche
auf hoher politischer Ebene zu erhalten.

Abschließend bedankte sich Schäuble für die Möglichkeit
des kurzfristigen Zustandekommens dieses Gesprächs und
bat darum, auch in Zukunft die Möglichkeit zu erhalten,
Themen, die aus den verschiedensten Gründen auf offiziellem Wege nicht behandelt werden können, auf dieser
vertraulichen Ebene zu erörtern.

Alexander Schalck

Schreiben Helmut Kohls an Erich Honecker vom 14. Juli 1986[296]

Sehr geehrter Herr Generalsekretär,
für Ihr Schreiben vom 30. Mai 1986, in dem Sie meinen Vorschlag zur
Abhaltung einer Konferenz hochrangiger Regierungsmitglieder zu Fragen der nuklearen Sicherheit positiv aufgenommen haben, danke ich
Ihnen.[297]

Ich betrachte es als ein ermutigendes Vorzeichen für die Arbeit in
der Konferenz, daß Ihre Überlegungen und Anregungen zu dieser Thematik weitgehend mit meinen Vorstellungen in Einklang stehen.

Seit meinem Schreiben vom 15. Mai 1986 hat das Projekt einer
Regierungskonferenz zu Fragen der nuklearen Sicherheit deutlichere
Gestalt angenommen.[298]

Diese Regierungskonferenz soll nunmehr, nachdem der Gouverneursrat der Internationalen Atomenergieorganisation (IAEO) in seiner Sitzung vom 10. bis 13. Juni 1986 einem entsprechenden Vorschlag gefolgt ist, im Rahmen einer Sondersitzung der Generalkonferenz der IAEO am 24. bis 26. September 1986 stattfinden. Damit ist
der geeignete Rahmen für eine erfolgreiche Arbeit geschaffen. Als besonders fachkundige Institution wird die IAEO bei den zu beratenden Fragen einen wichtigen Beitrag für sachgerechte Lösungen leisten können.

Die Bundesrepublik Deutschland wird auf der bevorstehenden
Regierungskonferenz konstruktiv verhandeln und sich um konkrete
Ergebnisse bemühen. Sie wird in diesem Geiste an den vorbereitenden
Arbeiten im Rahmen der IAEO mitwirken.

Was den von Ihnen aufgezeigten Zusammenhang zwischen der
friedlichen Nutzung der Kernenergie und der Bedrohung durch nukleare Waffen angeht, so stimme ich mit Ihnen überein, daß neben der
Beherrschung der Kernenergie für friedliche Zwecke alle Anstrengungen unternommen werden müssen, um langfristig zu einem Abbau der
Nuklearwaffen zu gelangen.

Die Bundesregierung setzt sich für eine Verringerung von Kernwaffen und für deren Begrenzung auf einem möglichst niedrigen Niveau ein. Dieses Ziel läßt sich nur durch ausgewogenen Reduzierungsvereinbarungen erreichen, deren Einhaltung verläßlich überprüfbar

---

296 Honecker zeichnete das Schreiben zunächst am 17. Juli 1986 ab und gab es
laut eines ebenfalls handschriftlichen Vermerks am 8. August schließlich an
die Mitglieder und Kandidaten des SED-Politbüros zur Information weiter.

297 Das Schreiben ist hier nicht dokumentiert.

298 Das Schreiben ist hier ebenfalls nicht dokumentiert.

Brief Helmut Kohls an Erich Honecker, 29. August 1986

sein muß und die die legitimen Sicherheitsinteressen aller Seiten berücksichtigen.

Wir haben ein großes Interesse daran, daß es bei den Verhandlungen in Genf zu einem wirklichen Geben und Nehmen kommt und Fortschritte bei den Bemühungen um drastische Reduzierung bei den strategischen wie bei den Mittelstreckenwaffen erzielt werden. Dafür wird das vorgesehene zweite Gipfeltreffen zwischen Präsident Reagan und Generalsekretär Gorbatschow besonders wichtig sein.[299]

Ich sehe gute Möglichkeiten dafür, daß die Ost-West-Beziehungen noch in diesem Jahr neue Impulse durch ein konstruktives Herangehen beider Seiten an alle Abrüstungs- und Rüstungskontrollfragen erhalten können. Dazu ist es erforderlich, die MBFR-Verhandlungen in Wien und die Bemühungen um ein vollständiges weltweites C-Waffen-Verbot in Genf voranzubringen und in dem noch verfügbaren Zeitraum ein substanzielles Ergebnis bei der KVAE in Stockholm zu erreichen.

Für alle Staaten in Europa kommt es jetzt daruf an, den Prozeß der Vertrauensbildung, der unerläßlich für wirkliche Abrüstungsfortschritte ist, durch konkrete Ergebnisse zu fördern. Unsere beiden Staaten haben hier eine wichtige Aufgabe. Auch eine konstruktive und positive Weiterentwicklung unserer beiderseitigen Beziehungen wäre ein wirkungsvoller Beitrag zur Schaffung von Vertrauen zwischen Ost und West.

Ich begrüße den Abschluß und das Inkrafttreten des Kluturabkommens und den zügigen Fortgang der Umweltverhandlungen. „Fortschritte zum Wohle der Menschen im beiderseitigen Verhältnis" - wie wir übereinstimmend in der Erklärung von Moskau am 12. März 1985 festgestellt haben - müssen für die Menschen insbesondere auf dem Gebiet der menschlichen Kontakte und Begegnungen konkret spürbar werden.

Ich begrüße, daß die Reisen in dringenden Familienangelegenheiten aus der DDR in die Bundesrepublik Deutschland in den letzten Monaten zugenommen haben und hoffe, daß sich diese Entwicklung noch weiter positiv verstärkt. Zugleich verhehle ich jedoch nicht, daß sich die Kontaktverbote, Einreiseverweigerungen und der Mindestumtausch nach wie vor als gravierende Probleme für die betroffenen Menschen darstellen. Ich bin fest davon überzeugt, daß Fortschritte in diesen Fragen mehr Verständnis und Vertrauen in die bilateralen Beziehungen bringen und helfen können, Spannungen und Mißtrauen abzubauen. Dazu gehört auch, daß das Problem der illegal zu uns einreisenden Ausländer gelöst wird. Die Lösung dieser Frage ist dringend.

---

299 Vgl. Anm. 291. Das Gipfeltreffen von Reykjavik wurde am 30. September 1986 in gleichlautenden Erklärungen in Moskau und Washington angekündigt.

Der fortgesetzte Zustrom der Monat für Monat über den Flughafen Schönefeld illegal einreisenden Ausländer belastet das Verhältnis zwischen unseren beiden Staaten zunehmend und berührt den Stand der Beziehungen, die durch Verläßlichkeit und Berechenbarkeit sowie das Bemühen um gute Nachbarschaft gekennzeichnet sein sollten.[300]

Nach meiner Überzeugung können wir - um eine Formulierung von Ihnen, sehr geehrter Herr Generalsekretär, aufzugreifen - die „bestmögliche Vorsorge für die Menschen" dadurch gewährleisten, daß wir die Bedingungen für die Bildung von mehr Vertrauen zwischen Ost und West entscheidend verbessern. Dies setzt voraus, nicht das Trennende in Europa zu betonen, sondern nach Wegen zu suchen, um das Verbindende und die vorhandenen gemeinsamen Interessen für die Stärkung des Friedens nutzbar zu machen.

Mit vorzüglicher Hochachtung
gez. Ihr H. Kohl

Quelle: SAPMO - BArch, DY 30/IV 2/2035/87

Gespräch Schäuble – Honecker am 29. August 1986 (Ost-Berlin)

SAPMO ZPA u. a. J IV 2/2A/2924, IV 2/1/657 und J IV/841: »Vermerk über das Gespräch des Generalsekretärs des Zentralkomitees der SED und Vorsitzenden des Staatsrates der DDR, Genossen Erich Honecker, mit dem Bundesminister für besondere Aufgaben und Chef des Bundeskanzleramtes, Dr. Wolfgang Schäuble, am 29. August 1986 im Hause des Zentralkomitees«

Zu dem Ersuchen an Dr. Wolfgang Schäuble um Unterlagen zu diesem und anderen Gesprächen mit Honecker wurde vom Leiter des Büros des Vorsitzenden der CDU/CSU-Fraktion des Deutschen Bundestages am 4. 8. 1994 mitgeteilt, Dr. Schäuble könne »nicht weiterhelfen: Er verfügt weder über Aufzeichnungen noch Material«. Verwiesen wurde auf evtl. »noch« im Bundeskanzleramt vorhandene »einschlägige Unterlagen«. Die darauf schriftlich geäußerte Bitte an den Staatsminister beim Bundeskanzler, diese Akten zur Verfügung zu stellen, wurde am 17. 11. 1994 abschlägig beschieden. Vgl. Nr. 11.

An dem Gespräch nahmen teil:
von BRD-Seite: Dr. Hans Otto Bräutigam, Leiter der Ständigen Vertretung der BRD in der DDR
von DDR-Seite: Genosse Oskar Fischer, Genosse Frank-Joachim Herrmann, Genosse Hans Schindler, amt. Leiter der Abt. BRD im MfAA

Genosse E. Honecker begrüßte Schäuble und seine Begleitung und bat Schäuble um dessen Ausführungen.

Schäuble dankte für die Begrüßung und übermittelte Genossen E. Honecker die persönlichen Grüße von Bundeskanzler Helmut Kohl. Er erklärte, daß er beauftragt sei, unter Hinweis auf die Gespräche von Bundeskanzler Kohl mit Genossen E. Honecker in Moskau und in Stockholm[1] das Interesse der Bundesregierung und ganz besonders des Bundeskanzlers an einer weiteren positiven Entwicklung der Beziehungen zwischen der BRD und der DDR zum Ausdruck zu bringen. Obwohl die Rahmenbedingungen für die Entwicklung der Beziehungen nicht immer einfach gewesen seien, hätten sie sich gut entwickelt. Damit seien die Bedingungen für die Weiterentwicklung der Beziehungen heute insgesamt günstiger.

Protokoll des Gesprächs zwischen Erich Honecker und Wolfgang Schäuble, 29. August 1986

Schäuble führte aus, daß die UdSSR zu einer veränderten Einschätzung der Beziehungen zur Bundesrepublik gekommen sei, was sich an den Ergebnissen des Besuches von Außenminister Genscher in Moskau[2] und der Unterzeichnung einiger Abkommen zeige. Er gehe davon aus, daß sich die Beziehungen zur Sowjetunion weiter intensivieren werden. Daraus ergebe sich auch eine Chance für die Entwicklung der Beziehungen der BRD zu anderen sozialistischen Staaten. Schäuble betonte, daß sich die Bundesregierung der Rolle der BRD im Gesamtfeld der internationalen Beziehungen bewußt sei, und sie habe auch ihr möglichstes getan, um positiv auf die Entwicklung der Beziehungen zwischen den USA und der Sowjetunion einzuwirken. In dieser Hinsicht übe die Bundesregierung Einfluß auf die USA aus. Das gelte für eine Reihe internationaler Probleme. Bereits Anfang 1986 habe sich der Bundeskanzler für einen Teststopp von Kernwaffen ausgesprochen, was zweifellos im Lichte der Vorschläge von Gorbatschow zu sehen sei. Auch nach der August-Rede von Gorbatschow[3] habe die Bundesregierung positiv reagiert.

Schäuble versuchte darzulegen, daß die BRD auf die Lösung einer ganzen Reihe von Fragen der Abrüstung und Rüstungskontrolle positiv einwirke. Bereits auf dem CDU-Parteitag in Essen[4] habe Bundeskanzler Kohl auf den Zusammenhang zwischen Offensiv- und Defensivwaffen verwiesen. Nach Meinung der Bundesregierung könnten auch beim Verbot der chemischen Waffen gemeinsame Ansatzpunkte gefunden werden. Dagegen würden bei der Frage der Mittelstreckenraketen sehr unterschiedliche Positionen existieren, wodurch man von einer Lösung noch weit entfernt sei.

Schäuble erklärte weiter, daß sich *[der]* zur Zeit abzeichnende Erfolg der Stockholmer Konferenz[5] nach Meinung der BRD positiv auf die Verhandlungen in Wien auswirken wird. Er ging dann auf die Beziehungen der BRD zu ihren Verbündeten ein, die er als sehr eng charakterisierte. Dabei hob er besonders die Beziehungen zu Frankreich und den USA hervor.

Schäuble erklärte weiter, daß es möglich sein müsse, vor dem von ihm dargestellten Hintergrund der internationalen Lage auch die Beziehungen zwischen der BRD und der DDR zu entwickeln. Dabei käme es darauf an, nicht die unterschiedlichen Standpunkte in der Vordergrund

---

[2] Genscher hatte vom 20. – 22. 7. 1986 die Sowjetunion besucht.

[3] In einer Fernsehrede am 18. 8. 1986 hatte Gorbatschow eine weitere Verlängerung des einseitigen Atomteststopp-Moratoriums der UdSSR bis zum 1. 1. 1987 verkündet. Vgl. AdG 1986, S. 30242.

[4] Dieser CDU-Parteitag in Essen hatte vom 20. – 22. 3. 1985 stattgefunden.

[5] Nach der 11. Runde der »Stockholmer Konferenz über vertrauens- und sicherheitsbildende Maßnahmen und Abrüstung in Europa« wurden große Fortschritte konstatiert. Am 22. 9. 1986 billigten die Delegierten das zwischenzeitlich ausgearbeitete Schlußdokument. Vgl. AdG 1986, S. 30078 und 30278 f.

zu stellen, sondern sich ausgehend von den bisherigen Ergebnissen auf das Machbare zu konzentrieren. Die Bundesregierung habe dankbar zur Kenntnis genommen, daß sich nach den Gesprächen zwischen Bundeskanzler Kohl und Genossen E. Honecker der Reiseverkehr positiv einwickelt habe. Jetzt würde die Chance bestehen, in absehbarer Zeit Abkommen auf dem Gebiet des Umweltschutzes und der wissenschaftlich-technischen Zusammenarbeit abzuschließen. Auch auf dem Gebiet der Verkehrsbeziehungen seien weitere Fortschritte möglich. Die Bundesregierung werde auch die von Außenminister Oskar Fischer in dem Gespräch am Vormittag angesprochenen Probleme einer Prüfung unterziehen.[6]

Bundesminister Schäuble ging dann auf das sogenannte Asylantenproblem ein. Er erklärte, daß nicht zugelassen werden sollte, daß aus diesem Problem Belastungen für die Beziehungen entstehen. 1986 rechne man mit insgesamt 100000 Asylanten, davon würden mehr als 50 Prozent über den Flugplatz Schönefeld kommen. Die Bundesregierung habe versucht, die DDR aus der öffentlichen Diskussion dieser Frage in der BRD herauszuhalten, was aber angesichts der genannten Zahlen nicht mehr möglich gewesen sei. Er möchte ausdrücklich betonen, daß die DDR mit der Gestattung der Durchreise der Asylanten gegen keinerlei rechtliche Positionen verstoße. Er habe deshalb auch keine Forderungen an die Adresse der DDR zu stellen. Die Bundesregierung gehe aber davon aus, daß es zu gutnachbarlichen Beziehungen gehöre, wenn sie die Bitte äußere, daß die DDR bei der Lösung dieses Problems helfen möge. Eine solche Bitte richte sie an alle Nachbarstaaten.[7]

Schäuble betonte, daß es in der Frage der Asylanten bei den regierungsfähigen politischen Kräften der BRD weitgehend übereinstimmende Auffassungen geben würde. Er erläuterte die Verfassungslage der Bundesregierung und verwies auf die sich aus der Tatsache ergebenden Schwierigkeiten, daß nur 16 Prozent der Asylanten als politisch Verfolgte anerkannt werden können. Schäuble wiederholte noch mal, daß das Asylantenproblem im Interesse der Weiterentwicklung der Beziehungen gelöst werden sollte.

Genosse E. Honecker dankte für die Grüße des Bundeskanzlers. Er stimmte zu, daß sich die Umweltbedingungen für die Beziehungen

---

[6] Bei dem Gespräch mit Schäuble am 29. 8. 1986 hatte Außenminister Fischer den Standpunkt der DDR zu den Beziehungen zur Bundesrepublik und zu »Westberlin« dargelegt und dabei ausdrücklich darauf verwiesen, »daß es sich nur um eine Information handele und die BRD für West-Berlin keine Zuständigkeit besitzt«. Siehe den »Vermerk über das Gespräch des Ministers für Auswärtige Angelegenheiten der DDR, Oskar Fischer, mit dem Bundesminister für besondere Beziehungen und Chef des Bundeskanzleramtes der BRD, Dr. Wolfgang Schäuble, am 29. 8. 1986 im Gästehaus Puschkinallee des MfAA« (mit Anlagen) in: SAPMO ZPA IV 2/1/657.

[7] Das Asylproblem hatte Schäuble gleichlautend schon in der Unterredung mit Außenminister Fischer angesprochen, vgl. vorherige Anm.

zwischen der DDR und der BRD tatsächlich verändert hätten, aber entscheidende internationale Probleme fortbestehen. Für das Gipfeltreffen zwischen USA-Präsident Reagan und Generalsekretär Gorbatschow gebe es nach wie vor keinen Termin[8] und in den entscheidenden Kernfragen würde zwischen den USA und der UdSSR keine Übereinstimmung bestehen. Zweifellos sei mit dem Treffen in Genf die »Sprachlosigkeit« überwunden worden, aber es müßten jetzt konkrete Maßnahmen folgen. Es existiere ein konkretes Programm, die Welt bis zum Jahr 2000 von Kernwaffen zu befreien, aber es fehle die Zustimmung der USA dazu. Auch in der Frage der Weltraumrüstung gebe es keine Zugeständnisse von seiten der USA. Es sei eine Tatsache, daß derjenige, der abrüsten will, nicht erst den Weltraum mit Rüstungen belasten brauche. Die USA würden weitere Maßnahmen treffen, um das Wettrüsten in den Kosmos zu tragen. Genosse E. Honecker betonte, daß die bitteren Lehren von Tschernobyl und anderer Ereignisse zeigen, daß ein Kernwaffenkrieg die Vorstufe zur Hölle sei. Das habe er in einem Gespräch auch dem Papst gesagt, der zugestimmt habe. Ein Teststopp für Kernwaffen wäre ein erster Schritt zu Maßnahmen zur Abrüstung und Rüstungsbegrenzung. Dem einseitigen sowjetischen Moratorium müsse ein zweiseitiges folgen. Das sei inzwischen zur Weltmeinung geworden.

Genosse E. Honecker brachte die Auffassung zum Ausdruck, daß bei dem vorgesehenen Treffen zwischen USA-Präsident Reagan und Genossen Gorbatschow bestimmte Ergebnisse erreicht werden müßten. [...] Er betonte, daß sowohl die DDR als auch die Bundesrepublik in ihrem jeweiligen Bündnis dazu beitragen müßten.

Genosse E. Honecker legte die Haltung der DDR zu den entscheidenden Fragen der Friedenssicherung dar. Dabei unterstrich er die Notwendigkeit regionaler Lösungen in der Frage der Mittelstreckenwaffen. [...]

Genosse E. Honecker verwies insbesondere auf die neuesten Vorschläge, die Genosse Gorbatschow in Wladiwostok unterbreitet hat, die Schritte zur Abrüstung und Rüstungsbegrenzung im asiatischen Raum einbeziehen.[9] [...]

Genosse E. Honecker unterstrich nochmals, daß natürlich die Zusammenarbeit zwischen der DDR und der BRD in den internationalen Entspannungsprozeß eingefügt ist. Es sei kein Geheimnis, daß die Haltung der Bundesregierung in einigen Fragen der Rüstungsbegrenzung

---

[8] Erst Anfang Oktober 1986 wurde mitgeteilt, daß ein Treffen von Gorbatschow mit Reagan in Reykjavik stattfinde, das Reagan jedoch ausdrücklich nur als »Begegnung«, nicht als Gipfeltreffen bezeichnete. Diese »Begegnung« fand am 11./12. 10. 1986 statt. Vgl. AdG 1986, S. 30351ff.

[9] Es handelte sich um die außenpolitische Grundsatzrede, die Gorbatschow am 28. 7. 1986 in Wladiwostok gehalten hatte. Vgl. AdG 1986, S. 30114ff.

eine Erklärung des CDU-Politikers Lorenz[14], der gesagt hat, daß West-berlin seit 15 Jahren frei von Krisen sei. Er stimmte dieser Erklärung zu und betonte, daß diese Tatsache ein unmittelbares Ergebnis des Vierseitigen Abkommens sei. Die DDR trete dafür ein, daß es auch in Zukunft so bleibe.

Genosse E. Honecker erklärte, daß das sogenannte Asylantenproblem in erster Linie von der BRD gelöst werden müsse. Er verwies auf letzte Veröffentlichungen in den Zeitungen ›Die Zeit‹ und ›Frankfurter Rundschau‹, in denen heftige Kritik an der Haltung von Politikern der BRD geübt wird.[15] Er betonte, daß das Asylantenproblem eine äußerst diffizile Frage sei. Er selbst sei in seinem Leben mehrfach auf politisches Asyl und freien Transit zum Asylort angewiesen gewesen. Die Asylbereitschaft verschiedener Staaten habe vielen Menschen während der Zeit des Hitlerfaschismus das Überleben ermöglicht. Aus dieser Sicht sei es zu begrüßen gewesen, daß in das Grundgesetz der BRD nach dem Zweiten Weltkrieg so weitgehende Formulierungen aufgenommen wurden. Sicher habe das auch für heute noch Bedeutung. Eingehend auf den Vorwurf, daß die DDR die Durchreise der Asylanten ermögliche, erklärte E. Honecker, daß in der Zeit vom 1. 1. 1986 bis 31. 7. 1986 ca. 30000 Asylanten von Schönefeld nach Westberlin gereist sind. Davon seien lediglich ca. 10000 mit der Interflug angereist. Der große Rest verteile sich auf andere Fluggesellschaften.[16] Auch der Hinweis, daß die Interflug damit Gewinn mache, sei völlig unberechtigt. Die Einnahmen aus der Beförderung von Asylanten würden sich bei der Interflug auf 6,1 Mio. M belaufen, dem entspreche ein Gewinn von 3,5. Mio M. Diese Summe sei zu verschmerzen. Es zeige sich, daß das Asylantenproblem demnach durch eine Einigung zwischen der DDR und der BRD gar nicht gelöst werden kann. Es würde ja die Tatsache bestehen bleiben, daß die Mehrzahl der Asylanten von anderen Luftverkehrsgesellschaften nach Schönefeld geflogen wird.

Genosse E. Honecker hob hervor, daß es völlig unberechtigt sei, der DDR zu unterstellen, daß sie mit ihrer Haltung in der Asylantenfrage eine Veränderung des Status von Westberlin erreichen wolle. Der Status von Westberlin sei im Vierseitigen Abkommen festgeschrieben und solle so bleiben. In Westberlin würde es aber einige Dinge geben, die die Einreise von Asylanten fördern. So gebe es eine Anweisung, daß sich Personen 31 Tage lang ohne Anmeldung in Westberlin aufhalten

[14] Peter Lorenz, Parlamentarischer Staatssekretär und Berlin-Beauftragter der Bundesregierung, früher Vorsitzender der CDU in Berlin (West).

[15] Zur Erörterung des Asylproblems in der Bundesrepublik, die durch den von Bundesinnenminister Zimmermann am 23. 7. 1986 vorgelegten »Bericht zur Asylantenproblematik« und zur Haltung der DDR angefacht wurde, vgl. AdG 1986, S. 30168 ff.

[16] Nach von Zimmermann für diesen Zeitraum genannten Zahlen benutzten ca. 60–70% die Aeroflot, die restlichen 30–40% verteilten sich auf Interflug, Syrian Arab Airlines, Balkan Airlines und Turkish Airlines.

können. Es stimme auch nicht, daß – wie behauptet wird – durch Kontrollen in Westberlin eine neue Grenze geschaffen würde.[17] Kontrollen würden bereits jetzt auf Westberliner Seite durchgeführt, wie z. B. bei der Fahndung nach Terroristen und die ohnehin stattfindende Zollkontrolle.

Genosse E. Honecker verwies darauf, daß der Regierende Bürgermeister von Westberlin, Diepgen, in einem Gespräch in Leipzig ihm gegenüber erklärt habe, daß Schönefeld nicht das Entscheidende sei.[18] In Leipzig sei auch besprochen worden, daß die politischen Gespräche zwischen dem Senat von Westberlin und der DDR fortgesetzt werden sollen. Leider habe sich Diepgen an diese Zusage nicht gehalten.

Gen. Honecker erinnerte an die Bemerkung Schäubles zur positiven Entwicklung des Reiseverkehrs und verwies darauf, daß auch diese Entwicklung die entsprechende Atmosphäre vorausgesetzt habe. Er nannte einige Zahlen zur Entwicklung des Reiseverkehrs: 1981 gab es zwischen beiden deutschen Staaten 3,4 Mio. Reisende, 1985 = 4,5 Mio. und 1986 waren es bis 31. 7. bereits 2,6 Mio. Zu den Reisen von DDR-Bürgern in dringenden Familienangelegenheiten nannte er folgende Zahlen: 1985 = 139000, 1986 bis 31. 7. = 238737.

Genosse E. Honecker betonte nochmals die Bereitschaft der DDR zur Fortsetzung des Dialogs und zur Entwicklung der Zusammenarbeit zwischen der DDR und der BRD auf der Grundlage der bestehenden Vereinbarungen. Er erklärte die Bereitschaft, daß sich Experten der DDR und der BRD zu Gesprächen über die sogenannte Asylantenfrage treffen.

Abschließend ging Genosse E. Honecker auf einen Brief ein, den er von Bundeskanzler Kohl erhalten habe und in dem Kohl auf die Rolle der Geheimdienste eingegangen sei.[19] Er betonte, daß dieses Thema kein Stoff für solche Briefe sei. Jeder wisse, daß Geheimdienste schon immer existiert hätten und ihre Aufgaben erfüllen. Das sei auch in der BRD so. Der Bundeskanzler könne aber davon ausgehen, daß der Geheimdienst der DDR die strikte Anweisung habe, das Kanzleramt und die Bundesregierung zu meiden. Er ging auch auf die Machenschaften des BND gegen den DDR-Wissenschaftler Dr. Meißner ein.[20] Meißner sei eine öffentliche Persönlichkeit, und es sei einfach lächerlich, was

[17] Während u. a. der SPD-Fraktionsvorsitzende H.-J. Vogel und einige CSU-Politiker sich für Kontrollen an der Sektorengrenze zu Ost-Berlin aussprachen, befürchteten andere Politiker davon eine Aufwertung zur »Staatsgrenze«. Vgl. AdG 1986, S. 301691 f.

[18] Vgl. Nr. 23.

[19] Das Schreiben konnte bisher nicht gefunden werden. Es stand wohl im Kontext mit dem Fall Meißner, vgl. die folgende Anm.

[20] Franz Herbert Meißner, stellv. Institutsdirektor bei der Akademie der Wissenschaften (Ostberlin), war nach einer Festnahme in Berlin (West) zunächst beim BND in München und dann wieder in die DDR zurückgekehrt. Dort verkündete er, er sei verschleppt und unter Drogen gesetzt worden. Vgl. Der Spiegel, Nr. 30 vom 21. 7. 1986, S. 76 ff.

ihm angedichtet wurde. Meißner sei jetzt in Urlaub und werde anschließend seine Tätigkeit weiter ausüben.

Genosse E. Honecker forderte nochmals ausdrücklich, ihm in Briefen künftig nicht mehr solche Dinge mitzuteilen.

Schäuble dankte für die Offenheit der Darlegungen von Genossen E. Honecker und erklärte, daß ihn die Darstellung der persönlichen Erlebnisse von Genossen E. Honecker im Zusammenhang mit der Asylantenfrage sehr beeindruckt hätten. Schäuble versuchte, öffentliche Äußerungen von Regierungspolitikern und von ihm selbst mit der Rolle der Medien in der BRD zu begründen. Er selbst würde sich aber sehr darum bemühen, daß die Beziehungen nicht durch die Medien belastet werden. Er war bemüht, seine von Genossen E. Honecker angesprochenen Äußerungen zu bagatellisieren. Zum Asylantenproblem unterbreitete Schäuble die Vorstellungen, daß die DDR den Transit nur gestatten sollte, wenn der Sichtvermerk des Ziellandes vorliegen würde. Schäuble begrüßte die Möglichkeit von Expertengesprächen und benannte den Leiter der Ständigen Vertretung der BRD, Dr. Bräutigam, als seinen persönlichen Beauftragten für diese Gespräche.

Genosse E. Honecker erwiderte, daß von seiten der DDR das Ministerium für Auswärtige Angelegenheit für diese Gespräche zuständig sei. Er äußerte die Erwartung, daß bis zu seinen Reisen in asiatische Länder Ergebnisse dieser Gespräche vorliegen.

Zum Abschluß des Gesprächs bat Genosse E. Honecker Bundesminister Schäuble, Grüße an Bundeskanzler Kohl zu übermitteln. Er betonte nochmals, daß sich die DDR ihrer Verpflichtung bewußt ist und konsequent für Ruhe und Sicherheit im Zentrum Europas eintritt. Die Gesprächspartner stimmten darin überein, das Stattfinden und den Inhalt des Gesprächs vertraulich zu behandeln.

Das Gespräch verlief in einer sachlichen Atmosphäre.

Schindler *[Unterschrift]*

Gespräch Bahr – Honecker am 5. September 1986 (Ost-Berlin)

SAPMO ZPA u. a. IV 2/1/657, J IV 2/2A/2924, IV 2/2038/78, J IV/843: »*Vermerk über ein Gespräch des Generalsekretärs des ZK der SED und Vorsitzenden des Staatsrates der DDR, Genossen Erich Honecker, mit dem Mitglied des Parteivorstandes der SPD, E. Bahr (5. 9. 1986)*« – *Zur Westquelle vgl. Nr. 6*

Das Gespräch kam auf Bitte des Vorsitzenden der SPD, W. Brandt, zustande. An dem Gespräch nahm teil: Genosse H. Axen.

Genosse E. Honecker sagte bei der Begrüßung, daß er E. Bahr entsprechend des Wunsches des SPD-Vorsitzenden W. Brandt empfange. Er gab Bahr das Wort.
E. Bahr dankte im Namen von W. Brandt für die Möglichkeit dieses Gespräches. Es gehe um die Asylantenfrage. Dieses Problem habe eigentlich diese Rolle gar nicht verdient. Es sei hochgespielt und emotional beladen worden. Wir verstehen, daß die Behandlung anderer Themen der BRD-Regierungskoalition im Wahlkampf Schwierigkeiten macht und sie davon durch die Asylantenkampagne ablenken möchte. Die BRD-Regierung sei sich jetzt nicht einig über die Grundgesetzänderung. Sie verspreche sich aber im Herbst von der Propaganda einen großen Effekt. Die Taktik der BRD-Regierung besteht darin, nach dem Hochpeitschen des Themas dann im Spätherbst nach eventuell guten Gesprächen mit der DDR mit einem Ergebnis einen großen Erfolg im Wahlkampf zu erreichen. Die SPD erhebe den Vorwurf an Kohl, monatelang einen solchen Lärm entfaltet zu haben, aber dieses Thema selbst erst am 25. 9. offiziell im Bundeskabinett zum ersten Mal zu behandeln.[1] Kanzleramtsminister Schäuble habe ihm vor einigen Tagen gesagt, er habe in dieser Frage ein konstruktives Gespräch mit E. Honecker geführt.[2] Man habe sich auf die Fortsetzung von Gesprächen zwischen Bräutigam und Beauftragten des Außenministeriums der DDR geeinigt.
Eine Analyse des Problems ergebe, daß für das Hochspielen des Asylantenproblems keine objektiven Gründe vorhanden sind. Dies geschehe vielmehr aus subjektiven Gründen. Es wäre jetzt zum psychologischen Problem in der BRD-Öffentlichkeit geworden. Die Regie-

---

[1] Die Bundesregierung hatte schon am 27. 8. 1986 verschiedene Maßnahmen zur Eindämmung des Asylantenzustroms beschlossen, über weitere Maßnahmen, u. a. eine Grundgesetzänderung, wollte sie am 25. 9. im Rahmen eines Treffens mit den Länderchefs und Parteiführern beraten. Vgl. AdG 1986, S. 30363f.

Protokoll des Gesprächs zwischen Erich Honecker und Egon Bahr 5. September 1986

rungskoalition sage: Da über 50 Prozent der Asylanten über die DDR kämen, spielt die DDR eine Schlüsselfrage. Es sei klar, die DDR gewinnt mit diesem Problem an Einfluß auf die BRD wie noch nie zuvor, vor allem zum ersten Mal in diesem Umfang in der Innenpolitik der BRD. Das wäre sehr wichtig, wenn es der Sache der Verständigung dienen würde. Er, Bahr, mache jetzt in seiner Darstellung erst einmal eine gewisse Pause. Er frage sich, wie liegen die Interessen der DDR. Gewiß können Sie nicht sicher sein, ob die SPD bei den Bundestagswahlen gewinnen wird. Wir sind es auch nicht. Die Meinungsumfragen zeigen zur Zeit eine Differenz von 3 Prozent zugunsten der CDU. Außerdem müsse man noch bedenken, daß eine Reihe bisher unbekannter Fragen einen Einfluß auf den Wahlkampf ausüben werden, zum Beispiel Zustandekommen und Ergebnisse einer 2. Gipfelkonferenz, der weitere Verlauf der Asylantenfrage. Anfang Dezember sei er, Bahr, in der Lage, mit plus oder minus 1 % Genauigkeit etwa eine Aussage über den Wahlausgang zu treffen.

Wir verstehen, daß Sie Ihre Linie der Verbesserung der Beziehungen zwischen beiden deutschen Staaten natürlich auch bei Fortbestand der bisherigen Regierungskoalition fortsetzen wollen. Wir berücksichtigen diese Notwendigkeit. Er erhebt sich nur die Frage: Gibt es eine Möglichkeit, eine Regelung zu erreichen – nicht eine geschriebene Vereinbarung, sondern eine Regelung, bei der jeder entscheidungsfrei bleibt –, die auch im Hinblick auf das Wahlergebnis vom 25. 1. 1987[3] günstig wäre.

Im Auftrag von W. Brandt möchte ich mitteilen: Wir wollen in aller Form erklären, daß bei der Regierungsübernahme durch die SPD die Regierung der BRD voll die Staatsbürgerschaft der DDR respektieren wird und damit dieses Thema beerdigt wird. Dies soll Teil einer offiziellen Regierungserklärung sein und würde von unserem Kanzlerkandidaten J. Rau zuvor (etwa Ende Oktober) bei der Bekanntgabe seines Regierungsprogramms eindeutig gesagt werden.[4]

E. Honecker: Ich danke für Ihre Ausführungen. Aus Ihren Darlegungen geht schon hervor, daß es sich um keine einfache Frage handelt. Es geht dabei ja nicht nur um die Fragen der BRD, der DDR und Berlin (West), sondern durch das Hochspielen dieses Themas ist es bereits eine Angelegenheit der Weltöffentlichkeit geworden.

Ich habe bereits zu Kanzleramtsminister Schäuble gesagt, das Asylantenproblem ist nicht unsere, sondern Ihre Frage, die der BRD-Regierung. Die CDU/CSU haben im Gegensatz zu Vertretern der evangelischen und katholischen Kirchen, die sich gegen die ausländerfeindliche Behandlung in der BRD ausgesprochen haben, diese ganze Hetzkampagne inszeniert.

[3] Der Tag der Bundestagswahlen.
[4] Siehe weiter unten.

Hinzu kommt, wenn wir, ohne irgendwelche Vereinbarungen, Maßnahmen treffen sollten, so dürfen wir nicht außer acht lassen, daß das
Fragen sind, die auch andere Länder betreffen. Vor allem müssen Sie
bedenken, in Berlin (West) besteht eine Anordnung der Kommandan-
ten der Westmächte, daß jeder Einreisende sich 31 Tage in Berlin (West)
aufhalten kann und erst danach die Frage seines weiteren Verbleibs bzw.
seiner Weiterreise entschieden werden muß. Auch dies zeigt, wie
kompliziert diese Frage ist und daß auch dies nicht von der DDR abhängig ist. Aus dieser Sachlage heraus haben wir 2 in der BRD-Öffentlichkeit verbreitete Argumente als falsch zurückgewiesen:
a) Angeblich wolle die DDR durch ihre Forderung, die westlichen Be-
satzungsmächte und der Senat von Westberlin müssen Entscheidungen treffen, nur die Grenze um Westberlin sanktionieren. Aber
es gibt doch schon immer Zollkontrollen an den Übergangsstellen.
b) Wurden im Zusammenhang mit den Terroristenfahndungen sehr
wohl strengere Kontrollen ohne Beeinträchtigung des Westberlin-
Status ergriffen.[5]
Es gibt also keine stichhaltige Widerlegung unseres Argumentes, daß
von Westberlin aus selbst Maßnahmen im Zusammenhang mit dem
Asylantenproblem getroffen werden müssen. Aber wir wollen uns
nicht bei diesem Formkram allein aufhalten. Wir sind nicht an einer
Verletzung des Status, wie er vom Vierseitigen Abkommen festgelegt
ist, interessiert. Wir sind für die Aufrechterhaltung eines guten politischen Klimas in Berlin. Wir schauen weiter. Wir wollen, daß ein zweites Gipfeltreffen zwischen Michail Gorbatschow und Ronald Reagan
mit konkreten Ergebnissen zustande kommt. Ein Treffen ohne Ergebnis wäre ein Rückschlag. Auch in den Gesprächen mit dem belgischen
Premierminister Martens[6] waren wir uns einig, daß ein ergebnisloses
Gipfeltreffen eine Enttäuschung, einen Rückschlag bedeuten würde.
Das ist unsere Linie. Alles andere sind untaugliche Versuche, die DDR
zu diskreditieren und damit im Bundestagswahlkampf die nationalisti-
sche Propaganda anzuheizen.
Wir beschäftigen uns schon seit langer Zeit mit dieser ganzen Angelegenheit. Wir kennen die internationale Konvention von Barcelona von
1922. Wir wissen auch, daß sie von den meisten Staaten heute nicht
mehr eingehalten wird. Aber wir sind sehr überrascht, daß die SPD eine
schlechte Position in dieser Frage hinsichtlich der DDR öffentlich ein-
genommen hat.[7] Obwohl Ihnen wohl bekannt ist, daß die DDR keines-

[6] Der belgische Ministerpräsident Wilfried Martens war am 3./4. 9. 1986 zu einem offiziellen
Staatsbesuch in der DDR gewesen.
[7] In einem Antrag des Parteivorstandes zum Parteitag – vgl. nächste Anmerkung – zum Asylproblem hieß es u. a., die DDR würde »die schwierige Lage häufig bedrängter Menschen für ihre
Zwecke ausnutzen«.

wegs Urheber dieses Problems ist, auch nicht aus ökonomischen Gründen. Unser Genosse G. Rettner nahm als Gast an Ihrem Nürnberger Parteitag teil. Es ist außerordentlich bedauerlich, daß H.-J. Vogel im Gespräch zu G. Rettner sich dazu verstieg, die SED leiste mit ihrer Haltung der CDU/CSU Vorschub, wäre praktisch ein Verbündeter der CDU.[8] Herr Bahr, dazu will ich Ihnen in aller Klarheit, in aller Entschiedenheit sagen: Daß ich 1985/86 nicht die Einladung zum Besuch der BRD wahrgenommen habe, liegt einzig und allein daran, weil ich nicht als Wahlhelfer der CDU in Erscheinung treten wollte. Wir wollten nicht, daß die SPD, wie man uns sagte, 6% weniger Stimmen erhält. Sie wissen, darauf hat Kohl sehr sauer reagiert. Das ist seine Sache, aber daß [man] seitens Führung der SPD, die doch genau weiß, daß wir alles tun, um der SPD nicht zu schaden, uns einen solchen Antrag auf dem Parteitag anhängt[9] und daß H.-J. Vogel solche Äußerungen tut, das beunruhigt und befremdet uns sehr. Das entspricht nicht dem Inhalt der Gespräche, die ich mit W. Brandt[10] geführt habe. Wir verstehen, daß die Asylantenfrage jetzt, nicht durch unsere Schuld, in der BRD zu einer politischen Frage geworden ist.

(Genosse E. Honecker bewies dann anhand exakter Zahlen über den Strom der Asylanten sowohl nach Herkunftsländern als auch nach Fluggesellschaften, daß ein Großteil der Asylanten nicht über Schönefeld, sondern direkt über andere Länder in die BRD kommt. Von den Transitreisenden über Schönefeld kommt nur ein geringer Teil über die Linie Interflug.[11] Die Behauptung, der entscheidende Teil der Asylanten käme über Schönefeld, entspricht überhaupt nicht den Tatsachen.)

E. Honecker: Der Regierende Bürgermeister von Berlin (West), Diepgen, habe ihm bereits erklärt, daß Schönefeld nicht die Hauptsache sei.[12] Ich hätte Schäuble nicht empfangen, aber ich entsprach damit einer Bitte von Kohl.

(Genosse E. Honecker informierte dann ausführlich über Inhalt und Verlauf des Gesprächs mit Schäuble.)

Gen. E. Honecker: Schäuble hat im Gespräch mit uns ausführlich bestätigt, daß wir unsere Zusicherung über die Verbesserung des Reiseverkehrs eingehalten haben. Die Zahl der Reisenden in die BRD vom

[8] Nach dem von G. Rettner für das Politbüro verfaßten »Bericht über den ordentlichen Parteitag der SPD vom 25. bis 29. August 1986 in Nürnberg« (SAPMO ZPA J IV 2/2A/2924) hatte H.-J. Vogel ihm gesagt, »sein Stolz verbiete es, Bitten an die DDR zu richten«, aber die DDR-Führung müsse sich klar sein, daß der »Stimmungsumschwung zu Gunsten der SPD durch die Fortsetzung des Asylantenzustroms über West-Berlin empfindlich gestört werde. Die Unionsparteien wollten die Asylantenfrage zum Wahlkampfthema machen.«

[9] Siehe Anm. 7.
[10] Siehe Nr. 19.
[11] Siehe Nr. 29.

1. 1.–31. 7. 1986 betrug 238 000. Sie sehen, wie großzügig wir verfahren. Was die Asylantenfrage betrifft, so haben wir in der Parteiführung beraten, wie wir bei Wahrung aller völkerrechtlichen Positionen auf der Ebene einer technischen Vereinbarung zwischen Fluggesellschaften eventuell auf einer Hauptlinie des Zustroms eine Regelung erreichen können. Die 3,5 Mio. Gewinn, die die Interflug durch die Reisen erzielt, sind aber für uns nicht ausschlaggebend. Selbst die FDP habe sich in dieser Frage von der CDU/CSU distanziert. Außenminister Genscher habe dies in einem Gespräch mit einem Vertreter unseres ZK erklärt. Um so mehr bedauern wir den Beschluß des SPD-Parteitages, denn es gehe ja darum, sich nicht von der Hauptorientierung des Kampfes um Arbeitsbeschaffung, Verteidigung der sozialen Interessen und der Friedenssicherung abdrängen zu lassen. Immerhin haben wir durch unsere Verhandlungen über eine chemiewaffenfreie Zone in Europa und jetzt durch die Verhandlungen über *[einen]* atomwaffenfreien Korridor die Position der SPD doch gestärkt. Aber allzu viel Hilfe von unserer Seite könnte schaden. Wir werden also die Angelegenheit prüfen, Herr Bahr, und – wie gesagt – ohne die geringste Veränderung der rechtlichen Positionen, sondern auf technischem Gebiet eine Entschärfung schaffen.

E. Bahr: Ich danke Ihnen aufrichtig für Ihre Offenheit und umfassende Information. In der Beurteilung der Gesamtlage sehe ich fast keine Unterschiede. Wir sind uns einig über die Bedeutung des Gipfeltreffens. Wir sind weiter entschieden gegen SDI. Kohl hat sich in der Frage des Gipfeltreffens etwas bewegt, weil er im Hinblick auf den Wahlkampf das tun muß. Wir sind für ein Ergebnis des zweiten Gipfeltreffens, das wahrscheinlich im Dezember doch stattfindet.

Was das Asylantenproblem betrifft, bitten wir um Verständnis. Was Vogel gesagt hat, das war nicht in Ordnung. Wir haben einen taktischen Fehler begangen. Übrigens hat die Asylantenfrage auf dem Parteitag keine Rolle gespielt. Natürlich unterstützt die DDR/SED nicht die CDU. Die CDU/CSU legt es darauf an, die DDR zu verleumden und dabei die Lösung hinauszuzögern. Aber ich möchte sagen, daß in der Bevölkerung der BRD leider ein zunehmender Unwille über den Zustrom der Asylanten wächst. Bei den griechischen, italienischen, jugoslawischen Gastarbeitern habe man sich abgefunden. Auseinandersetzungen begannen bereits mit den Türken. Aber jetzt sollen gar »Schwarze« kommen. 75 Prozent der Wähler haben durch die Manipulierung Angst vor einer Überfremdung. Die Kohl-Regierung spielt die Ängste dieser 75 Prozent hoch. Das müssen wir zerschlagen.

Wenn Kanzlerkandidat J. Rau in der Lage wäre zu erklären, wir haben mit der DDR gesprochen, sie gibt sich Mühe, dann wäre das eine große Hilfe. Das ist unsere Grundüberlegung. Die Statusfrage nach dem Vierseitigen Abkommen sehe ich wie Sie. Ich habe der CDU erklärt, »macht euch nicht in die Hosen«. Die Demarkationslinie um Westberlin ist doch faktisch eine Staatsgrenze. Immerhin haben die Westmächte 10 Jahre nach dem 13. August 1961 mit der UdSSR das Vierseitige Abkommen unterzeichnet. Also: Was die Grenzkontrollen betrifft, so wären diese Parolen dumme Ausreden. Außerdem, wenn das Grundgesetz geändert würde, müssen sich die Westmächte das sehr überlegen, ob sie diese Änderung für Westberlin übernehmen könnten. Wir verstehen, die Regierung der BRD muß mit den Regierungen der Abflugländer alles regeln. Diese Aufgabe kann ihr nicht die DDR abnehmen. Wenn die DDR, wie Sie andeuten, sich in dieser Frage kooperativ verhalten kann, ohne etwas zu formalisieren, so wäre das ausgezeichnet.

Ich schlage vor, meine 3 Vorsitzenden[13] jetzt sofort zu informieren und Sie dann über unsere Meinung zu unterrichten und Ihnen eventuell den Entwurf einer Erklärung von Rau zu dieser Frage übersenden, die wir vereinbaren.

E. Honecker: Ich bin mit Ihrer Beurteilung soweit einverstanden. Herr Rau möchte bitte einen Satz sagen, daß die Asylantenfrage eine internationale Angelegenheit, ein Gesamtproblem ist. Sie kennen die Beschlüsse der Regierungen Großbritanniens, Frankreichs usw. Außerdem, nur in der BRD wird diese Frage zur Ausländerfeindlichkeit, ja zum Rassismus hochgespielt. Das gibt es weder in Frankreich noch in den anderen Ländern. Also bitte informieren Sie. Wir werden uns dann die Erklärung von Rau ansehen, wir wollen Kohl nicht nutzen.[14] Was den Wahlkampf betrifft, so hat der SPD-Parteitag selbst hingewiesen, daß dies eine harte Auseinandersetzung wird. Aber vor allem muß man Kohls Argument vom »Aufschwung« zerschlagen. Was für ein Aufschwung bei über 2 Millionen Dauerarbeitslosen! Dabei liege die wirkliche Zahl laut DGB viel höher. Ich möchte sagen, es gibt durchaus

---

[13] D. h. W. Brandt und die beiden Stellvertreter H.-J. Vogel und J. Rau.

[14] Egon Bahr übersandte Axen am 11. 9. einen Entwurf, in dem u. a. stand, Honecker habe Bahr »auf Wunsch« Raus empfangen. Axen wies diesen Entwurf in einer Stellungnahme für Honecker zurück mit dem Bemerken, er entspreche nicht der zwischen Honecker und Bahr getroffenen Verständigung vom 5. 9. 1986. Nach einem umfangreicheren Telegrammwechsel Bahr – Moldt – Axen und einem Treffen Bahr – Axen am 17. 9. lag dann die »Grundlinie« für die Erklärung Raus fest, die dieser am 18. 9. abgab und die besagte, er habe »von der Führung der DDR die Zusage bekommen, daß nur solche Personen im Transit befördert werden, die über ein Anschlußvisum anderer Staaten verfügen«. Die betreffende Verlautbarung des DDR-Außenministeriums mit Geltung ab 1. 10. 1986 erfolgte am gleichen Tag. – Zum Zusammenhang siehe Einleitung. – Die betreffenden Dokumente finden sich in: SAPMO ZPA IV 2/2035/89 und sind enthalten in: Jochen Staadt, Expertise (Dokumentation) für die Enquetekommission des Deutschen Bundestags »Aufarbeitung von Geschichte und Folgen der SED-Diktatur in Deutschland« zu dem Thema: Versuche der Einflußnahme auf die politischen Parteien der Bundesrepublik nach dem Mauerbau.

Chancen, falls ein energischer Wahlkampf geführt wird. Ein bestimmtes Umdenken ist doch im Bewußtsein der Bevölkerung der BRD im Gange. Diesen Prozeß muß man weiter in Richtung Entspannung umkehren.

E. Bahr: Ich danke herzlich für dieses Gespräch und werde Sie sofort intern informieren.

E. Honecker: Bitte übermitteln Sie W. Brandt, J. Rau und H.-J. Vogel beste Grüße.

Axen 8. 9. 86 *[Unterschrift]*

Dokument 27

Anhang 2 (Zentrales Parteiarchiv der SED Sign.: 42/71)

Institut für Internationale Politik und Wirtschaft der DDR

Der Direktor   Berlin, den 19.10.1988

Genossen Günter Mittag
Mitglied des Politbüros und
Sekretär der ZK der SED

Werter Genosse Mittag!

In Fortsetzung eines Meinungsaustauschs mit Herrn Walter Leisler Kiep , den ich auftragsgemäß am 31. Mai 1988 hier im IPW mit ihm führte, fand am 16. Oktober 1988 auf seinen Wunsch ein vertrauliches Gespräch mit ihm in Hamburg statt, wo ich beim Bergedorfer Gesprächskreis weilte.

Unter Bezug auf eine kurze Begegnung, die er anläßlich der Trauerfeier für FranzJosef Strauß in München mit Dir hatte, bat er mich, Dir seine Überlegungen zu übermitteln. Er verband dies mit dem Wunsch, sie Dir in nächster Zeit selbst vortragen zu können und ihm dazu eine Antwort zukommen zu lassen. ...

Max Schmidt

I n f o r m a t i o n
über ein Gespräch mit Herrn Walter Leisler Kiep
am 16. Oktober 1988

...

Kiep unterbreitete folgendes:

1. Nach seinem Besuch in der DDR Ende Mai 1988 ... habe er sowohl mit dem Bundeskanzler H. Kohl in allgemeinen Zügen als auch mit Alfred Herrhausen von der Deutschen Bank und Karl-Heinz Kaske, dem Siemens-Chef, sehr konkret darüber gesprochen, wie die Wirtschaftsbeziehungen zwischen beiden Staaten vor allem durch die Einbeziehung des Hochtechnologiebereiches auf Projekte neuer Qualität und langfristiger Entwicklung ausgedehnt werden können.

Als ein bedeutendes und weittragendes Feld der Kooperation werde der Bereich der Telekommunikation und die damit zusammenhängende Infrastruktur angesehen.

Der Siemens-Konzern sei aufgrund seiner technologischen Kapazitäten und seiner enormen liquiden Mittel nicht nur in der Lage, sondern auch interessiert zu längerfristigen Abkommen mit der DDR über die Kooperation auf dem genannten Feld, einschließlich der Modernisierung der Post zu kommen. Aufgrund seiner bestehenden Geschäftsverbindungen sehe Siemens auch die großen Möglichkeiten der Zusammenarbeit mit den aus ihrer Sicht leistungsfähigen Kombinaten der Elektronik der DDR bei solchen Projekten.

Vermerk eines Gespräches zwischen Max Schmidt und Walther Leisler Kiep über eine Technologiekooperation zwischen der DDR und der BRD am 19 Oktober 1988

Dokument 27

Die <u>Deutsche Bank</u> halte ein längerfristiges Projekt auf diesem Gebiet für geschäftlich durchaus machbar - auch in bedeutenden Größenordnungen und über längere Fristen. Die Bonität der DDR stehe für die Deutsche Bank außer Frage. Denkbar wäre eine Zusammenarbeit von Post der DDR, DDR-Kombinaten, Siemens und einer Gruppe von BRD-Banken unter Führung der Deutschen Bank. Ausreichend wäre für ein solches Geschäft eine Ausfallbürgschaft der BRD-Regierung.

Kiep unterstrich, daß Siemens und auch die Deutsche Bank natürlich auch ein massives Eigeninteresse am Geschäft hätten, durchaus aber auch den übergreifenden politischen Aspekt der Weiterentwicklung der Wirtschaftsbeziehungen als Grundlage politischer Beziehungen sehen würden. Er legte Wert auf größte Vertraulichkeit. Auf seiten der BRD würden nur H. Kohl, A. Herrhausen, K.H Kaske und er diese Überlegungen kennen. Man sei sehr daran interessiert, diese Überlegungen der Führung der DDR direkt vortragen zu können.

2. Kiep kam auch auf seinen Vorschlag zurück, in einem kleinen Kreis von je 4 - 5 Personen der DDR und der BRD einen internen und vertraulichen Meinungsaustausch über Fragen zu führen, die mit der Entwicklung des EG-Binnenmarktes und seinen Folgen zusammenhängen. Das beziehe sich sowohl auf die generellen Fragen der EG-Entwicklung und ihre gesamteuropäischen Wirkungen als auch auf die spezifischen möglichen Wirkungen auf die Wirtschaftsbeziehungen DDR-BRD. ...

---

1 Walter Leisler Kiep, damals Präsidiumsmitglied und Bundesschatzmeister der CDU.

Dokument 28

Berlin, 15. Oktober 1984

Operative Auskunft

über

...., **HERBERT** (53)

geboren am: 15. 11. 1930 in Zwickau

wohnhaft: 1138 Berlin,

Waplitzer Str. 23

1. Berufliche und gesellschaftliche Entwicklung

.... besuchte die Volksschule und von 1940 bis 1945 die
Oberschule. In seiner Oberschulzeit gehörte er dem faschi-
stischen Jungvolk als Jungenschaftsführer an.
Nach der Zerschlagung des Faschismus beteiligte er sich auf
Anraten seiner leiblichen Mutter, die 1950 verstarb, an der
Arbeit der Antifa-Jugend und späteren FDJ..
Aufgrund seiner Intelligenz, Redegewandheit und organisato-
rischen Fähigkeiten wurde er relativ schnell mit verantwortlichen Funktionen im großen Maßstab betraut.
1946 trat er der SED bei.
Nach Besuch von Schulen des Jugendverbandes und der Partei
erfolgte sein Einsatz als stellvertretender Chefredakteur
in der Redaktion "Freie Presse" Zwickau.

Im Januar 1951 wurde .... als politischer Mitarbeiter der
Westkommission beim Politbüro im ZK der SED eingestellt.
Nach Auflösung der Westkommission erfolgte sein Einsatz im
Rahmen der Abteilung Agitation ebenfalls auf dem Gebiet der
Westarbeit. Bereits 1952 wurde er als Sektorenleiter bestä-
tigt. Ein im Jahre 1954 an der Parteihochschule der KPdSU
aufgenommenes Studium mußte .... ein Jahr später aus gesund-
heitlichen Gründen aufgeben.

Operative Auskunft des MfS über Herbert Häber, 15. Oktober 1984

283

Auszug aus einem Schreiben der HA II/4 a aus dem Jahre
1956 - Personenfeststellung der Personen, die Gottwald
bei seiner Anwerbung durch Flegel (BND) angegeben hat:

1. H ä b e r , Herbert, Fritz
   geb. 15. 11. 1930 in Zwickau
   erl. Beruf: Redakteur
   tätig als Angestellter beim ZK der SED
   verheiratet seit 30.12.50 mit
        Christa H. geb. .... 25.10.31 Zwickau
   Vater:
        Fritz H. 22.1.10
   Mutter:
        Edith geb. ...gel
   Kind:
        Stefan H. 3.1.51
   DPA ... 0959363
   Wohnadressen:
   v. Zwickau, Thomas - Münzer - Str. 31
   12. 3. 1951 Bln. NO 55, Sotkestr. 22
    3. 5. 1952 Bln. NO 55, Gubitzstr. 15

Schreiben der HAII/4a des MfS in Sachen Häber, 1956

Dokument 30

HA II/6   Berlin , 23.12.1980   BStU
                                                                  000024

Auszug aus dem Archivmaterial AOP 605/57 der BV Berlin, Abt. II
(Gruppenvorgang Reg.-Nr.: 11/54 - Deckname: "Kreuzspinne")

Abschrift:
Betr.: Gottwaldt, Günter - wh.: Lingenfeld (Vogtland)
Vorg.: ohne
Quelle: Fle.

Quelle teilte am 13.5.1954 mit, daß er selbst mit dem Obigen
in Verbindung steht und als Vm. geworben hat. G. hat seine
Bereitschaft zur Mitarbeit erklärt.
G. ist Redakteur der "Freien Presse" in Zwickau. SED Mitglied.
Diplom-Journalist des Instituts für Publizistik und Zeitungs-
wissenschaft der Universität Leipzig.
G. hat Fl. gegenüber angegeben folgende Verbindungen zu haben,
die er der Organisation nutzbar machen könnte.

1. ▬▬▬▬▬▬▬▬▬

2. ▬▬▬▬▬▬▬▬▬▬▬▬▬▬▬▬

3. ▬▬▬▬▬▬▬▬▬▬▬▬▬▬▬

4. ▬▬▬▬▬▬▬▬▬▬▬

5. Herbert H a e b e r, Stellvertretender Leiter der Abt. Westdeutschland im ZK der SED, Potsdam

(Entsprechend eines Vermerkes der Abt. II/4 BV Berlin vom
1 .7.1954 soll G o t t w a l dt bereits im Dezember 1953
die DDR illegal verlassen haben. Bei ihm handelt es sich somit
um einen Gehlen-Agenten. Unterschrift: Schultze, Ofw.)

Vorgang »Kreuzspinne«, Bezirksverwaltung Berlin des MfS, Abt. II, 23. Dezember 1980

285

Dokument 31

Annemarie Schneider,   Berlin 17. 10. 1985
Berlin - Hohenschönhausen
Josef-Hütm - Str Nr 1

    An das Ministerium für Staatssicherheit
    der DDR
    1130 Berlin
    Normannenstraße 22

    Liebe Genossen!

Zu meiner eigenen Person möchte ich feststellen,
daß ich Mitglied der Sozialistischen Einheitspartei
Deutschlands seit 1956 bin, meine Mutter
Verfolgte des Naziregimes und mein Mann
ist Mitarbeiter des Ministeriums für
Staatssicherheit.
Als Schwester der geschiedenen Frau des Genossen
Prof. Häber, Mitglied des Politbüros des ZK
der SED, wende ich mich heute vertrauensvoll
an den Minister für Staatssicherheit, weil
ich seid dem Zeitpunkt der Wahl des Prof.
Häber als Mitglied des Politbüros und
Sekritär des ZK mich in einem Gewissens-
konflikt befinde. Da ich selbst keine

Brief Annemarie Schneider an das Ministerium für Staatssicherheit, 17. Oktober 1985

7b

Gelegenheit hatte und suchte, dieses ~~Thema~~
mit meinem Ehemann noch mit anderen
Genossen zu beraten, habe ich nach gründ-
lichem Nachdenken und im Verantwortungsbewußtsein als Mitglied unserer Partei mich
entschlossen, vertrauensvoll an das Ministerium
für Staatssicherheit zu wenden.

Mir ist folgender Tatbestand persönlich aus
der Vergangenheit bekannt, und ich gehe
davon aus, daß dein Tatbestand natürlich
auch anderen Bürgern der DDR und
ausländischen Staatsorganen bekannt sein
kann.

Meine Angaben besichen sich auf Person
des Vaters von Genossen Herbert Häber.
1951 hielt sich eine französische Delegation
in Zwickau auf. Ein Delegationsmitglied
hat den Vater des Genossen Häber als
Angehörigen eines Erschießungskommandos
der Wehrmacht wiedererkannt.
Der Vater wurde gerichtlich belangt und
aus der Partei ausgeschlossen.
Nach seiner eigenen Meinung hatte er
keine andere Wahl, um nicht auch
erschossen zu werden. In der Familie waren
8 Kinder vorhanden. Der Vater war 3mal
verheiratet, wobei er jetzt zu seiner zweiten

7 a)

Frau zurückgekehrt ist. Der Vater ist noch am
Leben. Nachdem viele Genossen aufgrund der
Vergangenheit ihres Elternhauses zwar das berechtigte
Vertrauen unserer Partei genießen, wurden sie
aber nicht in Spitzenfunktionen gewählt.
So wurden in der Vergangenheit Funktionäre
aus ihren Funktionen abberufen, weil sich im
Verlaufe der Zeit herausstellte, daß bei Bekannt-
werden solcher und ähnlicher Fakten und
Ansehen unserer Partei und unseres Staates
diskriminiert wird.

Ich persönlich habe über die Entscheidung
unserer Parteiführung nicht zu befinden, halte
mich auch wie disziplimiert an die Beschlüsse
meiner Partei, doch über zum Ausdruck bringen
daß es mich doch persönlich tief bewegt, daß
unter diesen Bedingungen Genosse Prof. Häuber
als Mitglied unseres Politbüros und Sekretär
des ZK gewählt wurde.

Ich nehme an, daß diese Fakten unserem
Generalsekretär nicht bekannt sind.

Ich erkläre nochmals, daß ich diese Angaben
gegenüber niemandem bisher geäußert habe
und mich deshalb an das Ministerium
für Staatssicherheit wende, weil ich es für richtig
halte, daß auch mein Wissen nochmals sorgfältig

2c

überprüft werden muß, um niemandem
Schaden zu zufügen.

Mit sozialistischem Gruß

Annemarie Schneider

Aktennotiz Honeckers zum Fall Häber, ohne Datum (SAPMO Akte Häber)

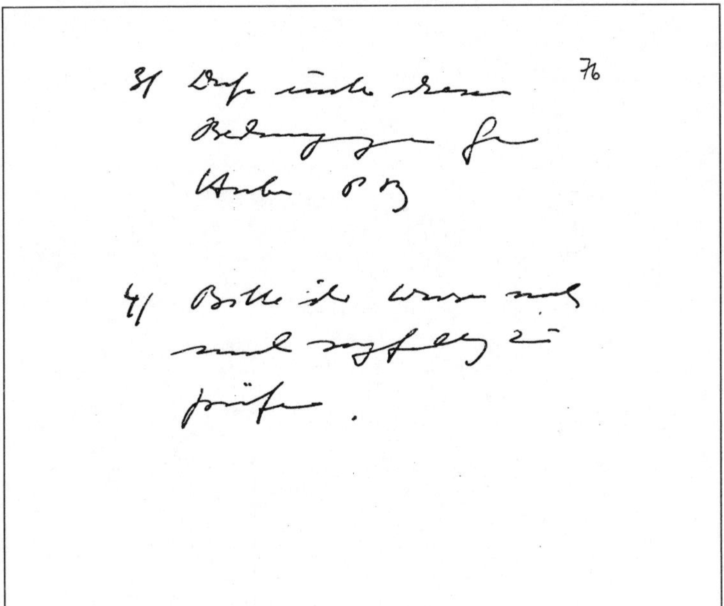

76

3/ [illegible] Bedingungen für Arbeit [illegible]

4/ Bitte ich [illegible] noch einmal sorgfältig zu prüfen.

Dokument 33

Fritz Müller   Berlin, den 14. 6. 1985

In der Kaderakte des *Gen.: H. Hä* zum Ausschluß seines Vaters
F. Hä. aus der Partei ist eine Mitteilung vom Oktober 1954,
dem Jahr des Ausschlusses. Er teilt mit, daß ihm die Gründe
nicht bekannt sind und stellt die Frage, ob für ihn daraus
Folgerungen als politischer Mitarbeiter des ZK entstehen.
Es gibt dazu keine weiteren Vermerke.

Im Schriftgut der ZPKK, das in der Registratur unserer Abteilung abgelegt ist, gibt es einen Schriftwechsel zwischen der
ZPKK und dem Vater *F. Hä.*

Die Fakten in dem Schreiben, das Du mir übergeben hast, decken
sich absolut mit dem Inhalt der Unterlagen im Schriftverkehr
zwischen der ZPKK und *F. Hä.*
Im Aktenvermerk der Genossen Altenkirch, Tenner und Genn. Gläser
der ZPKK, der im Original vorliegt, wird angegeben, daß am
2. 2. 1959 die Genossen der ZPKK ein Gespräch mit *Gen. H. Hä.*
über seinen Vater führten.
Eine Aktennotiz über den Inhalt dieses Gesprächs ist weder
in die Kaderakte des *Gen. H. Hä* gekommen, noch in unserer
Abteilung.

[Unterschrift]

Schreiben des Leiters der Kaderabteilung des ZK der SED an Erich Honecker, 14. Juni 1985

Dokument 34

14

März 1986

14. *Ref* 3

Streng geheim!

I n f o r m a t i o n
über den Besuch des Gen. ██████████, ███████████████
█████ HÄBER , Hans, stellvertretender Chefredakteur
der Bezirkszeitung "Neuer Tag", am 2. 3. 1986 in
Frankfurt (Oder)

Entsprechend vorheriger telefonischer Vereinbarung zwischen
beiden ██████████ besuchte am 2. 3. 1986, Gen. Herbert H.
mit ██████ ██████ und ████ ██████ seinen ██████ ██████,
dessen ████████ ████ und ████ ████.
Mit Unterbrechungen hielten sich genannte Personen von
10.45 Uhr bis gegen 17.00 Uhr in der Wohnung des Hans H. auf.

Nachfolgend eine Wiedergabe vom Verlauf des Besuches sowie
wesentlicher Teile des stattgefundenen Gespräches:

Zur Begrüßung bietet Hans Schnaps an.

██████ berichtet, daß ih██ ████ ███, ████ zur Zeit bei der ███
ist, heute keinen Ausgang bekommen hat. ███ ████ in den letzten
Tagen mal kurz zu Hause.

██████ bestellt Grüße von ██████ ██████. Vor 14 Tagen waren sie
alle zusammen im "Schauspielhaus". Sie haben dort ein richti-
ges kleines Familientreffen gemacht.

Sie kommen auf die derzeitigen Straßenverhältnisse zu sprechen.
Hans leitet gleich über und kommt darauf zu sprechen, wer für
die Reinigung der Gehwege verantwortlich ist. Er stellt fest,
daß kaum einer seiner Räumpflicht nachkommt. Ein Kollege von
ihm, ██████ ██████, ██ in Frankfurt (Oder) ██████ vor dem

Abhörbericht der HAII des MfS vom Besuch Herbert Häbers bei seinem Bruder Hans am
2. März 1986 in Frankfurt/Oder

Dokument 35

Stenographisches Protokoll der 121. Sitzung
des 1. Untersuchungsausschusses am Donnerstag,
dem 4. März 1993, 9.00 Uhr Bonn, Bundeshaus,
Raum NH 1903 (Auszüge)

Zeuge Dr. Gundelach: „Zu dem Stichwort Züricher Modell. Das war im
Grunde ein Erbstück der Vorgängerregierung. Ich erinnere mich, daß Herr
Wischnewski, der Vorgänger von Herrn Jenninger im amt des Staatsministers,
bei der Amtsübergabe ihn darauf hingewiesen hat, da werde sicherlich demnächst ein Bankier aus der Schweiz sich mal bei ihm melden. Das war das Denk-
modell einer Art – das ist wahrscheinlich auch bekannt; ich sage es trotzdem
noch einmal, weil es mich lange und häufig beschäftigt hat –, die Idee einer Art
deutsch-deutschen Bank mit Sitz in der Schweiz, bei der sich die DDR so in einer Größenordnung von drei bis vier Milliarden hätte bedienen können, also
im Sinne von Kreditgewährung, wenn es dafür im Gegenzug wirkliche sub-
stantielle Verbesserungen im Bereich menschlicher Erleichterungen gegeben
hätte. Es gab da so Ideen, das Reisealter um fünf Jahre zu senken beispielsweise
und im Mindestumtausch was zu tun. Dieses Modell hat eigentlich die ganzen
Jahre weitergegeistert... Ich habe gesagt, das ging über Jahre. Ich glaube, der
Herr Bahl hat das die ganzen achtziger Jahre hindurch weiterverfolgt, ist auch in
dieser Sache nach '84 noch häufig vorstellig geworden oder hat sich gemeldet." *(S. 7/8)*
„Soweit ich weiß, hat Herr Jenninger auch den Bundeskanzler in der Regel
mündlich informiert, vielleicht mal mit einem handgeschriebenen Blatt mit
den entscheidenden Punkten. Aber ich kann mich nicht erinnern, daß Akten
im klassischen Sinne in diesem Zusammenhang angelegt worden sind." *(S. 10)*
„Nach meiner Erinnerung war es so, daß Herr Jenninger mich nach diesem Gespräch zu sich gerufen hat und so etwa sinngemäß gesagt hat: Gundelach, wir
wurschteln hier herum, und es gibt den Herrn Bahl, und es gibt das Züricher
Modell, und es gibt ...
Vorsitzender Friedrich Vogel: „Das wußten Sie schon?"
Zeuge Dr. Gundelach: „Ja, selbstverständlich. Das wußte ich seit dem Zeit-
punkt der Amtsübergabe, damit das nochmal ganz klar ist, selbstverständlich."
Vorsitzender Friedrich Vogel: „Wenn ich da dann doch noch mal zurückkom-
men darf. Was haben Sie an Wissensstand vermittelt bekommen im Zeitpunkt
der Amtsübergabe? Und dann kommen wir auf das andere noch mal zurück."
Zeuge Dr. Gundelach: „Ja, im Grunde alles Wesentliche, was es zu wissen gab.
Aber ich kann mich nicht erinnern, daß der Herr Schalck bereits zu diesem
Zeitpunkt als eine Figur von großer Bedeutung in diesen Beziehungen auf-
tauchte." *(S. 12)*
Vorsitzender Friedrich Vogel: „Nun kann man ja auf die Idee kommen zu sagen: Also, das Züricher Modell hatte immerhin den Charme, daß ein Junktim

hergestellt wurde. Nun lief da ein Kontakt, bei dem jedenfalls ein Junktim, was die Gegenleistungen anging, nicht hergestellt wurde."

Zeuge Dr. Gundelach: „Ein Junktim ist ja offiziell auch beim zweiten Kredit nicht hergestellt worden. Die DDR hat ja immer Wert darauf gelegt, es handele sich nicht um Gegenleistungen, sondern um Maßnahmen, die sie zufällig zum fast gleichen Zeitpunkt aus eigener Verantwortung heraus traf." *(S. 20)*

„Und aus der Tatsache, daß es diese Kontakte gab, auch nach dem Regierungswechsel '82 und übrigens auch, nachdem Herr Jenninger Bundestagspräsident geworden war, im November '84,(!) habe ich den Schluß gezogen, daß jedenfalls das Züricher Modell noch immer eine reale Möglichkeit war. Für mich schien das zu signalisieren, daß im Falle eines Falles auch mit der Zustimmung der anderen großen Partei im Bundestag eine solche Sache zu verwirklichen wäre. Denn warum hätte Herr Wienand sonst diese Kontakte weitergepflegt?" *(S. 29)*

„Ich kann mich erinnern, daß Herr Jenninger mir gesagt hat: Das gibt Probleme, das gibt Ärger aus der Richtung München. Und: Der Wunsch oder die Vorstellung des Bayerischen Ministerpräsidenten geht dahin, jetzt diese Geschichte mit Herrn Schalck zu machen und nicht das Züricher Modell... Herr Jenninger gab mir die Empfehlung, die Kontakte mit Herrn Bahl vielleicht ein bißchen runterzuhängen, sie nicht abreißen zu lassen, sie weiter zu führen." *(S. 30)*

Und Dr. Gundelach zum Kontakt Wienand/ Bahl im Kontext zum Zürcher Modell:

Zeuge Dr. Gundelach: „Na, gewichtige Gespräche ... Er war ja in gewisser Weise eingeführt worden durch Herrn Wischnewski. Er rief dann irgendwann an, bat um einen Termin, sprach mit Herrn Jenninger, sprach mit mir. Man vereinbarte, Kontakt zu halten, und ... So fing das an (mit Wienand und mit Bahl). *(S. 59)*

Ingrid Köppe (BÜNDNIS 90/ DIE GRÜNEN): Welches Interesse bestand denn seitens des Kanzleramtes an der Person Bahl?

Zeuge Dr. Gundelach: „Seitens des Kanzleramtes bestand das Interesse, die Möglichkeit, zu irgendeinem Zeitpunkt vielleicht doch dieses Modell zu verwirklichen, diese Möglichkeit nicht zu verschütten." *(S. 59)*

Und Gundelach präzisiert seine Aussage noch einmal auf Nachfrage von Frau Köppe, BÜNDNIS 90/ DIE GRÜNEN:

Zeuge Dr. Gundelach: „Ich kann nur noch mal auf das zurückkommen, was ich vorhin schon kurz sagte, Frau Köppe: Es gab offensichtlich dieses Telefongespräch Strauß/Jenninger, wie es auch immer abgelaufen sein mag. Danach sagte mir Herr Jenninger: Das gibt Ärger mit München. – Es gab keine Weisung an mich, den Kontakt zu Herrn Bahl abzubrechen. Aber es gab die Anregung von Herrn Jenninger, die Dinge niedriger zu hängen." *(S. 60)*

Ausfertigung

Beglaubigte Abschrift

Kopie

Im Namen des Volkes

(532) 25 Js 4 / 94 Ks (9 /96)

Strafsache

g e g e n

1. Prof. Herbert **H ä b e r** ,
geboren am 15. November 1930 in Zwickau,
wohnhaft: Hultschiner Damm 14/16,
12623 Berlin,

2. Dr. Hans-Joachim **B ö h m e** ,
geboren am 29. Dezember 1929 in Bernburg/
Saale,
wohnhaft: Bodestraße 3, 06122 Halle,

3. Siegfried **L o r e n z** ,
geboren am 26. November 1930 in Annaberg,
wohnhaft: Deutschhofer Allee 42,
12621 Berlin,

w e g e n   Totschlags

Die 32. große Strafkammer des Landgerichts Berlin
- Schwurgericht - hat aufgrund der Hauptverhandlung vom 9.,
16., 23. und 30. Mai 2000, 6., 15., 20., und 27. Juni 2000,
4., 5. und 7. Juli 2000, an der teilgenommen haben:

Vorsitzender Richter am Landgericht Luther
als Vorsitzender,

Richterin am Landgericht König,
Richterin Bach
als beisitzende Richterinnen,

Rentner Horst Heß,
Diplom-Ingenieurin Marianne Liekweg
als Schöffen,

Oberstaatsanwalt Jahntz
als Beamter der Staatsanwaltschaft

Rechtsanwälte Herrmann und Amelung für den Angeklagten
Prof. Häber,
Rechtsanwälte Arndt, Röver und Wuthenow für den Angeklagten
Dr. Böhme,
Rechtsanwalt Dr. Wolff und Rechtsanwältin Kossack für den
Angeklagten Lorenz
als Verteidiger,

* Infolge des Revisionsantrages der Staatsanwaltschaft noch nicht rechtskräftig.

2

Rechtsanwälte Plöger, Pelizeaus, Steinmann und Paul
als Vertreter der Nebenklägerin Irmgard Bittner,

Justizsekretärin Pakebusch
als Urkundsbeamtin der Geschäftsstelle,

in der Sitzung vom 7. Juli 2000

für Recht erkannt:

Die Angeklagten werden auf Kosten der Landeskasse
Berlin, die auch ihre notwendigen Auslagen zu tragen
hat, freigesprochen.

Sie sind für die freiheitsbeschränkenden Maßnahmen
zu entschädigen.

G r ü n d e

I.

Gegenstand des vorliegenden Verfahrens ist der Tod von vier

Flüchtlingen, die zwischen 1984 und 1989 unbewaffnet und

ohne Gefährdung anderer versuchten, an der damaligen Grenze

zu Berlin (West) die DDR zu verlassen.

Die Staatsanwaltschaft II bei dem Landgericht Berlin legt

den Angeklagten mit der Anklageschrift vom 29. Februar 1996

- welche mit dem Eröffnungsbeschluß der Kammer vom 9. April

1998 zur Hauptverhandlung zugelassen wurde - zur Last, als

Mitglieder des in Berlin tagenden Politbüros des

Zentralkomitees (ZK) der SED gemeinschaftlichen Totschlag

durch Unterlassen begangen zu haben.

3

In dieser Funktion seien die Angeklagten entscheidend an der weiteren Aufrechterhaltung der Grenzsperranlagen zum Westteil Berlins beteiligt gewesen, die ab August 1961 errichtet, nachfolgend ausgebaut und ständig aufrechterhalten worden waren. Durch das von den Angeklagten geduldete Fortdauern der Umsetzung der vom Politbüro getroffenen Grundentscheidungen und der die Vorgaben des Politbüros in militärischer und technischer Hinsicht präzisierenden Beschlüsse der nachrangigen Organisationen in konkrete militärische Befehlsketten, die bis zu den zu vergatternden Grenzposten und -postenführern reichten, seien die Sperranlagen zum Westteil Berlins fortlaufend mit dem Ziel absoluter Unüberwindlichkeit für Fluchtwillige unterhalten worden. Dementsprechend seien an der Grenzmauer bei Fluchtversuchen nach West-Berlin Personen durch Grenzposten erschossen worden, was die Angeklagten billigend in Kauf genommen hätten.

Konkret legt die Anklageschrift dem Angeklagten **Prof. Häber** zur Last, durch Unterlassen in dem Zeitraum vom 24. Mai bis zum 1. Dezember 1984 in einem unselbständigen Teilakt für den Tod von Michael Horst Schmidt am 1. Dezember 1984 strafrechtlich verantwortlich zu sein. Die Mitgliedschaft Prof. Häbers im Politbüro habe freilich bis zum 22. November 1985 gewährt.

Auszug aus der Urteilsbegründung

8

Das Politbüro gestaltete in einer Aufbauphase in den Jahren
1952 bis 1962 das Grenzregime an der innerdeutschen Grenze
durch eine Vielzahl von ausführlichen und detaillierten
Entscheidungen. Ziel dieser Entscheidungen war es, die DDR
gegenüber der Bundesrepublik Deutschland und anderen
westlichen Staaten möglichst umfassend abzuschotten. Im
Politbüro wurden die Entscheidungen zur "Errichtung eines
besonderen Regimes an der Demarkationslinie zwischen der
DDR und Westdeutschland und im Küstengebiet", zum Bau der
Berliner Mauer und zur Anwendung der Schusswaffe getroffen.
Das Politbüro befaßte sich noch bis in das Jahr 1962 hinein
regelmäßig und konkret mit der Grenzsicherung und schuf die
Rahmenbedingungen zur Abriegelung der Grenze zur
Bundesrepublik Deutschland. In umfangreichen und
detaillierten Beschlüssen aus den Jahren 1971 und 1973
entschied das Politbüro, die Grenzanlagen in einigen
Bereichen durch Schützenminen zu verstärken.

Neue und grundlegende Entscheidungen des Politbüros zum
Grenzregime waren späterhin nicht erforderlich, da das
Sicherungssystem aufgrund wohlorganisierter vom Politbüro
geschaffener Mechanismen funktionierte. In einer Reihe von
Entscheidungen in anderen, mit dem Grenzregime nur
mittelbar zusammenhängenden Bereichen machte das Politbüro
deutlich, daß weiterhin die Grenzübertritte streng
reglementiert werden sollten. Bis zu seiner Auflösung
faßte das Politbüro keine so umfassenden und konkreten
Beschlüsse zur Grenzsicherung mehr;

9

dies war auch nicht erforderlich: das Politbüro hatte seine Grundlinie vorgegeben, entschied diese beizubehalten und konnte im übrigen die konkrete Ausgestaltung der militärischen Grenzsicherung in die Hände der damit befaßten nachgeordneten Organe geben in der Gewißheit, daß die Umsetzung in seinem Sinne erfolgen würde.

~~Seit den siebziger Jahren hatten die Grenztruppen der DDR~~ unter anderem die Aufgabe, die "Unantastbarkeit der Staatsgrenze der DDR zur Bundesrepublik Deutschland und Westberlin" zu wahren. Der Befehlsweg der Grenztruppen verlief so, daß der Minister für nationale Verteidigung in der Regel jährlich, orientiert am jeweiligen Ausbildungsjahr der zumeist wehrpflichtigen Grenzsoldaten, an den Chef der Grenztruppen den Befehl 101 gab; der Chef der Grenztruppen setzte diesen Befehl um durch den Befehl mit der Nr. 80 an die Chefs der drei Grenzkommandos; diese erließen auf dieser Grundlage Befehle mit der Nummer 40 an die Kommandeure der einzelnen Grenzregimenter, die diese durch Befehle mit der Nr. 20 umsetzten. In Umsetzung dieser Befehle wurden die Grenzsoldaten vor jedem Wacheinsatz vergattert. Sie wurden verpflichtet, die Unverletzlichkeit der Grenzen zu gewährleisten und ihren Dienst wachsam und auf der Grundlage der Rechtsvorschriften und Bestimmungen zu erfüllen. Bis in die siebziger Jahre wurde angeordnet, "Grenzverletzer festzunehmen oder zu vernichten", später ~~hieß es an Stelle von "vernichten" "Fluchtverhinderung".~~

14

schießen würden. Verbunden war dies auf der anderen Seite
mit der unterschwelligen Drohung gegenüber den
Grenzsoldaten, bei gelungener Flucht eines DDR-Bürgers mit
Sanktionen, zum Beispiel einer Bestrafung im
Militärgefängnis in Schwedt, rechnen zu müssen.

Zum Problem dieses Unterschiedes zwischen der Gesetzeslage
und der tatsächlichen Befehlslage an der Grenze, geht die
Kammer in Übereinstimmung mit der bisher zu dieser Frage
ergangenen Rechtsprechung des Bundesgerichtshofs und hieran
anknüpfend des Bundesverfassungsgerichts davon aus, daß die
Gesetzeslage von anders lautenden Befehlen, die keinen
schriftlichen Niederschlag gefunden haben, überlagert war.

Diese Divergenz zwischen den offiziellen Anweisungen
aufgrund der Gesetzeslage einerseits und den den
Grenzsoldaten vermittelten Regeln andererseits ist auch für
das hier zu beurteilende Unterlassen der Angeklagten von
Bedeutung, worauf später noch einzugehen sein wird.

Durch die ständige und massive Einwirkung auf die Soldaten
entstand bei diesen die von der politischen Führung und den
militärischen Vorgesetzten erwünschte Vorstellung, daß bei
Abwägung zwischen dem Leben des sogenannten Grenzverletzers
und der Unverletzlichkeit der Grenze letztere höher
einzuschätzen und deshalb der Verlust eines Menschenlebens
notfalls hinzunehmen sei. Die Soldaten wußten, daß in
vielen Fällen das Ziel, einen Grenzdurchbruch zu
verhindern, nicht anders als durch Schußwaffeneinsatz mit

15

gegebenenfalls tödlichem Ausgang zu erreichen war. Trotz der Empfehlung, mit dem zielsichereren Einzelfeuer zu schießen, war den Soldaten aber bekannt, daß auf größere Entfernungen mit ihrer Dienstwaffe, dem als Maschinenpistole bezeichneten Sturmgewehr Kalaschnikow, auch bei Einzelfeuer nicht so genau auf die Beine gezielt werden konnte, daß ein tödlicher Treffer ausgeschlossen wäre. Ein Grenzsoldat aber, der mit Dauerfeuer auf einen Grenzverletzer schoß, verstieß nicht gegen die tatsächliche Befehlslage, wenn er zunächst einen Warnruf, dann einen Warnschuß in die Luft und dann einen oder mehrere auf das Ziel gerichtete Schüsse abgab. Die Abgabe von Dauerfeuer blieb ebenso wie tödliche Schüsse auf einen Flüchtling stets ohne strafrechtliche oder disziplinarische Konsequenzen. Grenzsoldaten, die eine Flucht verhinderten und dabei den Flüchtling unter Anwendung von Dauerfeuer getötet oder verletzt hatten, wurden in gleicher Weise belobigt wie ihre Kameraden, die Einzelfeuer abgegeben hatten. Den betreffenden Soldaten wurde durch ihre Vorgesetzten bestätigt, korrekt und entsprechend dem sogenannten Klassenauftrag gehandelt zu haben.

Aus Anlaß der Parteitage bestätigte das Politbüro immer wieder die Fortführung des praktizierten Grenzregimes, indem es den "Klassenauftrag" definierte und in diesem Sinne die das Grenzsicherungssystem tragenden staatlichen Organe anwies. Die Formulierung enthielt hierbei für die Organe stets den Auftrag, weiterhin die Souveränität der DDR, ihre territoriale Integrität, die Unverletzlichkeit

16

ihrer Grenzen und ihre staatliche Sicherheit zu
gewährleisten. Unter den gegebenen Bedingungen hieß dies
für die Grenztruppen – und wurde dort auch so verstanden –
weiter so zu handeln wie bisher, keinen unkontrollierten
Grenzübertritt zuzulassen und die Schußwaffe auch unter
Inkaufnahme tödlicher Verletzungen gezielt gegen
Grenzverletzer anzuwenden, wenn es keine andere Möglichkeit
gab, einen Grenzdurchbruch zu verhindern. Dieser
"Klassenauftrag" wurde in die militärische Befehlskette
umgesetzt und bewirkte für den Zeitraum bis zum nächsten
Parteitag das Aufrechterhalten der bis dahin praktizierten
Grenzsicherung.

Das Politbüro war in dem hier relevanten Zeitraum nur noch
mittelbar mit dem Thema Grenzsicherung befaßt, etwa in der
Sitzung des Politbüros vom 25. November 1986 durch die
Bestätigung eines Entwurfes einer Festansprache des
Ministers für Nationale Verteidigung Keßler zum 40.
Jahrestag der Grenztruppen der DDR, beziehungsweise der
Beschäftigung mit Fragen der Aus- und Übersiedlung, der
Wahrung der Menschenrechte im von der DDR aufgefaßten Sinn
und der Kenntnisnahme von Gesprächen mit Politikern.

Das Politbüro trat regelmäßig einmal in der Woche zusammen,
in denen es sich mit einer umfangreichen, zuvor vom
Generalsekretär festgelegten Tagesordnung beschäftigte. Das
geschah auf der Grundlage von diversen Berichten und
Vorlagen. Die Einreicher der Vorlagen räumten größere
Meinungsverschiedenheiten zu den Sachverhalten im Vorfeld

Auszug aus der Urteilsbegründung

Mitglied der außenpolitischen Kommission beim Politbüro des
ZK der SED.

Im Rahmen seiner Tätigkeiten verfügte der Angeklagte **Prof.
Häber** über zahlreiche Westkontakte. Er stand über Jahre
hinweg in Kontakt zu hochrangigen Politikern der
Bundesrepublik Deutschland und wußte selbstverständlich
über die Sperranlagen und den Schußwaffengebrauch an der
innerdeutschen Grenze Bescheid. Dadurch mag er seitens des
Staatssicherheitsministeriums in den Verdacht geraten sein,
möglicherweise ein Langzeitspion westlicher Geheimdienste
zu sein. Der Angeklagte, dem nach seiner unwiderleglichen
Einlassung klar war, daß man versuchen mußte, in Fragen der
Grenze und der Freizügigkeit eine Änderung zum Besseren
herbeizuführen, unternahm kleine Schritte, indem er
beispielsweise Anfang der 80iger Jahre gegen die aus seiner
Sicht menschenunwürdigen Zustände am Grenzübergang
Berlin-Bahnhof-Friedrichstraße protestierte. Ebenso wandte
er sich anläßlich eines Gesprächs mit Erich Honecker gegen
die aus seiner Sicht nicht aktzeptable Kriminalisierung von
DDR-Bürgern, die einen Ausreiseantrag gestellt hatten. Im
Dezember 1982 beriet er mit dem Präsidenten des
Abgeordnetenhauses von Berlin (West), Jürgen Wohlrabe,
vorbereitende Schritte zur Beratung, wie die Mauer nach
beiden Seiten durchlässiger gemacht werden könne. Im Herbst
1983 verschaffte er einer Delegation des Vorstandes der
Partei der GRÜNEN die Gelegenheit, von Erich Honecker
empfangen zu werden und sich so vor der DDR-Öffentlichkeit
darstellen zu können. Auch in der Folgezeit ließ er sich
nicht davon abbringen, politische Schritte ins Auge zu

19

Auszug aus der Urteilsbegründung

20

fassen, die die Chance einer tatsächlichen Verbesserung im
humanitären Sinne in sich trugen.

Ohne vorher Kandidat gewesen zu sein, wurde er am 24. Mai
1984 zum Mitglied des Politbüros gewählt.

Auch in dieser Funktion war er bestrebt, unter Ausnutzung
seiner guten Kontakte durch realistische Schritte und
Verbesserungen mit Langzeitwirkung konkrete Erfolge zu
erreichen und vertraute in dieser Beziehung auf die
Unterstützung Erich Honeckers.
Diese seine Bemühungen scheiterten jedoch bereits am 17.
August 1984, als der Generalsekretär Erich Honecker auf
einer Geheimsitzung in Moskau der sowjetischen Führung die
Gründe für seine geplante Reise in die Bunderepublik
Deutschland und in diesem Zusammenhang die von dem
Angeklagten **Prof. Häber** vorformulierten Überlegungen und
Vorstellungen zu einem verbesserten Verhältnis zur
Bundesrepublik Deutschland im humanitären Bereich vortrug
und auf strikte Ablehnung seitens der Sowjetunion stieß.

Ausdrücklich wurde zu diesem Zeitpunkt von den Mächtigsten
des Warschauer Paktes die Erleichterung von Kontakten auch
und gerade im Reiseverkehr zwischen Ost und West
mißbilligt. Die sowjetische Führungsspitze ließ damals
keinen Zweifel daran, daß nicht nur die Reisepläne Erich
Honeckers auf Ablehnung stießen, sondern diese auch jene
Richtung in der Westpolitik der SED betraf, die auf Öffnung
gegenüber der Bundesrepublik Deutschland zielte.

21

Diese ablehnende Haltung der sowjetischen Führungsspitze hatte unmittelbare Auswirkungen auf den Angeklagten **Prof. Häber**; sein politisches Schicksal war damit besiegelt. Unter dem Vorwurf, er habe "Zugeständnisse an den Feind" gefordert und damit die Sicherheitsinteressen der UdSSR gefährdet, wurde sein persönlicher Handlungsspielraum eingeengt und weitere politische Arbeit unmöglich gemacht.

Nach seiner unwiderleglichen Einlassung wurde der Angeklagte **Prof. Häber** gegen seinen Willen veranlaßt, mit Schreiben vom 17. September 1985, gerichtet an den Generalsekretär des ZK der SED und Vorsitzenden des Staatsrates der DDR Erich Honecker, aus gesundheitlichen Gründen um die Entbindung von der Funktion als Mitglied des Politbüros zu bitten.
Aufgrund des Beschlusses der 11. Tagung des ZK der SED vom 22. November 1985 wurde der Angeklagte **Prof. Häber** von seinen Funktionen als Mitglied des Politbüros und Sekretär des ZK entbunden; zugleich endete seine seit 1978 bestehende ZK-Mitgliedschaft.

Während der Zugehörigkeit des Angeklagten Prof. Häber zum Politbüro wurde *Michael-Horst Schmidt* durch Schüsse von Grenzsoldaten getötet. Der damals 20 Jährige erlitt am 1. Dezember 1984 gegen 00.30 Uhr beim Überklettern der Berliner Mauer im Stadtbezirk Pankow im Bereich nord-westlich der Wollankstraße durch Schüsse der Grenzposten eine Lungengewebszerreißung und verblutete.

Auszug aus der Urteilsbegründung

28

Ob hiernach ein (insoweit strafbefreiender) Exzeß des
Mittäters erörtert werden müßte, kann unentschieden
bleiben. Denn die Straflosigkeit der Angeklagten Lorenz und
Dr. Böhme folgt bereits aus anderem, allumfassendem Grund.

IV.

Die rechtliche Würdigung ergibt, daß gegen keinen der
Angeklagten ein Strafanspruch nach dem Strafrecht der DDR
besteht.

Eine Strafbarkeit der Angeklagten nach dem Strafrecht der
DDR ist nicht gegeben, weil durch die Untätigkeit der
Angeklagten kein für den Erfolgseintritt kausales
Unterlassen vorliegt.

Demzufolge ist ein Strafanspruch der DDR, der auf die
Bundesrepublik Deutschland übergangen sein könnte (Art. 315
Abs. 1 Satz 1 EGStGB i.d.F. des Einigungsvertrages vom
31.8.1990) zu verneinen, da nach dem zur Zeit der Tat
geltenden Recht der DDR weder eine Freiheitsstrafe noch
eine Verurteilung auf Bewährung noch eine Geldstrafe
verwirkt gewesen wäre.
Keine Vorschrift des StGB/DDR belegt das Verhalten der
Angeklagten mit Strafe, insbesondere liegt eine
strafrechtliche Verantwortung wegen gemeinschaftlicher
Beihilfe zum Mord gemäß §§ 112 Abs. 1, 22 Abs. 2 Nr.
StGB/DDR (1968) durch Unterlassen nicht vor.

31

Den Angeklagten waren grundsätzlich Aktivitäten zur
Humanisierung des Grenzregimes auch zumutbar. Im Hinblick
auf die zahlreichen Tötungshandlungen zum Nachteil
fluchtwilliger DDR-Bürger und die dadurch betroffenen
Rechtsgüter auf Leben und körperliche Unversehrtheit konnte
von den Angeklagten erwartet werden, daß sie ihrer
Verantwortungsübernahme kraft Mitgliedschaft im Politbüro
gerecht wurden und aktiv für eine solche Humanisierung
eintraten. Dabei wird den Angeklagten vorliegend nicht zum
Vorwurf gemacht, daß sie nicht auf Beseitigung der Grenze
insgesamt durch einen gänzlichen Abbau der Sperranlagen und
Beseitigung der Berliner Mauer hinwirkten, denn es gehört
zu den gerichtsbekannten historischen Tatsachen, daß die
DDR während der gesamten Dauer ihres Bestehens in Bezug auf
das Grenzregime nur eingeschränkt souverän war.

Offenkundig war die DDR in den Block der Staaten des
Warschauer Vertrages integriert, in dem die dominierende
Rolle der UdSSR kaum politische Alleingänge duldete. Alle
grundlegenden militärischen Fragen mußten mit der UdSSR
abgestimmt werden. Entscheidungen, die die Sicherheit des
Bündnisses und militärstrategische Fragen betrafen, durfte
die DDR nicht allein treffen. Die technische Ausgestaltung
der kraft Vorgabe sicheren Grenze blieb jedoch weitgehend
der Entscheidung der DDR überlassen, insbesondere deshalb,
weil sowjetische Truppeneinheiten zumindest in der Funktion
von Interventionsgruppen an der Grenze nicht eingesetzt
waren.

35

Ebenso weckte die Anzahl der Tötungshandlungen gegen
fluchtwillige DDR-Bürger und der dadurch betroffenen
Rechtsgüter auf Leben und körperliche Unversehrtheit bei
den Angeklagten Dr. Böhme und Lorenz Mißtrauen dahingehend,
daß der praktizierte Schußwaffengebrauch an der Grenze
nicht mit der bestehenden Gesetzeslage in Einklang zu
bringen war.

So konnte von den Angeklagten zumindest erwartet werden,
daß sie ihrer Veranwortungsübernahme im Politbüro gerecht
wurden und Aktivitäten entfalteten, um auf die Einhaltung
der eigenen Gesetze hinzuwirken.

Dennoch fehlt es nach Auffassung der Kammer an der
erforderlichen Kausalität zwischen dem als notwendig
erachteten Handlungsbeitrag und den eingetretenen
Tötungserfolgen.
Dabei ist sich die Kammer der Kausalitätsproblematik des
Unterlassens im Strafrecht bewußt. Das Unterlassen
gebotenen Tuns kann ebenso negative Auswirkungen erzeugen
wie eine schädigende Handlung.
Gleichwohl besteht eine kausale Wirksamkeit des
Unterlassens nur dann, wenn von den dafür verantwortlichen
Personen Tätigkeiten, die von Rechtsvorschriften gefordert
werden und die für einen gefahrlosen Ablauf bestimmter
natürlicher oder gesellschaftlicher Prozesse objektiv
notwendig sind, unterlassen werden und diese Prozesse
dadurch einen Verlauf nehmen, der zu einem Schaden oder
Gefahrenzustand für die Gesellschaft oder einzelne führt.

36

Die kausale Wirksamkeit des Unterlassens resultiert im Strafrecht der DDR - in Abgrenzung zur bürgerlichen Strafrechtstheorie - also aus der wechselseitigen Bedingtheit, Abhängigkeit und Verpflechtung der Verhaltensweisen der Menschen im System der gesellschaftlichen Verhältnisse und Beziehungen, die sie - objektiv determiniert durch den Charakter und die Bewegungsgesetze der jeweiligen Gesellschaftsordnung - eingehen, um die objektiv bedingten Aufgaben und Verhaltensanforderungen zu erfüllen. Demzufolge war nach dem Strafrecht der DDR das Unterlassen einer gebotenen Handlung nur dann kausal, wenn der Verantwortliche eine ihm obliegende Erfolgsabwendungspflicht verletzt hat und die schädlichen Folgen nicht eingetreten wären, wenn er seiner Pflicht zum Handeln ordnungsgemäß nachgekommen wäre. Der Kausalzusammenhang zwischen dem Unterlassen und den eingetretenen Folgen muß eindeutig bewiesen sein.

In diesen Fällen war nach dem Strafrecht der DDR prinzipiell davon auszugehen, daß sich die strafrechtliche Verantwortlichkeit für ein eingetretenes strafrechtliches Ereignis auf einen objektiv nachweisbaren, exakt festzustellenden kausalen Zusammenhang zwischen Untätigkeit und dem Ereignis stützt. Dabei sind hinsichtlich der "natürlichen" Seiten des Geschehens alle verfügbaren Erkenntnisse zu nutzen, um festzustellen, ob eine lückenlose Kausalkette zwischen den Elementen des gesamten Geschehens unter den gegebenen Bedingungen vorhanden war.

Auszug aus der Urteilsbegründung

37

Daran fehlt es im vorliegenden Fall. Die Kammer vermochte
eine lückenlose Kausalkette zwischen dem Unterlassen der
Angeklagten und den beschriebenen tödlichen Folgen nicht
festzustellen. Selbst wenn es den Angeklagten gelungen wäre
– in welcher Form auch immer – im Politbüro auf die
Divergenz zwischen tatsächlicher und gesetzlicher Lage im
Hinblick auf den Schußwaffeneinsatz an der Grenze
hinzuweisen und sie weitere Anstrengungen unternommen
hätten, die Einhaltung der eigenen Gesetze einzufordern,
konnte die Ursächlichkeit dieses geforderten Verhaltens für
den erstrebten Erfolgseintritt nach Überzeugung der Kammer
nicht bejaht werden. Es sind durchaus – völlig unabhängig
von dem pflichtwidrig unterlassenen Tun der Angeklagten –
Geschehensabläufe dergestalt objektiv denkbar, daß der
tödliche Schusswaffengebrauch gleichwohl nicht verhindert
worden wäre. Das Unterlassen muß somit nicht notwendig die
Tötungen gefördert haben.

Nach alledem waren die Angeklagten aus rechtlichen Gründen
freizusprechen.

Auszug aus der Urteilsbegründung

38

Den Freispruch des Angeklagten **Prof. Häber** stützt die
Kammer zusätzlich auf folgenden Gesichtspunkt:

Von der Staatsanwaltschaft wird ihm zum Vorwurf gemacht,
durch Unterlassen für den Tod des Flüchtlings Michael-Horst
Schmidt verantwortlich zu sein, weil auch ihm als Mitglied
des Politbüros die oben näher dargestellte Pflicht oblag,
für Leib und Leben der DDR-Bürger einzustehen. Die
Forderung der Staatsanwaltschaft an den Angeklagten, für
eine Humanisierung des Grenzregimes aktiv einzutreten, ist
aber wenig konkret. Zwar traf im Rahmen seiner politischen
Stellung auch den Angeklagten Prof. Häber die Pflicht, auf
die Einhaltung der eigenen Gesetze im Zusammenhang mit dem
Schußwaffeneinsatz an der Grenze hinzuwirken. Im Hinblick
auf diese konkrete Pflicht im engeren Sinne ist er - wie
die Mitangeklagten auch - untätig geblieben.
Dennoch ist er, abgesehen davon, daß er - anders als die
Mitangeklagten Dr. Böhme und Lorenz - nur kurze Zeit
Mitglied des Politbüros war, insgesamt in den hier
relevanten Bereichen der Humanisierung des Grenzregimes
nicht gänzlich untätig geblieben. Aufgrund seiner
Westkontakte beschritt er im Rahmen seiner Möglichkeiten
bereits seit 1982 einen anderen Weg. Nach seiner
unwiderleglichen Einlassung, die glaubhafte Stütze etwa
durch die Bekundungen des Zeugen Prof. Dr. Nitz gefunden
hat und durch nicht mehr bescheidungspflichtige
Hilfsbeweisanträge untermauert werden sollte, hat der
Angeklagte Prof. Häber nicht unerhebliche Anstrengungen
unternommen, einerseits mehr Freizügigkeit im Reiseverkehr

39

zwischen Ost und West zu erreichen und andererseits durch
deutliche Verbesserung der wirtschaftlichen und sozialen
Verhältnisse innerhalb der DDR dazu beizutragen, daß sich
zukünftig kein DDR-Bürger dazu veranlaßt sehen mußte, sein
Land als Flüchtling zu verlassen.

Der Vorwurf der Untätigkeit trifft den Angeklagten Prof.
Häber auch deshalb nicht in gleichem Maße wie die
Mitangeklagten, weil er unter anderem im Rahmen des
sogenannten Züricher Modells aktiv geworden ist und
versucht hat, schrittweise Veränderungen und Verbesserungen
herbeizuführen, die langfristig durchaus realistisch zu
einer Humanisierung des Grenzregimes hätten führen können.

Dieses Modell hatte angesichts des unausweichlichen
Kreditbedarfs der DDR die Gründung einer gemeinsamen Bank
in Zürich zum Ziel. Die Beteiligung bedeutender
Bankinstitute der Bundesrepublik Deutschland sollte eine
Verklammerung zwischen der DDR und der Bundesrepublik
herbeiführen; die Gewährung von Krediten sollte verbindlich
und dauerhaft an die Gewährung humanitärer Erleichterungen
vor allem hinsichtlich der Freizügigkeit der Bürger der DDR
geknüpft und so die damals höchstmögliche Garantie für den
Beginn der Humanisierung des gesamten Grenzsystems und des
Reiseverkehrs erreicht werden. Aus der Sicht des
Angeklagten bot dieses Modell den Einstieg zu weiteren
Schritten bis hin zur völligen Reisefreiheit der
DDR-Bürger.

Auszug aus der Urteilsbegründung

40

Das Projekt wurde auf beiden Seiten streng geheim behandelt und der Angeklagte Prof. Häber blieb - auch nach dem Regierungswechsel in der Bundesrepublik im Jahre 1982 - aufgrund seiner umfänglichen Kontakte der diskrete Ansprechpartner. Aus unterschiedlichen Gründen, die jedenfalls nicht der Angeklagte Prof. Häber zu vertreten hatte, scheiterte das Projekt. Daß er seine Bemühungen und Aktivitäten in dieser Richtung - in welcher Form und unter welchem Arbeitstitel auch immer - aktiv fortgesetzt hätte, wenn ihm seitens der politischen Führung in der DDR dazu die Möglichkeit eingeräumt worden wäre, ist nach Auffassung der Kammer mehr als wahrscheinlich.

V.

Die Kammer ist dem auf Verlesung gerichteten und unter der Bedingung gestellten Hilfsbeweisantrag der Staatsanwaltschaft (Anlage 3 zum Protokoll vom 27. Juni 2000), daß das Gericht den Angeklagten Prof. Häber von dem Vorwurf, den Tod des Michael-Horst Schmidt am 1. Dezember 1984 durch Unterlassen verursacht zu haben mit der Begründung freizusprechen beabsichtigt, die dort näher bezeichnete Urkunden seien nicht Gegenstand der Beweisaufnahme gewesen, nicht nachgegangen. Denn der Antrag ist eindeutig unter der Bedingung eines bestimmten Begründungselementes für einen bestimmten Urteilsausspruch gestellt worden, welche nicht eingetreten ist.

Auszug aus der Urteilsbegründung

41

Dem Antrag der Staatsanwaltschaft (Anlage 4 zum Protokoll
vom 27. Juni 2000) auf Vernehmung des Egon Krenz als
Zeugen, gestellt unter der Bedingung, daß das Gericht den
Angeklagten Prof. Häber mit der Begründung freizusprechen
beabsichtigt, dieser sei kurz nach Beginn seiner
Mitgliedschaft im Politbüro durch den für die Anleitung der
Abteilung Sicherheitsfragen des ZK der SED zuständigen
Sekretär, Egon Krenz, in ziemlicher Lautstärke
gewissermaßen davor gewarnt worden, sich in dessen
Zuständigkeiten einzumischen, ist die Kammer ebenfalls
nicht nachgegangen. Die beantragte Beweiserhebung wurde
seitens der Staatsanwaltschaft davon abhängig gemacht, daß
sich das Gericht für das genannte Begründungselement als
den Freispruch tragend oder mittragend entscheidet, wofür
es keinen Anlaß hatte.

Den hilfsweise für den Fall, daß das Gericht den
Angeklagten Prof. Häber von dem Vorwurf, den Tod des
Michael-Horst Schmidt am 1. Dezember 1984 durch Unterlassen
verursacht zu haben, mit der Begründung freizusprechen
beabsichtigt, die Einlassung dieses Angeklagten, aktiv im
Sinne der Projekte "Züricher Modell" bzw. "Länderspiel"
zwecks Humanisierung des Grenzregimes in Richtung DDR/West
gehandelt zu haben, sei nicht widerlegt bzw. auch durch die
Vernehmung der Zeugen Dr.Philipp Jenninger und Holger Bahl
nicht zu widerlegen, gestellten Antrag der
Staatsanwaltschaft (Ablage 5 zum Protokoll vom 27. Juni
2000) auf Vernehmung eben dieser Zeugen lehnt die Kammer
als Beweisermittlungsantrag ab.

· 42

Die Wahrheitsermittlungspflicht erfordert es nicht, den
aufgezeigten Beweismöglichkeiten nachzugehen, da sie bei
Berücksichtigung des bisherigen Verfahrensergebnisses
einschließlich des Vorbringens der Verfahrensbeteiligten
und des Akteninhalts eine weitere sachdienliche Aufklärung
insoweit nicht erwarten lassen. Dem Antrag läßt sich zudem
nicht entnehmen, weshalb es an den erforderlichen Voraussetzungen für die genaue Bezeichnung bestimmter Tatsachen,
die in das Wissen der Zeugen gestellt werden sollen, fehlt.
Der Hinweis im Antrag, "die Zeugen werden das vom
Angeklagten Prof. Häber in deren Wissen gestellte aktive,
vorbezeichnet näher beschriebene aktive Handeln dieses
Angeklagten **nicht** bekunden" führt selbst dann, wenn die
Zeugen es derart bekunden sollten, nicht zwingend zu der
von der Staatsanwaltschaft gezogenen Schlußfolgerung. Daß
die Zeugen Dr. Philipp Jenninger und Holger Bahl, die sich
zu diesem Thema als Zeugen **für** den Angeklagten Prof. Häber
zur Verfügung gestellt haben, eine derartige Aussage machen
würden, hält die Kammer überdies für äußerst zweifelhaft.
Darüber hinaus resultiert die Auffassung der Kammer zur
Beteiligung des Angeklagte Prof. Häber an dem Projekt
"Züricher Modell" aus seinen weiterhin unwiderlegten
Einlassungen, die durch die weiteren in der
Hauptverhandlung erhobenen Beweise gestützt wurden. So hat
der Zeuge Prof. Dr. Jürgen Nitz glaubhaft bekundet, er habe
als Forschungsbereichsleiter für internationale Politik
Kontakte zu westlichen Partnern zunächst im
Wissenschaftsbereich, später auch in der Politik
unterhalten.

Auszug aus der Urteilsbegründung

43

In den Jahren 1971 bis 1973 sei der Angeklagte Prof. Häber
sein Vorgesetzter gewesen. In den 80iger Jahren seien -
teilweise auf seine, des Zeugen, Vermittlung hin - zum
Projekt "Züricher Modell" Geheimverhandlungen unter anderem
zwischen dem Schweizer Bankier und Vertrautem des
Bundeskanzleramtes Bahl und dem Angeklagten Prof. Häber
geführt worden. Der Zeuge Nitz bestätigte darüber hinaus
dessen Einlassung, wonach der Angeklagte Prof. Häber aus
der DDR der Hauptgesprächspartner für den damaligen
Staatsminister im Bundeskanzleramt, Dr. Philipp Jenninger,
gewesen sei. Dementsprechend habe sich Dr. Jenninger am 4.
März 1993 vor dem Schalck-Untersuchungsausschuß des
Deutschen Bundestages geäußert. Der Zeuge Prof. Dr. Nitz
bekundete ferner glaubhaft, daß er das "Züricher Modell"
beziehungsweise, wie es später hieß "Länderspiel", für ein
insgesamt waghalsiges Projekt hielt, jedoch keine Kenntnis
von deswegen gegen den Angeklagten Prof. Häber gerichteten
Aktionen innerhalb der DDR hatte.

Im übrigen hat die Kammer alle Angeklagten aus rechtlichen
Gründen aufgrund der fehlenden Kausalität zwischen dem
Unterlassen und den festgestellten Tötungshandlungen
freigesprochen. Nur zusätzlich hat die Kammer dem
Angeklagten Prof. Häber zugute gehalten, daß das Gericht
nach dem Ergebnis der Beweisaufnahme davon ausgeht, daß er
im Rahmen seiner politischen Möglichkeiten im Hinblick auf
die Humanisierung des Grenzregimes - anders als die
Mitangeklagten Dr. Böhme und Lorenz - nicht gänzlich
untätig blieb sondern systematische Schritte unternahm, um

317

44

einen Brückenschlag zwischen Ost und West zu erzielen.
Lediglich ein Schritt in diesem Bemühen war auf die Planung
und Vorantreibung des "Züricher Modells" gerichtet.

Die Kammer ist dem von der Staatsanwaltschaft hilfsweise
für den Fall gestellten Antrag, daß das Gericht den
Angeklagten Prof. Häber mit der Begründung freizusprechen
beabsichtigt, er sei bei der Beschlußfassung zu TOP 14 in
der Sitzung des Politbüros am 11. Juni 1985 physisch nicht
mehr anwesend gewesen, auf Vernehmung der Zeugin Glende
(Anlage 6 zum Protokoll vom 27. Juni 2000) ebenfalls nicht
nachgegangen, weil er kein Ereignis betrifft, das von dem
Vorwurf der Anklagebehörde erfaßt worden wäre. Insoweit ist
die Beweiserhebung für die Entscheidung ohne Bedeutung,
§ 244 Abs. 3 S. 2 Alt. 2 StPO. Die Kammer hat wiederholt
beschlossen, verkündet und begründet, daß und weshalb der
Vorwurf gegen den Angeklagten Prof. Häber nur auf die
Tötung im Falle 1) - Michael-Horst Schmidt - gerichtet ist,
und zwar unbeschadet weiterreichender Zeit der
Mitgliedschaft im Politbüro. Die Sitzung vom 11. Juni 1985
ist aber lediglich für die hier nicht relevanten Tötungen
im übrigen bedeutsam.
Dasselbe gilt für den unter derselben Bedingung hilfsweise
gestellte Antrag der Staatsanwaltschaft (Anlage 7 zum
Protokoll vom 27. Juni 2000) auf Vernehmung der Zeugen
Krenz und Schürer zur Frage der psychischen Präsenz des
Angeklagten Prof. Häber in der Sitzung des Politbüros am
11. Juni 1985. Die Kammer lehnt ihn mit der gleichen
Begründung ab.

Bibliographie

Ackermann, Eduard: Mit feinem Gehör. Vierzig Jahre in der Bonner Republik, Bergisch Gladbach 1994.

Ackermann, Eduard: Politisches. Vom richtigen und falschen Handeln. Bergisch Gladbach 1996.

Beil, Gerhard: Marketing statt Marxismus, in: Margarita Mathiopoulos (Hrsg.): Das Ende der Bonner Republik, Stuttgart 1993, S. 121-127.

Bender, Peter: Sicherheitspartnerschaft und friedliche Koexistenz. Zum Dialog zwischen SPD und SED, in: Die Neue Gesellschaft/ Frankfurter Hefte, 1996, H. 4, S. 342-346.

Bender, Peter: Die „Neue Ostpolitik" und ihre Folgen. Vom Mauerbau bis zur Vereinigung. 3. überarb. u. erw. Neuausg. München 1995.

Bender, Peter: Episode oder Epoche? Zur Geschichte des geteilten Deutschland, München 1996.

Berg, Hermann von: Vorbeugende Unterwerfung. Politik im realen Sozialismus, München 1988.

Bräutigam, Hans Otto: Die Politik der menschlichen Erleichterungen, in: Die Ost- und Deutschlandpolitik, Berlin 1999

Brinkschulte, Wolfgang u.a.: Freikaufgewinnler. Die Mitverdiener im Westen, Berlin 1993.

Filmer, Werner/Schwan, Heribert: Wolfgang Schäuble. Politik als Lebensaufgabe, München 1992.

Förster, Andreas: Auf der Spur der Stasi-Millionen, Berlin 1998.

Fricke, Karl-Wilhelm: Der Besuch Erich Hon-eckers in der Bundesrepublik Deutschland, in: Europa-Archiv, 1987, Nr. 23, S. 683-690.

Garton Ash, Timothy: Im Namen Europas. Deutschland und der geteilte Kontinent, München/Wien 1993.

Honecker, Erich: Moabiter Notizen, Bln. 1994.

Janson, Carl-Heinz: Totengräber der DDR. Wie Günter Mittag den SED-Staat ruinierte, Düsseldorf 1991.

Kiep, Walther Leisler: Was bleibt ist die große Zuversicht. Erfahrungen eines Unabhängigen, Ein politisches Tagebuch, Berlin 1999.

Koch, Peter-Ferdinand: Das Schalck-Imperium lebt. Deutschland wird gekauft, Mchn./ Zürich 1992.

Kohl, Paul: Meisterschaft in Kurventechnik. Wie der Milliardenkredit an die DDR vergeben wurde, MDR-Hörfunk 17. 6. 1998.

Kohl, Paul: Der Fall Herbert Häber. Vom Politbüro in die Psychiatrie. DLF Köln, MDR-Hörfunk 4. 9. 1999.

Korte, Karl-Rudolf: Deutschlandpolitik in Helmut Kohls Kanzlerschaft, 1998.

Nakath, Detlev/Stephan, Gerd-Rüdiger: Von Hubertusstock nach Bonn, Berlin 1994.

Nakath, Detlev/Stephan, Gerd-Rüdiger: Countdown zur Deutschen Einheit, Berlin 1996.

Nawrocki, Joachim: Die Beziehungen zwischen beiden deutschen Staaten; Berlin 1986.

Nakath, Detlev/Stephan, Gerd-Rüdiger: Die Häber-Protokolle, Berlin 1999.

Nitz, Jürgen: Länderspiel. Ein Insider-Report, Berlin 1995.

Nitz, Jürgen: Vertane Chancen für eine deutsch-deutsche Annäherung, Berlin 1995.

Przybylski, Peter: Tatort Politbüro, Bd. 1: Die Akte Honecker, Berlin 1991.

Przybylski, Peter: Tatort Politbüro, Bd. 2: Honecker, Mittag, Schalck-Golodkowski, Bln. 1992.

Pötzl, Norbert F.: Basar der Spione, Hamburg 1997.

Potthoff, Heinrich: Die „Koalition der Vernunft", München 1995.

Potthoff, Heinrich: Bonn und Ostberlin 1969-1982, Bonn 1997.

Potthoff, Heinrich: Im Schatten der Mauer. Deutschlandpolitik 1961 bis 1990, Bln. 1999.

Rehlinger, Ludwig A.: Freikauf. Die Geschäfte der DDR mit politisch Verfolgten 1963-1989, Berlin u.a. 1991.

Reitz, Ulrich: Wolfgang Schäuble. die Biographie, Bergisch Gladbach 1996.

Rexin, Manfred: Aspekte der deutsch-deutschen Beziehungen 1970-1987, in: Gert Joachim Glaessner (Hrsg.): Die DDR in der Ära Honecker, Opladen 1988, S. 43-55.

Schalck-Golodkowski, Alexander: Deutsch-deutsche Erinnerungen, 2000

Seiffert, Wolfgang/Treutwein, Norbert: Die Schalck-Papiere, 1991.

Siebenmorgen, Peter: Helmut Kohl und die Chance der Geschichte, in: Reinhard Appel (Hrsg.): Helmut Kohl im Spiegel seiner Macht, Bonn 1990, S. 301-315.

Strauß, Franz Josef: Die Erinnerungen, Berlin 1989.

Uschner, Manfred: Die zweite Etage. Funktionsweise eines Machtapparates, Berlin 1993.

Whitney, Craig R.: Advocatus Diaboli. Wolfgang Vogel - Anwalt zwischen Ost und West, 1993.

Wolf, Markus: Spionagechef im Geheimen Krieg, München 1997.